ACCESO GRATIS a la Lectura en la Nube

Para visualizar el libro electrónico en la nube de lectura envíe junto a su nombre y apellidos una fotografía del código de barras situado en la contraportada del libro y otra del ticket de compra a la dirección:

ebooktirant@tirant.com

En un máximo de 72 horas laborales le enviaremos el código de acceso con sus instrucciones.

La visualización del libro en **NUBE DE LECTURA** excluye los usos bibliotecarios y públicos que puedan poner el archivo electrónico a disposición de una comunidad de lectores. Se permite tan solo un uso individual y privado

EL SOFT LAW EN EL DERECHO INTERNACIONAL Y EUROPEO:

Su capacidad para dar respuesta a los desafíos normativos actuales

EL SOFT LAW EN EL DERECHO INTERNACIONAL Y EUROPEO:

Su capacidad para dar respuesta a los desafíos normativos actuales

TERESA FAJARDO DEL CASTILLO

tirant lo blanch
Valencia, 2024

En caso de erratas y actualizaciones, la Editorial Tirant lo Blanch publicará la pertinente corrección en la página web www.tirant.com.

© TIRANT LO BLANCH
EDITA: TIRANT LO BLANCH
C/ Artes Gráficas, 14 - 46010 - Valencia
TELFS.: 96/361 00 48 - 50
FAX: 96/369 41 51
Email: tlb@tirant.com
www.tirant.com
Librería virtual: www.tirant.es
DEPÓSITO LEGAL: V-1610-2024
ISBN: 978-84-1056-982-9

Si tiene alguna queja o sugerencia, envíenos un mail a: *atencioncliente@tirant.com*. En caso de no ser atendida su sugerencia, por favor, lea en *www.tirant.net/index.php/empresa/politicas-de-empresa* nuestro procedimiento de quejas.

Responsabilidad Social Corporativa: http://www.tirant.net/Docs/RSCTirant.pdf

Índice

Capítulo I

INTRODUCCIÓN AL SOFT LAW EN EL DERECHO INTERNACIONAL Y EN EL DERECHO DE LA UNIÓN EUROPEA

1. INTRODUCCIÓN

El uso por primera vez del término *soft law* en el Derecho Internacional fue atribuido a Lord McNAIR que lo definió como "instrumento con efecto vinculante extrajurídico"[1], sin que esta definición o su misma atribución a este ilustre jurista y juez del Tribunal Europeo de Derechos Humanos, estén libres de discusión[2]. Sin embargo, el uso

---

1 Así, según D. THÜRER, Lord McNAIR habría caracterizado a los instrumentos de *soft law* de "Instruments with extra-legal binding effect", D. THÜRER, "Soft Law", *Max Planck Encyclopedia of Public International Law*, 2009, 1-11, en p. 1. Véase igualmente A. MAZUELOS BELLIDO, "Soft Law: ¿Mucho Ruido y Pocas Nueces?", *REEI*, Vol. 8, 2004, pp. 1-40, en pp. 1-2.

2 F. A. CÁRDENAS CASTAÑEDA muestra el conflicto surgido respecto a cómo distintos académicos interpretan los conceptos que Lord McNAIR como juez del Tribunal de Derechos Humanos intentó trasladar. Así, señala que, "Lord ARNOLD McNAIR, British legal scholar and first president of the European Court of Human Rights coined the term "soft law". McNAIR used it in order to encompass normative statements defined as abstract operative principles through judicial interpretation. What he considered then "soft" was the broad abstractness characterizing some legal principles whose direct application as to settlement of a given situation were rather difficult", pero también menciona que "According to Professor D'ASPREMONT "it is not entirely certain that Lord McNAIR contemplated anything like a soft *negotium* or a soft *instrumentum*. It may be that he simply alluded to the dichotomy between *lex lata* and *lex ferenda*", F. A. CÁRDENAS CASTAÑEDA, "A Call for Rethinking the Sources of International Law: *Soft Law* and the Other Side of the Coin", *Anuario Mexicano de Derecho Internacional*, vol. XIII, 2013, pp. 355-403, en p. 373. A. MAZUELOS BELLIDO también señala que "Es comúnmente aceptado que el término fue acuñado por Lord McNair y ya desde su origen ha sido interpretado de forma diversa. Por un lado, la expresión trataba de describir enunciados normativos formulados como principios abstractos que devenían operativos a través de su aplicación judicial. No parece, pues, que se pretendiese establecer una distinción entre el derecho y el "no derecho", ni entre instrumentos vinculantes y los simplemente recomendatorios, ni entre instrumentos jurídicos y no jurídicos. Por otro lado, la expresión

frecuente del término *soft law*[3] no se produce hasta las últimas décadas cuando el consentimiento que es el punto de partida y el fundamento último del proceso de formación de normas internacionales se ve cuestionado y menoscabado a favor de una nueva tipología de normas con una intensidad normativa tan variable como el impacto de su contenido.

La propia calificación con el término de *soft law* puede inducir a error dada la plural y variada nomenclatura que se ha adoptado en distintos idiomas. En el caso del español, el término *soft law* ha sido traducido como derecho indicativo, derecho informal, derecho no vinculante o derecho blando, pero los tribunales españoles utilizan el término en inglés. En el análisis que haremos de la jurisprudencia española donde aparece el término *soft law*, veremos que su uso es un reconocimiento de su origen internacional o europeo. Nuestros jueces, en todas las instancias jurisdiccionales, se han familiarizado con el *soft law*, en tanto que fuente normativa de carácter internacional que se utiliza como referencia para la interpretación de otras normas internacionales y europeas, así como para la interpretación de las normas españolas que las desarrollan. Esta remisión al *soft law* la llevan también a cabo en los procesos judiciales, los ciudadanos y

---

podría también distinguir las proposiciones de *lege ferenda* de las de *lege lata*", A. Mazuelos Bellido, *loc. cit.*, pp. 1-40, en pp. 1-2.

3 Así D'Aspremont y Aalberts lo critican de omnipresente y consideran que "Definitions of *soft law* often refer to a variety of characteristics, including lack of precision, open-endedness, lack of enforceability, as well as the type of actors that engage in norm generation. Ultimately, these features link to the distinction between law and non-law, which both articles to a certain extent seek to deconstruct. That is to say, rather than fighting or demonizing soft law, both articles seek to make sense of soft law as a ubiquitous practice within contemporary international governance, which calls for a reconceptualization of the boundaries between law and non-law. By discussing different schools of thought in legal theory, they both investigate possible avenues to open up the agenda to include alternative modes of law-making without doing away with the distinctive nature of law altogether. In this process, both authors engage in a conceptual excursus: if soft law is indeed an increasingly popular instrument of law-making after the end of the Second World War, how is it so and what kind of law is it?", J. D'Aspremont y T. Aalberts, "Which Future for the Scholarly Concept of Soft International Law? Editors's Introductory Remarks" en J. D'Aspremont y T. Aalberts (eds.), "Symposium on Soft law", *Leiden Journal of International Law*, Vol. 25, 2012, pp. 309-312, en p. 311.

residentes de la Unión Europea —personas físicas y jurídicas— con el fin de inspirar la interpretación de las normas, pero también con el fin de reivindicar principios y derechos contemplados en instrumentos de *soft law*, con un alcance normativo que supera el del marco normativo tradicional, como podremos examinar.

Las disposiciones de *soft law* se encuentran recogidas tanto en instrumentos normativos de carácter vinculante como tratados internacionales y actos de las organizaciones internacionales, como en instrumentos carentes de valor obligatorio, pero no desprovistos de naturaleza y/o efectos jurídicos como resoluciones, declaraciones, recomendaciones, memorandos de entendimiento, estándares, códigos de conducta, guías o líneas directrices. Desde su normatividad relativa como lo caracterizara Prosper Weil[4], el *soft law* nos desafía a reflexionar sobre su propia existencia, su definición, su función, su procedimiento de formación, cuáles son los sujetos que participan en dicho proceso de formación —del que no son ajenos los actores internacionales—, cuáles son los efectos jurídicos que le atribuye el Derecho Internacional, e incluso si el Derecho Internacional le es aplicable[5]. En mi caso, empecé a estudiar el *soft law* en un momento muy temprano de mi carrera investigadora porque ya tuve que enfrentarme a él en mi tesis doctoral, cuando el Derecho internacional del medio ambiente era un ejemplo de las manifestaciones de esta nueva forma de normatividad. Era entonces el Derecho internacional del medio ambiente un régimen jurídico que perseguía cambios en el modo en que los Estados ejercen su competencia territorial en el ámbito interno, más allá de las relaciones multilaterales y bilaterales con las que regulaban recursos compartidos o fronteras. Desde entonces, el *soft law* se ha presentado en todos los temas de investiga-

---

4 P. Weil, "Towards Relative Normativity in International Law?" *American Journal of International Law,* Vol. 77, 1983, pp. 413-442. Hay igualmente una version en francés: "Vers une normativité relative en Droit International?," *Revue Générale de Droit International Public,* Vol. 86, 1982, pp. 5-47.

5 Posteriormente analizaré el interesante debate sobre si el Derecho Internacional rige los efectos del *soft law* ya que la doctrina aparece dividida incluso sobre este aspecto, en particular, véase A. Schachter, "The Twilight Existence of Nonbinding International Agreements." *American Journal of International Law, Vol. 71,* 1977, p. 296; P. M. Eisemann, "Le gentlemen's agreement comme source de droit international," *Journal du Droit International,* Vol. 106, 1977, p. 326.

ción que he abordado, lo que en última instancia me llevaría a elaborar el término *Soft law* para el proyecto *Oxford Bibliographies* de ANTONY CARTY Y ANTONIO REMIRO BROTONS, para la editorial Oxford University Press, en 2014[6]. También he contribuido a la monografía *Interacciones entre el Derecho de la Unión Europea y el Derecho internacional público*, editada por PAULA GARCÍA ANDRADE, con un capítulo sobre "La Unión Europea y el Desafío del *Soft Law* en las Fuentes del Derecho Internacional", que desarrollaré en este trabajo[7]. A través de una gran parte de mis trabajos y proyectos[8] he seguido profundizando en esta manifestación normativa de nuestro tiempo, y ello me ha llevado finalmente a completar y cerrar esta monografía, con la certeza de que me seguiré ocupando del *Soft Law* en mis futuras líneas de investigación y en mi labor docente[9].

Es difícil ofrecer una definición objetiva del *soft law* en la que no interfieran las posiciones que como juristas hayamos asumido previamente frente a cuestiones tan importantes como la intensidad normativa de las normas del Derecho Internacional en tanto que sistema jurídico en proceso de cambio, como consecuencia de los desafíos

---

6 Véase T. FAJARDO DEL CASTILLO, *Soft Law*, Oxford Bibliographies, 2013, revisado en 2017, disponible en https://www.oxfordbibliographies.com/view/document/obo-9780199796953/obo-9780199796953-0040.xml

7 T. FAJARDO DEL CASTILLO, "La Unión Europea y el Desafío del *Soft Law* en las Fuentes del Derecho Internacional", en PAULA GARCÍA ANDRADE, *Interacciones entre el Derecho de la Unión Europea y el Derecho Internacional*, Tirant lo Blanch, 2022.

8 En el Proyecto EFFACE, examiné el recurso al *soft law* para abordar el crimen organizado en el ámbito medioambiental a través de los instrumentos del Derecho Internacional y también del Derecho Europeo, T. FAJARDO DEL CASTILLO, "Organised Crime and Environmental Crime: Analysis of EU Legal Instruments." Study in the Frameworkof the EFFACE Research Project. Granada: University of Granada, 2015 y T. FAJARDO DEL CASTILLO, "Organised Crime and Environmental Crime: Analysis of International Legal Instruments." Study in the Framework of the EFFACE Research Project. Granada: University of Granada, 2015, Proyecto Efface, European Union Action to Fight Environmental Crime EFFACE, FP7-SSH-2012-2 /SSH.2012.2.2-3, SP1 Cooperation / Collaborative Project / Small Or Medium-Scale Focused Research Project, Grant Agreement Number 320276, 2012-2016.

9 En un proyecto de innovación docente, he elaborado las líneas directrices sobre cómo abordar el Soft law en los procesos de investigación de los Trabajos de Fin de Máster, *Proyecto Avanzado de Innovación Docente y Buenas Prácticas del Máster de Altos Estudios Internacionales y Europeos*, Convocatoria de Proyectos de Innovación Docente y Buenas Prácticas del Plan FIDO UGR 2018-2022.

que también afronta la sociedad internacional. Por ello, es difícil elegir o proponer una única definición de *soft law* que incorpore todos los elementos que lo definen y que haga posible su adaptación a los diferentes sectores del Derecho Internacional a los que ha llegado para quedarse y responder a muy distintas necesidades normativas y políticas. Además, la pasión intelectual irrumpe en muchas ocasiones en el debate académico entre los que niegan esta noción por considerarla inadecuada, innecesaria, redundante, "ambigua y perniciosa"[10], incluso, nociva[11], y aquellos que la catalogan entre las pseudo-fuentes del Derecho Internacional y abogan por su reconocimiento, como es mi caso, si bien, y como podré abordar en este estudio, con muy distintas consecuencias si se trata del Derecho Internacional o del Derecho de la Unión Europea. En muchas ocasiones, los partidarios de estas posiciones exigen una militancia que niegue o ignore las razones de los otros, radicalizando de manera impostada un debate en el que necesariamente han de tenerse en cuenta tendencias normativas que redefinen las reglas del juego en un momento dado, en especial, el principio de soberanía estatal y su manifestación a través de la prestación del consentimiento, con resultados muy diferentes. En ocasiones, y a pesar de los malos tiempos para la propuesta de grandes tratados internacionales, se intenta establecer nuevos límites a esta soberanía a pesar de la ausencia de procedimientos normativos consensuados, que son sustituidos por propuestas de acciones

---

10 Véase la Resolución del Parlamento Europeo, de 4 de septiembre de 2007, sobre las repercusiones institucionales y jurídicas del uso de los instrumentos de Derecho indicativo (2007/2028(INI)), P6_TA(2007)0366, disponible en https://www.europarl.europa.eu/doceo/document/TA-6-2007-0366_ES.html, así como el Informe del Parlamento Europeo sobre las repercusiones jurídicas, pp. 3 y 17.

11 Véase J. Klabbers, "The Undesirability of Soft Law," Nordic Journal of International Law, Vol. 63, 1998, pp. 381-394. En este estudio sobre la noción de *soft law*, lo califica de nocivo porque considera que "By creating uncertainty at the edges of legal thinking, the concept of soft law contributes to the crumbling on the entire legal system. Once political or moral concerns are allowed to creep back into the law, the law loses its relative autonomy from politics or morality, and therewith becomes nothing else but a fig leaf for power... In other words: unless we insist that law can only be made through the procedures that themselves have been created to regulate the creation of law, the resulting norms, no matter how nobly inspired, will always remain suspect ... we need to insist on a degree of formalism, because it is precisely this formalism that protects us from arbitrariness on the part of the powers that be..." en pp. 387 y 391.

colectivas y políticas públicas globales. En ellas, a través del *soft law*, se persigue inspirar el desarrollo progresivo del Derecho Internacional en materias de enorme importancia, pero de difícil acuerdo a la hora de su incorporación y cumplimiento en el derecho nacional. Este ha sido el caso de la propuesta de Convención sobre la conservación y el uso sostenible de la biodiversidad más allá de la jurisdicción nacional (BBNJ en sus siglas en inglés) que sólo ha podido adoptarse tras haber encallado en la que se creía que sería su última vuelta de negociaciones, debido a las diferentes posiciones respecto a cuestiones tan importantes y tan *soft*[12] como los principios que deberán guiar su aplicación y el control de su cumplimiento, y que finalmente han podido conciliarse gracias a la perseverancia y liderazgo del grupo mayoritario, la *High Ambition Coalition*[13] y al apoyo final de Rusia y China, que tanto se habían resistido por sus propios intereses y sus agendas internacionales.

Del mismo modo, y con una tendencia opuesta, el *soft law* puede servir para preservar la soberanía del Estado y frenar el desarrollo posterior de instrumentos convencionales a través de instrumentos de la misma naturaleza. Así, los Estados eligen el *soft law* para el desarrollo y posterior concreción de normas ambiguas o flexibles en el marco de las Conferencias de las Partes, sirviendo también para constituir la estructura interpretativa que facilite la aplicación y cumplimiento de los instrumentos convencionales en los ordenamientos nacionales. Además, la naturaleza *soft* se atribuye y transmite a las estructuras de gobernanza internacional y a las instituciones del cumplimiento del Derecho Internacional, favoreciendo los mecanismos de control y promoción del cumplimiento. Por ello, la versatilidad del *soft law* para impulsar la conformación de la dimensión de solidaridad[14] del Derecho Internacional supone un riesgo y una oportunidad a la vez. Encierra el riesgo de que no se aborden los eternos

---

12 Véase T. Fajardo del Castillo "Competencia Exterior Medioambiental de la Unión Europea y Desarrollo Progresivo del Derecho Internacional; en el Marco de la Asamblea General de Naciones Unidas", *Revista General de Derecho Europeo* Nº 47, 2019, pp. 110-158.

13 Véase el IISD Earth Negotiations Bulletin de 26 de Agosto de 2022, en el que se describen los conflictos que han llevado al presidente de la ICG-5 a suspenderla.

14 La estructura o la dimensión de solidaridad que se suma a las estructuras de coexistencia y de cooperación como las clasificara M. Diez de Velasco Vallejo, en

problemas de la falta de cumplimiento de las normas del Derecho Internacional y se vean justificados en su versión más complaciente con los intereses nacionales de los Estados, como viene siendo el caso de los instrumentos adoptados en la lucha contra el cambio climático o en materia de derechos humanos. Y, por otra parte, el *soft law* ofrece igualmente una oportunidad, porque precisamente hace posible que se aborden todos los problemas relativos a la aplicación y cumplimiento de normas que principalmente están destinadas a los ordenamientos internos, sin que se considere necesario iniciar los procesos por incumplimiento. En estos casos, en que las disposiciones de *soft law* están destinadas a informar el ejercicio que los Estados hacen de sus competencias soberanas, los mecanismos de la responsabilidad internacional se relegan a un segundo plano en favor de mecanismos de control y promoción del cumplimiento.

A pesar de que la adopción de un instrumento de *soft law* denota la falta de consenso que se requiere para la adopción de una norma convencional, también se encuentra entre sus funciones perseguir la generación del consenso necesario que permita la adopción de un instrumento vinculante en el futuro[15]. Ciertamente, la aparición del *soft law* coincidió con un momento en el que las teorías positivistas y formalistas confrontaron la aparición de nuevas cuestiones jurídicas y nuevas áreas normativas que iban más allá de las relaciones interestatales tradicionales y abordaban cuestiones antes reservadas al *domaine reservé* de la soberanía estatal. El enfrentamiento doctrinal estaba servido en un momento de la historia que cabe situar a finales de los 60 y ya en los 70 cuando la sociedad internacional exigía del Derecho Internacional clásico una transformación que expandiera sus límites en razón de su dimensión económica y social[16].

Instituciones de Derecho Internacional Público, Decimoctava Edición, coordinada por Concepción Escobar Hernández, Tecnos, 2013, p. 75.

15 Así, D. Shelton le atribuye al *soft law* los siguientes propósitos: cambiar o simplemente fomentar el comportamiento de sus destinatarios y construir un consenso que pueda conducir al *hard law*, D. Shelton, "Conclusions", en Dinah Shelton (ed.). *Commitment and Compliance: The Role of Non-Binding Norms in the International Legal System*, Oxford, UK: Oxford University Press, 2000, re-impresión 2007.

16 En este sentido es necesario recordar lo que ya dijera Chaumont al respecto, cuando denunció el formalismo de un sistema armónico basado en abstraccio-

Es por ello que desde el inicio de su utilización y desde enfoques muy distintos, los ius-internacionalistas han revisado la teoría de las fuentes del Derecho Internacional para aceptar o para criticar que se sitúe al *soft law* junto a los principios generales del Derecho Internacional y considerarlo como una fuente no consensuada que pone en cuestión los fundamentos del Derecho Internacional, en la medida en que responde al "fracaso de generar el consentimiento pleno del Estado requerido para atribuir a las normas *soft* la naturaleza jurídica plena, a menudo en relación con el desarrollo de nuevos campos de interés internacional"[17]. Sin embargo, si se atiende a esta premisa, el *soft law* se caracteriza antes bien por ser una respuesta normativa de intensidad variable ante la incapacidad de los Estados de producir las

---

nes que lo libraban de las contradicciones fundamentales de la sociedad internacional, de manera que "[c]ertes, dans le silence absolu de son cabinet de travail, un juriste, s'emparant de ce faisceau d'abstractions et s'efforçant à le rassembler harmonieusement, peut en faire une construction satisfaisante pour l'esprit. Constant le fait incontestable de la présence de règles de droit dans toutes les collectivités humaines, le droit classique, élargi, aux dimensions de l'humanité, énonce ainsi le postulat: *ubi societas, ibi jus*, et affirme l'existence d'une société internationale dont le droit international serait l'expression et la réglementation. Des notions aussi générales et désincarnées que celles de solidarité et de coopération qui, sans doute, expriment une partie de la réalité, planent cependant si haut-au-dessus d'elle, quand elles sont affirmées dans l'abstrait et indépendamment des cas particuliers d'entente, qu'elles ne camouflent que très mal, devant l'analyse historique, la somme de violences, d'injustices et d'exploitations qui caractérise l'évolution de la «société internationale». Une des conséquences les plus graves de cette situation, c'est le manque fréquent de crédibilité du droit international (...).
On peut entendre par formalisme juridique l'état du droit international marqué par la primauté des apparences sur les réalités, la détermination des règles sans considération des conditions concrètes de leur apparition et de leur application, ainsi que de la structure des Etats et relations internationales en cause. Il est un mélange de cynisme et d'illusionnisme (...). Le formalisme juridique peut aboutir à faire du droit une fin en soi, le droit pour le droit, en oubliant que le droit ne peut être détaché des réalités qu'il recouvre, sans pour autant se limiter à fournir la caution de ces réalités", Ch. Chaumont, "Cours général de Droit international public", *RCADI*, t. 129, 1970-I, en pp. 344-345.

17 Como señalaran Elias y Lim, "the failure to generate the full measure of State consent required for attributing full legal status to the 'soft' norms in question, often in relation to developing fields of international concern", O. Elias y C. L. Lim, *The Paradox of Consensualism in International Law*, Kluwer, La Haya, 1998, en p. 3.

normas convencionales y consuetudinarias que sus nuevas relaciones y necesidades requieren y que, en su mayoría, están destinadas a alcanzar el núcleo de su soberanía, abordando sectores de la competencia interna, que hasta ahora habían permanecido al margen de la regulación internacional.

El *soft law* sirve también para oxigenar un sistema excesivamente encorsetado como señala JEAN-MARC SAUVÉ[18]. En este sentido, es necesario añadir que el *soft law* también ha servido para abordar nuevos sectores normativos desde el Derecho Internacional antes de que hubieran sido objeto de desarrollos normativos, como habría sido el caso de la protección del medio ambiente, o los derechos humanos y libertades fundamentales de nueva generación como el derecho a la privacidad y la protección de los datos personales. Estos sectores normativos materiales que surgen en el Derecho Internacional, antes de que se adoptasen las legislaciones nacionales, tienen sus orígenes en los instrumentos internacionales de *soft law* que les sirven de pilar fundacional. Estos nuevos sectores normativos, ahora, crecen exponencialmente ante las necesidades crecientes de una regulación internacional que, sin embargo, emerge en tiempos en los que los Estados han perdido el interés por la normatividad tradicional. Estaríamos ante los nuevos sectores que requieren un marco integrado de normas de *hard* y *soft law* que permitan una respuesta rápida

---

18 Así señala que "Il semble, tout au contraire, que le droit souple puisse être l'oxigenation du droit et favoriser sa respiration dans les interstices du corset parfois un peu trop serré des sources traditionnelles de la règle (...). Le droit souple n'est donc pas la marque de la déliquescence de notre ordre juridique; c'est plus simplement le signal de son adaptabilité. Il n'existe aucune contradiction entre sa reconnaissance ainsi que son expansión et une meilleure qualité du droit. En donnant un plus grand pouvoir d'initiative aux acteurs, et au-delà plus de responsabilitiés, le droit souple contribue donc bien à oxygéner notre ordre juridique. Certes, l'hyper-oxygénation peut être cause de grands troubles, et c'est pourquoi le Conseil d'Etat s'efforce de construiré une doctrine du recours au droit souple. Mais, sous la réserve d'un emploi raisonné, qui permette de veiller à sa légitimité et de ne pas porter atteinte à la sécurité juridique, il serait faux de penser que la norme juridique se trouverait ruinée à forcé de souplesse. La conviction du Conseil d'État est, on l'aura compris, inverse: elle est, comme le disait Sophocle, que 'c'est le manque de souplesse, le plus souvent, qui nous fait trébucher", en J.-M. SAUVÉ, "Avant-propos", Conseil d'État. *Le Droit Souple.* Étude annuelle 2013, *La documentation française*, 2013, pp. 5 y 6.

con un desarrollo normativo posterior. Son numerosos los casos que podemos señalar como la explotación de los recursos genéticos de la biodiversidad, cuyo tratado sólo ha salido adelante gracias a que muchas de sus disposiciones son *soft*; la protección del derecho a la privacidad y la protección de datos de carácter personal que ha sido objeto de resoluciones generales de la Asamblea General después de su regulación regional por el Consejo de Europa y la Unión Europea; los principios básicos para la regulación de la Inteligencia Artificial[19] y la ciberseguridad; o las nuevas normas para la conquista del espacio en el Siglo XXI que forman lo que se habría dado en llamar *corpus iuris spacialis* formado por normas de *soft law* y un limitado número de normas convencionales[20].

Por ello, caben distintas definiciones de *soft law* que sirven a distintos propósitos, y que, sin embargo, requieren que las sumemos para no perder la visión de conjunto de este fenómeno normativo: así cuando se define el *soft law* como "disposiciones normativas en textos no vinculantes" como hace Dinah Shelton[21] es necesario añadir que igualmente son *soft law* aquellas disposiciones de tratados internacionales que no generan obligaciones jurídicas o son obligaciones con

---

19 En este campo, por ejemplo, se ha estudiado el desarrollo de la gobernanza de la AI a través del *soft law* en un número especial de la revista IEEE Technology and Society, de diciembre de 2021, en el que se discuten los aspectos positivos y los negativos del recurso al *soft law* para crear expectativas sustantivas que no son directamente ejecutables por las autoridades estatales. Así los editores introducen el debate señalando que "Soft law materializes out of necessity to enable a technological innovation to thrive and not be hampered by disparate heterogeneous practices that may negatively impact its trajectory, causing a premature "valley of death" exit scenario. Soft laws are meant to be "just in time" to grant industry fundamental guidance when dealing with complex socio-technical assemblages that may have signicant socio-legal implications upon diffusion into the market. Anticipatory governance is closely connected with soft law, in that intended and unintended consequences of a new technology may well be anticipated and proactively addressed.", véase C. I. Gutiérrez, G. E. Marchant, K. Michael, "Efective and Trustworthy Implementation of AI Soft Law Governance", *IEEE Transactions on Technology and Society*, Vol. 2, No. 4, Diciembre de 2021, pp. 168-170, en p. 168.

20 Véase T. R. Nugraha, "The Prospect of Interplanetary Mission: Are We Ready?", *Padjadjaran Journal of International Law*, Vol. 6, 2022, pp. 60-75.

21 "Normative provisions contained in non-binding texts". Véase D. Shelton, *loc. cit.*, 2000, p. 292.

una intensidad normativa variable o limitada. Por ello, la definición de T. GRUCHALLA-WESIERSKI[22] en la que se incorporan instrumentos vinculantes y no vinculantes nos da una medida más precisa del fenómeno del *soft law* y del porqué de su aparición cuando lo define como "obligaciones jurídicas o no jurídicas que crean la expectativa de que serán utilizadas para evitar o resolver controversias" y que "no están sujetas a la interpretación efectiva de terceros, y su materia y formación son de naturaleza internacional"[23]. Pero esta definición tampoco aprehende el fenómeno del *soft law* en su totalidad, ahora, cuando las políticas públicas globales se han convertido en la vía que adoptan los Estados para formular un marco normativo común, basado en principios y *soft law* de limitada intensidad normativa, para establecer un entendimiento sobre una nueva materia o para aceptar los desarrollos que son necesarios en las materias tradicionales. Por ello, es necesario dejar constancia del lugar que ocupa el *soft law* como instrumento para la formulación de políticas públicas globales. Estos instrumentos de *soft law* sirven de referencia a los Estados para la adopción de sus políticas nacionales y regionales. También sirven de marco de referencia para los desarrollos normativos y políticos posteriores para las organizaciones internacionales que las proponen y apoyan, como es el caso de las políticas públicas globales de gestión de la migración regular e irregular que surgen a raíz de la adopción del Pacto global sobre las migraciones propuesto por la Organización de las Naciones Unidas, con el apoyo de la Organización Internacional de las Migraciones.

De especial trascendencia es el hecho de que el *soft law* se utilice por China y los países que representa, para proponer cambios en el orden internacional y fomentar una gobernanza basada en principios y políticas globales que sustituyan a las obligaciones convencionales. Ello obedece además a la reivindicación de China de volver a un concepto de soberanía más cercano al adoptado en la Paz de Westfalia, conforme al cual las normas de Derecho Internacional tendrían una naturaleza más *soft*, para evitar así unas normas de mayor

---

22 T. GRUCHALLA-WESIERSKI, "A Framework for Understanding 'Soft Law'", *McGill Law Journal 30* (1984-1985, pp. 37-88. Open access en Internet en http://lawjournal.mcgill.ca/documents/30/1/wesierski.pdf

23 T. GRUCHALLA-WESIERSKI, *loc. cit.*, p. 44.

intensidad normativa. Gracias a la suma de este concepto de soberanía y del *soft law*, encontraría su espacio de formulación un excepcionalismo chino[24], que como antes ocurriera con el excepcionalismo norteamericano, influiría en las formas de desarrollo normativo del Ordenamiento jurídico internacional, para expresar su interés nacional, en una nueva era, marcada por la incertidumbre y por un sistema económico en transición hacia un nuevo modelo, en el que China, el Grupo de los 77 y el Sur Global intentan influir a través de una narrativa política y un discurso normativo nuevo[25].

De igual modo, son instrumentos de *soft law* los que expresan la reivindicación de valores y la necesidad de ir más allá en cuanto a la adopción de instrumentos relativos a los derechos humanos[26]. Estos instrumentos de *soft law* que formulan principios y políticas públicas se han adoptado en campos muy diversos y con una intensidad normativa muy distinta: derechos humanos, la ciberseguridad o la Inteli-

---

24 Véase C. CAI, *Rise of China and International Law: Taking Chinese Exceptionalism Seriously*, Oxford University Press, 2019.

25 Véase L. ZHAO, *Modern China and International Rules: Reconstruction and Innovation*, Springer, 2023.

26 T. ATABONGAWUNG ha apuntado que "If states were to adopt and ratify the legally-binding instrument, it will fill an important gap in the current jurisprudence on the right to development in Africa by extending accountability to business actors. As noted above, the impact of business activity on communities across Africa is enormous —something which the draft legally— binding instrument reaffirms by '*[r]ecognising* the distinctive and disproportionate impact of business-related human rights abuses on women and girls, children, indigenous peoples. and other persons in vulnerable situations'. It will make it normative and provide a legal guide for communities affected by business activities in Africa to have certainty when bringing such litigations before the African Court on Human and Peoples' Rights (African Court), the African Commission and elsewhere. In the past, both the African Court and the African Commission have demonstrated their boldness in ruling on right to development cases despite the lack of clarity on corporate accountability for a human rights violation. With the over 260 decisions that have been rendered by the African Commission until September 2020, at least seven have centred on the violation of article 22 of the African Charter, dealing with the right to development. If there were to be a global consensus on a common set of codified norms on business and human rights, this will create new momentum and go a long way in clarifying doubts that persist in this domain", T. ATABONGAWUNG, "A legally-binding instrument on business and human rights: Implications for the right to development in Africa", *African Human Rights Law Journal*, Vol. 21, 2021, pp. 262-289, en p. 288.

gencia artificial. En estos casos, la política pública se propone como programación de un acuerdo marco que como *pacto de contrahendo* ha de superar distintas etapas en las que su capacidad normativa irá en aumento hasta convertirse —o no— en un tratado internacional o en una costumbre internacional. En el caso de los nuevos sectores necesitados de un desarrollo acelerado por el conocimiento científico y técnico, se inicia el *iter* normativo a partir de instrumentos no vinculantes, que serán testados por la práctica y podrán ser, en una fase posterior, objeto de un tratado internacional de carácter regional o universal. Un listado creciente abarca desde los instrumentos de *soft law* adoptados en materia de ciberseguridad; los adoptados para desarrollar la *lex mercatoria* que aborda los nuevos tipos de contratos internacionales en los que los actores no estatales han demandado un creciente papel y un reconocimiento a su capacidad de autoregulación[27]; hasta los propios del Derecho humanitario bélico que demanda nuevas respuestas ante los cambios que se han producido no sólo en el armamento sino también en los sujetos y actores especialmente activos en los conflictos internos e internacionalizados, lo que tras la guerra de agresión de Rusia en Ucrania genera aún más desafíos normativos y de aplicación si cabe.

Dada la convergencia de factores como la crisis del consentimiento y del consenso, la crisis del multilateralismo y de la globalización[28],

---

[27] Así, M. I. Garrido Gómez considera que “En un principio, se usaba el término *soft law* en el ámbito del Derecho internacional público. Pero no hay que olvidar que el *soft law* está vigente también en los ámbitos del Derecho de la Unión Europea, y en el transnacional de la nueva *lex mercatoria*, la responsabilidad social empresarial y los nuevos tipos de contratos”. Y afirma al abordar la cuestión de la autorregulación a través del *soft law* que “El soft law plantea dos cuestiones, que son la multiplicación de los productores de normas y la privatización de los regímenes jurídicos. En este caso, los que se autorregulan son los operadores del comercio internacional. Si partimos de un sentido estricto, hablamos de partes de un contrato comercial internacional; pero, en sentido amplio, la referencia se hace a miembros de una comunidad o sociedad internacional de comerciantes siendo los resultados distintos”, M. I. Garrido Gómez, *El Soft Law como Fuente del Derecho Extranacional*, Dykinson, 2017, p. 16 y pp. 45-46.

[28] Así, en la introducción a su libro sobre la crisis del multilateralismo L. Gruszczynski et al. señalan que “The ‘soft power’ traditionally wielded and enjoyed by the West also seems to be fading away. Effective governance, rationality in decision-making, collective problem-solving, and global leadership have been the characteristic features of the West and broadly appealing to the rest of the

al tiempo que se multiplican los ámbitos materiales que requieren algún tipo de regulación internacional, es ahora más necesario que nunca que el Derecho Internacional responda a sus desafíos actuales. Y para ello, el *soft law* y el Derecho Internacional con la "infinita variedad" que le atribuía QUENTIN BAXTER, deben mostrar su capacidad de regular los fenómenos sociales emergentes[29].

El *soft law* es en sí un desafío para entender el desarrollo del Derecho Internacional en su tiempo[30], en tanto que sistema jurídico que regula ahora, no sólo las relaciones interestatales sino también el ejercicio de las competencias soberanas en el ámbito nacional e internacional de los sujetos tradicionales, que ven su soberanía sitiada hoy por fenómenos jurídicos y económicos de muy distinta naturaleza e intensidad y por actores internacionales que sin legitimidad democrática se les suman en procesos de regulación voluntaria o les suplantan. En este sentido, cabe señalar que, en este proceso de cambio del modelo de orden internacional, el *soft law* contribuye a generar un espacio jurídico internacional que le sirve de contexto al orden jurídico internacional y que le permite crecer más allá de los límites establecidos por la tradición, el formalismo y la propia distinción entre Derecho Internacional y Derecho interno[31].

---

world. This image has, however, received a serious blow during the pandemic, as many non-Western countries have done a much better job in controlling its progression", L. GRUSZCZYNSKI, M. MENKES, V. BILKOVA, P. FARAH, *The Crisis of Multilateral Legal Order. Causes, Dynamics and Implications*, Routledge, 2022, p. 5. Véase en esta monografía también S. BUTLER, "Believing Is Seeing. Normative Consensus and the Crisis of Institutional Multilateralism".

29 Utilizando la expresión con la que W. SHAKESPEARE describiera los encantos de Cleopatra, "the infinite variety" a la que se refiere Q. BAXTER pone de manifiesto las dificultades de reducir la categoría del *soft law* conforme a un modelo único o una única categoría. Q. BAXTER, "International Law in her Infinite Variety", *International and Comparative Law Quarterly*, Vol. 29, 1980, pp. 549-566, en p. 549.

30 Así, como un desafío, lo interpreta Chinkin, C. M. "The Challenge of Soft Law: Development and Change in International Law", *International and Comparative Law Quarterly 38*, 1989, pp. 850-866.

31 Así, E. TOURME-JOUANNET ha señalado que "Or, le point essentiel ici est de comprendre que tous ces éléments convergent peu à peu et interagissent pour engendrer une certaine porosité entre les droits et une érosion de la distinction entre les ordres juridiques internes et international, ainsi qu'un affaiblissement de la dichotomie classique entre souveraineté interne et externe sur laquelle a

Además, en un tiempo en que el Derecho Internacional se percibió como el instrumento para embridar la globalización, el *soft law* ha sido un medio para conciliar soberanía nacional e intereses generales, al tiempo en que se convertía también en herramienta para los procesos de regulación —"legalización" o "juridificación" serían las traducciones literales de los términos utilizados con mayor frecuencia por la doctrina angloamericana— de los sectores emergentes. De igual modo, los instrumentos de *soft law* constituyen el contexto para la interpretación de las normas internacionales generales y los distintos subsistemas y regímenes normativos para los que el *soft law* ejerce como puente o instrumento de comunicación entre ellos, y también, en el sentido que le atribuyera A. RODRIGO, como herramienta para la integración normativa que refuerza la unidad del Derecho Internacional, en sus múltiples aplicaciones[32].

été bâti le droit international classique interétatique. Du reste, ce n'est pas un hasard si certains commentateurs souhaitent alors laisser de côté des concepts traditionnels comme celui d'ordre juridique, afin d'analyser une réalité que l'on a encore du mal à percevoir dans toute son ampleur. Ils utilisent un nouvel appareil conceptuel pour mieux formuler les relations juridiques qui se nouent entre l'interne et l'international. Ainsi en est-il de l'usage de la notion d'espace juridique plutôt que celle d'ordre juridique pour désigner différents lieux, en deça et au-delà d'un seul ordre juridique et non reliés à un territoire, que sont ouverts et mobiles, moins enfermés dans des frontières juridiques que les ordres eux-mêmes, et où les normes et les pratiques s'interpénetrent et se superposent en entretenant des rapports multiples. Les domaines du droit de la sécurité ou de l'environnement en fournissent un bon example, tout comme les différents droits régionaux qui s'autonomisent de plus en plus actuellement. Ainsi également a-t-on recours aux notions de réseaux et des flux pour désigner des ensembles de normes plus ou moins contraignants, élaborés parfois de façon hybride par des sujets du droit international classiquement formé ni du droit interne et qui ne sont pas arrêtés, ou très peu, par les frontières étatiques", E. TOURME-JOUANNET, *Le Droit International*, PUF, 2ª Edición, 2016, pp. 36-37.

32 Así señala que "Una de las instituciones que puede contribuir a reforzar la unidad del Derecho internacional en el contexto actual es la de la integración normativa", y en la medida en que "la integración normativa es una institución que sirve para gestionar el pluralismo existente en la comunidad internacional, que limita los efectos de la fragmentación formal del Derecho internacional y que contribuye a la unidad del ordenamiento jurídico internacional porque contribuye a la universalización del contenido de algunas normas, ayuda a uniformizar soluciones sustantivas a pesar de la pluralidad de instrumentos en los que pudieran estar contenidas y facilita la adaptación de las normas y conceptos abiertos y dinámicos a los desarrollos recientes del Derecho internacional y a

Y por su capacidad para contribuir a la adaptación y el progreso de los distintos regímenes internacionales, el *soft law* también ha sufrido los embates de los que querían frenar la globalización promovida por los actores internacionales. En este conflicto normativo, también se escenifican las diferencias respecto a la intensidad normativa que desean adoptar los Estados y la que proponen o están dispuestos a aceptar los actores no estatales que componen la sociedad civil internacional y que reivindican su papel en los procesos normativos que se dirigen a ellos. Así existe una creciente competencia entre los sujetos del Derecho Internacional y los actores de la sociedad internacional a la hora de elegir entre normas *soft* y *hard* para regular sectores claves del Derecho Internacional con un importante impacto económico. Este es el caso actual de la regulación de las cadenas de valor en la producción mundial para someterlas a valores y principios básicos de naturaleza *soft*, como es la sostenibilidad y la regulación social y medioambiental más básica. En este escenario, el *soft law* se ha convertido en una herramienta con una capacidad dual, en la medida en que una empresa multinacional puede utilizarlo para su autorregulación y también para bloquear un proceso normativo internacional y contribuir así a la desregulación de dicho sector —como fuera el caso de la regulación de los contaminantes químicos que analizaré más adelante. También, y como ya he señalado, China puede recurrir al *soft law* para el establecimiento de normas que regulen el marco básico de las relaciones comerciales y de inversión, y con ello salvar los inconvenientes surgidos en los procesos de celebración de tratados internacionales, que pudieran verse obstaculizados por la intervención de actores que reivindicaran valores o derechos humanos. Así, la imposible adopción del Acuerdo de inversiones de China y de la Unión Europea por el veto del Parlamento Europeo, no sería un obstáculo para que China pueda acordar instrumentos de *soft law* con reglas básicas sobre inversiones y relaciones comercia-

---

las necesidades de la comunidad internacional". A. J. Rodrigo Hernández, "La integración normativa y la unidad del Derecho Internacional Público" en A. J. Rodrigo y C. García (Eds.), *Unidad y Pluralismo en el Derecho Internacional Público y en la Comunidad Internacional. Coloquio en Homenaje a Oriol Casanovas*, Tecnos, 2011, pp. 321-355, en p. 323.

les, con empresas multinacionales y también con países europeos en acuerdos bilaterales.

Por otra parte, especial gravedad reviste la incursión de las empresas multinacionales con la autorregulación como complemento a la acción normativa de los actores estatales o como alternativa cuando no se dan las condiciones necesarias para la adopción de instrumentos convencionales. Esta incursión de los actores no estatales puede verse desde muy diversas ópticas que engrandecen o empequeñecen —deformándolos— los procedimientos normativos internacionales tradicionales tal y como los hemos conocido. La sociedad civil internacional organizada ahora se considera imprescindible para insuflar una nueva vida al 'multilateralismo eficaz'[33] en crisis, que se quiere renovar con la idea de 'multilateralismo inclusivo' que forma parte de la nueva visión presentada en el Informe del Secretario General de las Naciones Unidas, Antonio Guterres, *Nuestra Agenda Común*, y que fue elaborado a petición de la Asamblea General con motivo del 75 Aniversario de la ONU[34]. Con este multilateralismo inclusivo, la sociedad civil internacional conseguiría la intervención de sus diversos miembros en los procesos de negociación para dotarlos de una legitimidad democrática y social nueva, precisamente cuando se percibe un retroceso en los procesos de globalización o mundialización de los fenómenos normativos como consecuencia de los cambios sociales[35]. Estos actores de la cada vez más influyente sociedad

---

33 Sobre este concepto que fue un revulsivo de la acción de las Naciones Unidas y que fue promovido por la UE, véase la obra colectiva de L. N. González Alonso (Dir.) y A. Garrido Muñoz, *La Unión Europea y el Multilateralismo Eficaz. ¿Un compromiso consistente con Naciones Unidas?*, Iustel, 2011.

34 Disponible en Internet en https://www.un.org/es/content/common-agenda-report/assets/pdf/informe-nuestra-agenda-comun.pdf,

35 Celestino del Arenal destacó que "La mundialización ha sido la dinámica fundamental, por sus consecuencias y efectos en todos los ámbitos, en la reciente evolución de la sociedad internacional, ya que como resultado de la misma se ha producido la conformación de una sociedad internacional de dimensiones planetarias por primera vez en la historia de la humanidad. Truyol ha calificado este proceso de 'verdadera mutación de la sociedad internacional'. (...) La globalización supone un proceso complejo de creciente interconexión, interdependencia, instantaneidad y ubicuidad en ámbitos claves de la actividad social. Implica, en consecuencia, como señalan Held y McGrew, la transformación de los patrones tradicionales de la organización socioeconómica, del principio

civil internacional han sabido también crear alianzas con los Estados y organizaciones internacionales para que sus propuestas normativas desemboquen en procesos formales de creación de normas en el plano interno y también en el plano internacional, asumiendo el riesgo de participar en procesos en los que los Estados necesitan la legitimidad que les ofrecen las ONGs o las empresas, por ejemplo, en la lucha contra el cambio climático, como tendré ocasión de examinar en el apartado correspondiente.

El desafío que plantea el *soft law* en el caso del Derecho de la Unión Europea es, sin embargo, muy distinto en la medida en que éste puede afectar al fin último de la Unión que no es otro que conformar una Comunidad de Derecho a través de un proceso de inte-

---

territorial y del poder. La sociedad internacional global, en la que vivimos, no tiene, por lo tanto, mucho que ver con la sociedad internacional tradicional, westfaliana, que culmina con la mundialización en la primera mitad del siglo XX, caracterizada por la conformación de una sociedad de dimensiones mundiales, basada en el dominio y control de los espacios terrestres por parte de los Estados, con interacciones condicionadas por el factor tiempo y con los Estados jugando un papel central en la misma, en cuanto sociedades cerradas, con fronteras territoriales perfectamente delimitadas, capaces de controlar las interacciones y filtrar la información y el conocimiento provenientes del mundo externo y de controlar en gran medida las relaciones y la comunicación de sus ciudadanos en el exterior. (…) Con la globalización se produce, por lo tanto, una desterritorialización de los espacios de poder tradicionales y una reterritorialización de los mismos de acuerdo con nuevos criterios y referentes identitarios, que dan lugar al debilitamiento de las fronteras estatales y el surgimiento de nuevos límites o fronteras de naturaleza religiosa, étnica, cultural, nacional, económica o social, expresión de los actores no estatales, colectivos e individuales, protagonistas principales, aunque no únicos, de la globalización. Con la globalización, como señala Beck surgen un espacio y un marco de acción nuevos: la política se *deslimita* y *desestataliza*. La consecuencia es que aparecen jugadores adicionales, nuevos papeles, nuevos recursos, reglas desconocidas, contradicciones y conflictos nuevos. Supone, en definitiva, la superación de la lógica espacial del Estado y de la lógica del tiempo imperante hasta hace poco", C. del Arenal, "Homogeneidad y Heterogeneidad en la Sociedad Internacional como bases de las tendencias hacia la integración y la fragmentación", A. J. Rodrigo y C. García (Eds.), *Unidad y Pluralismo en el Derecho Internacional Público y en la Comunidad Internacional. Coloquio en Homenaje a Oriol Casanovas*, Tecnos, 2011, pp. 63-83, en pp. 67, 70-72. Véase igualmente sobre estos conceptos: E. Barbé (Dir.), *Las normas internacionales ante la crisis del orden liberal*, Tecnos, 2021, y antes E. Barbé (Dir.), *Cambio mundial y gobernanza global. La interacción entre la Unión Europea y las instituciones internacionales*, Tecnos, 2012.

gración progresiva, gracias al ejercicio de competencias atribuidas cuyos resultados se incorporan en el ordenamiento jurídico de sus Estados miembros[36]. En un ordenamiento plenamente caracterizado por este fin, el *soft law* se introduce por distintos motivos y para cumplir distintas funciones que no se encuentran previstas en los Tratados constitutivos y que, sin embargo, se ponen al servicio del desarrollo, interpretación y cumplimiento tanto del derecho originario como del derecho derivado de la Unión. Asimismo, el *soft law* en la Unión Europea ha servido para dar forma a los acuerdos institucionales que han articulado relaciones más flexibles entre el Consejo de Ministros, la Comisión Europea y el Parlamento Europeo, invocando el interés de la Unión y la necesidad de llegar a acuerdos políticos sobre cuestiones fundamentales, cuya regulación había de acelerarse al ritmo de las necesidades sociales. Este papel del *soft law* en la Unión Europea, sin embargo, sólo debe aceptarse si se desempeña en el pleno respeto de las normas primarias que determinan la atribución y el ejercicio de competencias soberanas, así como el alcance de las funciones de las instituciones europeas. Sin embargo, la práctica de estas instituciones ha evolucionado hasta llegar a —como señala T. Van den Sanden— "utilizar los documentos políticos del *soft law* y el derecho secundario para definir los límites de las competencias del derecho primario [lo que] entraría en conflicto con la jerarquía de las normas"[37]. Todo ello depende además de un equilibrio institucional que si se pierde puede crear una situación anómala que puede distorsionar la visión de los contornos del Derecho europeo, que también afecta a la titularidad de la competencia y a su naturaleza compartida y es capaz de debilitar los procedimientos normativos y de control del cumplimiento previstos en los tratados constitutivos, a favor de otros calificados de atípicos por no estarlo. Por todo ello, en última instancia, la definición de *soft law* vendrá dada por múltiples

---

[36] Véase T. Fajardo del Castillo, *Soft Law*, Oxford Bibliographies, 2013, revisado en 2017, p. 22, disponible en https://www.oxfordbibliographies.com/view/document/obo-9780199796953/obo-9780199796953-0040.xml

[37] Véase T. Van den Sanden, "The Odd One Out: The Legal Scope of EU Development Cooperation Policy", en J. Odermatt y T. Van den Sanden (eds.), *The EU and its Member States in the World: Legal and Political Debates,* KU Leuven Working Paper N° 185, Proceedings of the Interdisciplinary Doctoral Colloquium "The EU as a Global Actor", 2017, pp. 85-104, en p. 97.

factores, que dependiendo del sistema jurídico al que se aplique podrá llevar a conclusiones muy diferentes, como podré mostrar en el caso del Derecho Internacional y del Derecho de la Unión Europea. Así, este estudio consta de dos partes claramente definidas, pero intrínsecamente conectadas para poner de manifiesto la cara y la cruz del *soft law*. Respecto a estos sistemas jurídicos —el internacional y el europeo— también será necesario analizar los distintos sectores normativos en los que el *soft law* tiene una mayor incidencia. Estos sectores comparten el rasgo de afectar a la soberanía del Estado, penetrando en áreas soberanas con el fin principal de moldear el derecho interno conforme a unos parámetros internacionales y/o europeos comunes, incluso con carácter previo al desarrollo de las legislaciones nacionales, como sería el caso de las normas internacionales y europeas sobre protección de los datos personales, la lucha contra la desinformación o la ciberseguridad. En estos nuevos ámbitos sectoriales, se pone de manifiesto que su origen radica en instrumentos universales o regionales de ambición general. Serán los instrumentos de *soft law* los que servirán de vehículo para los nuevos cuerpos normativos inspirados por el principio de solidaridad[38], destinados a la protección de intereses comunes y bienes públicos globales y del Patrimonio común de la Humanidad. Dada la ambición de este fin, de por sí, exige otorgar a los Estados el más amplio de los márgenes de

---

[38] Así R. WOLFRUM lo ha definido destacando que este principio de solidaridad "has an impact on the structure and functioning of international relations and reflect the transformation of the international relations and reflects the transformation of the international relations system from a network of bilateral commitments into a value-based global legal order. This development stands in stark contrast to the traditional view of public international law in the nineteenth and the beginning of the twentieth century. Arguing in favour of the existence of a structural principle of solidarity among States seems totally alien to a legal system devoted merely to the coordination of independent State activities. The introduction of the principle of solidarity as a structural principle of international law reorients international law from a set of rules to preserve the present state of existing international relations into a regime to fulfil a certain mission, namely the promotion of international social justice among States. This is because at its heart the principle of solidarity strives for the amelioration, at least a gradual one, of inequalities among States", R. WOLFRUM, Solidarity and Community Interests: Driving Forces for the Interpretation and Development of International Law, Pocketbooks of the Hague Academy of International Law, Brill/Nijhoff, 2021, pp. 86-87.

discrecionalidad, lo que necesariamente afecta a la obligación última que deben aceptar. *Ergo, soft law.*

Además, la *gobernanza soft*[39] es una de las manifestaciones a abordar, aunque ello nos pueda descubrir muy distintos aspectos. Así U. Mörth considera que el papel que desempeña el *soft law* es muy diferente según estemos en presencia de la Organización de las Naciones Unidas, la Organización para la Cooperación y el Desarrollo en Europa (OCDE), el Banco Mundial, el Fondo Monetario Internacional o ante la Unión Europea. Las expectativas normativas que generan estas organizaciones internacionales son muy distintas y así, el *soft law* puede ser una fortaleza de la OCDE para impulsar desarrollos normativos para los que carece de competencias y poder legislativo o una debilidad en el caso de la Unión Europea, porque ésta, que sí cuenta con ellas y con el poder normativo vería como éste no sería ejercido conforme a los procedimientos previstos en sus tratados constitutivos sino a través de instrumentos atípicos cuya adopción sólo puede explicarse como una distorsión de dichos procesos y que obedecen a una situación de conflicto relativa al alcance y límites de la competencia europea y a los problemas de identificación de los Estados miembros con el proceso de integración, que sigue siendo la respuesta normativa más avanzada a la interdependencia.

El *soft law* también ha sido objeto del reconocimiento por los ordenamientos jurídicos internos como en el caso español en la Ley de Tratados y otros Acuerdos Internacionales[40] en la que se hace referencia a los tratados no normativos que no analizaré en este estudio, sino que será objeto de un trabajo próximo. Sin embargo, no dejaré de notar que en la relación entre el Derecho interno y el *soft law* internacional, cabe apreciar los procesos de lo que Ulrich Beck denominó "la política interior global", o de lo que, mucho antes, George Scelle calificó de desdoblamiento funcional, para abordar los riesgos globales a los que ha de darse una respuesta interna —y viceversa. Además, en mi opinión, el *soft law* puede ayudar a "salvar y superar el

---

39 Véase U. Mörth (ed.) *Soft Law in Governance and Regulation - An Interdisciplinary Analysis*, Cheltenham: Edward Elgar, 2004.

40 Véase Ley 25/2014, de 27 de noviembre, de Tratados y otros Acuerdos Internacionales, *BOE núm. 288*, de 28/11/2014, https://www.boe.es/eli/es/l/2014/11/27/25/con

abismo que se ha abierto entre la política interior global realmente existente y la normativa", lo que veré en el caso de la Unión Europea y su acción global normativa[41]. Ulrich Beck afirmó que "los riesgos globales (cambio climático, crisis financiera, etc.) suprimen fronteras y categorías, e instauran contra nuestra voluntad una 'política interior global' en la que el otro ha comenzado a ocupar *de facto* el centro de nuestras vidas" y, por eso, para él, era necesario redefinir este concepto "para que dé cabida a un diagnóstico de la realidad, para hacer de él la llave que nos abra la puerta a la política interior global 'impura', realmente existente"[42]. Los riesgos se acrecientan, además, si no se reconocen como tales, en la medida en que a través de instrumentos de *soft law,* China puede terminar persiguiendo y alcanzando una política interior global, en aquellos sectores como el comercial y en las inversiones, en los que la intensidad normativa puede modularse, ya que la aplicación y el cumplimiento se conseguirían gracias a los estímulos más diversos, derivados de una economía basada en cadenas de valor, y no en valores.

A pesar de las críticas o quizás gracias a ellas, el *soft law* ha llegado para quedarse, porque es un concepto provocador[43] que llama a cuestionar los fundamentos del Derecho Internacional, atreviéndose a poner de manifiesto todos los defectos y las debilidades que le aquejan y que en última instancia son las razones que explican su déficit de aplicación y cumplimiento en las relaciones interestatales pero, igualmente, en aquellos sectores del Derecho Internacional que están destinados a conformar el ejercicio de las competencias soberanas en el ámbito nacional.

Mi ambición con este libro es precisamente provocar el debate y el análisis sobre este concepto, examinando las distintas teorías y llevándolas al terreno práctico, a las distintas áreas donde el *soft law* desempeña un papel fundamental en el origen y el desarrollo de las nuevas normas internacionales y de los procesos normativos en las

---

41 U. Beck, *Crónicas desde el mundo de la política interior global,* Paidós, 2011, pp. 11 y 12.

42 Ibidem.

43 Así lo considera Y. Ellis, para la que el papel del *soft law* es "to provoke investigation into, and debate about, the nature, sources, validity, and legitimacy of law", Y. Ellis, *loc. cit.*, p. 372.

que se crean. Para ello, partiré de una visión dinámica del *soft law* con el propósito de ver su evolución en el tiempo y sus perspectivas de futuro[44].

[44] Véase T. FAJARDO DEL CASTILLO, *Soft Law*, Oxford Bibliographies, 2014, revisado en 2017, disponible en https://www.oxfordbibliographies.com/display/document/obo-9780199796953/obo-9780199796953-0040.xml

Capítulo II

EL SOFT LAW EN EL DERECHO INTERNACIONAL

1. EN BUSCA DE UNA DEFINICIÓN DEL SOFT LAW EN EL DERECHO INTERNACIONAL

No existe una opinión uniforme entre los académicos sobre la definición de "*soft law*", ni siquiera sobre qué es considerado como tal, porque como señalan A. T. GUZMÁN Y T. MEYER, en ocasiones, los autores tratan diferentes temas bajo el mismo título general y "esta confusión refleja una profunda diversidad tanto en los tipos de acuerdos internacionales como en las situaciones estratégicas que los producen"[45]. En este mismo sentido, A. PELLET considera que la gran variedad de sinónimos utilizados por los juristas francófonos para denominar el *soft law* como droit mou, vert, tendre, déclamatoire, (verde, blando, declaratorio) y para negarlo: pré-droit, para-droit, méta-droit, muestra que éste está "más desnudo que el derecho internacional general debido a la crudeza de su proceso de formación, en el que las relaciones de poder juegan más abiertamente"[46]. En el caso del español, es llamativo que el término que se ha utilizado para su traducción en los documentos oficiales de la Unión Europea sea el de derecho indicativo —pero indicativo de qué, nos podemos preguntar, ¿de la dirección que van a seguir las propuestas normativas? También se le denomina derecho informal, blando, fluido, o no se utiliza término alguno como categoría autónoma y se habla de recomendaciones sin valor jurídico. No nos debe extrañar, sin embargo, que, en español, se hable de *soft law* utilizando el término en inglés y que sea este término el que utilizan los jueces españoles para

---

45 A. T. GUZMÁN Y T. MEYER, "International Soft Law", *Journal of Legal Analysis*, Vol. 2, 2010, pp. 171-225, en p. 171.

46 A. PELLET, "Contre la Tyrannie de la Ligne Droite. Aspects de la Formation des Normes en Droit International de l'Economie et du Developpement," en *Thesaurus Acroasium Vol. XIX, Sources of International Law*, 1992, pp. 291-356, en p. 346.

referirse a instrumentos internacionales que no son normas convencionales o consuetudinarias. Sin embargo, como apunta K. Raustiala "mientras que el *soft law* es una expresión ampliamente utilizada hoy en día, generalmente no aparece en los documentos oficiales: en otras palabras, los acuerdos o resoluciones rara vez son explícitamente etiquetados como *soft law*. En su lugar, los analistas *a posteriori* afirman que [los instrumentos internacionales que analizan] representan ejemplos de *soft law*."[47] Qué duda cabe que los Estados tienen en cuenta los instrumentos de *soft law* que suscriben, porque tienen un peso específico en sus futuras relaciones, ya desemboquen éstos en un tratado que adopten posteriormente o que les sirvan de referente en caso de que se produzca su fracaso o un *impasse* en la juridificación de sus relaciones. Para algunos Estados, véase el caso de China, con una percepción diferente del Derecho Internacional, les es más coherente un instrumento no vinculante como parte de su acción exterior, que conciben como un proceso permanente de negociaciones, en lugar de un tratado internacional que sellaría una fase de la relación normativa, petrificándola, pero ésta es una cuestión a abordar más adelante[48]. Y, siguiendo con el término de *soft law*, por su parte, K. Abbott y D. Snidal se refieren al *soft law* como un "*shorthand term*", un "término abreviado", "para distinguir esta amplia clase de desviaciones del *hard law* —y, en el otro extremo, de los acuerdos puramente políticos en los que la 'legalización' está en gran medida ausente"[49]. Y, como ya hemos señalado en la introduc-

---

47 K. Raustiala, "Form and Substance in International Agreements," *American Journal of International Law*, Vol. 99, 2005, pp. 581-614, en p. 595.

48 Más adelante analizaré como esa sería la visión que sostiene China más abiertamente ahora que reivindica su vocación de potencia normativa desde el respeto a la soberanía que sólo puede conseguir con la flexibilidad de los procesos convencionales abiertos y el *soft law*. En cualquier caso, sus relaciones con la Unión Europea sirven para ilustrar muchas de las variantes que mencionamos. Así, la Unión Europea y China tienen un memorando de entendimiento para trabajar en asuntos relacionados con las iniciativas FLEGT, siendo FLEGT las siglas de *Forest Law Enforcement, Governance and Trade*, que es un Plan de Acción de la UE que se estableció en 2003 y que a través de acuerdos voluntarios persigue reducir la tala ilegal reforzando la gestión forestal sostenible y legal, mejorando la gobernanza y fomentando el comercio de la madera producida legalmente.

49 K. Abbott y D. Snidal, "Hard and Soft Law in International Governance," *International Organization*, Vol. 54, 2000, pp. 421-456, en p. 422.

ción, las distintas definiciones del *soft law* encierran siempre un posicionamiento a su favor o en su contra, con un sesgo que forma parte de su contenido. De igual modo, ocurre cuando el *soft law* se aborda en los manuales de la disciplina del Derecho Internacional, ya que este posicionamiento también tiene un impacto en la medida en que condiciona el estudio del fundamento del Derecho Internacional, su sistema de fuentes, el desarrollo de las instituciones jurídicas y la nueva gobernanza internacional. En este sentido, como señala M. GOLDMANN, no es de sorprender que entre los juristas, el *soft law* haya provocado, en lugar de la unanimidad, una fiera resistencia a endosar un entendimiento común de esta noción, en la medida en que implica una revisión de todos los fundamentos del Derecho Internacional, cuestionando el consentimiento en el caso del positivismo jurídico, el realismo jurídico, los *critical legal studies* y el derecho administrativo global y la legitimidad de los enfoques discursivos[50]. Este autor examina el modo en que cada una de estas escuelas responde a dos provocadoras preguntas. La primera sería cómo estas teorías responden al hecho de que el *soft law* internacional sea a menudo el equivalente funcional a los tratados internacionales y la segunda, cómo se posicionarían frente a la contestación de la legitimidad del *soft law*[51]. El estudio y análisis de las respuestas a estas preguntas desde cada una de las distintas teorías del Derecho Internacional exceden este trabajo, si bien, conforman por sí mismos toda una nueva agenda de investigación.

Por ello, es necesario hacer un recorrido por las definiciones del *soft law* a partir de las aportaciones más interesantes de la doctrina.

1.1. Definiciones de Soft Law

Respecto a las definiciones del *soft law*, y sumándolas a las que ya nos han servido de referencia en la introducción, es necesario empezar señalando como hiciera D. SHELTON que "no existe una definición aceptada de '*soft law*', pero suele referirse a cualquier ins-

---

50 M. GOLDMANN, "We Need to Cut Off the Head of the King: Past, Present and Future Approaches to International Soft Law", *Symposium on Soft Law, Leiden Journal of International Law*, Vol. 25, 2012, pp. 335-368.

51 Ibidem, p. 335.

trumento internacional distinto de un tratado que contenga principios, normas, estándares u otras declaraciones de comportamiento esperado"[52]. Algunos autores, como T. GRUCHALLA-WESIERSKI[53] y Q. BAXTER, incluyen en la definición tanto las normas jurídicas como las no jurídicas[54], mientras que otros, por ejemplo M. VIRALLY, restringen el término de *soft law* a las normas jurídicas, normalmente creadas por tratado, que son vagas en cuanto a su contenido o débiles en cuanto a los requisitos de la obligación. Además, en su caso, M. VIRALLY fue el Relator del Instituto de Derecho Internacional sobre los instrumentos internacionales carentes de significación jurídica, y por ello examinó a fondo el amplio abanico de estos instrumentos para poder así identificar las diferentes posiciones mantenidas por los miembros del Instituto, llegando a la conclusión de que tanto los instrumentos jurídicos como los políticos —'*engagements politiques et juridiques*'— se basan en la buena fe[55]. Además, T. MEYER añadió que el *soft law* se forma con aquellas obligaciones que, aunque no son jurídicamente vinculantes en sí mismas, se les da algún efecto jurídico a través de instrumentos jurídicos internacionales y nacionales separados[56], con lo que además sería necesario establecer el grado de dependencia o conexión entre todos los instrumentos jurídicos, como parte de un sistema normativo y/o también de varios subsistemas normativos.

---

52 D. SHELTON, "International Law and Relative Normativity", en MALCOLM EVANS (ed.), International Law, New York: Oxford University Press, 2010, 141-171, en p. 164-165.

53 Este autor ofrece una definición del *soft law* internacional económico en la que lo caracteriza como "legal or non-legal obligations which create the expectation that they will be used to avoid or resolve disputes. They are not subject to effective third party interpretation, and their subject matter and formation are international in nature", T. GRUCHALLA-WESIERSKI, *loc. cit.*, p. 44.

54 Véase Q. BAXTER, "International Law in her Infinite Variety", *International and Comparative Law Quarterly*, Vol. 29, 1980, pp. 549-566.

55 M. VIRALLY, "La distinction entre textes internationaux ayant une portée juridique dans les relations mutuelles entre leurs auteurs et textes qui en sont dépourvus", *Institute of International Law Yearbook / Annuaire de l'Institut de Droit International, 60-I Session of Cambridge*, 1983, pp. 166-357.

56 T. MEYER, "Soft Law as Delegation", *Fordham International Law Journal*, Vol. 32, 2009, pp. 888-942, en p. 890.

A. Boyle y C. Chinkin definieron el *soft law* desde una perspectiva jurídica en tanto que "una descripción conveniente para una variedad de instrumentos jurídicamente no vinculantes", considerando la forma jurídica como decisiva, pero señalando que una vez que el *soft law* "comienza a interactuar con instrumentos vinculantes, su carácter no vinculante puede perderse o alterarse"[57]. En estos casos, podría señalarse que el proceso de 'legalización' o 'juridificación' que se inicia con el *soft law* puede llegar a buen término al ser transformado en normas vinculantes a través de los instrumentos normativos que adoptan los Estados o las organizaciones internacionales. También cabe constatar que, en ocasiones, los Estados no desean un instrumento vinculante sobre una materia dada —biodiversidad marina, ciberseguridad, protección de datos, el espacio exterior, terrorismo internacional, corrupción, desinformación—, en un momento en el que no se den las circunstancias adecuadas para alcanzar un compromiso internacional de mayor intensidad normativa. La adopción de los Objetivos de Desarrollo Sostenible (ODS) y la Agenda 2030, por parte de la Asamblea General de las Naciones Unidas en su Resolución 70/1 de 25 de Septiembre de 2015[58], sirve para mostrar cómo un instrumento de *soft law* ha tenido los más diversos desarrollos normativos de intensidad jurídica variable, a través de sus incorporaciones en los ordenamientos jurídicos nacionales e internacionales. Así, la Unión Europea incorporó el concepto de desarrollo sostenible con ocasión de la reforma de sus tratados constitutivos con el Tratado de Maastricht en 1991 y, ya desde 2015, los Objetivos de Desarrollo Sostenible (ODS) se han considerado no sólo en sus programas de acción medioambiental[59] sino también en su Pacto Verde

---

57 A. E. Boyle y C. Chinkin, *The Making of International Law*, Oxford University Press, Oxford, 2007, p. 210.

58 Resolución 70/1, de 25 de septiembre de 2015, titulada "Transformar nuestro mundo: la Agenda 2030 para el Desarrollo Sostenible", disponible en https://sdgs.un.org/es/2030agenda

59 Así en el Artículo 1.3 del Octavo Programa de Medio ambiente de la Unión Europea, que se ocupa de su objeto, expresamente, se afirma que, "El VIII PMA constituye la base para la consecución de los objetivos climáticos y medioambientales definidos en la Agenda 2030 de las Naciones Unidas y sus ODS, así como de los objetivos de los acuerdos medioambientales multilaterales en materia de medio ambiente y clima", Decisión (UE) 2022/591 del Parlamento Europeo y del Consejo de 6 de abril de 2022 relativa al Programa General de Acción de la

con el que transformará su modelo económico. Los ODS también han tenido una enorme influencia e impacto en los actores no estatales, a los que han sumado no sólo en los procesos de aplicación sino también de elaboración de políticas públicas globales. De igual modo, los ODS y la Agenda 2030 han servido para generar una "integración normativa" entre los distintos instrumentos de *hard* y de *soft law* promovidos por la Organización de las Naciones Unidas, en especial los relativos al medio ambiente, hasta generar la interoperabilidad de los convenios medioambientales y de los órganos y sistemas institucionales vinculados a ellos, para mejorar su interpretación, su aplicación y el control de su cumplimiento.

Algunos autores de las doctrinas anglo-americana y europea confían en una distinción binaria entre reglas jurídicas y no jurídicas, mientras que otros prefieren la idea de una intensidad o graduación normativa o *continuum* que —expresado de manera poética por A. PELLET permitiría la existencia de una penumbra donde el *soft law* encuentra su ser. Son fundamentales para entender la evolución del concepto los trabajos fundacionales de Q. BAXTER y de P. WEIL[60], que son una lectura obligada para acercarse al *soft law* desde posiciones opuestas. Q. BAXTER ve en el *soft law* la infinita variedad del Derecho Internacional que expresa una "diferente intensidad de acuerdo" a través de "diversos grados de contundencia, persuasión y consenso que se incorporan a los acuerdos" y también a través de "diversas normas de derecho internacional consuetudinario, en términos de grado de aceptación, de precisión, de relevancia"[61]. Por el contrario, P. WEIL critica la noción de "normatividad relativa", advirtiendo que no debemos desdibujar la distinción entre disposiciones normativas y no normativas o entre actos normativos y pre-normativos en el proceso de creación de normas internacionales. También es de destacar entre los opositores al concepto de *soft Law*, a J. KLABBERS que ha

Unión en materia de Medio Ambiente hasta 2030, *DOUE L 144*, de 12 de Abril de 2022, p. 23.

60 P. WEIL, "Towards Relative Normativity in International Law?", *American Journal of International Law*, Vol. 77, 1983, pp. 413-442. Hay igualmente una versión en francés "Vers une normativité relative en Droit International?" *Revue Générale de Droit International Public*, Vol. 86, 1982, pp. 5-47.

61 Q. BAXTER, "International Law in her Infinite Variety", *International and Comparative Law Quarterly* 29, 1980, pp. 549-566, en pp. 549 y 562.

luchado contra esta noción con constancia. La considera redundante, ya que "la concepción binaria tradicional del derecho es capaz de realizar las funciones generalmente atribuidas al *soft law*" y, sin embargo, a pesar de ello, no puede negar su existencia como fenómeno jurídico[62].

C. M. CHINKIN adoptó su posición respecto al *soft law* con una evaluación exhaustiva sobre sus pros y sus contras, teniendo en cuenta su impacto en los procedimientos legislativos, la implementación y la adjudicación del Derecho Internacional[63]. De igual modo, DINAH SHELTON editó un trabajo pionero de la Sociedad Americana de Derecho Internacional que evalúa las normas no vinculantes y discute el cumplimiento del *soft law*, a través del examen de una amplia variedad de instrumentos no vinculantes sobre temas clave[64].

Sobre el estado de la técnica del *soft law*, el Simposio sobre el *Soft Law* de la Universidad de Leiden de 2012 ofreció hace ya una década, un valioso análisis de las diferentes teorías jurídicas sobre el Derecho Internacional, en busca de respuestas a las cuestiones planteadas por el *soft law* al sistema normativo del Derecho Internacional, desde muy distintas posiciones que siguen siendo referentes teóricos de las distintas escuelas del Derecho Internacional. Con motivo de este simposio, J. D'ASPREMONT Y T. AALBERTS destacaron que "las definiciones de *soft law* suelen hacer referencia a una serie de características, como la falta de precisión, el carácter abierto, la falta

---

62 J. KLABBERS, "The Redundancy of Soft Law", *Nordisk Journal of International Law*, Vol. 65, 1996, pp. 167-182, en p. 168 y "The Undesirability of Soft Law," *Nordic Journal of International Law*, Vol. 63, 1998, pp. 381-394.

63 C. M. CHINKIN, "The Challenge of Soft Law: Development and Change in International Law", *International and Comparative Law Quarterly*, Vol. 38, 1989, pp. 850-866 y "Normative Development in the International Legal System," en D. SHELTON (ed.), *Commitment and compliance: the role of non-binding norms in the international legal system*, Oxford, UK: Oxford University, 2000, pp. 21-42.

64 Esta fue la metodología elegida para el estudio que llevaría a cabo la American Society of International Law bajo la dirección de DINAH SHELTON, en el que se realizó una evaluación de un incontable número de instrumentos no vinculantes de sectores relevantes así como de las disposiciones de distinta intensidad normativa de instrumentos vinculantes para poder contrastar sus afirmaciones con la práctica jurídica que se desarrolla en las conferencias internacionales, en las organizaciones internacionales y, en particular, en aquellas con un poder normativo como es el caso de la Unión Europea.

de aplicabilidad, así como el tipo de actores que participan en la generación de normas. En última instancia, estas características están relacionadas con la distinción entre el derecho y el no derecho"[65]. Sin embargo, muchos de los elementos de esta apreciación como la falta de capacidad para hacerse cumplir o los actores que intervienen en los procesos normativos, han de revisarse a la luz de los progresos que se constatan en el cumplimiento de algunos instrumentos de *soft law* de especial relevancia y respecto a los cuales, las instancias de las Naciones Unidas evalúan su cumplimiento del mismo modo que en el caso de los instrumentos convencionales. Así, las recientes evaluaciones sobre el estado de in-cumplimiento de los Objetivos de Desarrollo Sostenible conforme al calendario previsto para 2030, destacan la necesidad de superar la regresión en su aplicación, provocada por la pandemia del COVID-19, y la urgencia de incrementar los esfuerzos para alcanzarlos. Como ejemplo de 'historia con éxito', que analizaré en la sección dedicada al Derecho Internacional de las migraciones, el Pacto Mundial por una Migración Segura, Ordenada y Regular ha desarrollado el germen que contenía y que emplazaba a los Estados que lo suscribieron a evaluar su estado de cumplimiento una vez transcurridos 5 años, después de haber llevado a cabo evaluaciones periódicas cada dos años. La práctica de un número importante de Estados que han adoptado medidas de cumplimiento de este Pacto, muestra la capacidad de promoción normativa de este instrumento *soft*.

1.2. Las Teorías sobre el Soft Law: Enfoque Binario versus Continuum

Como consecuencia de la polarización del debate sobre el concepto y las definiciones de *soft law*, se han conformado dos grandes posiciones o enfoques: por una parte, la de aquellos para los que la naturaleza binaria del derecho no puede explicar la complejidad del ordenamiento jurídico internacional en un mundo globalizado y que

---

[65] J. D'Aspremont y T. Aalberts, "Which Future for the Scholarly Concept of Soft International Law? Editors's Introductory Remarks" en J. D'Aspremont y T. Aalberts (eds.) Symposium on Soft law, *Leiden Journal of International Law*, Vol. 25, 2012, pp. 309-312.

aceptan una normatividad con distintas graduaciones o intensidades, o lo que vendría a ser lo mismo, una intensidad normativa variable, en la que cabe apreciar un *continuum.* Entre estos autores se encuentra un grupo tan variado como notable: ABBOT ET AL. 2000, Q. BAXTER, S. BESSON[66], A. BOYLE Y C. CHINKIN, P. M. DUPUY, O. ELIAS Y C. L. LIM, U. FASTENRATH, A. GUZMÁN, R. IDA[67], A. PELLET, A. PETERS, O. SCHAFTER, D. SHELTON[68] Y M. VIRALLY.

En una posición antagónica, J. KLABBERS se compromete con el carácter binario del derecho —derecho y no derecho— tal y como lo definiera el filósofo DAVID HUME[69]. Considera J. KLABBERS que "la belleza del derecho es... que puede traducir todas las diversas sutilezas y matices políticos o morales en simples dicotomías como vinculante/no vinculante, legal/ilegal..."[70]. También K. RAUSTIALA sostiene que "la dicotomía entre el derecho 'duro' y 'blando' no es coherente y oscurece más que ilumina", rechazando así que el derecho blando sea una categoría analíticamente útil ya que la legalidad es una variable binaria. En ella se estipula que la elección entre el derecho vinculante y el derecho no vinculante permite elegir entre contratos (tratados) y promesas (no tratados)"[71]. Otros autores que

---

66 S. BESSON, "International Normativity and the Sources of International Law. Theorizing the Sources of International Law", en S. BESSON Y J. TASIOULAS, (Eds.) *The Philosophy of International Law*, Oxford University Press, Oxford, 2010.

67 R. IDA, "Formation des Normes Internationales dans un Monde en Mutation. Critique de la Notion de Soft Law", en *Le Droit International au Service de la Paix, de la Justice et du Développement. Mélanges Michel Virally*, Éditions A. Pedone, Paris 1991, 333-347.

68 Así, D. SHELTON considera que "In respect to 'relative normativity' scholars debate whether binding instruments and non-binding ones are strictly alternative or whether they are two ends on a continuum from legal obligation to complete freedom of action, making some such instruments more binding than others. If and how the term 'soft law' should be used depends in large part on whether one adopts the binary or continuum view of international law", *loc. cit.*, p. 165

69 J. KLABBERS señalaría que "David Hume wrote a passionate plea for recognition of what might be called the binary character of law. Having noted that vice and virtue may come in various shades of grey and 'run insensibly into each other'", J. KLABBERS, "The Redundancy of Soft Law", *Nordisk Journal of International Law* 65, 1996, pp. 167-182.

70 J. KLABBERS, ibidem, p. 182.

71 También polariza su posición al afirmar que "The concept of soft law necessarily rejects the idea that law is binary, since it purports to identify something bet-

rechazan la categoría de *soft law* y que lo hacen por ser redundante, afirman que éste se convierte en derecho o en algo que no lo es y que resulta inaceptable porque desencadena un debilitamiento de la normatividad. Entre estos autores se encuentran P. WEIL[72], G. ABI-SAAB[73], J. D'ASPREMONT[74], J. BRUNNÉE[75], M. KOSKENNIEMI[76], M. FINNEMORE y S. TOOPE[77]. Estos autores, como ha señalado YAELLE ELLIS aunque "apoyan una distinción binaria que distingue entre derecho y el no-derecho, no están satisfechos con un enfoque voluntarista para el reconocimiento de las normas"[78]. Para Y. ELLIS y M. GOLDMANN, la insatisfacción proviene de la caracterización del derecho no vinculante como de una importancia indirecta en el proceso normativo, como meramente *lex ferenda* o la vanguardia de la 'legalización'. Así pues, J. D'ASPREMONT y T. AALBERTS consideran que "esa conceptualización convierte en última instancia al 'derecho blando' en un oxímoron y *reifica* la distinción categórica entre el derecho y el no derecho sin tener realmente en cuenta el *soft law* como una práctica (legal) recurrente en la sociedad internacional contemporánea"[79]. A este respecto, M. GOLDMAN califica los llamamientos a su eliminación

ween hard law and no law... An agreement either is, or is not, legally-binding: there is no in-between, nor is it analytically helpful to refer to "soft law", KAL RAUSTIALA, "Form and Substance in International Agreements." *American Journal of International Law 99* (2005): 581-614, en concreto, p. 584 y en p. 595.

72 P. WEIL, "Towards Relative Normativity in International Law?" *American Journal of International Law,* Vol. 77, 1983, pp. 413-442.

73 G. ABI-SAAB, "Cours Général de Droit International Public," (General Cours of Public International Law), *Recueil des Cours,* Vol. 207, (1987-VII).

74 J. D'ASPREMONT,"Softness in International Law: A Self-Serving Quest for New Legal Materials", *European Journal of International Law* 19, 2008/5, p. 1075.

75 J. BRUNNÉE, "Reweaving the Fabric of International Law? Patterns of Consent in Environmental Framework Agreements", en R. WOLFRUM Y V. RÖBEN (eds.). *Developments of International Law in Treaty Making.* Heidelberg: Springer, 2005, pp. 101-126.

76 KOSKENNIEMI, *loc. cit.*

77 M. FINNEMORE Y S. TOOPE, "Alternatives to 'Legalization': Richer Views of Law and Politics," *International Organization,* Vol. 55, 2000, p. 746.

78 Y. ELLIS considera que "law and non-law, are not satisfied with a voluntarist approach to the rule of recognition", *loc. cit.*, p. 371.

79 J. D'ASPREMONT Y T. AALBERTS, "Which Future for the Scholarly Concept of Soft International Law? Editors's Introductory Remarks" en J. D'Aspremont y T. Aalberts (eds.) Symposium on Soft law, *Leiden Journal of International Law,* Vol. 25, 2012, pp. 309-312.

de "lucha contra los molinos de viento y descarta la demonización del *soft law* como algo inútil"[80].

Frente a este debate doctrinal, DINAH SHELTON advierte de que el hecho de recurrir al *soft law* depende en gran parte de que se adopte una visión del Derecho Internacional binaria o de *continuum*[81]. La idea del *continuum* se conecta además con la idea de penumbra que A. PELLET describiría señalando que "entre la luz del derecho y la oscuridad del no-derecho hay una zona de penumbra de la que la venerable teoría de las fuentes solo puede dar cuenta pobremente, porque estudia la forma de la norma y no su proceso de formación"[82].

Esta idea de penumbra sería acogida favorablemente por otros autores para darle distintas aplicaciones[83]. Así con esta alegoría, D. SHELDON Y S. BESSON[84] se permiten igualmente enlazar con la idea de jerarquía en el Derecho Internacional a partir de distintos grados de normatividad entre los que cabe distinguir el grado *soft* de las

---

80 M. GOLDMANN, "We Need to Cut Off the Head of the King: Past, Present and Future Approaches to International Soft Law", *Symposium on Soft Law, Leiden Journal of International Law*, Vol. 25, 2012, pp. 335-368, en p. 310.

81 "If and how the term 'soft law' should be used depends in large part on whether one adopts the binary or continuum view of international law", D. SHELTON, *loc. cit.*, p. 165.

82 Aunque Pellet critique el soft law, no deja de señalar que "C'est, bien plutôt, d'un 'dégradé normatif' qu'il faut parler. Entre la lumière du droit et l'obscurité du non-droit, s'étend une zone de pénombre dont la théorie, vénérable, des sources rend mal compte: elle étudie la forme que revêt la norme, non sa formation", p. 488. Vid. A. PELLET, 'Le bon droit et l'ivraie - Plaidoyer pour l'ivraie'. Remarques sur quelques problèmes de méthode en droit international du développement. In Le droit des peuples à disposer d'eux-mêmes; *Méthodes d'analyse du droit international - Mélanges offerts à Charles Chaumont*, Pédone, Paris, 1984, pp. 465-493.

83 ANNE PETERS E ISABELLA PAGOTTO, buscan un prototipo de lo que debería ser el derecho Most valuable deductive approach to soft law, starting from the idea of graduated normativity and going on to prototype theory of concepts, submit that soft law is in the penumbra of law; that it can be distinguished from purely political documents more or less readily, depending on its closeness to the prototype of law, "Soft Law as a New Mode of Governance: A Legal Perspective", disponible en Internet en http://papers.ssrn.com/sol3/papers.cfm?abstract_id=1668531

84 SAMANTHA BESSON, "International Normativity and the Sources of International Law. Theorizing the Sources of International Law" en S. BESSON y J. TASIOULAS, (Ed.) *The Philosophy of International Law*, Oxford University Press, Oxford, 2010.

normas que se encuentran en proceso de formación hasta el grado imperativo de las normas de *ius cogens*[85]. En cuanto a su concepto de "normatividad relativa", P. Weil centra el debate en si los instrumentos vinculantes y no vinculantes son estrictamente alternativos, o si forman dos extremos de un continuo[86].

Desde el punto de vista de la disciplina de las Relaciones Internacionales que se impone en los análisis del Derecho Internacional en Estados Unidos, autores como K. W. Abbott, R. O. Keohane, A. Moravcsik, A. M. Slaughter y D. Snidal han aplicado el concepto de *soft law* al sistema normativo del que surge, para afirmar que "no hay, sin embargo, una línea clara que divida entre las instituciones jurídicas de las que no lo son. En lugar de ello, hay un identificable *continuum* que va del *hard law* a través de varias formas de *soft law*, cada una con su individualizado *mix* de características, hasta llegar a situaciones con un grado de normatividad intrascendente."[87] De igual modo, en el plano institucional C. M. Raddaelli aplica la idea de *continuum* y de intensidad a la gobernanza para afirmar que "debería ser estudiada a lo largo de un *continuum* que vaya desde lo extremadamente formal a lo muy informal" y que los distintas tipologías de gobernanza que han sido identificadas por la literatura deberían situarse a lo largo de este *continuum*."[88]

2. EL SOFT LAW Y LAS FUENTES DEL DERECHO INTERNACIONAL

La irrupción del *soft law* en la concepción canónica del Derecho Internacional ha generado siempre una disrupción del hilo argumental del convenientemente acotado campo de las fuentes del Derecho

---

85 D. Shelton, "International Law and Relative Normativity", *loc. cit.*, p. 165.

86 D. Shelton, "Normative Hierarchy in International Law", *American Journal of International Law 100,* 2006, pp. 291-323

87 K. W. Abbott, R. O. Keohane, A. Moravcsik, A. M. Slaughter y D. Snidal, "The Concept of Legalization," *International Organization,* Vol. 54, 2000, en p. 418.

88 C. M. Radaelli, "Report on Soft Law, New Policy Instruments, and Modes of Governance in the European Union", disponible en Internet en http://www.eu-newgov.org/database/DELIV/D22D02_Soft_Law_Workshop.PDF, consultado por última vez el 1 de Julio de 2020, p. 1.

Internacional o, en el caso de los voluntaristas, de las distintas formas de creación de las normas internacionales a través de la prestación del consentimiento, como manifestación última de la soberanía de los Estados. Ciertamente, el *soft law* ha impulsado la investigación y los debates doctrinales[89] sobre la diferencia entre *soft law* y *hard law* a partir de las posiciones adoptadas respecto a las fuentes y los fundamentos del Derecho Internacional en los procesos de creación de normas y de adopción de decisiones, dando prioridad a la intensidad normativa de su contenido sobre la forma de las disposiciones y/o la intención de las partes.

Como ha señalado P. M. DUPUY, "la existencia del '*soft law*' nos obliga a reevaluar el proceso general de elaboración del Derecho Internacional y, al hacerlo, ilumina la dificultad de explicar este fenómeno remitiéndose únicamente a la teoría clásica de las fuentes formales del Derecho Internacional público"[90]. Así, y del mismo modo que ocurre en el caso del *soft law*, el concepto de '*fuente*' en el Derecho Internacional exige un posicionamiento de los ius-internacionalistas, que pueden considerarla inapropiada o todo lo contrario, en función del origen que le atribuyan al Derecho Internacional, y que les llevará a usar la noción de fuente en el ordenamiento jurídico internacional o la noción de procedimiento de creación o formación de normas internacionales —que en mi caso es el que prefiero. Así, los primeros entienden el concepto de fuente en tanto que fundamentación del Derecho Internacional, y de igual modo, sostienen que el Artículo 38 del Estatuto del Tribunal Internacional contiene las fuentes del Derecho Internacional —aunque entre ellas no se encuentren los actos de las organizaciones internacionales, los actos unilaterales y, tampoco, el *soft law*. Así, autores como H. CHARLESWORTH, consideran que "el *soft law* no es una fuente de derecho en el sentido del artículo 38.1 (…), sino una categoría de principios, articulados a través de instrumentos o documentos no vinculantes

---

89 Son de referencia obligada J. D'ASPREMONT Y T. AALBERTS, (eds.) Symposium on Soft law, *Leiden Journal of International Law 25*, 2012, pp. 309-372, D. SHELTON, (ed.). *Commitment and Compliance: The Role of Non-Binding Norms in the International Legal System*, Oxford, UK: Oxford University Press, 2000.

90 P.-M. DUPUY, "Soft Law and the International Law of the Environment." *Michigan Journal of International Law 12*, 1991, pp. 420-435, en p. 435.

como tales, cuyo estatus es más discutido y negociable que el de las normas jurídicas duras"[91].

El primer enfoque que entiende el concepto de fuente en tanto que fundamentación del Derecho Internacional se refiere básicamente a fuente, en singular[92], en la medida en que equipararía el fundamento del Derecho Internacional y la noción de fuente, considerada como la causa última del Derecho[93]; noción que se utiliza para el estudio de la estructura normativa de los ordenamientos jurídicos internos y, que en ellos puede ser apropiada por la formalización de los procedimientos de creación de normas internas. En este sentido, M. Koskenniemi considera que gran parte de la teoría de las fuentes se ha consagrado al tema del fundamento de la obligación. Se trata de dar la razón última de por qué el derecho o la norma fundamental o el *a priori* del que se piensa que procede la argumentación jurídica, obliga. También considera este autor que

> "los debates habituales se han organizado en torno a dicotomías como naturalismo/positivismo, explicaciones sociológicas (biológicas) y voluntaristas, por ejemplo. El carácter vinculante de la norma se busca o bien desde algún lugar más allá del Estado (en una moral natural, un interés comunitario, una lógica jurídica, etc.) o bien dentro del Estado (su voluntad, interés, derechos fundamentales, autodeterminación, etc.). La conciencia de la doctrina sobre la importancia de estas dicotomías se refleja en la forma en que las utiliza para organizar su propia historia. Un periodo de naturalismo se contrapone a un periodo de positivismo y éstos a su vez a algún periodo "ecléctico". Sin embargo, los contrastes vuelven a surgir en el seno del modernismo al entender las diferentes fuentes (tratado, costumbre, principios generales) de forma variable desde ambas perspectivas. Se piensa que su fuerza vinculante refleja a veces la justicia o la necesidad social y, a veces, el consentimiento o los intereses

---

91 H. Charlesworth, "Law-making and sources" en J. Crawford y M. Koskenniemi (eds.), *The Cambridge Companion to International Law*, Cambridge University Press, Cambridge, 2012, p. 198.

92 Así, por ejemplo, H. Lauterpacht señala que "An initial hypothesis (...) would point, as the source of the law, to the will on the international society (...)", H. Lauterpacht, *The Function of Law in the International Community,* Oxford. 1933, pp. 421-422.

93 M. Koskenniemi, *From Apology to Utopia. The Structure of International Legal Argument,* Cambridge University Press, Cambridge, 2005.

del Estado. Ninguna época ha sido capaz de imponerse de forma permanente a las demás"[94].

Por ello, respecto al enfoque que considera que el artículo 38 del Estatuto del Tribunal Internacional de Justicia contiene las fuentes del Derecho Internacional, es necesario señalar que la estructura descentralizada de la sociedad internacional y la soberanía de los Estados no han permitido la centralización de la función normativa y, por tanto, no es adecuado hablar de fuentes del Derecho Internacional, ya que la noción de "fuente del derecho" ha nacido de la institucionalización y centralización de la función normativa en el Estado. En este sentido, I. BROWNLIE señaló que, en cierto sentido, las fuentes formales no existen en Derecho Internacional y que, como un sustituto, y quizás un equivalente, está el principio de que el consentimiento general de los Estados crea reglas de aplicación general[95].

En este debate, mi posición ha sido siempre considerar que en el caso del sistema jurídico que es el Derecho Internacional, es preferible hablar de procedimiento de formación de normas internacionales para poner de manifiesto que su elaboración resulta de un ajuste recíproco de intereses entre los Estados, y no de la voluntad de un legislador universal, y que este procedimiento de formación de normas depende de la manifestación del consentimiento de los Estados; y que este procedimiento de formación está sujeto a la historia y a los cambios que experimenta la sociedad internacional.

No obstante, es necesario también recordar y subrayar que autores de la relevancia de M. DIEZ DE VELASCO parten de la categoría de "fuentes del Derecho" para analizar las normas jurídicas internacionales, afirmando que las fuentes del Derecho Internacional se encuentran recogidas en el Artículo 38 del Estatuto del Tribunal Internacional de Justicia[96]. Las razones de M. DIEZ DE VELASCO son, entre otras, la particular autoridad de este Estatuto que es un tratado

94 Ibidem, en p. 307.

95 I. BROWNLIE, *Principles of Public International Law*, Oxford, 1979.

96 De acuerdo con el Art. 38 del Estatuto del TIJ,
"1. La Corte, cuya función es decidir conforme al DI las controversias que le sean sometidas, deberá aplicar:
a) las convenciones internacionales, sean generales o particulares, que establezcan reglas expresamente reconocidas por los Estados litigantes;

multilateral universal y el tener como precedente, al Artículo 38 del Estatuto del Tribunal Permanente de Justicia Internacional, en cuyos trabajos preparatorios quedó reflejada la intención del Comité de juristas que lo redactó, de incorporar la relación de normas del Derecho Internacional[97], que luego se ha visto reconocida en la jurisprudencia[98]. No comparto, sin embargo, este planteamiento de la estructura del ordenamiento jurídico internacional sobre la base de la noción de "fuentes del derecho", en la medida en que esta noción en su acepción genérica presenta distintos significados en tanto que fuentes materiales, formales y de conocimiento[99]. Por esta razón y ante la falta de un legislador universal, creo más adecuado hablar de proceso de creación de obligaciones internacionales o procedimientos de formación del Derecho Internacional[100], términos que se corresponden mejor al sistema jurídico internacional y, también,

---

b) la costumbre internacional como prueba de una práctica generalmente aceptada como derecho;

c) los principios generales de derecho reconocidos por las naciones civilizadas;

d) las decisiones judiciales y las doctrinas de los publicistas de mayor competencia de las distintas naciones, como medio auxiliar para la determinación de las reglas de derecho, sin perjuicio de lo dispuesto en el Art. 59

2. La presente disposición no restringe la facultad de la Corte para decidir "*ex aequo et bono*", si las partes así lo convinieren".

97 Cour Permanente de Justice Internationale, Comité Consultatif de Juristes, Vol. 2, Procès-Verbaux des Séances du Comité, de 16 de junio a 24 de julio de 1920, con Anexos, La Haya 1920.

98 Véase la sentencia arbitral de 19 de enero de 1977 dictada por R-J. DUPUY, como árbitro único, en el asunto Texaco/República Árabe de Libia, en la que se señala en concreto respecto a los principios generales del Derecho que: "These general principles, being those which are mentioned in Article 38 of the Statute of the International Court of Justice, are one of the sources of International Law (...)", *International Law Reports*, vol. 53, p. 420.

99 A este respecto, L. I. SÁNCHEZ RODRÍGUEZ señala que al referirnos al término fuentes "con su empleo no solamente estamos haciendo alusión a los modos en que las normas se manifiestan [fuentes formales], sino también a los mecanismos de producción normativa [fuentes materiales]". A esta distinción hay que añadir la expresión fuentes del conocimiento que se refiere tanto a los textos donde se encuentran recogidas las normas como a los instrumentos para su determinación (doctrinas científico-jurídicas, jurisprudencia, etc.), véase la recensión de L. I. SÁNCHEZ RODRÍGUEZ a la 11ª edición de Instituciones de Derecho Internacional Público de M. DÍEZ DE VELASCO, *REDI*, vol. L, 1998, pp. 400-401.

100 Cita la obra de P. M. DUPUY, *Droit international public*, 3ª ed., París, 1995, p. 193 a 318.

con la idea de engranaje donde el *soft law* sería un eslabón de importancia creciente en la cadena de producción de los instrumentos normativos vinculantes.

Considero que el Estatuto del Tribunal Internacional de Justicia contiene las reglas relativas a su organización, a la relación de sus competencias y a sus procedimientos. Por ello, su referencia en su Artículo 38 al Derecho Internacional como marco jurídico preferente para la solución de controversias internacionales para luego, referirse al procedimiento "*ex aequo et bono*" distingue de manera expresa un sistema 'normal' y uno 'especial' de decisión. Así, la función de este precepto es principalmente la de regular el ejercicio de la función judicial y como en tantas ocasiones se ha mencionado, evitar el *non liquet*[101]. Por otra parte, la enumeración de las fuentes de este artículo es parcial ya que no incluye los actos unilaterales ni los de las organizaciones internacionales, ni el *soft law*. Considero con D. J. LIÑÁN NOGUERAS, que el Artículo 38 del Estatuto del TIJ expone la '*ratio decidendi*' y no las fuentes del Derecho Internacional. En el Derecho Internacional no existe una fuente de conocimiento, única y codificada en el sentido en que existe en el Derecho interno, lo cual es consecuencia directa de la inexistencia en el plano internacional de un proceso organizativo de tipo estatal, lo que explica no sólo esta ausencia, sino que tampoco exista una jerarquía de las fuentes[102]. En cualquier caso, el Artículo 38 del Estatuto del TIJ es siguiendo a I. BROWNLIE una de las '*pruebas*' —*evidences*— más importantes del Derecho Internacional[103], y, en mi opinión, no sería otra cosa distinta si también incorporase en su listado a los actos de las organizaciones internacionales, los actos unilaterales y al *soft law*, aunque, en este último caso, se plantearía su naturaleza diversa y plural, en tanto que fuente autónoma y también como herramienta auxiliar para la identificación, interpretación y aplicación de las 'otras fuentes', y, también, como contexto para la interpretación y como elemento ini-

---

101 Véase M. SORENSEN, *Les sources du droit international*, Copenhague, 1946, pp. 28 y ss.

102 Véase D. J. LIÑÁN NOGUERAS, Programa de la Asignatura, 2021.

103 I. BROWNLIE, *Principles of Public International Law*, Oxford, 1979; véase igualmente C. PARRY, *The Sources and Evidences of International Law*, Manchester, 1965, p. 3.

cial del proceso normativo. Para DÍEZ DE VELASCO —y para exponer igualmente su posición— es necesario considerar que:

> "la enumeración de referencia [del Art. 38] no tiene carácter exhaustivo. Con ello queremos manifestar que el Derecho Internacional puede ser creado por otros procedimientos no mencionados en el citado Art. 38, como ocurre —por ejemplo— con una parte del formado en el seno de las Organizaciones internacionales por medio de resoluciones, recomendaciones, etc. (...). De todas formas, queremos poner de relieve que el Derecho de las Organizaciones internacionales nace, en su mayor parte, por procedimientos secundarios de producción jurídica, pues tiene su origen y fundamento en el Tratado creador de las Organizaciones de referencia o en un Acuerdo posterior entre los miembros de la Organización"[104].

Por su parte, para la formación de la norma internacional, como señalaron en su día D. GONZÁLEZ CAMPOS, L. I. SÁNCHEZ RODRÍGUEZ Y P. ANDRÉS DE SANTAMARÍA se recorre un "*iter*" que se inicia con la manifestación de la voluntad estatal y termina con la aparición de un consenso determinado por un conjunto de voluntades. Y este proceso, consideran dichos autores, aparece en cualquier manifestación de las normas internacionales convencionales, consuetudinarias o principios de Derecho Internacional[105]. Sin embargo, no es el mismo procedimiento en los actos unilaterales ni en la formación de la voluntad de las organizaciones internacionales o del *soft law*, de naturaleza distinta, porque, en el caso de estas dos últimas formas de creación de normas, la tendencia ha sido a no considerar indispensable la reunión de todos los consentimientos en un acuerdo. Ello estaría previsto en los tratados constitutivos de una organización de integración como es la Unión Europea en el diseño de sus procedimientos legislativos, o quedaría sobreentendido en el proceso de adopción formal de un instrumento de *soft law*, por lo que, en este caso, además, en razón de su alcance, se puede distinguir entre normas *soft* particulares o generales.

---

104 M. DIEZ DE VELASCO, *op. cit.*, p. 118.

105 Véanse cualquiera de las ediciones de la obra clásica de D. GONZÁLEZ CAMPOS, L. I. SÁNCHEZ RODRÍGUEZ Y P. ANDRÉS DE SANTAMARÍA, *Curso de Derecho Internacional Público*, Civitas, Madrid.

Más allá del debate sobre el concepto de fuentes que tan fructíferamente enfrentó en su día en la academia española a L. I. SÁNCHEZ RODRÍGUEZ con M. DÍEZ DE VELASCO[106], el estatus del *soft law* en tanto que nueva fuente del Derecho Internacional no está unánimemente aceptado, antes al contrario, es el objeto de un apasionante debate entre académicos y escuelas, que podría decirse que es el tema perfecto para iniciar una expedición a las fuentes del Derecho Internacional, ya que se considera que el *soft law* junto con los principios generales del derecho —antes de las naciones civilizadas— es una fuente —o forma de creación de normas— no fundada en el consenso y que por ello cuestiona los pilares tradicionales del Derecho Internacional[107]. En este sentido, L. I. SÁNCHEZ RODRÍGUEZ señaló que al referirnos al término fuentes "con su empleo no solamente estamos haciendo alusión a los modos en que las normas se manifiestan [fuentes formales], sino también a los mecanismos de producción normativa [fuentes materiales]"[108]. A esta distinción hay que añadir la expresión fuentes del conocimiento que se refiere tanto a los textos donde se encuentran recogidas las normas como a los instrumentos para su determinación (doctrinas científico-jurídicas, jurisprudencia, etc.).

El modo en que el debate sobre la definición del *soft law* se desarrolla a partir de posiciones opuestas o bipartidistas, se traslada al debate de las fuentes y al lugar que ocupa en él el *soft law*, ya que los estudiosos, según su posición sobre el *soft law*, lo ignoran o lo niegan o le conceden un nuevo lugar entre las fuentes tradicionales del Derecho Internacional. H. CHARLESWORTH ha destacado que "a pesar del desarrollo del *soft law*, la elaboración del Derecho Internacional moderno sigue invocando las cuatro categorías establecidas en el Estatuto del TIJ como fuentes primarias del derecho y entiende el efecto de los principios del *soft law* en relación con ellas, más que

106 Véase al respecto la recensión que L. I. SÁNCHEZ RODRÍGUEZ hizo del manual de M. DÍEZ DE VELASCO, en su 11ª edición de *Instituciones de Derecho Internacional Público*, en la *REDI*, Vol. L, 1998, pp. 400-401.

107 Véase C. CHINKIN, *loc. cit.*, p. 866.

108 L. I. SÁNCHEZ RODRÍGUEZ, Recensión del manual de M. DÍEZ DE VELASCO, en su 11ª edición de *Instituciones de Derecho Internacional Público*, *REDI*, Vol. L, 1998, pp. 400-401.

como una fuente de derecho distinta. El *soft law* interactúa así con las fuentes tradicionales del Derecho Internacional y difumina sus límites, pero no las sustituye"[109]. V. P. Nanda considera que "sería una lectura excesiva del Estatuto de la Corte Internacional de Justicia sostener que los acuerdos no convencionales son reconocidos como fuente de derecho internacional por la CIJ" aunque, al mismo tiempo, sostiene que "contribuyen significativamente a la creación de normas en el ámbito internacional"[110].

Por su parte, A. Pellet en su estudio de referencia sobre el Art. 38 aborda el *soft law* como 'cuasi-fuente' desde la perspectiva de la misión del Tribunal y considera que las recomendaciones y los pactos entre caballeros, aunque no sean vinculantes jurídicamente, producen efectos jurídicos. Por ello, evalúa su relevancia y validez en la perspectiva de las categorías de fuentes formales y materiales[111]. Por el contrario, A. Boyle caracteriza al *soft law* por su falta de fuente, al igual que D. Bodansky al considerar que "la frase '*soft law*' sugiere que tienen un parecido de familia con el *hard law* como los tratados (ambos son especies del género *law*) pero se quedan cortos en un aspecto importante, ya que carecen de una fuente 'jurídica'"[112].

D. Shelton criticó que "el régimen jurídico internacional tradicional basado en el consentimiento carece de un poder legislativo que anule la voluntad de los Estados disidentes, aunque se lleven a cabo esfuerzos para afectar a su comportamiento (…) mediante

---

109 H. Charlesworth considera que "despite the development of soft law, modern international law-making continues to invoke the four categories set out in the ICJ Statute as the primary sources of law and understands the effect of soft law principles in relation to them, rather than as a distinct source of law. Soft law thus interacts with and blurs the boundaries of the traditional sources of international law, but it does not replace them", H. Charlesworth, "Law-making and sources" en J. Crawford y M. Koskenniemi (eds.), *The Cambridge Companion to International Law*, Cambridge University Press, Cambridge, 2012, p. 198

110 V. P. Nanda, "The Role of International Organizations in Non-Contractual Law-making," en R. Wolfrum y V. Röben (eds.), *Developments of International Law in Treaty Making*. Heidelberg: Springer, 2005, en pp. 147 y 169.

111 A. Pellet, "Article 38.", en A. Zimmermann, Ch. Tomuschat y K. Oellers-Frahm, *The Statute of the International Court of Justice: a Commentary*, 2nd ed., Oxford: Oxford University Press, 2012, 731-870, en p. 771.

112 D. Bondansky, *The Art and Craft of International Environmental Law, Harvard University Press*, 2011, p. 14.

la ampliación del concepto de Derecho Internacional para incluir el *soft law*"[113]. En esta dirección se desarrolla la reflexión sobre las fuentes del Derecho internacional de S. BESSON que concluye que "el amplio desarrollo del *soft law* frente al *hard law* es un signo *a contrario* de la existencia de una lista finita y precisa de fuentes formales del Derecho Internacional"[114].

Por otro lado, y como ya hemos señalado, L. I. SÁNCHEZ RODRÍGUEZ no sólo rechazó la noción de fuentes, refiriéndose sólo a las formas de creación del Derecho Internacional, sino que también argumentó que las resoluciones de las organizaciones internacionales y otros instrumentos aspiran, en ocasiones, no a complementar sino a suplantar las fuentes tradicionales del Artículo 38 del Estatuto del TIJ. Consideró además que estas fuentes formales habrían quedado obsoletas, ya que impiden la adaptación del Derecho Internacional a las nuevas demandas sociales de la comunidad internacional[115]. F. A. CÁRDENAS CASTAÑEDA ha seguido esta argumentación al destacar en su estudio de las fuentes del Derecho Internacional, que las fuentes no deben permanecer estáticas, sino que deben evolucionar al ritmo de las relaciones internacionales contemporáneas[116].

3. EL SOFT LAW Y LOS PROCESOS DE CREACIÓN DE NORMAS DEL DERECHO INTERNACIONAL

Como la otra cara de la moneda, frente al concepto de fuentes, encontramos las posiciones que sostienen que el fundamento último

---

[113] D. SHELTON, "Normative Hierarchy in International Law", *American Journal of International Law 100,* (2006): 291-323, en p. 302.

[114] S. BESSON, "International Normativity and the Sources of International Law". "Theorizing the Sources of International Law", en S. BESSON Y J. TASIOULAS, (Ed.) *The Philosophy of International Law,* Oxford: Oxford University Press, 2010, p. 180.

[115] L. I. SÁNCHEZ RODRÍGUEZ, "La apoteosis del consentimiento: de la noción de fuentes a los procesos de creación de derechos y de obligaciones internacionales," *Anuario Hispano-Luso-Americano de Derecho Internacional,* Vol. 16, 2003, pp. 193-234.

[116] F. A. CÁRDENAS CASTAÑEDA, "A Call for Rethinking the Sources of International Law: Soft Law and the Other Side of the Coin," *Anuario Mexicano de Derecho Internacional 13,* 2013: 356.

del Derecho Internacional son sus procesos de formación o creación de normas a partir de la prestación del consentimiento por parte de los Estados, como expresión última de su soberanía. Tanto los defensores como los objetores de la noción de *soft law* coinciden en aceptar la naturaleza dinámica de los procesos de creación del Derecho Internacional, si bien convierten esta cuestión en otro motivo de disputa científica. Como ya afirmara G. Abi Saab, "la comunidad internacional inventó un proceso legislativo sin poder legislativo, al producir el *soft law* —todavía hecho por el Estado— para luego confiar en la costumbre para consagrarlo como extensión consuetudinaria de las prescripciones de los tratados legislativos o consagración consuetudinaria de las resoluciones normativas"[117].

Así, en el debate que promovieron R. Wolfrum y V. Röben sobre los procesos de creación de las normas internacionales, el *soft law* emergió como un elemento para ser valorado o descartado, o incluso como una alternativa a los aspectos inadecuados de los procesos de creación de normas a través de los tratados internacionales[118]. Para A. Boyle y C. Chinkin, "el derecho internacional contemporáneo es a menudo el producto de una interacción compleja y evolutiva de instrumentos, tanto vinculantes como no vinculantes, y de la costumbre y los principios generales..."[119]. Por ello, la distinción entre derecho 'duro' y 'blando' "no es necesariamente decisiva en términos de creación del derecho". Para estos autores, el *soft law* es manifiestamente "un concepto de múltiples facetas, cuyas relaciones con los tratados, la costumbre y los principios generales es a la vez sutil y diversa. El *soft law* facilita la evolución progresiva del Derecho internacional"[120].

Por su oposición al *soft law*, I. Klabbers sostiene "que el derecho sólo puede hacerse a través de los procedimientos, que a su vez han sido creados para regular la creación del derecho, las normas resultantes, por muy noblemente inspiradas que estén, seguirán siendo siempre sospechosas... hay que insistir en un cierto formalismo, por-

---

117 G. Abi-Saab, "Cours Général de Droit International Public," *op. cit.*, pp. 33 y 34.

118 R. Wolfrum y V. Röben (Eds.), *Developments of International Law in Treaty Making*, Springer, Heidelberg, 2005.

119 A. E. Boyle y C. Chinkin, T*he Making of International Law*, Oxford University Press, Oxford, 2007, en p. 199.

120 Ibidem, p. 210.

que es precisamente este formalismo el que nos protege de la arbitrariedad de los poderes"[121] y "al crear incertidumbre en los límites del pensamiento jurídico, el concepto de derecho blando contribuye al desmoronamiento de todo el sistema jurídico. Una vez que se permite que las preocupaciones políticas o morales vuelvan a introducirse en el derecho, éste pierde su relativa autonomía respecto a la política o la moral,…"[122]. En este sentido, será fundamental para el debate sobre esta cuestión el próximo trabajo de A. RODRIGO sobre la autonomía del Derecho Internacional.

Por su parte, en las conclusiones de su obra de referencia, D. SHELTON considera que:

> "la creciente variedad de actores e instrumentos no parece haber cambiado fundamentalmente la naturaleza del Derecho Internacional, a pesar del debate y la controversia. (…) En este sistema basado en el consentimiento, las declaraciones, las resoluciones, los memorandos de entendimiento y otros instrumentos no vinculantes no se adoptan como derecho, ya sea blando o duro, aunque a menudo pretenden modificar el comportamiento de sus destinatarios. Aunque a menudo engloban fuertes compromisos políticos u obligaciones morales, sólo se convierten en Derecho Internacional cuando surgen en el Derecho Internacional consuetudinario o se incorporan a un tratado"[123].

La posibilidad de que las normas y principios contenidos en un instrumento de *soft law* se transformen en *hard law* depende de la práctica posterior de los Estados y las organizaciones internacionales. Esta práctica puede consistir en la incorporación de estos instrumentos de *soft law* en los tratados y en el derecho interno o puede cristalizar en el derecho consuetudinario como analizo a continuación. Pero a pesar de la existencia de esta práctica, también se critica ferozmente el *soft law*, considerando, como hace R. IDA, que la base del desarrollo del Derecho Internacional debe ser la preocupación por la precisión y la exactitud[124]. En cualquier caso, esta práctica internacio-

---

121 J. KLABBERS, "The Undesirability of Soft Law," *Nordic Journal of International Law*, 1998, pp. 381-394, en p. 387.

122 Ibidem, en p. 391.

123 D. SHELTON, *op. cit.*, p. 554.

124 R. IDA, "Formation des Normes Internationales dans un Monde en Mutation. Critique de la Notion de Soft Law", en *Le Droit International au Service de la Paix,*

nal le ha dado cabida al *soft law* porque aunque sea "un concepto escurridizo que, especialmente los juristas conservadores, encuentran difícil de aceptar (...) [s]in embargo, cierran los ojos ante la realidad de que las normas que no cumplen plenamente los criterios exigidos por las fuentes reconocidas, (...), han venido desempeñando un papel cada vez más importante en la práctica internacional (...)"[125].

También es necesario mencionar el papel del consenso en el proceso de creación de normas internacionales en tanto que resultado y como proceso de adopción de instrumentos —vinculantes o no— sin votación, y como ello ha favorecido la adopción de instrumentos o disposiciones de *soft law* como precio a pagar en ambos casos por la consecución de un ajuste recíproco de intereses con una intensidad normativa inferior a la de los tratados y costumbres. En su condición de procedimiento de adopción de instrumentos internacionales, hemos considerado que el consenso es el método adecuado para suscitar el debate, delimitar posiciones, identificar intereses comunes y tras largos procesos de consultas obtener el común denominador a todos los Estados que define y da una respuesta a la interdependencia. Sin embargo, el precio a pagar por ese común denominador es alto, un peaje de tiempo porque los procesos de negociaciones y consultas pueden prolongarse durante años, y un peaje en la calidad del ejercicio normativo, significado por la generalidad de los compromisos, que graba de manera sustancial en la norma la impronta de la norma marco o de una norma flexible. A pesar de ello, la búsqueda del consenso es un dinamizador de los procedimientos normativos en los que las posiciones de los Estados son muy diversas cuando los contenidos abordados, lo son por primera vez o por primera vez a nivel global. Este es el caso del actual proceso de discusión de un gran número de nuevos temas por parte de la Asamblea General de las Naciones Unidas en sus últimos períodos de sesiones, que coincide con un momento especialmente grave de la crisis del multilateralismo y de los procesos convencionales de adopción de nuevos regímenes

---

de la Justice et du Développement. Mélanges Michel Virally, Éditions A. Pedone, París, 1991, pp. 333-347.

125 H. Neuhold, "The Inadequacy of Law-Making by International Treaties. Soft Law as an Alternative?" en Wolfrum, R. y V. Röben (eds.). *Developments of International Law in Treaty Making*. Heidelberg: Springer, 2005, pp. 39-52, en p. 47.

internacionales, o de reforma o desarrollo de los existentes. Esto es algo especialmente destacable, porque, ahora, a pesar del rechazo por parte de los Estados a la sola posibilidad de adoptar nuevos tratados, la Asamblea General y sus órganos han iniciado una actividad frenética en la que analizan ámbitos materiales que nunca antes se habían abordado por pertenecer a la estructura de solidaridad de la sociedad internacional o a la tercera y cuarta generación de los derechos humanos, cuyo reconocimiento y garantía no se ha llevado a cabo aún en muchos países. Es por ello llamativo que se sometan a la Asamblea General los más variados instrumentos que pueden terminar siendo el contexto de los futuros procesos normativos en áreas tanto nuevas como tradicionales, como son el espacio exterior[126], la desinformación[127], la ciberseguridad, la seguridad en el transporte[128], los derechos de las personas mayores, la violencia que sufren las personas de color a manos de las fuerzas del orden público o el derecho humano a un medio ambiente limpio, saludable y sostenible[129]. Por otra parte, como ha ocurrido en la Resolución 76/224 de la Asamblea General de las Naciones Unidas, *Hacia asociaciones mundiales de colaboración: un enfoque basado en principios para mejorar la cooperación entre las Naciones Unidas y todos los asociados pertinentes*, las resoluciones normativas se ocupan también de la creciente participación de los actores no estatales en las actividades de la organización, en este caso, sin someter a votación la resolución[130].

126 Véase la Resolución 76/3, La Agenda "Espacio2030": el espacio como motor del desarrollo sostenible, A/RES/76/3, de 25 de Octubre de 2021.

127 Resolución 76/277 sobre Contrarrestar la desinformación para promover y proteger los derechos humanos y las libertades fundamentales, A/RES/76/227, de 24 de Diciembre de 2021, adoptada sin votación.

128 Véase Declaración política de la reunión de alto nivel sobre el mejoramiento de la seguridad vial en el mundo, A/RES/76/294, adoptada sin votación.

129 Véase la Resolución 76/300, A/RES/76/300, de 28 de Julio de 2022, adoptada en votación con 161 votos a favor y 8 abstenciones.

130 Así fue adoptada sin votación la Resolución 76/224, Hacia asociaciones mundiales de colaboración: un enfoque basado en principios para mejorar la cooperación entre las Naciones Unidas y todos los asociados pertinentes, en la que se afirma la Asamblea General: "Recuerda que el multilateralismo no es una opción, sino una necesidad, y pide que se cree un entorno propicio para las asociaciones de colaboración que estén en consonancia con la Agenda 2030 para el Desarrollo Sostenible, en particular en lo que respecta a la adhesión del sector privado a los 10 principios del Pacto Mundial de las Naciones Unidas

Todas estas resoluciones son el reflejo de los ambiciosos temas de los últimos períodos de sesiones de la Asamblea General que se han visto influidos por la pandemia y que llevan por título "*El futuro que queremos, las Naciones Unidas que necesitamos: reafirmar nuestro compromiso colectivo con el multilateralismo, afrontar la COVID-19 mediante la acción multilateral eficaz*"[131]. Muchas de estas resoluciones han sido adoptadas por consenso, es decir, no han sido sometidas a votación en su proceso de adopción lo que da cuenta del grado de acuerdo alcanzado —lo que puede tener distintas lecturas, desde la importancia atribuida a la materia como objeto de una política global, o todo lo contrario, en la medida en que su contenido es meramente el reflejo de una campaña de la sociedad civil internacional que los Estados sólo apoyan formalmente, sin que hayan previsto ir más allá de la resolución de la Asamblea General, con la adopción de políticas y medidas nacionales de aplicación. Ello queda puesto de manifiesto, por ejemplo, en el caso de la Resolución 76/3, sobre *La Agenda 'Espacio 2030': el espacio como motor del desarrollo sostenible*, con la que la Asamblea General adopta una política global que, no obstante, "Cada Estado Miembro aplicará (...) de manera voluntaria."[132]

En cualquier caso, la acción normativa de la Asamblea General de las Naciones Unidas, a pesar de carecer de poder legislativo, la convierte precisamente en la caja de resonancia en la que se atiende a las necesidades sociales que requieren cambios y progresos en el orde-

---

y, además, entre otras cosas, en lo que respecta a la promoción de la inversión en infraestructuras de calidad, fiables, sostenibles y resilientes y la creación de empleo decente, así como al objetivo de reducir las emisiones de gases de efecto invernadero y los efectos negativos en la biodiversidad, y que se apoye la aplicación de la estrategia del Pacto Mundial de las Naciones Unidas 2021-2023, incluidas la estrategia del Pacto Mundial de las Naciones Unidas para África 2021-2023 y la estrategia del Pacto Mundial de las Naciones Unidas para las pequeñas y medianas empresas 2021-2023, que tienen por objeto incrementar la ambición y lograr que aumenten la participación, la rendición de cuentas y las asociación es del sector privado, en apoyo de una recuperación sostenible, resiliente e inclusiva tras la COVID-19", A/RES/76/224 de 17 de Diciembre de 2021.

131 Véase sobre este 75° período de sesiones (2020-2021) su apartado correspondiente en la Web https://www.un.org/es/ga/sessions/regular.shtml

132 Resolución 76/3, La Agenda "Espacio2030": el espacio como motor del desarrollo sostenible, A/RES/76/3, de 25 de Octubre de 2021.

namiento jurídico internacional[133]. En este sentido, como señala E. TOURME-JOUANNET, "en efecto, el Derecho Internacional se ha convertido en una 'técnica social' de intervención y, como consecuencia, las normas y prácticas internacionales evolucionan y surgen nuevas formas"[134].

Como acabamos de ver, el consenso es tanto resultado como proceso de adopción de normas, y el *soft law* juega un papel distinto en función de si se trata de una u otra acepción. En este sentido, para alcanzar el consenso como resultado —como suma de consentimientos— en ocasiones, sólo puede hacerse si se adopta una norma *soft*, porque es la única aceptable por los Estados, para avanzar en el desarrollo progresivo del Derecho Internacional, cuando estamos ante la necesidad de que la Comunidad Internacional desarrolle "normas universales para hacer frente a las preocupaciones globales"[135]. Es entonces, como señalara J. I. CHARNEY, cuando le atribuimos al *soft law* el papel de alcanzar un consenso y cristalizar nuevas reglas que pueden ser rápidamente absorbidas por el Derecho Internacional, llegando incluso a convertirse en derecho 'universal'[136].

---

[133] Aunque siempre con carácter voluntario para los Estados —como se recuerda además en las resoluciones.

[134] Y continúa señalando que "Là où le droit international classique incluait un petit nombre de règles plus formelles et générales, conventionnelles et coutumières, qui étaient surtout facilement identifiables sous la forme des droits et devoirs des États, le droit international contemporain depuis 1945, et surtout depuis 1990, inclut un amas apparement hétérogène de normes et de pratiques matérielles de toutes sortes et de natures différentes. C'est ce don't témoigne, par exemple, la pratique des standards comme les standards réglementaires élaborés para l'Organisation internationale de la normalisation (ISO), les codes de conduites adoptés dans le domaine des affaires, notamment pour les entreprises, la technique du mémorandum "accord entre régulateurs nationaux, les multiples déclarations de fin de sommet plus ou moins chiffrées et précises, les principes directeurs comme ceux de l'OCDE ou encore les lignes de conduite à l'instar de celles du comité de Bâle pour affronter les situations d'urgence en cas de crise des banques internationales", E. TOURME-JOUANNET, *Le Droit International*, PUF, 2ª Edición, 2016, pp. 48 y 49.

[135] J. I. CHARNEY, "Universal International Law", *American Journal of International Law 87,* 1993, pp. 529-551.

[136] Ibidem, en p. 529.

3.1. El Soft Law y los Tratados Internacionales

Tal y como hemos caracterizado al *soft law*, éste tiene dos formas principales de expresión: a través de instrumentos no vinculantes y a través de las disposiciones *soft* que se incorporan en los tratados internacionales, en las que su contenido normativo se ve diluido en razón de la ambigüedad de las disposiciones, concebidas para dar cabida a las exigencias de los Estados que invocan sus intereses y circunstancias nacionales para hacer posibles distintos grados de obligatoriedad. En estos casos, cuando hablamos de ambigüedad o del carácter laxo y abierto de las obligaciones de ciertos tratados, estamos ante la condición impuesta para que fueran adoptados con una vocación universal. Este rasgo puede ser considerado como una manifestación de una mala técnica jurídica que empobrece los instrumentos jurídicos con pseudo-obligaciones ambiguas. También puede ser considerado como una solución a un problema que aqueja a los tratados internacionales, como es que su interpretación conforme a los intereses nacionales termina siendo una de las razones que menoscaban sus posibilidades de cumplimiento, lo que intenta evitarse incorporando en los tratados las necesarias disposiciones de *soft law* que otorgarían a los Estados una amplia capacidad discrecional, pero dentro de unos límites preestablecidos que permitirán un control periódico, también a través de mecanismos *soft* de control y promoción del cumplimiento, como en el caso de los acuerdos multilaterales del medio ambiente. Por ello cabría apreciar distintas intensidades normativas en un mismo tratado, dependiendo del grado de discrecionalidad ofrecido a los Estados para que adapten las obligaciones que asumen a sus circunstancias nacionales. En este sentido, Q. BAXTER caracterizó la variable intensidad normativa del acuerdo de los estados a través de distintos vectores aplicables a los tratados internacionales y a las normas consuetudinarias: así hablaba de los "varios grados de convicción, persuasión y consenso que se incorporan en los tratados" así como los distintos tipos de normas consuetudinarias en razón del grado de aceptación, precisión y relevancia[137].

---

[137] Así expresa las distintas manifestaciones de la intensidad normativa a través de "various degrees of cogency, persuasiveness, and consensus which are incorporated in agreements" and also through "various norms of customary internatio-

Por otra parte, muchos tratados constituyen la fase final de la 'legalización' en un proceso que tiene lugar en el marco institucional de una organización internacional en el que a partir de instrumentos de *soft law* y tras superar todos los obstáculos necesarios en las fases de negociación, un borrador final alcanza la categoría de tratado —o sólo la de *soft law* cuando no se alcanza el consenso o el número necesario de apoyos previsto por el órgano o en la conferencia internacional para su adopción, dado el caso. En este sentido, como señalan R. A. WESSEL Y S. BLOCKMANS:

> "el hecho de que muchos convenios internacionales incorporen reglas, normas, reglamentos, procedimientos y/o prácticas internacionales generalmente aceptadas puede transformar de hecho una serie de códigos, directrices y normas creadas por organizaciones y organismos internacionales en normas vinculantes. Esto pone de manifiesto la complejidad de la toma de decisiones institucionales: no se trata sólo de decisiones claramente vinculantes de las organizaciones internacionales; puede muy bien tratarse de una aceptación de reglas y normas porque sencillamente no hay otra cosa y hay que seguir las reglas para que los Estados puedan seguir el juego. Al mismo tiempo, las organizaciones internacionales adoptan a menudo reglas o normas desarrolladas en otra organización y, con menos de 200 Estados, están abocadas a toparse con muchas instituciones diferentes."[138]

H. NEUHOLD destaca que "los Tratados reflejan el clásico sistema jurídico internacional estato-céntrico y basado en la soberanía. Este es epitomizado en el principio de que sólo los estados que expresan su consentimiento para verse obligados, están obligados por las disposiciones de un tratado en la medida de su consentimiento"[139]. Frente al relativismo tradicional del Derecho Internacional, el *soft law* es apenas consensuado[140] —es decir cuenta con un 'consenso mayoritario'— y se encuentra inevitablemente conectado con las dis-

---

nal law, in terms of degree of acceptance, of precision, of relevance", Q. BAXTER, *loc. cit.*, p. 549.

138 Véase R. A. WESSEL Y S. BLOCKMANS, "Legal Status and Influence of Decisions of International Organisations and Other Bodies in the European Union", en P. EECKHOUT, M. LOPEZ-ESCUDERO (Eds.), *The European Union's External Action in Times of Crisis*, Hart Publishing, 2015.

139 NEUHOLD, *loc. cit.*, p. 39.

140 ELIAS Y LIM, *loc. cit.*, en n.a. p. 17.

posiciones del tratado de dos formas: en primer lugar, a través de las disposiciones definidas de manera débil o amplia en los tratados y, en segundo lugar, considerando el *soft law* como un estadio más en el proceso de celebración de los tratados, que no sólo se encuentra en su inicio sino que también contribuye a su desarrollo normativo posterior. Tampoco puede olvidarse que el *soft law* puede ser una alternativa a los tratados.

3.1.1. Las disposiciones *soft* de los tratados

En este primer caso, B. Simma denominaría a las disposiciones débiles de los tratados como *soft law* "disfrazada con las ropas del tratado"[141]. Este autor considera además que "los procedimientos de votación y consenso en las conferencias internacionales suelen ser indicativos de *soft law* porque estos procedimientos pueden servir de sustituto, aunque a menudo sólo temporal, de los procedimientos más duros de firma y ratificación"[142]. También B. Simma rechazaría lo que denominó una "infección" de las obligaciones sustantivas de los tratados por las características del "*soft law*", a lo que, a su vez, A. Pellet respondió señalando que "sea como fuere, esta 'infección' es una cuestión de hecho: las expresiones formales de la voluntad de un Estado pueden equivaler a 'no obligaciones'"[143]. G. M. Danilenko también critica las disposiciones de *soft law* en los tratados internacionales no sólo porque erosionan el concepto de obligaciones jurídicas, sino por la advertencia que hace contra aquellas disposiciones de los tratados con participación limitada que pueden llegar a ser aplicables incluso a los Estados que no las consienten. Por ello, este autor critica esta "precipitada transformación del '*soft law*' en *hard law* generalmente vinculante por medio de una simple referencia"[144].

---

141 B. Simma, "Consent: Strains in the Treaty System. The Structure and Process of International Law", en R. StJ. Macdonald y D. M. Johnston (Eds.), *The Structure and Process of International Law*, Nijhoff, 1983, pp. 488-489.

142 Ibidem.

143 A. Pellet, "The Normative Dilemma: Will and Consent in International Law-Making", *Australian Yearbook of International Law*, Vol. 12, 1992, pp. 22-53, en p. 28.

144 G. M. Danilenko, *Law-making in the International Community*, Martinus Nijhoff, Leiden, 1993, en p. 71.

A. AUST también criticó que en los instrumentos internacionales que sus creadores reconocen que no son tratados, se emplee un lenguaje imperativo que se expresa en tiempos verbales como "deberá", con la finalidad de promulgar normas de aplicación general o universal, aunque sin ser jurídicamente vinculantes[145]. En estos casos, cabe preguntarse si la elección del *soft law* más allá de otras opciones convencionales responde al deseo de los Estados y de las organizaciones internacionales de eludir el fracaso no sólo de la negociación de un instrumento vinculante, sino también el fracaso que supone su incumplimiento, lo que es a día de hoy el principal problema de los instrumentos convencionales. Este déficit de cumplimiento crónico estaría en el origen de la elección de instrumentos que, si bien no son ajenos a formas blandas de control y promoción del cumplimiento, no son objeto de las instituciones clásicas del incumplimiento —quedando al margen de la responsabilidad internacional y de las distintas formas de contramedidas, así como de los mecanismos jurisdiccionales.

Del examen de la práctica de los tratados, puede deducirse que la forma de tratado no garantiza disposiciones precisas que reflejen las obligaciones que los Estados han consentido[146]. De igual modo, la Convención de Viena sobre el Derecho de los Tratados no especifica la naturaleza de los derechos y obligaciones que contemplan los tratados, así como tampoco distingue entre tratados de *hard law* y tratados de *soft law*[147]. Además, como destacara Q. BAXTER, en los tratados internacionales hay tres tipos de normas que son *soft law*: el *pactum de contrahendo*, las disposiciones *non-self executing* que requieren acuerdos posteriores para darles efecto[148] y las disposiciones exhortatorias.

---

145 A. AUST, *Modern Treaty Law and Practice*, Cambridge: Cambridge University Press, 2007, pp. 52-3.

146 C. CHINKING afirmaría que "the use of a treaty form does not of itself ensure a hard obligation", C. CHINKING, *loc. cit.*, p. 851.

147 Ibidem.

148 Q. BAXTER, *loc. cit.*, p. 554. La mayor parte de las normas medioambientales son normas *non self-executing* lo que supone que los Estados deben establecer a nivel interno una legislación de transposición y desarrollo. Por otra parte, gracias a la flexibilidad y generalidad con que las normas son redactadas, los Estados disponen de un amplio margen de discrecionalidad para elaborar esta legislación de desarrollo y para adaptarla a sus intereses y circunstancias propios.

Así este autor, crítico con el concepto de *soft law*, considera que este tipo de normas presentes en los tratados tendría "como característica común el no crear obligaciones jurídicas susceptibles de hacerse cumplir, cualquiera que sea el concepto de 'cumplimiento' al que nos estemos refiriendo"[149]. En un sentido distinto, B. VUKAS considera que "[l]as obligaciones generales o las promesas convencionales son también obligaciones internacionales; las disposiciones convencionales que no imponen obligaciones son muy frecuentes (...)", para terminar lanzando una pregunta a los ius-internacionalistas del AIDI "¿Si las disposiciones convencionales son proclamadas como *soft law*, la mayor parte de los artículos de la Convención de las Naciones Unidas sobre el Derecho del Mar y en particular su Parte XII (Protección y preservación del medio marino) no deberían ser incluidas en esta categoría?"[150], pregunta que me permitiré responder en el apartado correspondiente.

A pesar de la crítica tan rotunda de Q. BAXTER, algunos de los tratados más recientes han hecho de este tipo de disposiciones de *soft law* su seña de identidad. Ese es el caso del Acuerdo de París sobre el cambio climático de 2015, cuyas principales obligaciones son un *pacto de contrahendo* que debe cumplir cada Estado parte a través de la adopción de sus «contribuciones voluntarias determinadas a nivel nacional» con las que deben concretar su compromiso individual a través de la adopción de un plan para la aplicación y cumplimiento de sus obligaciones en el ámbito doméstico. En el momento de la entrada en vigor del Acuerdo de París, el 4 de Noviembre de 2016, 193 Estados partes habían presentado ya sus planes nacionales, sumándose así el 99% del total de emisiones mundiales. Desde entonces, una parte de los Estados parte del Acuerdo de París, —especialmente los Estados europeos y la Unión Europea han cumplido con sus compromisos y los han renovado de manera acorde con el principio de pro-

---

Igualmente es de crucial importancia, que los Estados habiliten las estructuras administrativas y el personal capacitado para hacer efectivo el cumplimiento de la legislación medioambiental.

149 Q. BAXTER, *loc. cit.*, p. 554.

150 B. VUKAS, "Replies to the First Draft", *AIDI*, Sesión de Estrasburgo, vol. 67-I, p. 388; G. HANDL, Apreciaciones en "A Hard Look at Soft Law", *American Proceedings of International Law*, 1988, p. 372.

gresión, lo que ha determinado su manera de proyectar el futuro[151]. Así, el desarrollo normativo de sus compromisos caracterizados como *pactos de contrahendo*, han ido más allá de lo inicialmente previsto y en su planificación han contado con las 'orientaciones adicionales' adoptadas por el Grupo de Trabajo Especial del Acuerdo de París que servirán a su Conferencia de las Partes para dotar de contenido a las normas laxas y flexibles del acuerdo, adoptando resoluciones sobre mitigación, adaptación o con las modalidades y procedimientos para el funcionamiento del Comité del Artículo 15.2 encargado de facilitar la aplicación y promover el cumplimiento del Acuerdo de París[152].

En cualquier caso y como puede apreciarse en el Acuerdo de París, el *soft law* permite una aproximación más transparente a la motivación última de los Estados partes y a su voluntad de llevar a cabo el cumplimiento del tratado conforme con su interés nacional, legitimado ahora bajo la fórmula de las circunstancias nacionales previsto en su Artículo 2.2[153] y que ya se contemplaba en la Convención Marco sobre el Cambio Climático en su Artículo 4[154]. En este caso, los

---

151 Véase T. Fajardo del Castillo, *La diplomacia del clima de la Unión europea: La acción exterior sobre Cambio Climático y el Pacto Verde Mundial*, Reus, 2021.

152 T. Fajardo del Castillo, "El Acuerdo de París sobre el Cambio Climático: Sus aportaciones al desarrollo progresivo del Derecho Internacional y las consecuencias de la retirada de los Estados Unidos", *Revista Española de Derecho Internacional*, Sección Estudios Vol. 70/1, enero-junio 2018, Madrid, pp. 23-51.

153 El Artículo 2.2 del Acuerdo de París dispone que: "El presente Acuerdo se aplicará de modo que refleje la equidad y el principio de las responsabilidades comunes pero diferenciadas y las capacidades respectivas, a la luz de las diferentes circunstancias nacionales".

154 El Artículo 4.1 de la Convención Marco sobre el Cambio Climático dispone que "Todas las Partes, teniendo en cuenta sus responsabilidades comunes pero diferenciadas y el carácter específico de sus prioridades nacionales y regionales de desarrollo, de sus objetivos y de sus circunstancias, deberán:

a) Elaborar, actualizar periódicamente, publicar y facilitar a la Conferencia de las Partes, de conformidad con el artículo 12, inventarios nacionales de las emisiones antropógenas por las fuentes y de la absorción por los sumideros de todos los gases de efecto invernadero no controlados por el Protocolo de Montreal, utilizando metodologías comparables que habrán de ser acordadas por la Conferencia de las Partes;

b) Formular, aplicar, publicar y actualizar regularmente programas nacionales y, según proceda, regionales, que contengan medidas orientadas a mitigar el cambio climático, teniendo en cuenta las emisiones antropógenas por las fuen-

mecanismos que deben velar porque estas obligaciones se cumplan y que están previstos en el tratado trasladan aspectos *hard* y *soft* de la promoción y el control del cumplimiento, dejando sin abordar la cuestión del incumplimiento y de la responsabilidad internacional clásica, ya que en las negociaciones del acuerdo se habría excluido cualquier referencia a la responsabilidad por los daños ambientales que pudieran derivarse del cambio climático. A pesar de ello, y dada la falta de acuerdo sobre esta cuestión principal, los países en vías de desarrollo y los países insulares afirmaron en sus declaraciones anexas a sus instrumentos de ratificación, que no renunciaban a volver a ocuparse de esta cuestión en un momento futuro[155]. Distintos elementos deben tenerse en cuenta a la hora de valorar esta falta de responsabilidad presente en el Acuerdo de París, entre los que destacan, en primer lugar, las dificultades para apreciar el incumplimiento teniendo en cuenta las circunstancias nacionales. Es esta una tendencia presente en todos los Acuerdos multilaterales del medio ambiente que busca sustituir la institución de la responsabilidad internacional por los mecanismos de promoción y control del cumplimiento, que suelen ser *soft*, en la medida en que su aproximación a sus funciones se hace desde el voluntarismo. No obstante, esta tendencia está presente en todos aquellos tratados que no regulan relaciones interestatales y cuyas disposiciones no son self-executing y cuyo cumplimiento debe llevarse a cabo a través de la adopción de normas nacionales.

---

tes y la absorción por los sumideros de todos los gases de efecto invernadero no controlados por el Protocolo de Montreal, y medidas para facilitar la adaptación adecuada al cambio climático; (…)
f) Tener en cuenta, en la medida de lo posible, las consideraciones relativas al cambio climático en sus políticas y medidas sociales, económicas y ambientales pertinentes y emplear métodos apropiados, por ejemplo evaluaciones del impacto, formulados y determinados a nivel nacional, con miras a reducir al mínimo los efectos adversos en la economía, la salud pública y la calidad del medio ambiente, de los proyectos o medidas emprendidos por las Partes para mitigar el cambio climático o adaptarse a él;
(…)."

155 T. Fajardo del Castillo, "El Acuerdo de París…", *loc. cit.*, p. 16 y ss.

3.1.2. El *Soft Law* como un estadio más en el proceso de celebración de los tratados, en su inicio, pero también en su desarrollo

La segunda aproximación a la relación entre el *soft law* y los tratados es la que lo considera como un estadio más en el proceso de celebración de los tratados[156], entendido este proceso en un sentido amplio, en la medida en que su fase inicial, la adopción de instrumentos de *soft law* podría terminar derivando en una consecución exitosa con la adopción del tratado y su entrada en vigor. En caso contrario, la adopción de un instrumento de *soft law* podría ser la manifestación de un proceso normativo varado o fracasado, una vez que los Estados hubiesen mostrado su falta de voluntad para prestar el consentimiento. En este sentido, y como hiciera H. HILLGENBERG, hay que considerar que "el *soft law* puede ser '*pre-droit*' en el sentido de que conduce a las obligaciones de los tratados. Sin embargo, en general, éste no es ni mucho menos su objetivo"[157], o, al menos, no el único como podremos ver en los siguientes apartados.

También el *soft law* puede dar continuidad a los tratados a través del desarrollo de sus obligaciones y de sus previsiones técnicas a través de una gran variedad de líneas directrices, códigos de conducta, guías, que pueden considerarse como adoptadas en virtud de un 'poder delegado' en los órganos ligados al tratado, de carácter técnico o plenario, como los que, en el caso de los acuerdos multilaterales del medio ambiente, desempeñan funciones pseudo-normativas para el desarrollo de aquellos aspectos más técnicos y que requieren una actualización rápida en respuesta a los avances de la ciencia. En este sentido, D. SHELTON atribuye al *soft law* dos funciones destacadas que éste desempeña en relación con un tratado, "ya sea como precursor o como elaboración posterior de los términos técnicos o de las prestaciones previstas", como ocurre en el caso de las disposiciones que una Conferencia de las Partes adopta como desarrollo de una

---

156 Así A. AUST diría que "an intermediate stage in treaty making, and sometimes never gets beyond that stage, not even being its purpose", A. AUST, *Modern Treaty Law and Practice,* Cambridge: Cambridge University Press, 2007, p. 53. Esta opinión sería además compartida por A. BOYLE, H. HILGENBERG y D. SHELTON.

157 H. HILLGENBERG, "A Fresh Look at Soft Law", *European Journal of International Law,* Vol. 10, 1999, pp. 499-517, en p. 502.

convención marco, que es su fundamento último[158]. Así, "las normas no vinculantes ayudan a conformar el consenso que conduce a los tratados y, a su vez, los tratados previos pueden proporcionarles una base jurídica"[159].

3.1.3. El *Soft Law* como alternativa a los tratados

A. Boyle y C. Chinkin señalan que "el *soft law* puede representar una alternativa atractiva para la elaboración de normas por medio de tratados, además de formar parte del proceso de elaboración de tratados multilaterales, ya que puede ser más fácil para algunos Estados adherirse a instrumentos no vinculantes porque pueden evitar el proceso nacional de ratificación de tratados" y "normalmente serán más fáciles de complementar, enmendar o sustituir que los tratados, especialmente cuando todo lo que se requiere es la adopción de una nueva resolución por parte de una institución internacional"[160]. Lo cierto es que este proceso de creación de normas de baja intensidad normativa se ha convertido en el proceso generalmente aceptado en las organizaciones internacionales y en las conferencias de las partes que se reúnen periódicamente y que a través de la adopción de resoluciones llevan a cabo la adopción de un marco normativo *soft* o desarrollan de manera *soft* un tratado internacional preexistente, a través del establecimiento de códigos de conducta, estándares y guías de mejores prácticas.

A. E. Boyle habría elogiado precisamente que el *soft law* es "un concepto manifiestamente polifacético, cuya relación con los tratados es a la vez sutil y diversa", y que presenta alternativas a los tratados en determinadas circunstancias y los complementa, a la vez que proporciona diferentes formas de entender sus efectos jurídicos y, en conjunto, es otra herramienta en el arsenal del jurista internacional[161].

---

158 D. Shelton, "Introduction and Conclusions", en D. Shelton (ed.). *Commitment and Compliance: The Role of Non-Binding Norms in the International Legal System*, Oxford University Press, 2000, reimpresión 2007, en p. 555.

159 Ibidem.

160 A. Boyle y C. Chinkin, *op. cit.*, p. 214.

161 Los términos que utiliza Boyle son: "Soft law is manifestly a multi-faceted concept, whose relationship to treaties is both subtle and diverse. It presents alter-

También es necesario recordar como hicieran A. BOYLE Y C. CHINKING que "aunque la Comisión de Derecho Internacional ha preferido los tratados multilaterales como principal instrumento de codificación, ahora también utiliza el *soft law*"[162], lo que en este nuevo siglo ha sido siempre su práctica principal y su elección preferente. En esa línea, estos autores valoran el potencial del *soft law* no sólo para la codificación sino también para la interpretación auténtica y para la ampliación de los términos de un tratado. En este sentido, la labor de interpretación llevada a cabo a través de los comentarios generales a los convenios en materia de derechos humanos tanto de Naciones Unidas como del Consejo de Europa, ha servido tanto para determinar su alcance como para determinar algo tan sensible como las condiciones que han de reunir las excepciones al goce de un derecho, como ha sido el caso del derecho a abandonar el propio país[163] o también las excepciones a la protección de la biodiversidad en el Convenio de Berna[164].

---

natives to treaties in certain circumstances, at other times it complements them, while also providing different ways of understanding the legal effect of different kinds of treaty. Those who maintain that soft law is simply not law have perhaps missed some of the points made here; moreover, those who see a treaty as necessarily having greater legal effect than soft law have perhaps not looked hard enough at the "infinite variety" of treaties, to quote Baxter once more. Soft law in its various forms can of course be abused, but so can most legal forms, and it has generally been more helpful to the process of international law-making than it has been objectionable. It is simply another tool in the professional lawyer's armoury", A. E. BOYLE, "Some Reflections on the Relationship of Treaties and Soft Law", *International and Comparative Law Quarterly*, Vol. 48, 1999, pp. 901-913, en p. 913.

162 A. BOYLE Y C. CHINKING, *op. cit.*, p. 183.

163 T. FAJARDO, "El Derecho Humano a Abandonar un País, incluido el Propio: Las Excepciones a la Regla", *Revista Española de Derecho Internacional*, Monográfico sobre *Migraciones y asilo: análisis y perspectivas/ Migrations and asylum: analysis and perspectives* Vol. 73/2, julio-diciembre 2021, Madrid, pp. 85-100.

164 T. FAJARDO DEL CASTILLO, "Wolf (Dis)Protection in Spain: exceptions to the Rules in the Bern Convention and in The Habitats Directive as a Conservation and Management Tool", *Revista Catalana de Dret Ambiental*, ISSN-e 2014-038X, Vol. 12, Núm. 1, 2021, 1-52.

3.2. *El Soft Law y la Costumbre Internacional*

La costumbre internacional —ya sea considerada como fuente o como forma de manifestación del Derecho Internacional— ha sufrido un proceso de erosión a lo largo del siglo XX, como consecuencia de los cambios experimentados por la progresiva institucionalización de la sociedad internacional y por el apabullante cuestionamiento del que ha sido objeto por parte de los países en vías de desarrollo que no participaron en su formación. A ello, también hay que sumar el protagonismo de los tratados internacionales que la han codificado y desarrollado de forma acorde con las nuevas necesidades normativas en las que la costumbre internacional ya no responde a la inmediatez que se exige y, tampoco, a la precisión requerida por obligaciones con gran cantidad de elementos técnicos y científicos, como las que exigen la protección del medio ambiente, la ciberseguridad o la protección de datos personales. Estas nuevas necesidades normativas han llevado también a la manifestación de nuevos tipos de costumbre internacional que si bien emulan los rasgos de espontaneidad de la costumbre tradicional no alcanzan a reproducir las mismas condiciones de aparición a partir de la práctica reiterada en el tiempo de los Estados, lo que también ha llevado a plantear si cabe predicar de la costumbre el carácter consensualista del Derecho Internacional[165].

---

165 Así, J. Roldán Barbero se plantea "determinar si el carácter consensualista del Derecho internacional puede ser también predicado para la costumbre y, más concretamente, para la costumbre general que incorpora normas de importancia capital para las relaciones internacionales. La costumbre es ciertamente un fenómeno abstruso al carecer de forma predeterminada de elaboración y al comunicar, como ha escrito Brigitte Stern, con la raíz y el fundamento de una obligación jurídica e, incluso, con la concepción que se tenga del conjunto del Derecho Internacional, según ha indicado Díez de Velasco. Autores prestigiosos como Ago y Abi-Saab han puesto el acento en la espontaneidad como nota distintiva de la costumbre, desdeñando su reducción al esquema del voluntarismo estatal. Igualmente se abandona la óptica voluntarista cuando se entiende la opinio iuris como el reflejo de la convicción de los Estados en cuanto al carácter jurídico de la regla expresada por la práctica. Una prueba de la divergencia de pareceres sobre la costumbre radica en que se la conciba, alternativamente, como "fuente" inhábil u óptima para adaptarse a las transformaciones aceleradas de las relaciones internacionales contemporáneas"; J. Roldán Barbero, *Ensayo sobre el Derecho Internacional Público*, Universidad de Almería, 1996, pp. 79-80.

Así, la *coutume sauvage* como la calificara R-J. DUPUY[166], la costumbre instantánea según B. CHENG[167], o la *"'pressure-cooked' instant customary law"* como la llama E. RIEDEL[168], no ha arraigado en ámbitos materiales que son ya del dominio de los tratados y de los instrumentos no vinculantes, en las distintas variedades de *soft law.* En este sentido, es necesario tener en cuenta, como ya plantease G. ABI-SAAB, que las resoluciones de las organizaciones internacionales y las declaraciones multilaterales de los Estados pueden afectar al derecho consuetudinario internacional, produciendo un nuevo tipo de costumbre inducida, muy distinta de la costumbre espontánea del siglo XIX[169].

Sin embargo, los consensos 'impuestos' no han contribuido al fortalecimiento de la costumbre internacional, sino a la necesidad de llevar a cabo un examen caso por caso[170] que corrobore que los instrumentos de *soft law* son verdaderamente la prueba de la existencia de la práctica de los Estados y de la convicción jurídica por la que respetan nuevas normas consuetudinarias. Por ello, sin la práctica de los Estados acatando los instrumentos de *soft law*[171], no puede avanzarse

---

166 R.-J. DUPUY, "Droit Déclaratoire et Droit Programmatoire de la Coutume Sauvage à la 'Soft Law'", en Société Française pour le Droit International (ed.), *L'élaboration du Droit International Public*, Colloque de Toulouse (1975), p. 132-148.

167 B. CHENG, "United Nations Resolutions on Outer Space: "Instant" International Customary Law?", *Indian JIL*, vol. 5, 1965, pp. 23 y ss.

168 E. RIEDEL, *loc. cit.*, p. 62.

169 G. ABI-SAAB, "Cours Général de Droit International Public," (General Cours of Public International Law), *Recueil des Cours*, Vol. 207 (1987-VII).

170 Así A. BOYLE subraya la necesidad de llevar a cabo un examen caso por caso porque "whether they provide evidence of existing law, or of the *opinion iuris* necessary for new law, or of the practice of states, will depend on various factors which must be assessed in each case", A. E. Boyle, "Soft Law in International Law Making" en MALCOLM EVANS (Ed.) *International Law*, 3rd ed., Oxford University Press, Oxford, 2010, p. 225.

171 Así T. GRUCHALLA-WESIERSKI sostiene que aunque "that soft law norms which are not legal in form can at best provide the psychological element of custom", este soft law "must have been the product of official state action." Por ello un código de conducta creado por una organización no gubernamental no puede considerarse que encarne la *opinio iuris* o que sea una prueba de su existencia. Véase T. GRUCHALLA-WESIERSKI, "A Framework for Understanding 'Soft Law'", *loc. cit.*, p. 54.

en la afirmación de la existencia de la norma consuetudinaria[172]. No obstante, se considera como práctica de los Estados la participación en los procesos de negociación de los instrumentos de *soft law*, como ya señalara D. SHELTON al afirmar que "el proceso de elaboración y votación de instrumentos normativos no vinculantes también puede considerarse una forma de práctica estatal"[173]. De esta manera, los instrumentos de *soft law* pueden generar la práctica estatal y aportar las evidencias que prueben la existencia de la *opinio iuris* que es el elemento espiritual —y el más esquivo— de la costumbre[174], pero no constituyen por ello parte del Derecho Internacional, sino que tan sólo son uno de los elementos que pueden intervenir en sus procesos de creación[175].

De igual modo, cabe considerar el papel que juega en la formación de la costumbre, la práctica convencional en sus múltiples manifestaciones. En este sentido, es enriquecedora la reflexión que hizo M. DIEZ DE VELASCO cuando considera que

---

172 Así PIERRE-MARIE DUPUY consideraría que "an accumulation of programmatic soft law instruments may help in the progressive affirmation of the emergence of a binding norm", pero que "expressions of *opinio iuris* that are not sufficiently sustained by practice do not take us particularly far in terms of customary, and thus general, law-making". En cualquier caso, el problema se reduce a constatar "the discrepancy ... between what states say and what they actually do". PIERRE-MARIE DUPUY, "Formation of Customary International Law and General Principles" en D. BODANSKY, J. BRUNNÉE y E. HEY (Eds.) *The Oxford Handbook of International Environmental Law*, Oxford University Press, New York, 2007, p. 459.

173 D. SHELTON, "Custom" en MALCOLM EVANS (Ed.) *International Law*, 3ª edición, Oxford University Press, Oxford, 2010, p. 181 y en *op. cit.*, p. 421.

174 Algunos autores sostienen que en esencia la *opinio iuris* no puede ser diferenciada del consentimiento, e incluso consideran la prevalencia de aquélla sobre éste. O. ELIAS, "The Nature of the Subjective Element in Customary International Law", *ICLQ*, vol. 44, 1995, pp. 501-523 y O. ELIAS Y C. L. LIM, *The Paradox of Consensualism in International Law*, Kluwer, La Haya, 1998, en particular p. 14.

175 Así H. W. BAADE considera que las declaracioness "affect the contents of customary international law because practice in conformity with them is legitimate state practice which defines, or refines international-law rules" aunque sólo pueden convertirse en derecho internacional "by treaty or state practice reflecting the requisite *opinio iuris* as regards that particular obligation" (p. 38), H. W. BAADE, "The Legal Effects of Codes of Conduct for Multinational Enterprises", en NORBERT HORN (ed.) *Studies in Transnational Economic Law, Vol. 1, Legal Problems of Codes of Conduct for Multinational Enterprises*, Deventer, The Netherlands, Kluwer, 1980, pp. 3-38.

"[a] pesar de su carácter, relativamente reciente, el derecho del medio ambiente ha conocido un desarrollo remarcable, así desde 1972 se asiste a la multiplicación de las normas convencionales, institucionales y consuetudinarias. Todas estas normas actúan en interacción. Así, por ejemplo, la existencia de más de 300 instrumentos convencionales, por el efecto de la acumulación tiende a sustituirse a la condición de la repetición de los actos en el tiempo que es uno de los elementos característicos de la costumbre internacional. Por otra parte, la multiplicación de las discusiones internacionales en el marco de las Conferencias internacionales y en el seno de las organizaciones internacionales favorecen la formación de la *opinio iuris*. Estos dos factores actúan en favor del nacimiento de las normas consuetudinarias"[176].

Y en el mismo sentido, y ya a partir de los instrumentos adoptados por la gobernanza creada en torno a los instrumentos convencionales, J. JUSTE RUIZ señala que

"las formulaciones contenidas en instrumentos no obligatorios, tales como resoluciones de organismos y conferencias internacionales, son ampliamente seguidas por los Estados y su vigencia se refuerza por efecto de los procesos de reiteración y referencia constantes hasta dar paso eventualmente a la emergencia de una verdadera regla consuetudinaria. La acumulación de resoluciones realizadas por instituciones e instancias internacionales, produce así un efecto catalizador que puede dar origen a nuevas reglas consuetudinarias internacionales relativas a la protección del medio ambiente"[177].

La posición de P. WEIL es, sin embargo, la opuesta a éstas cuando señala que:

"(...)[n]o podría ponerse en pie de igualdad en el seno de un 'derecho del desarrollo' o de un 'derecho del medio ambiente', las normas convencionales y consuetudinarias, por una parte, las resoluciones no normativas, por otra. No está tampoco justificado considerar que las resoluciones no normativas pudieran, a fuerza de ser repetidas, mudarse gracias a una especie de conjuro en derecho positivo: tampoco con tres veces nada se hace algo, la acumulación del no-derecho o del pre-derecho no basta por sí misma para crear derecho"[178].

---

176 M. DIEZ DE VELASCO, *loc. cit.*, pp. 425-426.

177 J. JUSTE RUIZ, *Derecho internacional ...*, *op. cit.*, p. 47. En igual sentido, ver P. C. SZASZ, "International Norm Making", *Environmental Change and International Law*, United Nations University Press, Tokyo, 1992, pp. 67-68.

178 P. WEIL, *loc. cit.*, p. 12.

Y en el mismo sentido, A. D'AMATO niega cualquier tipo de influencia del *soft law* en el derecho consuetudinario y considera que cuando ésta llega a producirse, la consideran un menoscabo y una agresión a esta fuente del derecho, utilizando el término "thrashing", que traslada la idea de someter a golpes y violencia el concepto de la norma consuetudinaria[179]. Este autor además situaría el debate sobre esta cuestión en el marco de la Asamblea General de las Naciones Unidas y en el estatus de sus Resoluciones para concluir afirmando que "Si votar a favor de una resolución de la ONU significa investirla con *opinio iuris*, entonces [la costumbre] no tiene un contenido independiente; se puede simplemente aplicar la Resolución de la ONU tal cual y etiquetarla erróneamente de 'derecho consuetudinario'"[180].

En este sentido, como ya hemos señalado, estaríamos ante lo que RENÉ-JEAN DUPUY denominó costumbre salvaje, ya que sin contar con el asidero de la práctica se vería propulsada por las denominadas resoluciones normativas de la Asamblea General a la categoría de fuente jurídica[181]. Sin embargo, este autor que sigue siendo referencia para el estudio del derecho consuetudinario, negaría la relación entre *soft law* y derecho consuetudinario por considerarlos cosas distintas. Consideraría al *soft law* como un derecho verde, sin la madurez suficiente para expresar el estado de derecho y ello en contraposición al derecho consuetudinario, fuera éste 'sage' o 'sauvage'[182].

Refiriéndose ya al papel de las normas convencionales *soft*, P. WEIL critica la tendencia a derivar una costumbre instantánea, de carácter general, de las disposiciones de un tratado internacional, de manera que "de la aceptación presunta se ha pasado a la acep-

---

179 Véase A. D'AMATO, "Trashing Customary International Law," *American Journal of International Law*, Vol. 81, 1987, pp. 101-105.

180 Ibidem.

181 RENÉ-JEAN DUPUY, "Droit Déclaratoire et Droit Programmatoire de la Coutume Sauvage à la 'Soft Law'", en Société Française pour le Droit International (ed.), *L'élaboration du Droit International Public*, Colloque de Toulouse, 1975, pp. 132-148. En contra de esta posición, M. E. VILLIGER, *Customary International Law and Treaties*, Kluwer, La Haya, 1997, p. 184.

182 RENÉ-JEAN DUPUY, "Communauté international et disparités de développement. Cours général de droit international public" *Recueil des Cours*, Vol. 165, 1979-IV, p. 176.

tación impuesta"[183]. Por otra parte, sostiene una postura distinta E. Suy que señala que "el hecho de que la Comunidad internacional en su conjunto haya llegado a la elaboración de principios a los que los participantes no hayan opuesto objeciones fundamentales puede ser interpretado como reflejo de la *opinio iuris* que, cuando se injerta en una práctica concordante de los estados, da lugar a la formación de una costumbre que no podría calificarse de instantánea porque no emerge sino después de este proceso relativamente largo que es el del consenso"[184].

En cualquier caso, no puede obviarse que uno de los problemas a los que se enfrenta la costumbre es el de su incapacidad para responder a las necesidades sociales cuando éstas se presentan. Así, E. Riedel señala que la aparición de una costumbre instantánea tiene lugar "en aquellas esferas donde había una necesidad social urgente de una regulación jurídica y, consecuentemente, ningún tiempo para la formación gradual de la práctica estatal"[185].

Por otra parte, existe una estrecha relación entre el *soft law*, los principios de origen consuetudinario y la costumbre internacional, en un nuevo contexto global marcado por las organizaciones internacionales. Esta relación también alcanza a los tratados internacionales y, en suma, a cómo todos ellos juegan un papel en la consolidación de regímenes normativos autónomos que necesitan de principios que articulen no sólo su núcleo normativo original, sino que también inspiren sus desarrollos normativos. El Derecho internacional humanitario, el Derecho económico internacional, el Derecho de las migraciones, el Derecho del espacio o el Derecho internacional del medio ambiente son un claro ejemplo, ya que en ellos se combinan principios generales de origen consuetudinario que se han consolidado en el tiempo tras nacer de declaraciones emblemáticas de la Asamblea General de las Naciones Unidas o adoptadas en conferencias internacionales de carácter universal. Precisamente, vendrían a corroborar esta afirmación la reciente avalancha de objeciones que

---

183 P. Weil, *loc. cit.*, p. 40.

184 E. Suy, "Rôle et signification du consensus dans l'élaboration du droit international", en *Etudes en l'honneur de Roberto Ago*, Ed. Giuffrè, Milán, 1987, pp. 522-525 y p. 537.

185 E. Riedel, *loc. cit.*, p. 62.

se han emitido frente a los instrumentos de *soft law* adoptados en el marco de la Asamblea General o de conferencias internacionales multilaterales, con el fin de que no se pudiese afirmar su naturaleza de elemento germinal del proceso de creación de las normas consuetudinarias. Así, cabe considerar como ejemplo de ello, las declaraciones realizadas para rechazar los principios contenidos en el Pacto Mundial por una Migración Segura, Ordenada y Regular[186], por los Estados participantes primero en la Conferencia de Marraquech y luego en la posterior sesión de la Asamblea General[187]. Así, Rusia se opuso al principio de la responsabilidad compartida[188] y China,

---

186 Véase Secretary of State, Rex W. Tillerson, "U.S. Ends Participation in the Global Compact on Migration, Press Statement U.S. Department of State," 3 de Diciembre de 2017, en https://www.state.gov/secretary/20172018tillerson/remarks/2017/12/276190.htm, R. Gladstone, "U.S. Quits Migration Pact, Saying It Infringes on Sovereignty", *The New York Times,* 3 de Diciembre de 2017, disponible en https://www.nytimes.com/2017/12/03/world/americas/united-nations-migration-pact.html?module=inline), G. Gotev, "Six EU countries - and counting - back out from the global migration pact", 12 Noviembre de 2018, disponible en https://www.euractiv.com/section/justice-home-affairs/news/six-eu-countries-and-counting-back-out-from-the-global-migration-pact/ G. Gotev, "Slovakia becomes 8th EU country to oppose global migration pact", *Euractive,* 26 de Noviembre de 2018, disponible en https://www.euractiv.com/section/future-eu/news/slovakia- becomes-8th-eu-country-opposing-the-global-migration-pact/, E. Schaart, "Czech Republic latest EU country to reject UN migration treaty", *Politico,* 14 de Noviembre de 2018, disponible en https://www.politico.eu/article/czech-republic-migration-refugees-latest-eu-country-to-reject-united-nations-treaty/, J. Shotter, "Poland becomes latest western country to shun UN migration pact", *Financial Times,* de 2 de Noviembre de 2018, en https://www.ft.com/content/49335a14-deb0-11e8-9f04- 38d397e6661c

187 El Pacto Mundial por una Migración Segura, Ordenada y Regular fue adoptado el 11 de Diciembre de 2018 por 163 Estados en la Conferencia intergubernamental de Marraquech, y una semana más tarde, la Asamblea General de las Naciones Unidas lo incorporó en su Resolución 73/195 adoptada por 153 votos a favor, 5 votos en contra y 12 abstenciones, el 19 de diciembre de 2018, y que se encuentra disponible en Internet en https://undocs.org/es/A/RES/73/195

188 Rusia habría declarado en la votación de la Asamblea General que "Queremos expresar una vez más nuestra no aceptación del concepto de responsabilidad compartida, que en su forma actual sólo implica hacer recaer la carga de la acogida de los migrantes forzados en Estados que a menudo no tienen nada que ver con las razones de la migración masiva de los pueblos. No somos partidarios de trasladar la carga a otros cuando la compleja situación migratoria actual es en gran medida el resultado de una injerencia irresponsable en los asuntos internos de los Estados soberanos de Oriente Medio y el Norte de África. En

aunque apoyó el Pacto y votó a favor, se opuso expresamente a la aplicación a los movimientos migratorios del principio de no devolución reconocido a los demandantes de asilo, con lo que menoscabaría el Objetivo 21.1 del Pacto, respecto al cual los Estados se habían comprometido a:

> "[...] facilitar y cooperar para un retorno seguro y digno y a garantizar el debido proceso, la evaluación individual y el recurso efectivo, defendiendo la prohibición de la expulsión colectiva y de devolver a los migrantes cuando exista un riesgo real y previsible de muerte, tortura y otros tratos o penas crueles, inhumanos y degradantes, u otros daños irreparables, de conformidad con nuestras obligaciones en virtud del derecho internacional de los derechos humanos. Nos comprometemos además a garantizar que nuestros nacionales sean debidamente acogidos y readmitidos, respetando plenamente el derecho humano al retorno al propio país y la obligación de los Estados de readmitir a sus propios nacionales. También nos comprometemos a crear condiciones propicias para la seguridad personal, la capacitación económica, la inclusión y la cohesión social en las comunidades, con el fin de garantizar que la reintegración de los migrantes al regresar a sus países de origen sea sostenible."[189]

Además, y a partir de estos mismos ejemplos de Resoluciones de la Asamblea General y de las conferencias internacionales convocadas por las Naciones Unidas, el *soft law* llevaría a cabo una codificación *soft* —menos eficiente que la que pueden llevar a cabo los tratados— pero con capacidad para ampliar no sólo su ámbito geográfico de aplicación sino también sus contenidos. Así el Principio 21 de la Declaración de Estocolmo sobre el Medio humano de 1972 formuló un principio consuetudinario del Derecho internacional del medio ambiente que prescribe la obligación de los Estados de no dañar el medio ambiente en el ejercicio de su soberanía territorial[190]. Este

---

ese contexto, los países que participaron activamente en esa injerencia deben asumir la primera y mayor responsabilidad por sus consecuencias, incluidas las relacionadas con la migración", A/73/PV.60, p. 13.

189 A/RES/73/195.

190 Así C. Fernández de Casadevante señaló que "[la] protección internacional del medio ambiente cuestiona la concepción clásica de la soberanía en cuanto que ésta se halla supeditada a las nociones de territorio y de jurisdicción o control. Efectivamente, en el caso del medio ambiente nos encontramos con que, frente a las características propias del territorio o de los objetos considerados

principio se forjó en la jurisprudencia arbitral del Trail Smelter y con los principios generales del derecho como es el principio *sic utere tuo ut alienum non laedas*, pero, con él, también se llevó a cabo un desarrollo progresivo del derecho consuetudinario en la medida en que incorporó no sólo las actividades bajo la jurisdicción del estado sino también las sometidas a su control. Cuando el Principio 21 es recogido en el Principio 2 de la Declaración de Río de Janeiro ya lo es con la naturaleza de un principio consuetudinario incontestable que se habría erigido además en la norma fundamental del régimen autónomo del Derecho internacional del medio ambiente que limita la soberanía del Estado desde un punto de vista funcional, en la medida en que el Estado es garante de la protección del medio ambiente frente a daños transfronterizos y debe evitarlos[191].

Por todo ello, y a pesar de todas las críticas vertidas, hoy parece indiscutible que el *soft law* está llamado a jugar un papel principal en el proceso de formación del derecho consuetudinario contemporá-

---

en ocasiones como tal (estabilidad, fijeza, etc.), en aquél el dato determinante es la movilidad. Los distintos elementos que integran el medio ambiente son interdependientes por lo que las actuaciones en uno de ellos repercuten, antes o después, en los demás. De ahí la necesidad de redefinir el concepto de soberanía en orden a potenciar la protección de ese medio. Por otra parte, como ya hemos indicado, las características del medio a proteger se hallan íntimamente ligadas a la noción de «equidad»: los atentados a la naturaleza en una parte de nuestro planeta van en detrimento de sus distintos sectores en otras zonas del mismo y globalmente, en perjuicio de toda la Humanidad. De ahí, la concepción del medio ambiente como un bien común a todos los hombres, independientemente de que su gestión se realice por cada Estado en su territorio. Se trata, este medio, de un gran recurso natural que compartimos todos los hombres y respecto del cual la invocación de la soberanía estatal no puede servir de argumento para justificar sobre él actuaciones perjudiciales", C. Fernández de Casadevante Romaní, *La protección del medio ambiente en Derecho internacional, Derecho comunitario europeo y Derecho español*, Servicio de publicaciones del Gobierno vasco, Vitoria-Gastéiz, 1991, pp. 41-50.

191 El Principio 21 afirma que "De conformidad con la Carta de Naciones Unidas y con los principios del derecho internacional, los Estados tienen el derecho soberano de explotar sus propios recursos en aplicación de su propia política ambiental y la obligación de asegurar que las actividades que se lleven a cabo dentro de su jurisdicción o bajo su control no perjudiquen al medio de otros Estados o de zonas situadas fuera de toda jurisdicción nacional."

neo y, en especial, en el desarrollo de principios consuetudinarios[192]. Y este papel no se limitaría al origen o a la promoción del derecho consuetudinario, también puede convertirse en el instrumento de su contestación. Así puede constatarse que los instrumentos de *soft law* pueden ser utilizados para mostrar el disenso con la emergencia de normas de derecho consuetudinario general[193]. Un ejemplo de ello puede encontrarse en el Derecho del Mar, con el controvertido principio de la adyacencia, afirmado con tenacidad por los Estados ribereños y por los países insulares a través de sus distintas asociaciones y al que se han opuesto dados sus intereses nacionales, todos aquellos Estados que quieren poder seguir encontrando en la Convención sobre el Derecho del Mar el marco de referencia para sus negociaciones futuras. Este principio nacido en un tiempo récord de los instrumentos de *soft law* propuestos por los Estados ribereños e insulares en las pre-conferencias internacionales destinadas a decidir la convocatoria del proceso de negociación de un tratado internacional sobre la conservación y protección de la biodiversidad marina más allá de la jurisdicción nacional, cambiaría las reglas del juego tal y como se habían establecido en Montego Bay. Evidentemente, la reiterada y persistente afirmación de este principio demarcado geográficamente puede contribuir a la aparición de un frente a su favor, pero no puede sustituir las manifestaciones de apoyo necesarias para la afirmación de la existencia de la *opinio iuris*[194]. No obstante, la práctica regional y las declaraciones pueden constituir en el largo plazo

---

192 En este sentido se manifiesta Charlesworth que considera que "soft law can thus influence the development of customary principles. It has been suggested that this process is in fact typical of modern approaches to customary international law, which start with general statements of rules, in contrast to traditional approaches that focused on specific instances of state practice," H. Charlesworth, "Law-making and sources," *loc. cit.*, p. 194.

193 Así T. Gruchalla-Wesierski, afirmaría que el "Soft law that is subsequent and contrary to the custom may indicate that there is no longer *opinio iuris* for the rule of custom, and thus that it has been 'abrogated'", T. Gruchalla-Wesierski, *loc. cit.*, p. 55.

194 En este sentido, R. J. Dupuy habría afirmado que "an accumulation of programmatic soft law instruments may help in the progressive affirmation of the emergence of a binding norm", pero concluye que "expressions of *opinio iuris* that are not sufficiently sustained by practice do not take us particularly far in terms of customary, and thus general, law-making", *loc. cit.*, p. 459.

un elemento a no desdeñar en los nuevos procesos de creación de normas promovidos por las instituciones internacionales de carácter universal, especialmente cuando ya se considera que la participación en la negociación y adopción de instrumentos de *soft law* es en sí misma una práctica de los Estados como ya hemos señalado.[195]

3.3. El *Soft Law* y los Principios Generales del Derecho Internacional

En el marco del debate científico sobre las fuentes del Derecho Internacional, los principios han ocupado un lugar importante por derecho propio. A partir de distintas posiciones, los principios se han considerado por una parte de la doctrina como una fuente no autónoma, en tanto que abstracción de la *ratio decidendi* que contienen los tratados y las costumbres internacionales, de manera que su naturaleza y su valor jurídico se deriva antes bien de la norma convencional o de la norma consuetudinaria. En esos casos, es necesario invocar juntos, el principio y el tratado o el principio y la costumbre, para exigir su aplicación y cumplimiento. Del mismo modo, lo que constituye en sí misma una afirmación provocadora de debate, cabría llevar a cabo esa operación con los instrumentos de *soft law* que se han adoptado como fase previa en el proceso de 'legalización' que desemboca en la adopción de tratados internacionales o en la formación de costumbres internacionales y que también incorporan principios generales que se van consolidando en cada una de las etapas de su *iter* normativo, complejo y duradero en el tiempo. Esta afirmación está cargada además de expectativas normativas respecto al futuro —o ya presente— papel de los principios en un nuevo orden internacional en el que las potencias como China se inclinan por una '*gobernanza por principios*' antes que por instrumentos convencionales.

Ahora, en tiempos en los que los Estados renuncian a la adopción de tratados internacionales, los instrumentos de *soft law* son los que

---

195 D. Shelton argumenta que "in recent years, non-binding instruments sometimes have provided the necessary statement of legal obligation (*opinio iuris*) to evidence the emergent custom and have assisted to establish the content of the norm. The process of drafting and voting for non-binding normative instruments also may be considered a form of State practice", *op. cit.*, p. 421.

incorporan los nuevos principios que, además, suelen adoptar por título. Un ejemplo temprano de ello es la "*Declaración autorizada, sin fuerza jurídica obligatoria, de principios para un consenso mundial respecto de la ordenación, la conservación y el desarrollo sostenible de los bosques de todo tipo*", adoptada en la Conferencia de las Naciones Unidas sobre el Medio ambiente y el Desarrollo, celebrada en Río de Janeiro en 1992[196]. Sin embargo, en el momento de crisis actual del multilateralismo y con el fortalecimiento de la posición de China contraria a la adopción de instrumentos convencionales, parece que la sociedad internacional está abocada a *una nueva gobernanza mundial por principios*, en la medida en que éstos vendrían a sustituir a los tratados y normas consuetudinarias. Esta nueva tendencia normativa de la sociedad internacional actual se ve reconocida en las propuestas presentadas por la Comisión de Derecho Internacional sobre los Principios Generales del Derecho Internacional. Y es en ese nuevo contexto, en el que se aplicarían las consideraciones tradicionales sobre los principios generales del Derecho internacional relativas a su identificación, a su naturaleza como fuente y a su lugar en una jerarquía normativa, en caso de que ésta se considerara necesaria o aceptable respecto a los tratados y las normas consuetudinarias.

Así, cabe examinar, en primer lugar, el proceso de identificación de los principios generales y de su categorización. Para ello, a pesar de la simplicidad de la aplicación de un método deductivo a las normas internacionales existentes, su categorización no es una misión fácil en la medida en que se ha hablado indistintamente de los principios generales comunes a todo ordenamiento jurídico y de los principios generales de las naciones civilizadas, como en su origen se habían calificado en el Art. 38 del Estatuto, primero del Tribunal Permanente de Justicia Internacional y luego en el del TIJ. Por ello, en el *Informe sobre los principios generales del Derecho Internacional* que ha presentado recientemente la Comisión de Derecho Internacional a

[196] Véase su texto en la Web del Ministerio de transición ecológica y reto demográfico, disponible en https://www.miteco.gob.es/es/cambio-climatico/legislacion/documentacion/normativa-y-textos-legales/doc_ncc_un_declaracion_autorizada.aspx

la Asamblea General[197]se distinguen dos categorías de principios: los que proceden de los ordenamientos jurídicos nacionales —en cuyo caso es necesario su traslación al sistema jurídico internacional[198]— y los que pueden formarse en el sistema jurídico internacional. Estas son además las categorías presentes en el Art. 38.1.c del Estatuto del TIJ, si bien su tenor ha sido objeto de una actualización de modo que la Comisión de Derecho Internacional[199] y su Comité de Redacción[200] han presentado a la Asamblea General sus conclusiones sobre "los principios generales del derecho como fuente del derecho internacional" en el que los incardina con los tratados y las costumbres, señalando además que no existe una subordinación jerárquica entre ellos, y que pueden tener el mismo tenor, con lo cual de este informe

---

197 En el Informe del Comité de Redacción se explica que: "La Comisión ha considerado que varias razones justifican la existencia de este tipo de principios generales del derecho: en primer lugar, nada de lo dispuesto en el Artículo 38, párrafo 1 c), del Estatuto de la Corte Internacional de Justicia limita los principios generales del derecho a los derivados de sistemas jurídicos nacionales. En segundo lugar, los trabajos preparatorios del Estatuto no excluyen la existencia de dichos principios. En tercer lugar, como cualquier otro sistema jurídico, el sistema jurídico internacional debe ser capaz de generar principios generales del derecho que le sean intrínsecos y que puedan reflejar y regular sus características básicas, y no tener únicamente principios generales del derecho tomados de otros sistemas jurídicos. Se puede considerar que la existencia de estos principios indica la madurez y complejidad crecientes del derecho internacional. En cuarto lugar, en la práctica judicial hay ejemplos que parecen apoyar la existencia de estos principios generales del derecho".

198 Además, en el Proyecto de Conclusión 5 se señala que para su determinación es necesario un análisis comparativo que incluya una evaluación de las legislaciones nacionales y de las decisiones de las cortes y tribunales nacionales, así como otros materiales pertinentes. En el Proyecto de Conclusión 6 sobre la Determinación de la transposición al sistema jurídico internacional se dice que "Un principio común a los diferentes sistemas jurídicos del mundo puede transponerse al sistema jurídico internacional en la medida en que sea compatible con ese sistema".

199 Comisión de Derecho Internacional, Principios Generales del Derecho, Texto consolidado de los proyectos de conclusión 1 a 11 aprobados provisionalmente por el Comité de Redacción, 73er período de sesiones, 21 de Julio de 2022, A/CN.4/L.971.

200 Proyecto de informe de la Comisión de Derecho Internacional sobre la labor realizada en su 73er período de sesiones, Capítulo VIII, Principios generales del derecho, Adición, Relator: Pavel Šturma, A/CN.4/L.964/Add.2, de 25 de Julio de 2022.

se deriva que tienen una naturaleza como fuente distinta a los tratados y a las costumbres y que en caso de conflicto entre ellos "debe resolverse por los métodos generalmente aceptados de interpretación y solución de conflictos en Derecho Internacional"[201]. En el Informe de la CDI, se añaden además los medios auxiliares para su identificación entre los que estaría la jurisprudencia internacional y nacional, así como los trabajos de la doctrina de los iuspublicistas.

No deja de sorprender en la propuesta de la CDI que se plantee la autonomía de los principios, con el riesgo asumido de que los Estados presenten observaciones contrarias por tratarse de un desarrollo progresivo del Derecho internacional, lo que el Comité de Redacción ya habría dado por sentado. Por otra parte, las funciones que se les atribuyen a los principios están subordinadas a las otras fuentes, y, además, coinciden con las que también le han sido atribuidas al *soft law* por la doctrina y la jurisprudencia internacional y nacional. De esta manera, en primer lugar, "se recurre a los principios generales del derecho principalmente cuando otras normas de derecho internacional no resuelven total o parcialmente una determinada cuestión"[202]. La segunda función sería la de contribuir a la coherencia del sistema jurídico internacional, para lo que "pueden servir, *inter alia*:

a) para interpretar y complementar otras normas de derecho internacional;
b) de base de derechos y obligaciones primarios, así como de base de normas secundarias y procesales."[203]

Por otra parte, en el texto de la CDI se señala que "para determinar la existencia y el contenido de un principio general de derecho que puede formarse en el sistema jurídico internacional, es necesario cerciorarse de que la comunidad internacional ha reconocido aquel principio como intrínseco al sistema jurídico internacional" si bien se añade que "El párrafo 1 se entiende sin perjuicio de la cuestión de la posible existencia de otros principios generales del derecho for-

---

201 *A/CN.4/L.971.*
202 Ibidem.
203 Ibidem.

mados en el sistema jurídico internacional"[204]. Dada esta distinción podría considerarse la posibilidad de que todos aquellos principios que no han sido reconocidos por la comunidad internacional como principios intrínsecos, podrían ser considerados en tanto que principios de una intensidad normativa menor, en el marco de instrumentos de *soft law*, y que podrían ser objeto de una evolución posterior. En la explicación de las conclusiones se subraya al respecto que:

> "Este párrafo se ha añadido para reflejar la opinión de algunos miembros de la Comisión que, si bien apoyaban la existencia de principios generales del derecho formados en el sistema jurídico internacional, consideraban que el párrafo 1 del proyecto de conclusión sería demasiado restringido y excluiría otros posibles principios que, aunque no fueran intrínsecos o inherentes al sistema jurídico internacional, podían surgir en ese sistema, y no a partir de sistemas jurídicos nacionales."[205]

A la pregunta de cuál es la conexión entre los principios generales y el *soft law*, también se ha de responder con una aproximación personal, que indefectiblemente va ligada a las áreas de especialización del investigador y a los regímenes normativos a los que se vinculan los principios, teniendo en cuenta, además, lo diversos que son en cuanto a aceptación, consenso y desarrollo sostenido en el tiempo. En mi caso, mi relación con los principios viene dada por mi trabajo sobre los principios del Derecho internacional del medio ambiente, con los que pueden ejemplificarse todos los posibles supuestos que se dan en el Derecho Internacional, a partir de esta visión sectorial[206]. Así, los principios en el ámbito del Derecho internacional del medio ambiente habrían nacido de una necesidad universal de proteger el medio ambiente y se habrían traducido en una exigencia genérica de limitar funcionalmente la soberanía del Estado para buscar su protección transnacional y, progresivamente, su protección nacional. La obligatoriedad de estas exigencias no habría hecho más que crecer a través de su reconocimiento en instrumentos de *soft law* como son las declaraciones de las Conferencias de las Naciones Unidas sobre el

---

204 En su conclusión 7, A/CN.4/L.971.

205 A/CN.4/L.964/Add.2.

206 T. Fajardo del Castillo, "Environmental law principles and General principles of international law", en L. Kramer y E. Orlando (Eds.), *Principles of Environmental Law, Elgar Encyclopedia of Environmental Law*, Vol. VIII, 2018, pp. 38-51.

medio ambiente y, posteriormente, los tratados internacionales para la protección del medio ambiente. Indudablemente, los principios reconocidos con un amplio consenso, se consideran hoy costumbres internacionales de carácter general que ocuparían un lugar central no sólo en el régimen autónomo del Derecho internacional del medio ambiente, sino que también habrían pasado a formar parte del Modelo de legitimidad de la Carta de las Naciones Unidas. Es en este marco del Modelo de legitimidad, donde los principios medioambientales habrían encontrado su lugar para conformar el concepto de soberanía desde una nueva concepción de la interdependencia y la solidaridad en la sociedad internacional, y en la que el principio de no causar daño tal y como se reconoce en el Principio 21 de la Declaración de Estocolmo ocuparía un lugar central. A su lado, habría además otros principios como los principios de desarrollo sostenible, de integración o de precaución, pero a estos cabe reconocerles un alcance limitado, aún en la periferia del Modelo de legitimidad, en la medida en que no han recibido un apoyo unánime, aunque tengan vocación universal, como en el caso de los principios de la conservación de la diversidad biológica, la utilización sostenible de sus componentes y la participación justa y equitativa en los beneficios que se deriven de la utilización de los recursos genéticos que se recogen sólo como objetivos en la Convención marco sobre la Diversidad Biológica de la que, por ellos precisamente, los Estados Unidos no son parte[207]. Estos principios que aún no podrían considerarse intrínsecos al sistema universal sí han sido recogidos en instrumentos regionales como los Tratados constitutivos de la Unión Europea donde ya si se considerarían intrínsecos, como el principio de integración de las exigencias de protección del medio ambiente en la definición y en la realización de las políticas y acciones de la Unión, en particular con objeto de fomentar un desarrollo sostenible del Artículo 11 del Tratado de Funcionamiento de la Unión Europea y,

---

207 No obstante, esta Convención Marco sobre la Diversidad Biológica recoge en su Artículo 3 el contenido del Principio 21 que es el que consideramos ya parte del Modelo de Legitimidad de la Carta de las Naciones Unidas: "*...sobre el derecho soberano de explotar los recursos propios en aplicación de la propia política ambiental, y la obligación de asegurar que las actividades que se lleven a cabo dentro de su jurisdicción o bajo su control no perjudiquen al medio de otros Estados o de zonas situadas fuera de toda jurisdicción nacional.*"

los principios del Art. 191.1, que reúne los principios que inspirarán la política del medio ambiente de la Unión: los principios de cautela y acción preventiva, el principio de corrección de los atentados al medio ambiente, preferentemente en la fuente misma, y el principio de quien contamina paga.

Hay autores como Y. Ellis que hablan de principios de *soft law* porque a pesar de que se recojan en convenios internacionales siguen adoleciendo de una obligatoriedad indefinida o vaga, de la que no se espera o de la que no se exige que evolucione más allá del nivel normativo que le quieran atribuir los Estados en su práctica interna o en su cooperación internacional. Como señala esta autora, los principios —con las necesarias adaptaciones sectoriales— desempeñan una función peculiar de guía para los sujetos internacionales en el sentido de que:

> "Los principios no pueden guiar la acción ni hablar de las condiciones de su aplicación. Esta no es su vocación. Más bien, sirven para guiar los procesos a través de los cuales se llega a conclusiones sobre la forma en que los actores deben comportarse. Los principios sirven para enmarcar el discurso jurídico, el razonamiento o la argumentación. Se puede hacer referencia a ellos para orientar los procesos a través de los cuales se articulan las normas, así como los procesos de interpretación y aplicación de las mismas. La vaguedad y generalidad de los principios es una fuente de su fuerza y utilidad en el Derecho Internacional."[208]

También considero que los principios que tienen su origen en instrumentos de *soft law* son adoptados con diversos fines y funciones vinculados a tratados internacionales, —preexistentes o aún por adoptar— y que están llamados a desempeñar funciones de coordinación entre los distintos regímenes jurídicos que interactúan dentro del sistema jurídico internacional. En este sentido, estos principios sirven también para generar sinergias entre los distintos tratados internacionales, como en el caso de la protección de la biodiversidad, donde girando en torno a la Convención Marco sobre la Biodiversidad hay una constelación de convenios que interoperan gracias a los principios de cooperación y de integración sistémica que no sólo informan las relaciones entre los Estados en el ámbito de la protec-

---

[208] Yaëlle Ellis, *op. cit.*, p. 5.

ción del medio ambiente, sino que también establecen el mandato necesario para alinear dicha constelación de acuerdos multilaterales ambientales. Estos principios informan la gobernanza desarrollada en torno al PNUMA y a los acuerdos multilaterales del medio ambiente, ante la ausencia de una organización internacional del medio ambiente. La base 'jurídica' de este mandato de cooperación y de integración sistémica no es otra que el conjunto de las resoluciones de las Conferencias de las Partes (COPs) de estos convenios multilaterales que carecen de valor vinculante, salvo contadas excepciones[209]. Así, desde las COPs de las 7 convenciones relativas a la biodiversidad, se ha conseguido aproximar sus principios —como los principios de la utilización sostenible y el uso racional de los recursos naturales y la biodiversidad— y se ha defendido la importancia de una cooperación institucional más estrecha para evitar la duplicación, aprovechar el trabajo existente y promover la colaboración y las sinergias[210].

3.4. El *Soft Law* y las Resoluciones de las Organizaciones Internacionales

El *soft law* tiene una indudable relación e identificación con las resoluciones normativas y no normativas de las organizaciones internacionales, y con las de las conferencias internacionales y las conferencias de las partes de los tratados internacionales. En este sentido, T. CHRISTIANO afirma que "el actual sistema de Derecho Internacional es una versión modificada del modelo tradicional del consentimiento del Estado" porque dicho modelo ha sido sustituido por el modelo de asociación voluntaria. De este modo, este autor ha subrayado la idea de que "la legitimidad de las instituciones y el derecho internacional se deriva del hecho de que el sistema de derecho e instituciones internacionales es un sistema de asociación voluntaria entre Estados"[211]. Por ello, "es una cuestión esencial si los fundamen-

---

209 Recordemos a este respecto las resoluciones adoptas por consenso en el marco del Tratado Antártico.

210 Resolución 70/1, de 25 de septiembre de 2015, titulada "Transformar nuestro mundo: la Agenda 2030 para el Desarrollo Sostenible".

211 T. CHRISTIANO, "Democratic Legitimacy and International Institutions. The Voluntary Association Model of International Institutions", en S. BESSON Y J.

tos existentes del Derecho Internacional permiten el establecimiento de organizaciones internacionales que tengan funciones normativas no basadas sobre el consenso de los destinatarios de las respectivas normas que prescriben"[212]. Ello ha supuesto que el *soft law* pase a ser el instrumento por excelencia del espacio jurídico internacional que crean las organizaciones internacionales, con el que van limitando el alcance del *domaine reservé* de los Estados[213]. Esto es así porque las organizaciones internacionales y las COPs son como señala J. Brunnée "foros para la elaboración de normas más que para la toma de decisiones reales" y "la confianza en las decisiones de la COP (...) podría sugerir o bien que un consentimiento cada vez más atenuado basta para producir obligaciones formalmente vinculantes, o bien que está surgiendo un patrón de regulación no vinculante"[214]. En cualquier caso, estos instrumentos de *soft law* contienen elementos supranacionales, como consideraron H. Schermers, y N. Blokker[215]. En este sentido, las organizaciones internacionales producen *soft law* como una de las muchas actividades de creación de normas en su más amplia acepción de la función que ahora emprenden. Y estos autores consideran el *soft law* producido por organizaciones y comités internacionales como una forma de delegación[216]. En este sentido, C. Chinking explica que "el creciente recurso a distintas formas de *soft law* también refleja hoy en día la importancia de cuerpos institucio-

---

Tasioulas, (Ed.) *The Philosophy of International Law*, Oxford: Oxford University Press, 2010, pp. 119-138, en p. 122.

212 R. Wolfrum, *loc. cit.*, p. 9.

213 Así J. Álvarez señala, refiriéndose a la acción de la ONU y de otras organizaciones internacionales que "...the cumulative effect of their actions across time is an ever more shrinking domaine reserve for states", J. Alvarez, *International Organizations as Law Makers*. Oxford: Oxford University Press, 2005, p. 218.

214 J. Brunnée, "Reweaving the Fabric of International Law? Patterns of Consent in Environmental Framework Agreements", en R. Wolfrum y V. Röben (eds.). *Developments of International Law in Treaty Making*. Heidelberg: Springer, 2005, pp. 101-126, en p. 123.

215 Estos autores de referencia en el estudio de las organizaciones internacionales consideran además que "Membership of the organization encourages states to make at least some effort to comply with the organization's wishes. Overt non-compliance will be resented", H. Schermers, y N. Blokker, *International Institutional Law: Unity within Diversity*. Martinus Nijhoff Publishers, Leiden/Boston, 2011, p. 777.

216 Ibidem.

nales a nivel internacional y regional, de carácter general o especializados para la negociación, la formulación y la divulgación de los principios del Derecho internacional[217]. Además, como destacara T. GRUCHALLA-WESIERSKI, "cuando una organización internacional es la autora del *soft law*, parece que no hay duda respecto a que la organización está obligada en sus procedimientos internos a actuar de acuerdo con él"[218], sin olvidar además lo que supone en la programación de su agenda normativa en el corto y largo plazo. Basta con examinar el próximo programa de la Segunda Comisión de la Asamblea General de las Naciones para su 78ª sesión, para comprobar que su desarrollo se llevará a cabo con resoluciones que, más allá de su naturaleza de *soft law*, representan toda una declaración de principios de la organización. En este caso, esta Comisión es la responsable de proponer y recibir las propuestas de resoluciones relativas a la agenda de desarrollo sostenible y de la cooperación internacional para el desarrollo. Estas cuestiones son las más relevantes de un amplísimo mandato, que también se ocupa del mantenimiento de la estabilidad del sistema financiero y de la promoción del comercio internacional, entre una amplia variedad de temas que tienen como elemento común el desarrollo y las necesidades económicas y sociales tras la pandemia de COVID-19. Ello supone que las resoluciones y los principios que se desarrollen en el marco de actuación de la Segunda Comisión de la Asamblea General establecerán políticas globales y marcarán las líneas del desarrollo progresivo del Derecho Internacional, con o sin consenso, cuando se llame a votación su adopción y se alcance el necesario número de votos para trasladar la aceptación y la legitimidad necesarias.

Sin duda, hay que conceder un lugar especial a las resoluciones de la Asamblea General de las Naciones Unidas que han sido objeto de consideración por la academia y la jurisprudencia de la Corte Internacional de Justicia, como analizaré a continuación. Como nos recuerda O. SCHACHTER, la ONU y sus órganos no fueron concebidos como un órgano legislativo pero "podían actuar como legislaturas

---

217 Véase C. CHINKIN, *loc. cit.*, p. 861

218 Véase T. GRUCHALLA-WESIERSKI, *loc. cit.*, p. 52.

adoptando tratados y declaraciones de derecho"[219]. Incluso, I. KLABBERS considera que "pueden no ser derecho pero no pueden considerarse carentes de efectos jurídicos"[220]. Sin embargo, R. J. DUPUY incorporó un elemento importante en su análisis y su posición personal respecto al *soft law*, al señalar que las resoluciones de la Asamblea General que han sido votadas o adoptadas por consenso no son *soft law* sino acuerdos internacionales[221].

En el caso del Consejo de Europa, J. POLAKIEWICZ sostiene que "la creación de instrumentos de *soft law* sigue estando, no obstante, en muchos casos estrechamente asociada a los tratados", y que, por otra parte, cuando se trata de las recomendaciones de su Comité de Ministros, "los instrumentos no vinculantes son a menudo precursores de los acuerdos jurídicamente vinculantes, tanteando el terreno y ayudando a conformar el consenso (…)"[222]. En el caso de la Organización Mundial del Comercio, M. E. FOOTER, tras examinar exhaustivamente el papel del *soft law* en su marco normativo y su práctica, ha destacado cómo se utiliza como medio para regular situaciones difíciles y complejas, como en el caso de la Ronda de Doha del Desarrollo. En este sentido, subrayaría también que las diferentes funciones que puede desempeñar el *soft law* pueden complementar el *hard law* y ser un precursor del desarrollo de otras normas jurídicas[223]. Además, este autor considera que el *soft law* ofrece mecanismos que tienen una función coordinadora, facilitadora e informativa que son las que

---

219 Véase O. SCHACHTER, "United Nations Law," *American Journal of International Law,* Vol. 88, 1994, pp. 1-23, en p. 1

220 I. KLABBERS, *An Introduction to Institutional International Law,* Cambridge: Cambridge University Press, 2012, en p. 83.

221 Así afirma que "Il convient dès lors de distinguer les résolutions qui en dépit de leur forme, ont une signification conventionnelle et celles qui ne peuvent y prétendre et pour lesquelles la notion de soft law semble plus admissible", RENE-JEAN DUPUY, "Communauté international et disparités de développement. Cours général de droit international public." *Recueil des Cours 165* (1979-IV): 9-232, en p. 177.

222 J. POLAKIEWICZ, "Alternatives to Treaty-Making and Law-Making by Treaty and Expert Bodies in the Council of Europe," en R. WOLFRUM Y V. RÖBEN (eds.). *Developments of International Law in Treaty Making.* Heidelberg: Springer, 2005, p. 288.

223 M. E. FOOTER, "The (Re)Turn to 'Soft Law' in Reconciling the Antinomies in WTO Law." *Melbourne Journal of International Law 11,* 2010, pp. 241-276.

caracterizan a la OMC y a su práctica, cuando ésta se desarrollaba con normalidad y no ahora cuando se desarrolla en una situación de excepción.

El *soft law* de la Unión Europea merece en sí mismo que lo desarrollemos en el último capítulo de este trabajo, por sus características especiales, que lo distinguen del *soft law* producido por las organizaciones internacionales de cooperación, en la medida en que, como ya he señalado, en el caso de la Unión, el ser una organización de integración la lleva a perseguir una comunidad de derecho donde la máxima expresión sería una manifestación normativa que es resultado del ejercicio de las competencias atribuidas, lo que no debería dejar lugar a las dudas respecto a su carácter vinculante para sus Estados miembros. Sin embargo, el *soft law* de la Unión Europea va mucho más allá de las recomendaciones —que sí están previstas en los tratados constitutivos— hasta llegar a ser un espacio normativo adyacente en el que se dan cita las distintas posiciones e interpretaciones respecto a los intereses comunes de los Estados miembros y las instituciones europeas. En esos casos, el *soft law* traslada el desencuentro entre las instituciones y los Estados miembros, además de reflejar una discordancia temporal en los avances políticos y jurídicos tal y como estos los perciben.

Además de las organizaciones internacionales, hay que reconocer el importante papel que desempeñan en la creación de *soft law* las Conferencias de las Partes de los tratados internacionales no asociados a una organización internacional, porque, como dice J. BRUNNÉE, "la confianza en las decisiones de la COP (...) podría sugerir o bien que un consentimiento cada vez más atenuado basta para producir obligaciones formalmente vinculantes, o bien que está surgiendo un patrón de regulación no vinculante"[224]. La idea de que se les hace objeto de una delegación de una función normativa —nunca reconocida— es la que sirve para explicar su creciente papel político y normativo, como en el caso de las COPs de la Convención Marco sobre el Cambio Climático, el Protocolo de Kioto y el Acuerdo de

---

[224] J. BRUNNÉE, "Reweaving the Fabric of International Law? Patterns of Consent in Environmental Framework Agreements", en R. WOLFRUM Y V. RÖBEN (eds.). *Developments of International Law in Treaty Making*. Heidelberg: Springer, 2005, pp. 101-126, en p. 123.

París. Su influencia en el futuro del desarrollo normativo de los instrumentos convencionales con *soft law* será mayor a medida que se prescinda de las propuestas de reformas convencionales.

No obstante, el consenso, tras la guerra de agresión de Rusia en Ucrania, ha dejado de ser posible no sólo en la Asamblea General de las Naciones Unidas sino también en todas las demás organizaciones internacionales y en las COPs de convenios internacionales que habían hecho de él su procedimiento de adopción de decisiones[225]. Así, R. Gardner ha destacado como la COP14 de la Convención de Ramsar sobre los humedales de interés internacional celebrada en Noviembre de 2022, ha estado dispuesta a romper con su tradición de 50 años de consenso, llevando a cabo por primera vez en su historia una votación sobre la adopción de un proyecto de resolución[226]. En el caso del Consejo Ártico la imposibilidad de alcanzar el consenso debido a las posiciones defendidas por Rusia, ha llevado a renunciar al ejercicio de sus funciones, lo que en última instancia llevará a la fragmentación regional de las actuaciones para la explotación y protección de sus recursos.

Por todo ello, es necesario volver al viejo debate doctrinal sobre el valor de las declaraciones de las organizaciones internacionales, que ahora se ha vuelto a renovar ante la multiplicación de las objeciones

---

225 Esta situación se produce, por ejemplo, en la Organización Mundial del Comercio, ya bloqueada desde la presidencia de Trump, y también en la COP de la Convención de Ramsar sobre los humedales de interés internacional, que en su última reunión ha tenido que abordar la imposibilidad de adoptar sus decisiones conforme a su mandato fundacional.

226 En sus trabajos previos, ya habría señalado que "The COP meets every three years to assess how the Convention is being implemented and to consider resolutions and recommendations related to wetland conservation. It is a long-upheld Ramsar tradition that COP decisions are made by consensus" y que "Not all parties accept the legal theory that consensus-approved resolutions at conferences of the parties create binding domestic obligations. There is case law to the contrary in the United States in the context of the Montreal Protocol on Substances that Deplete the Ozone Layer, for example (National Resource Defense Council (NRDC) v. EPA 2006). Regardless of whether the resolutions are considered binding law or an expression of goals, they influence the actions of the parties and other Ramsar stakeholders", en Royal C. Gardner y Nick C. Davidson, "The Ramsar Convention", en B. LePage, *Wetlands Integrating Multidisciplinary Concepts*, Springer, 2011, 189-204, en pp. 196 y 198.

formales que se adoptan en las votaciones de las Resoluciones de la Asamblea General de las Naciones Unidas y en sus órganos más relevantes. Ante las expectativas de los partidarios de que tales resoluciones obligan a los Estados que han votado positivamente[227], en virtud del principio de la buena fe[228] y el estoppel[229], se han multiplicado las declaraciones de los Estados miembros en las que formalmente objetan y rebaten las propuestas y los principios formulados en dichas resoluciones. En su momento, J. SALMON creyó que:

> "estas resoluciones *vinculan a los Estados* que las han votado (o que han participado en el consenso por el cual han sido adoptadas), con tal que su texto esté claramente redactado en términos de obligaciones jurídicas (utilización del presente o del futuro, ausencia del condicional o de términos escapatorios), yo me inclinaría a responder afirmativamente a una pregunta sobre si los Estados estarán vinculados en estas condiciones. Ya se considere que sea jurídicamente (sea por la vía del derecho consuetudinario, sea por la vía de la expresión del consentimiento no

---

227 J. SOHN, por su parte, presenta una nueva cara de la cuestión al señalar que en el caso de las resoluciones de la Asamblea General no se consideró que los Estados que actuaron conforme a ellas, violaran el derecho internacional. Y para ello presenta el caso de aquellos Estados que en aplicación de las resoluciones de la Asamblea general adoptaron sanciones comerciales contra el régimen racista de Sudáfrica: "la redacción de la Resolución "expected to comply" significó que no estaba abierta la posibilidad para Sudáfrica de presentar una acción contra cualquiera de los Estados que adoptara sanciones económicas", en "Déliberations", *AIDI*, Coloquio de Estrasburgo, vol. 67-II, 1997, pp. 337-343. Si bien es necesario señalar que estas posturas no son mayoritarias dentro de la doctrina. Esta orientación no fue aceptada en la resolución del IDI sobre la elaboración del Derecho internacional del medio ambiente. Fue sometida a votación y fue rechazada por 18 votos en contra, 15 votos a favor y 5 abstenciones. El texto finalmente adoptado es el artículo 11 del que se suprimió la referencia al principio de buena fe, que dice así: "Los Estados que han votado en favor de la adopción de un instrumento no vinculante que contiene normas claras y precisas sobre la protección del medio ambiente, o que han accedido, deberían actuar de acuerdo a estas normas". Ver igualmente BEDJAOUI, VALTICOS, VIRALLY, RIAD, en las "Déliberations" y el texto de la Resolución, *AIDI*, Coloquio de Estrasburgo, vol. 67-II, 1997, pp. 337-343 y p. 522.

228 DIEZ DE VELASCO señala que "[p]or otra parte, los Estados que han contribuido con sus votos a la adopción de estas resoluciones deben abstenerse, en virtud del principio de buena fe, de actos que las privarían de su objeto y de su fin"; M. DIEZ DE VELASCO, *loc. cit.*, "Réponse…AIDI", p. 425.

229 F. PAOLILLO, *loc. cit.*, p. 449.

formalizado) o que se vea en ello un simple compromiso político, estos Estados están vinculados"[230].

La posibilidad de "asignar una función de *estoppel*" a los instrumentos de *soft law* ya se consideró en una ocasión tan temprana y tan significativa como la Conferencia sobre la Seguridad y la Cooperación en Europa (CSCE). Así, E. Riedel consideró, siguiendo a J. Frowein, que una vez que los instrumentos de *soft law* han sido asumidos por los Estados:

> "[e]l principio del estoppel en tanto que un principio general del derecho en el sentido del Artículo 38(1)(c) del Estatuto del TIJ, y, por tanto, con una incuestionable cualidad de '*hard law*', es así emparejado con una norma no vinculante *stricto sensu* que emana de la CSCE. La mezcla resultante de normas vinculantes y no vinculantes lleva consigo el peligro o el propósito de elevar el grado de las normas no vinculantes, por tratarlas como normas de *hard law*, si bien esto es una consecuencia inevitable. (...). Finalmente, la coalición o coexistencia de normas de distinta 'densidad' normativa no debería ser considerada como un signo de la naturaleza primitiva del Derecho internacional sino de su madurez, en tanto que ha sido capaz de desarrollar un conjunto adecuado y realista de instrumentos cooperativos donde faltaban sanciones efectivas"[231].

Sin embargo, la práctica seguida por los Estados muestra a las claras que éstos no se encuentran vinculados por sus votos[232], si bien manifiestan una cierta sensibilidad ante la presión de su opinión pública nacional y de las ONGs —especialmente, en períodos electorales. En cualquier caso, ningún Estado osaría negar el indudable valor jurídico de las grandes Declaraciones adoptadas en el seno de la Asamblea General de las Naciones Unidas como la Resolución 2625/XXV por la que se consensua la Declaración sobre los principios de Derecho Internacional referente a las relaciones de amistad y a la coopera-

---

230 J. Salmon, Réponse a la première partie, *AIDI*, Sesión de Estrasburgo, vol. 67-I, año 1997, en p. 418

231 E. Riedel, *loc. cit.*, pp. 68-69, y J. Frowein, "Das Problem des grenzüberschreitenden Informationsflusses und des 'domaine reservé', *Ber DGVR*, vol. 19, 1979, p. 22.

232 En ocasiones, los Estados votan afirmativamente por razones ajenas a la propia disposición, por razones relacionadas con su pertenencia a un grupo de Estados o, simplemente, para evitar críticas negativas desde sus parlamentos nacionales o de sus electorados.

ción entre los Estados de conformidad con la Carta de las Naciones Unidas de 24 de Octubre de 1970[233], o en las grandes Conferencias promovidas por las Naciones Unidas, como las Conferencias de Estocolmo y de Río de Janeiro para la protección del medio ambiente y la identificación de los principios que limitarían funcionalmente la soberanía estatal. Respecto a la Resolución 2625/XXV, la Asamblea General de las Naciones Unidas la ha recordado para convertirla en el fundamento de las resoluciones adoptadas tras la guerra de agresión de Rusia en Ucrania.

Respecto a las Declaraciones de Estocolmo de 1972 y de Río de Janeiro de 1992, C. FERNÁNDEZ DE CASADEVANTE ha señalado, refiriéndose a la actitud de los Estados como elemento para determinar los efectos jurídicos de estas Declaraciones, que

> "[c]abe recordar (...), las dudas que sobre los efectos jurídicos de la primera de esas Declaraciones se suscitaban en la doctrina en los años inmediatos a su adopción. El que ésta tuviera lugar por consenso ya era significativo respecto de obligaciones que la Declaración codificaba y que ya habían sido afirmadas por la jurisprudencia internacional. Pero los mismos interrogantes surgen respecto de la de Río de 1992 en aquellos aspectos que suponen innovación respecto del régimen preexistente. No cabe duda de que el transcurso del tiempo y la práctica de los Estados contribuyen a consolidar esas obligaciones y a reforzar los efectos jurídicos de la Declaración"[234].

Por otra parte, cabe recordar —como hiciera en su día DIEZ DE VELASCO— la ausencia de formalismo que caracteriza la elaboración del Derecho Internacional, lo que supone que "las resoluciones de la Asamblea General, desprovistas en principio de obligatoriedad, pueden servir de cauce o instrumento para la creación de normas de Derecho Internacional"[235]. Ello supondría además que la elabo-

---

233 Disponible en https://documents-dds-ny.un.org/doc/RESOLUTION/GEN/NR0/352/86/IMG/NR035286.pdf?OpenElement

234 C. FERNÁNDEZ DE CASADEVANTE ROMANÍ, *La protección del medio ambiente en Derecho internacional, Derecho comunitario europeo y Derecho español,* Servicio de publicaciones del Gobierno vasco, Vitoria-Gastéiz, 1991, p. 138.

235 También distingue diferencias entre las resoluciones normativas de la Asamblea General en los ejemplos que selecciona. Así, afirma que "la Resolución 2625(XXV) de la A. G., de 24 de octubre de 1970, sobre la declaración de los principios de D. I. relativos a las relaciones de amistad y cooperación entre los

ración del Derecho Internacional se encuentra "sometida en esencia a los dictados de la práctica y de la manifestación concreta del *consensus generalis* o acuerdo general de los Estados, con independencia de la forma que dicho *consensus* adopte"[236], lo que nos lleva a afirmar además que la conexión entre las resoluciones normativas y generales, por su vocación, entroncan también con el *soft law* que pretende establecer un horizonte de expectativas normativas de carácter universal, y que luego puede desarrollarse a través de instrumentos normativos aceptados por grupos de Estados en función de intereses particulares. Así, por ejemplo, los principios y criterios contenidos en las Declaraciones de Estocolmo y Río de Janeiro habrían terminado convirtiéndose en los principios recogidos en el Artículo 191.1 del Tratado de Funcionamiento de la Unión Europea.

4. EL SOFT LAW EN LA JURISPRUDENCIA INTERNACIONAL

Como ha podido destacarse por la doctrina, hasta ahora, cabe identificar dos formas de influencia del *soft law* en la jurisprudencia internacional. La primera se refiere al papel del *soft law* como instru-

---

Estados, sobre todo ha declarado y desarrollado progresivamente normas de D. I. ya existentes, como sostuvo el TIJ en su sentencia de 27 de junio de 1986 en el Caso de las actividades militares y paramilitares en y contra Nicaragua (ICJ Rep. 1986: párs. 188-192). La Resolución 1962 (XVIII) de la AG, de 13 de diciembre de 1963, sobre los principios jurídicos que deben regir la actividad de los Estados en la exploración y utilización del espacio ultraterrestre, adoptada por unanimidad y que culminaba una serie de resoluciones sobre el tema, es un buen ejemplo de resolución cristalizadora del *consensus generalis* o acuerdo general que se había ido gestando en los años anteriores sobre el principio de la libertad del espacio ultraterrestre así como otros principios de su régimen jurídico. Por último, la Resolución 1514(XV) de la AG, de 14 de diciembre de 1960, adoptada sin votos en contra, que contiene la declaración sobre la concesión de independencia a los países y pueblos coloniales, se cita como ejemplo de resolución con efecto constitutivo o generador de normas de DI general, gracias a la práctica internacional posterior que ha confirmado la aceptación general del principio de libre determinación de los pueblos sometidos a dominación colonial, reiterado más tarde en la Resolución 2625(XXV)", M. Díez de Velasco, *op. cit.*, p. 148.

[236] Ibidem, p. 149.

mento normativo que los jueces tienen en consideración en tanto que norma de intensidad limitada que sirve para la interpretación de las normas aplicables en un conflicto. La segunda se refiere al papel de las decisiones judiciales en tanto que *soft law* y la influencia que ejercen más allá del caso concreto en que son adoptadas. No obstante, es necesario señalar como hiciera P.-M. DUPUY, que el Tribunal Internacional de Justicia se ha pronunciado sobre el *soft law* de manera limitada porque como advirtiera este autor, en el asunto GABCIKOVO NAGYMAROS, «su contribución quedó limitada por su temor a ser acusado de crear derecho en lugar de aplicarlo»[237]. A continuación, abordaré en primer lugar cuales han sido las posiciones adoptadas por la doctrina sobre el papel que desempeña el *soft law* en la jurisprudencia internacional, para luego presentar la jurisprudencia internacional que lo aplica.

4.1. Posiciones de la doctrina sobre el *soft law* aplicado por los Tribunales internacionales

Por lo que se refiere a la invocación del *soft law* para la solución de controversias ante las instancias jurisdiccionales internacionales, es necesario constatar que hay distintas posiciones en la doctrina respecto al papel que puede llegar a desempeñar el *soft law*. Así, una parte de la doctrina es partidaria de su invocación, como en el caso de I. SEIDL-HOHENVELDERN que considera que el *soft law* puede resolver cualquier tipo de conflicto internacional entre Estados, quedando excluidos sólo aquellos instrumentos de *soft law* que no hayan sido aceptados por todos los Estados partes en la controversia o que reciban una interpretación distinta por parte de estos[238]. Con una posición no muy diferente, A. PELLET ha señalado que el *soft law* considerado como "cuasi-fuente":

---

237 P.-M. DUPUY, "Formation...", *loc. cit.*, p. 460.

238 I. SEIDL-HOHENVELDERN considera que "the only role that soft law cannot play is to solve international conflicts between States if either not all the States parties to the conflict had accepted them or if the States interpret the content of such rules in a different manner", I. SEIDL-HOHENVELDERN, "International Economic Soft Law", *Recueil des Cours de l'Academie de Droit International 163*, 1979-II, pp. 164-246, en p. 225.

"no ha sido de mucha utilidad para la Corte en su función de resolución de controversias, ni siquiera en su función consultiva (...) Sin embargo, en contra de las opiniones de la doctrina positivista, del estudio cuidadoso de la jurisprudencia de la Corte se desprende que no son 'no jurídicos'. El Tribunal lo toma en consideración no sólo en el marco del proceso de cristalización de las normas consuetudinarias o para la interpretación del derecho de los tratados"[239].

A. PELLET concluye que "si es necesario, [los instrumentos de *soft law*] también pueden tener un papel más directo y autónomo en la búsqueda de respuestas jurídicas a cuestiones legales. En este sentido, son ciertamente parte del Derecho Internacional que la Corte está obligada a aplicar"[240], como muestran los estudios de W. CZAPLINSKI y J. TASIOULAS sobre la sentencia *NICARAGUA C. ESTADOS UNIDOS*[241]. En este sentido, J. TASIOULAS defiende en un debate dialéctico con P. WEIL en su artículo sobre la Normatividad Relativa, que el enfoque adoptado por la mayoría de jueces sobre el Derecho Internacional consuetudinario en el caso de Nicaragua c. Estados Unidos, constituye el "respaldo más completo de la Corte a la normatividad relativa", ejemplificando también el potencial de ese papel inspirador de la Corte[242]. Igualmente, W. CZAPLINSKI considera que el TIJ, "declaró que la Declaración de Relaciones Amistosas no sólo confirma las disposiciones de la Carta, sino que también constituye una prueba de la aceptación de la existencia de la norma o del conjunto de normas declaradas por la propia resolución", para apoyar la existencia de *opinio iuris* de los Estados Unidos[243].

---

239 A. PELLET, "Commentary on Art. 38," en A. ZIMMERMANN, C. TOMUSCHAT, K. OELLERS-FRAHM (eds.), *The Statute of the International Court of Justice. A Commentary*, Oxford: Oxford University Press, 2012, Segunda edición, p. 773.

240 Este autor concluye diciendo que "if necessary, they can also have a more direct and autonomous role in the search for legal answers to legal questions. In this respect they certainly are part of international law that the Court is bound to apply". A. PELLET, *loc. cit.*, pp. 773-774.

241 J. TASIOULAS, "In Defence of Relative Normativity: Communitarian Values and the Nicaragua Case", *Oxford Journal of Legal Studies 16*, 1996, pp. 85-128, en p. 127

242 Ibidem.

243 W. CZAPLINSKI, "Sources of Law in the Nicaragua Case." *International and Comparative Law Quarterly 38*, 1989, pp. 151-166, en p. 160.

Por su parte, T. GRUCHALLA-WESIERSKI asume que el *soft law* puede ser aplicado por la Corte Internacional de Justicia y además que "las normas no jurídicas de *soft law* también podrían utilizarse como base de una decisión arbitral, como parte de la 'costumbre comercial' o cuando el árbitro está facultado para actuar como amigable componedor"[244].

Otros estudiosos han sugerido que la Corte Internacional de Justicia está formada por académicos y publicistas que se inclinan por las premisas de la base canónica del sistema de Derecho Internacional. Así, P. M. DUPUY considera que "una decisión de una corte o tribunal internacional depende en gran medida de las creencias personales, la cultura e incluso la generación de los jueces internacionales"[245] y añadiríamos, también, de la composición en razón del género, en la medida en que sería interesante considerar la presencia de mujeres en los tribunales internacionales, lo que ha sido objeto de un interesante estudio por E. W. PETIT[246].

Por otra parte, como señala C. CHINKIN "aunque la forma de *soft law* puede considerarse inadecuada para la resolución de controversias, puede ser significativo que la Corte Internacional de Justicia haya promovido el desarrollo de los principios de *soft law*"[247]. Y en esta dirección se pronuncian A. BOYLE Y D. FREESTONE cuando consideran que los principios internacionales de *soft law* no son jurídicamente irrelevantes cuando los tribunales y los organismos internacionales

---

244 T. GRUCHALLA-WESIERSKI, "A Framework for Understanding 'Soft Law'", *McGill Law Journal 30*, 1984-1985, pp. 37-88, en p. 67.

245 P. M. DUPUY ha destacado que "a decision of an international court or tribunal depends very much on the personal beliefs, culture, and even generation of international judges, which are all factors having a bearing on the judge's sensitivity to the specificities of environmental protection, such as the possibility of transboundary and long-term effects", P.-M. DUPUY, "Formation of Customary International Law and General Principles" en D. BODANSKY, J. BRUNNÉE Y E. HEY (Eds.), *The Oxford Handbook of International Environmental Law,* Oxford University Press, New York, 2007, pp. 449-466, en p. 460.

246 Véase E. W. PETIT DE GABRIEL, "Gender Parity in International Legal Bodies: Are We there yet?", *Peace & Security - Paix et Sécurité Internationales,* No 10, 2022, pp. 1-41.

247 C. CHINKIN, *loc. cit.*, p. 864.

tienen que aplicar o desarrollar el derecho, sino que pueden representar una meta que puede influir en el resultado de los litigios[248].

En este sentido, y de forma más provocativa, A. T. GUZMÁN Y T. L. MEYER consideran que "la concesión de jurisdicción a un tribunal actúa como una delegación de poder para elaborar normas jurídicas blandas que interpretan una obligación jurídica vinculante subyacente"[249]. Por ello, sostienen que "canalizar las disputas legales a los tribunales internacionales implica necesariamente el uso del *soft law*"[250], caracterizando las decisiones de los Tribunales en sí mismas como *soft law* que expande la influencia de los tribunales más allá de las partes sometidas a la jurisdicción del Tribunal, y crea una forma de derecho común internacional no vinculante. Esta visión es compartida por H. THIERRY que considera que las resoluciones internacionales tienen dos tipos de efectos: los efectos directos e inmediatos que caracterizan a las resoluciones como decisiones que obligan a los Estados y los efectos indirectos y mediatos de los instrumentos equivalentes al *soft law* que pueden contribuir a la formación del derecho consuetudinario que los tribunales también acabarán reconociendo[251].

4.2. El *Soft Law* en las Decisiones judiciales

En la jurisprudencia de la Corte Internacional de Justicia, se observa una evolución en su posición frente al *soft law* que va desde el rechazo absoluto de las manifestaciones del *soft law* en forma de resoluciones y declaraciones de las Naciones Unidas, hasta una cierta sensibilidad hacia aquellos instrumentos de *soft law* a los que ya no sería posible negarles efectos jurídicos. Así, inicialmente, en el Asunto

---

248 A. E. BOYLE Y D. FREESTONE (Eds) *International Law and Sustainable Development. Past Achievements and Future Challenges*, New York: Oxford University Press, 1999, p. 17.

249 A. T. GUZMÁN, Y T. L. MEYER, "International Common Law: The Soft Law of International Tribunals." *Chicago Journal of International Law 9*, 2008-2009, pp. 515-535, en p. 517.

250 Ibidem, en p. 516.

251 H. THIERRY, "Les résolutions des organes internationaux dans la jurisprudence de la Cour internationale de Justice", *Recueil des Cours de l'Academie de Droit International 167*, 1980-II, pp. 385-450.

sobre la *Jurisdicción en materia de pesquerías de 1974 (Reino Unido c. Islandia)*, la Corte se mostró exquisitamente respetuosa con el proceso legislativo internacional cuando afirmó que aplicaba la *lex lata* y no se adelantaba a la norma jurídica antes de que "el legislador la haya establecido", ya que estaba al tanto de las negociaciones de la Tercera Conferencia de las Naciones Unidas sobre el Derecho del Mar y no habría querido dictar una sentencia que no estuviera en sintonía con la evolución de la misma[252]. En este sentido, señala A. PELLET que se pueden encontrar ecos del positivismo en esta sentencia de la Corte Internacional de Justicia que consagra la rígida distinción entre *lex lata* y *lex ferenda.* Sin embargo, su jurisprudencia ha evolucionado reconociendo el papel de las resoluciones de las organizaciones internacionales. Así, en el caso de la *Plataforma continental, (Túnez contra Libia)*, la Corte afirmó que "no podía ignorar ninguna disposición del proyecto de convenio, si llegara a la conclusión de que el contenido de dicha disposición es vinculante para todos los miembros de la comunidad internacional porque encarna o cristaliza una norma preexistente o emergente de derecho consuetudinario"[253].

Además, tal y como afirmó el juez HERSCH LAUTERPACHT en su opinión disidente al *Dictamen Consultivo de la Corte sobre el África Sudoccidental de 1955*: "Una cosa es afirmar el principio, en cierto modo obvio, de que las recomendaciones de la Asamblea General (...) dirigidas a los Miembros de las Naciones Unidas no son jurídicamente vinculantes para ellos en el sentido de que se les debe dar pleno efecto. Otra cosa es dar vigencia a la opinión de que no tienen ninguna fuerza, ni jurídica ni de otro tipo."[254]

---

252 *Icelandic Fisheries Jurisdiction, ICJ Reports, 1972,* p. 118.

253 *Continental Shelf (Tunisia versus Lybia Arab Jamahiriya),* ICJ Reports, 1982.

254 Opinión disidente del Juez HERSCH LAUTERPACHT, en el Dictamen consultivo de Corte Internacional de Justicia, sobre el procedimiento de voto sobre las cuestiones relativas a los informes y peticiones relativas al territorio del África del sudoeste, en la que señala que:
"It is one thing to affirm the somewhat obvious principle that the recommendations of the General Assembly... addressed to the Members of the United Nations are not legally binding upon them in the sense that full effect must be given to them. It is another thing to give currency to the view that they have no force at all whether legal or other", p. 118.

En el caso de la *Plataforma Continental del Mar del Norte*, la Corte sostuvo que "En primer lugar, sería necesario que la disposición en cuestión tuviera, en todo caso, un carácter fundamentalmente normativo que pudiera considerarse como la base de una regla general de derecho"[255].

También en el *Dictamen sobre la legalidad de las pruebas nucleares de 1996*, la Corte señaló que:

> "*Las resoluciones de la Asamblea General, aunque no sean vinculantes, pueden tener a veces valor normativo. En determinadas circunstancias, pueden aportar pruebas importantes para establecer la existencia de una norma o la aparición de una opinio iuris. Para determinar si esto es cierto en el caso de una determinada resolución de la Asamblea General, es necesario examinar su contenido y las condiciones de su adopción*"[256].

Y un año más tarde, en el *Caso Gabčikovo-Nagymaros* y conociendo del principio de desarrollo sostenible, la Corte consideró que: "se han desarrollado nuevas normas y estándares, recogidos en un gran número de instrumentos... [y] han de tenerse en cuenta, no sólo cuando los Estados contemplan nuevas actividades, sino también cuando continúan con actividades iniciadas en el pasado"[257]. También, en su opinión disidente en el *Asunto de Timor Oriental*, el juez WEERAMANTRY sostuvo que "haciendo una analogía con el derecho interno, el *corpus* de derecho en el que se basa la conducta según la ley consiste no sólo en mandatos y prohibiciones, sino en normas, principios y estándares de conducta. Los mandatos y las prohibiciones cubren sólo un área muy pequeña del vasto espectro de obligaciones"[258].

---

255 *North Sea Continental Shelf Cases, Judgment of 20 February 1969, ICJ Reports (1969).* The Court held "It would in the first place be necessary that the provision concerned should, at all events potentially, be of a fundamentally norm-creating character such as could be regarded as forming the basis of a general rule of law", para. 72.

256 *Legality of Threat or Use of Nuclear Weapons,* Opinion of 8 July 1996, *ICJ Reports, 1996*, párrafo 70.

257 *Case Concerning the Gabčikovo-Nagymaros Dam, ICJ Reports, 1997*, párrafo 140.

258 Véase *East Timor (Portugal v. Autralia) Judgment ICJ Reports 1995*, p. 139.

Pero es probablemente en su sentencia en el *Asunto Nicaragua contra Estados Unidos de América de 1986*[259], cuando la Corte hizo su mayor uso de las resoluciones no vinculantes de la Asamblea General como prueba de las disposiciones jurídicas que debía aplicar, aunque "claramente no las consideró como una fuente de derecho independiente", como señalara A. Pellet[260].

Otros tribunales internacionales han considerado también los instrumentos de *soft law* en sus resoluciones, de los que vamos a destacar la Corte Interamericana de Derechos Humanos y los tribunales arbitrales. La Corte Interamericana de Derechos Humanos en su Dictamen Consultivo de 2003 sobre la *Condición Jurídica y los Derechos de los Migrantes Indocumentados*, ha recurrido a los instrumentos de *soft law* para declarar que, en conjunto, evidencian una obligación universal de respetar y garantizar los derechos humanos sin discriminación[261]. Para hacer esta afirmación, la Corte Interamericana de Derechos Humanos citó diecinueve tratados y catorce instrumentos de *soft law* sobre el principio de no discriminación.

En el caso de los Tribunales Arbitrales, se ha constatado que los instrumentos de *soft law* pueden servir a distintos propósitos en los procesos arbitrales, donde pueden aplicarse por los árbitros, en el caso de que las partes los hayan incorporado en el acuerdo de arbitraje. De especial importancia es también el papel del *soft law* en la práctica del desarrollo del procedimiento arbitral, tanto para el arbitraje comercial y el de inversiones, que requeriría de por sí una agenda propia de investigación futura[262].

En el procedimiento arbitral llevado a cabo en virtud del Convenio OSPAR para la resolución de la disputa de Irlanda y el Reino Unido, el Tribunal Arbitral aceptó que una declaración de *soft law*

---

259 *Case concerning the Military and Paramilitary Activities in and against Nicaragua (Nicaragua v. United States of America), ICJ Reports*, 1986.

260 A. Pellet, loc. cit.

261 *Juridical Condition and Rights of the Undocumented Migrants, Advisory Opinion of the Inter-American Court of Human Rights.* (ser. A) No. 18 (2003).

262 Veáse S. F. Ali y S. K. Neuhaus, "The Emergence of Soft Law as an Applicable Source of Procedural and Substantive Law", en A. Bjorklund, F. Ferrari, S. Kroll (Eds), *Cambridge Compendium of International Commercial and Investment Arbitration*, Cambridge University Press, 2022.

puede dar lugar en los casos apropiados, a obligaciones unilaterales vinculantes basadas en la buena fe. En este caso, en concreto, porque "[el Reino Unido] puede haber creado una obligación internacional por su parte y en relación con los demás Estados representados en la reunión ministerial…"[263]. No obstante, el Tribunal Arbitral finalmente declaró que no era relevante en el caso.

También es necesario mencionar que en la jurisprudencia arbitral pueden tenerse en cuenta, además, los instrumentos de *soft law* que no tienen un origen estatal, sino que han sido preparados por institutos y asociaciones o por las propias partes en la diferencia, en el marco de su capacidad de autorregulación[264].

L. W. Newman y M. J. Radine también habrían propuesto utilizar el *soft law* para la adopción de directrices sobre la mejor manera de elaborar un laudo arbitral y evitar su cuestionamiento posterior por las partes. Así, los tribunales arbitrales pueden tener en cuenta los instrumentos de *soft law* en tanto que reflejo de las mejores prácticas que los árbitros y otros participantes en el arbitraje pueden optar por seguir[265]. Por ello, se habría considerado como adecuada la capacidad de los instrumentos de *soft law* para establecer el procedimiento arbitral.

El Tribunal de Justicia de la UE, tras un prolongado rechazo, también ha atribuido efectos jurídicos al *soft law* a partir de los casos Deufil y Grimaldi, como analizaré en el último capítulo dedicado al *soft law* de la UE.

5. EL SOFT LAW Y LOS ACTORES NO ESTATALES

La emergencia de la sociedad civil internacional y de su capacidad de influir en los procesos de producción normativa es una realidad

---

263 Proceedings pursuant OSPAR Convention (Ireland v. United Kingdom), Arbitration 2003, *Reports of International Arbitral Awards*, Vol. XXIII pp. 59-151, en p. 90.

264 W. Park, "The Procedural Soft Law of International Arbitration", en L. A. Mistelis & J. D. M. Lew (eds.), *Pervasive Problems in International Arbitration*, 2006, pp. 141-151.

265 L. W. Newman y M. J. Radine (eds.), *Soft Law in International Arbitration,* Juris-Net, 2014, en p. 73.

incuestionable que empieza a ser ahora el objeto de los necesarios análisis críticos[266]. El sistema jurídico internacional moderno se caracteriza por una multiplicidad de actores que se han sumado a los sujetos del Derecho Internacional, de manera que organizaciones no gubernamentales o empresas multinacionales desempeñan diferentes papeles en los procesos de creación del Derecho Internacional y en la promoción de su cumplimiento. Por ello, como señalaran A. KISS Y D. SHELTON, ahora es prácticamente imposible encontrar en los distintos sectores del Derecho Internacional un proceso normativo que obedezca a una fórmula puramente interestatal[267]. En cualquier caso, y a pesar de esa influencia creciente como promotores de estándares normativos, el Estado sigue siendo quien tiene la última palabra en estos procesos en los que los actores no estatales son invitados —a veces, de piedra, y en otras ocasiones con un creciente grado de influencia.

Así, en las últimas décadas, las ONG y las Empresas Multinacionales han desempeñado un papel de importancia creciente no sólo en las relaciones internacionales sino también en la periferia del Derecho Internacional, desde la que han realizado múltiples incursio-

---

266 Véase T. BERNAUER, y C. BETZOLD, "Civil Society in Global Environmental Governance", *Journal of Environment & Development*, 2012, pp. 62-66, A. CLARKE, E. J. FRIEDMAN, y K. HOCHSTETLER, "The sovereing limits of global civil society: a comparison of NGO participation in UN world conferences on the environment, human rights and women", *World Politics*, Vol. 51, pp. 1-35, A. COLÁS, *International Civil Society*, Polity, 2002, S. HOBE, "The Role of Non-State Actors, in particular of NGOs, in Non-Contractual Law-Making and the Development of Customary International Law." en R. WOLFRUM Y R. VOLKER (eds.). *Developments of International Law in Treaty Making*. Heidelberg: SPRINGER, 2005, P. NEWELL, "Civil society and accountability in the global governance of climate change", en J. A. SCHOLTE (Ed.) *Building Global Democracy?: Civil Society and Accountable Global Governance*, Cambridge University Press, 2011, A. PETERS, T. FÖRSTER, L. KOECHLIN, "Towards non-state actors as effective, legitimate, and accountable standard setters", en A. PETERS, T. FÖRSTER, L. KOECHLIN (eds.), *Non-State Actors as Standard Setters*, Cambridge: Cambridge University Press, 2009, Chapter 18, pp. 492-562, G. TEUBNER "Foreword: Legal Regimes of Global Non-State Actors", In G. TEUBNER, (ed.), *Global Law without a State*. Wiltshire, UK: Ashgate, 1997.

267 Estos autores señalan que "purely inter-state development of norms is probably non-existent in most fields of International Law", A. KISS Y D. SHELTON, *Guide to International Environmental Law*, Martinus Nijhoff Publishers, Leiden, 2007.

nes, para fortalecer o debilitar sectores del Derecho Internacional, en razón de sus intereses particulares. Así, las ONGs dedicadas a la salvaguarda de los derechos humanos o a la protección del medio ambiente han promovido el desarrollo progresivo del Derecho Internacional en estos sectores específicos. Por el contrario, en el caso de las empresas multinacionales, han sido muchas de ellas, las que han obstaculizado el desarrollo progresivo del Derecho Internacional y han presionado a los Estados en los que tienen sus sedes, para que no apoyasen la adopción de tratados internacionales, y, en su caso, toleraran o promovieran los fenómenos de desregulación o de autorregulación de las empresas. La desregulación internacional —pero también la interna—[268] ha sido ampliamente apoyada por las empresas multinacionales y como ha señalado L. HINOJOSA MARTÍNEZ, el mercado ha marcado un proceso de desregulación que limita progresivamente y de forma creciente la intervención del Estado, en el nuevo modelo neoliberal[269]. A pesar de ello, en la medida en que ello pueda beneficiar sus intereses, las empresas multinacionales aceptan la adopción de *soft law*, en el ámbito de la responsabilidad social corporativa, que se ha convertido en demasiadas ocasiones en un instrumento de legitimación de sus estrategias productivas. Y, en demasiadas ocasiones, se ha visto su influencia en el desarrollo o en la parálisis del Derecho Internacional atendiendo a los intereses y al poder de los distintos actores. Los esfuerzos desplegados por las

---

268 Con el objetivo de atraer la inversión extranjera, muchos países en vías de desarrollo han llevado una carrera a la baja en sus legislaciones nacionales: incentivos fiscales para las filiales, posibilidades sin límites de repatriar los beneficios, legislaciones nacionales hechas a medida para controlar a la población o a los competidores, provisión de una mano barata o en condiciones de semiesclavitud o trabajos forzados. Véase el Informe de Christian Aid, *Hook on Tobacco*, 2004, en el que se denuncia la interferencia de las empresas multinacionales en los procedimientos legislativos internos, en el caso de Kenia y de Brasil, ilustrándola con una declaración de uno de los directivso de la Bristish-American Tobacco: "The Kenyan government has passed a "tobacco bill", which looks as thought it will be very successful (if properly implemented) in stopping poaching [of farmers and tobacco by other companies] and illegal out-of-season growing. The law was actually drafted by us but the government is to be congratulated on its wise actions", p. 19.

269 Véase L. M. HINOJOSA MARTÍNEZ, *Comercio justo y Derechos Sociales*, Tecnos, Madrid, 2002.

organizaciones internacionales para regularlas a través de la responsabilidad social corporativa sólo han desembocado en la elaboración de códigos de conducta e instrumentos *soft* del que es el paradigma el Pacto Global presentado por el Secretario General de las Naciones Unidas, Kofi Annan en el Foro Económico Mundial en 1999, después de que los primeros intentos de adoptar un instrumento vinculante fracasaran. Así, el primer proyecto de la ONU sobre las empresas transnacionales, no conseguiría llegar a su conclusión y fue archivado, quedando en la memoria como señala G. TEUBNER,"porque nunca adquirió el estatus ni siquiera de 'ley blanda', [y es] en sí mismo, parte de la historia de las presiones de los Estados de origen ante la ONU para que se abandonara el proyecto de código"[270].

Algunos miembros de la academia han buscado respuestas a las peticiones realizadas por los actores no estatales para poder desempeñar un papel en la creación de regímenes jurídicos, que aportaran además transparencia. Así, A. KISS Y D. SHELTON sugirieron, desde una búsqueda de la mejora de la eficacia de las normas, que se tuviera en cuenta que:

> "Los nuevos problemas también pueden requerir medios innovadores de elaboración de normas cuando los actores no estatales son la fuente del daño y el objetivo de las regulaciones; por lo general, no pueden negociar ni ser parte de los tratados, y no participan en la creación del derecho internacional consuetudinario, pero tienen un interés directo en cualquier regulación legal que se adopte. Su participación puede ser, por tanto, crucial para la eficacia del derecho. La aparición de códigos de conducta y otras normas no vinculantes refleja, en parte, el deseo de que participen en el proceso de elaboración de leyes."[271]

Este punto de vista es compartido por C. CHINKIN, que sostiene que las actividades de los individuos y las empresas son cruciales para la creación de expectativas normativas, aunque difiere al subrayar

---

[270] Así destacó que el Draft code of conduct on Transnational Corporations "never acquired the status even of 'soft law', [is] in itself, part of the story of home state lobbying before the UN to have the Draft Code abandoned", G. TEUBNER,"'Global Bukowina': Legal Pluralism in the World Society" en G. TEUBNER, (ed.), *Global Law without a State,* Ashgate, Wiltshire, 1997, p. 91.

[271] A. KISS Y D. SHELTON, *op. cit.*, 2007, p. 9.

que "el comportamiento de estas entidades no puede constituir una práctica del Estado".[272]

Casi todos los autores coinciden en que los nuevos escenarios normativos no estatales llevan a cuestionar los límites utilizados en el análisis jurídico, sociológico y político. Consideran que "a pesar de las múltiples actividades de las ONG, (...), [i]ncluso en los ámbitos en los que las ONG han tenido mayor impacto, los Estados controlan la agenda y el acceso a las instancias legislativas."[273] Por todo ello, es necesario plantearse, como hiciera S. Hobe, cuál es el papel que pueden desempeñar los actores no estatales en el sistema de las fuentes del Derecho Internacional tal y como se reúnen en el Artículo 38 del Estatuto de la Corte Internacional de Justicia, en el que necesariamente hay que sumar los actos de las organizaciones internacionales. Sostiene este autor que "con respecto al sistema de fuentes centrado en el Estado, tal como se establece en el Artículo 38 parece, por lo tanto, más apropiado caracterizar las numerosas actividades relevantes de generación de normas de los actores no estatales como una contribución a una *opinio iuris* internacional"[274]. Y de igual modo, con una vocación de actualizar este Artículo 38 hay que reconocer su papel como promotoras de la adopción de instrumentos de *soft law* por parte de las organizaciones internacionales y, también, indirectamente, por parte de los Estados como responsables últimos de la adopción de una amplia variedad de medidas en las COPs de las distintas convenciones, que cuando no pueden experimentar un desarrollo convencional canónico, han visto como la adopción de instrumentos de *soft law* ha venido a ser la herramienta de la programación de acciones por parte de los Estados, en tanto que políticas públicas globales, que requieren de la adopción de medidas nacionales, conforme a estrategias consensuadas o adoptadas por amplias mayorías —como en el caso de los Objetivos de Desarrollo Sostenible, ya referido como ejemplo.

---

272 C. Chinkin, *loc. cit.*, p. 858.

273 S. Hobe, "The Role of Non-State Actors, in Particular of NGOs, in Non-Contractual Law-Making and the Development of Customary International Law," en R. Wolfrum y R. Volker (eds.). *Developments of International Law in Treaty Making*, Heidelberg, Springer, 2005, en p. 328.

274 Ibidem.

Así, en las últimas décadas, las empresas multinacionales y las organizaciones no gubernamentales, aunque carecen de poderes para elaborar tratados, intervienen durante la elaboración del Derecho Internacional y también reclaman un poder de autorregulación. Autores como G. TEUBNER[275] o Y. ELLIS encuentran en la teoría de autopoiesis del derecho global al margen del Estado, una fórmula prometedora para incorporar a los actores no estatales como generadores de normas[276]. En contra de estas posibilidades, T. GRUCHALLA-WESIERSKI consideró que "sólo los Estados tienen capacidad para internacionalizar una materia. Las personas no pueden hacerlo. Por esta razón puede decirse que las formulaciones internacionales de normas por parte de organizaciones no gubernamentales… no son derecho blando. No muestran la voluntad de los Estados de actuar colectivamente"[277].

Sin embargo, esta afirmación que se realizó en la década de los 80, se encuentra hoy ante un escenario muy diferente en el que los Estados no sólo aceptan, sino que alientan igualmente las propuestas normativas de los actores no estatales, como una vía para identificar cuáles serían las normas y estándares que pueden recibir una mejor acogida y con ello, crear no sólo una expectativa normativa sólida, sino también una promesa de cumplimiento futuro.

También lo contradice la práctica de los actores no estatales en todos los nuevos sectores normativos internacionales. Esta práctica muestra precisamente que una de las funciones que cumple el *soft law* de las empresas y de las ONGs es la de identificar los nuevos sectores de regulación internacional, mucho antes de que se hayan establecido marcos normativos nacionales o internacionales. En su día, fue el caso de importantes tratados del Derecho Internacional del medio ambiente, en el que la acción de la Unión Internacional para la Conservación de la Naturaleza tuvo un papel de promotor de normas y estándares de protección. Por otra parte, estos actores

---

275 G. TEUBNER "Foreword: Legal Regimes of Global Non-State Actors", en G. TEUBNER, (ed.), *Global Law without a State*. Ashgate, 1997.

276 J. ELLIS, "Shades of Grey: Soft Law and the Validity of Public International Law", Symposium on Soft law, *Leiden Journal of International Law*, Vol. 25, núm. 2, 2012, pp. 313-334.

277 T. GRUCHALLA-WESIERSKI, "Overviews", *loc. cit.*, 1985, p. 60.

no estatales que no pueden generar el sistema de garantías preciso para la aplicación y cumplimiento de las normas internacionales que sigue siendo responsabilidad de los Estados, han encontrado en la litigación internacional la vía de hacer cumplir a los Estados sus obligaciones internacionales.

5.1. Las ONGs y el *Soft law* como medio y fin de su participación en los procesos normativos internacionales

El papel de las ONGs como motor del Derecho Internacional en los sectores normativos en los que se reflejan expectativas económicas, sociales y medioambientales no ha dejado de crecer. La intervención de las ONGs en el proceso de formación de las normas internacionales ha alcanzado una particular importancia en campos como los derechos humanos, el Derecho Internacional Humanitario, el medio ambiente o el desarme. Si bien, desde un punto de vista político, esta intervención ha sido considerada como una democratización del procedimiento normativo internacional[278], desde el punto de vista jurídico, esta apreciación es excesiva e inadecuada, aunque traslada la dimensión social y la dimensión valorativa del Derecho Internacional, en la medida en que las ONGs cristalizan la percepción de los valores de la sociedad internacional e intentan servir a su vez como referentes para la legitimación de los comportamientos de los Estados, y de otros actores internacionales. Y su participación es incuestionable especialmente en la elaboración de políticas globales en las que es necesaria la intervención de ONGs especializadas. En este sentido, J. IBÁÑEZ MUÑOZ señala que:

> "En las sociedades modernas, el conocimiento especializado, y en particular el conocimiento técnico, es una de las fuentes de autoridad más valoradas y utilizadas, pues de él dependen muchos sectores económicos, las actividades de los operadores de los mercados y, de manera más amplia, el desarrollo económico de un país, así como el bienestar social y la calidad de vida de los ciudadanos. De ahí que los responsables políticos recurran a cualquier fuente de autoridad que les permita elaborar y aplicar políticas públicas sobre una base razonada y argumentada

---

278 Véase S. PATRICK, "America's Retreat from Multilateral Engagement", *Current History*, N.° 641, 2000, p. 434.

> capaz de generar consentimiento y legitimidad, y no sólo por pura imposición. Universidades, centros de investigación, *think tanks*, asociaciones profesionales, empresas, organizaciones no gubernamentales, grupos de presión, etc., son algunos de los actores en los que las autoridades públicas pueden encontrar el conocimiento especializado que permite elaborar argumentos políticos razonados"[279].

Avaladas por su independencia y su especialización —jurídica o técnica— ONGs como la Cruz Roja Internacional, Amnistía Internacional o la Unión Internacional para la Conservación de la Naturaleza han desempeñado un papel imprescindible en la preparación de los proyectos de tratados o en las reformas y enmiendas de tratados ya en vigor tales como el Convenio CITES, las Convenciones sobre el Cambio Climático y la Biodiversidad[280], el Estatuto de la Corte Penal Internacional o la Convención sobre las minas antipersonal. Esta labor se ha extendido gracias, a su vez, a la proliferación del *soft law* en estos campos concretos, especialmente en aquellos en los que los Estados se resisten más a limitar su soberanía.

---

279 J. Ibáñez Muñoz, "Actores, autoridades y sujetos: El pluralismo de la política mundial y su incidencia sobre el ordenamiento jurídico internacional", en J. Ibáñez Muñoz, "Actores, autoridades y sujetos: El pluralismo de la política mundial y su incidencia sobre el ordenamiento jurídico internacional", en A. J. Rodrigo y C. García (Eds.), *Unidad y Pluralismo en el Derecho Internacional Público y en la Comunidad Internacional. Coloquio en Homenaje a Oriol Casanovas*, Tecnos, 2011, pp. 107-118, en pp. 115-116.

280 En el ámbito regional, la Unión Europea ofrece múltiples ejemplos de cómo articular esta consulta; es una práctica consolidada que la Comisión realice consultas con ONGs con carácter previo a la preparación de sus propuestas legislativas, además de solicitar el necesario dictamen del Comité Económico y Social donde se encuentran representados los interlocutores sociales en el ámbito europeo. Es más, son frecuentes las quejas del Comité Económico Social en el sentido de que la Comisión se excede en sus consultas a los interlocutores fuera del marco del Comité. Las ONGs del campo medioambiental se han mostrado en Europa dinámicas en sus actividades de información al público, reivindicativas en sus propuestas y en sus denuncias de situaciones de incumplimiento o de atentado al medio ambiente. WWF ha interpuesto numerosos recursos ante el TJCE con el objetivo de acceder a la información de las instituciones comunitarias, ha denunciado ante la Comisión las situaciones más diversas, como el reciente caso de los vertidos de cianuro en el Danubio y han pedido cuentas a las instituciones comunitarias de lo que se hace en medio ambiente. Sobre la participación ciudadana a nivel europeo ver la obra de N. Navarro Batista: *Sociedad civil y Medio ambiente en Europa*, Colex, Madrid, 2001.

Como han puesto de manifiesto A. PETERS ET AL.[281], una vez que las ONGs han sido admitidas en las organizaciones internacionales con distintos papeles, se les permite tener dos reivindicaciones legítimas: la de participar a través de intervenciones orales y la de presentar propuestas escritas, en los procesos de consulta en la actividad legislativa interna de las organizaciones, así como en la preparación de los textos a presentar en las conferencias internacionales y en las conferencias de las partes. Con gran ambición, A. PETERS va más allá para apreciar que "desde una perspectiva constitucional, la legalización blanda es loable en la medida en que permite a una serie de actores no estatales intervenir y actuar como co-legisladores. Además, ello puede allanar el camino a compromisos firmes incluso en el plano del derecho constitucional internacional"[282]. Así, cabe destacar el papel de dos ONGs, con una especial relevancia, en la medida en que han contribuido al ejercicio del poder normativo de las organizaciones internacionales y de los Estados que son partes de ellas junto con particulares y otras ONGs. Como casos emblemáticos, cabe citar a la Unión Internacional para la Conservación de la Naturaleza (UICN) y al Comité Internacional de la Cruz Roja (CICR) que estarían en el origen del desarrollo normativo del Derecho Internacional del medio ambiente en el primer caso, y del Derecho Internacional Humanitario, en el segundo.

En el caso de la UICN, su papel es clave en la elaboración de los grandes instrumentos de *soft law* ambiental pero también en la preparación para la Asamblea General de las Naciones Unidas de los textos de tratados internacionales de referencia en el ámbito medioambiental, como sería el caso de la Convención de Ramsar de 1971 y de la Convención Marco sobre Diversidad Biológica de 1992. También ha tenido un relevante papel en la adopción de recomendaciones en colaboración con los órganos y conferencias de las partes de los tra-

---

281 Así, A. PETERS ET AL. señalan que "in the current international legal system, the NGO's voice is thus the functional equivalent to the formal law-making power which other actors (the international legal subjects) posses", A. PETERS ET AL., *loc. cit.*, p. 494.

282 A. PETERS ET AL., *loc. cit.*, p. 546. Véase, igualmente, A. PETERS, "Global Constitutionalism in a Nutshell," en K. DICKE ET AL. (dirs.) *Weltinnenrecht. Liber Amicorum Jost Delbrück, Berlin: Duncker & Humblot*, 2005, pp. 535-550.

tados internacionales del medio ambiente, que han tenido un papel relevante en la identificación y consolidación de principios generales que luego han sido recogidos en los instrumentos convencionales y por la jurisprudencia de la Corte Internacional de Justicia.

El Comité Internacional de la Cruz Roja (CICR) es otro ejemplo de enorme interés, cuya labor normativa en el ámbito del Derecho humanitario bélico ha sido reconocida por los Estados. Gracias a ello, el CICR ha ampliado su ámbito de intervención a otros sectores en razón de su conexión con la protección de los derechos humanos. En su caso, habría además que reconocer el papel que desempeña en los procesos normativos —consuetudinarios y convencionales— con una suerte de hibridación entre lo que es la práctica y las propuestas normativas que empiezan como un conjunto de recomendaciones y principios que más tarde adquieren un carácter vinculante a nivel nacional, regional e internacional. El CICR también ha mostrado cómo esa labor puede interconectar distintos instrumentos de *soft law* en sectores distintos y con diversa intensidad normativa. Un ejemplo de ello serían las 13 Recomendaciones sobre los migrantes desaparecidos y sus familias que el CICR destina a los responsables de formular políticas, y en las que se hace una remisión a la Resolución de Madrid sobre tratamiento de datos personales, para concluir su propuesta con un Anexo con todos los principios en materia de protección de datos personales que se aplicarían al tratamiento de los datos de los migrantes desaparecidos y sus familias[283]. La importancia de estas recomendaciones es su promoción de principios aún no aceptados generalmente, como sería el caso del principio de no devolución de los inmigrantes, que como ya hemos señalado China rechazó en su aceptación del Pacto Mundial sobre la inmigración regular, segura y ordenada. Así, en las Recomendaciones del CICR se constata que

[283] El CICR ha adoptado sus propias normas sobre protección de datos, que respetan los estándares internacionales para la protección de datos personales. CICR, Rules on Data Protection, enero de 2016, disponible en inglés en: https://www.icrc.org/en/document/data-protection. A la vez, el Family Links Network Code of Conduct on Data Protection (2015) regula el procesamiento de datos personales en el marco de la Red de Vínculos Familiares del Movimiento Internacional de la Cruz Roja y de la Media Luna Roja Disponible en https://www.icrc.org/en/document/rfl-code-conduct

> "Los migrantes también pueden desaparecer si no se respeta el principio de no devolución, tal como figura en el derecho internacional convencional y consuetudinario. El CICR reconoce la prerrogativa soberana de los Estados de regular la presencia de extranjeros en su país y de decidir los criterios de admisión y expulsión de los extranjeros, incluidos los que estén en una situación irregular. Sin embargo, esta prerrogativa no es absoluta, y el derecho internacional la limita de varias maneras. El hecho de impedir que los migrantes accedan al territorio o de devolverlos a otro país puede tener consecuencias graves, incluso fatales. Este reconocimiento sustenta el principio de no devolución, que prohíbe que un Estado devuelva a una persona a su país de origen cuando hay motivos sustanciales para creer que podrá sufrir la violación de ciertos derechos fundamentales, como la desaparición forzada o la privación arbitraria de la vida. La protección contra estos riesgos es particularmente importante para prevenir la desaparición de los migrantes"[284].

También es un ejemplo destacable el Código de Conducta sobre la Protección de Datos de los Vínculos Familiares que el CICR adoptó para garantizar el derecho a la privacidad y la protección de los datos personales de las personas que utilizan sus servicios. Este Código establece los principios, compromisos y procedimientos mínimos que el personal del CICR, de las Sociedades Nacionales y de la Federación Internacional de Sociedades de la Cruz Roja y de la Media Luna Roja (FICR) debe cumplir al tratar datos personales en el marco de las actividades del restablecimiento del contacto entre familiares. Se trata de cumplir con las normas más estrictas de protección de datos, y en particular con la legislación de la Unión Europea, lo que supone que a través de la adopción de este instrumento de *soft law*, la influencia de la Unión en materia de protección de datos se extiende más allá de sus fronteras gracias a la acción de una ONG con alcance universal[285].

---

284 CICR, *Los migrantes desaparecidos y sus familiares. Recomendaciones del CICR para los responsables de formular políticas, 2017,* disponible en *https://www.icrc.org/es/publication/migrantes-desaparecidos-familiares-recomendaciones-cicr-politicas*

285 Como se recuerda en la Estrategia para el Restablecimiento del Vínculo Familiar del Movimiento Internacional de la Cruz Roja y de la Media Luna Roja 2020-2025, el panorama cambiante en el que operan los componentes de la Red de Vínculos Familiares exige la adhesión a normas estrictas de protección de datos, así como una evaluación cuidadosa y periódica del impacto de las nuevas tecnologías en los servicios del restablecimiento del contacto entre familiares

También es necesario señalar la labor que las ONGs y los ciudadanos han desarrollado a través de la litigación para concretar las obligaciones generales que se consideran de *soft law*, especialmente en tratados medioambientales como en el caso del Acuerdo de París sobre el Cambio Climático o la Convención Marco sobre la Diversidad Biológica y en las legislaciones nacionales que los desarrollan. Además, fruto de la concienciación y la comunicación de expectativas normativas que llevan a cabo las ONGs se han elaborado guías de referencia para abordar una litigación más exitosa[286].

Es de esperar que la Resolución sobre un derecho humano a un medio ambiente limpio, sano y sostenible, adoptada el 28 de julio de 2022 por la Asamblea General de las Naciones Unidas esté en el origen también de importantes reacciones normativas. Esta resolución no vinculante, adoptada por 161 votos a favor y ocho abstenciones, y en cuyo origen se encuentra la promoción normativa de cientos de ONGs[287], subraya que el cambio climático y la degradación del medio

---

(RCF). El Código, que se incorpora al cuerpo principal de orientaciones del Movimiento en materia de RCF, aborda los retos específicos de la protección de datos en las actividades de RCF, incluida la base jurídica aplicable, la transferencia de datos dentro de la Red de Vínculos Familiares o a terceros, la publicación de datos y la protección de datos por diseño y por defecto. Los Estados y las Sociedades Nacionales de la Cruz Roja aprobaron una Resolución sobre el Restablecimiento del Contacto entre Familiares y la privacidad de los datos en la 33ª Conferencia Internacional de la Cruz Roja y de la Media Luna Roja que tuvo lugar del 9 al 12 de diciembre de 2019 en Ginebra.

286 En este sentido A. Peñalver i Calvé considera que "This globalization of litigation on climate issues has had an impact on the laws and climate policies of states. Successful litigation can have a strong influence on the definition of the laws and policies of the state concerned and other states as well. In addition, it impacts their procedural autonomy because it challenges basic procedural issues at national level and encourages a certain approximation of procedural issues at the national level and encourages a certain approximation of procedural systems across different states. A good example is the New Model Statute for Citizens to Challenge Governments Failing to Act on Climate Change produced by the International Bar Association. And the climate-litigation-accelerator is particularly interesting", A. Peñalver i Calvé, "The role of citizens and non-governmental organizations in climate litigation at national level", en M. Campins Eritja y R. Bentirou Mathlouthi, *Understanding vulnerability in the context of climate change*, Atelier, 2022, pp. 49-64, en p. 50.

287 Las abstenciones son las de China, Rusia, Bielorrusia, Camboya, Iran, Siria, Kirguisistán y Etiopia. Véase la Resolución A/76/L.75, de 26 de Julio de 2022.

ambiente se encuentran entre las amenazas más acuciantes para el futuro de la humanidad y pide a los Estados que intensifiquen sus esfuerzos para garantizar que sus poblaciones tengan acceso a un "medio ambiente limpio, sano y sostenible". Así en tanto que reconoce el derecho a un medio ambiente sano, puede servir para promover una nueva área de litigación vinculada a un instrumento de *soft law*. En este sentido, el Secretario General de las Naciones Unidas, ANTÓNIO GUTERRES valoró esta resolución porque puede llegar a ser "una importante herramienta para la justicia climática y la rendición de cuentas"[288]. No obstante, y a pesar de su amplia acogida, en el momento de su adopción, muchos Estados ya la adaptaron a sus intereses nacionales y a sus ambiciones políticas de defensa del medio ambiente, y lo pusieron de manifiesto en sus declaraciones para resistirse a toda pretensión normativa, pero sin menoscabar su potencial político. Así, Costa Rica manifestó que, en el contexto de una triple crisis de cambio climático, pérdida de biodiversidad y contaminación, el reconocimiento universal del derecho humano a un medio ambiente limpio, sano y sostenible proporciona una respuesta "poderosa" y "eficaz" que podría catalizar un cambio transformador. En su contra, "varias delegaciones, señalaron la falta de un entendimiento común internacionalmente acordado sobre el contenido y el alcance del derecho a un medio ambiente limpio, sano y sostenible"[289]. Y el representante de la Federación Rusa subrayó que los Estados "sólo pueden hablar de un derecho legalmente reconocido después de que dicho derecho esté reconocido exclusivamente en los tratados internacionales"; lo que clarificó Pakistán calificando la resolución de "texto político, no de afirmación jurídica de la Asamblea"[290].

---

288 Agence Europe, L'Assemblée générale des Nations Unies reconnaît le droit à un environnement sain comme un droit de l'Homme, *Bulletin Quotidien Europe 13003*, de 30 de Julio de 2022.

289 IISD, "UNGA Recognizes Human Right to Clean, Healthy, and Sustainable Environment", de 3 de Agosto de 2022, disponible en https://sdg.iisd.org/news/unga-recognizes-human-right-to-clean-healthy-and-sustainable-environment/#:~:text=The%20UN%20General%20Assembly%20(UNGA,and%20sustainable%20environment%20for%20all.

290 Ibidem.

5.2. Las empresas multinacionales y el *soft law* como instrumento de autorregulación y freno de las normas convencionales

Las empresas multinacionales, en tanto que actores internacionales, han sido particularmente esquivas a la acción del Derecho Internacional y han permanecido en sus márgenes, por lo que han sido objeto de estudio, principalmente, en el marco de la disciplina de las Relaciones Internacionales. Los intentos de someterlas a una regulación internacional han fracaso estrepitosamente en el seno de las Naciones Unidas y, en su lugar, los esfuerzos normativos han sido reemplazados por la fórmula menor y voluntaria de los códigos de conducta, las directrices y los estándares, que en última instancia alimentan la autorregulación. Estos instrumentos de *soft law* se han multiplicado y evolucionado hasta formar variados cuerpos de disposiciones que teniendo como destinatarias a las empresas multinacionales perfilan una obligación moral de respeto a derechos básicos —y que en conjunto se denomina como responsabilidad social corporativa— pero que abarca un amplio abanico de obligaciones de variada intensidad normativa que va desde el reconocimiento de derechos laborales —como el derecho a huelga, sindicación, limitación del trabajo nocturno, la erradicación de cualquier forma de trabajo forzado— hasta la asunción de una obligación de diligencia debida respecto a métodos y procesos de producción y características de los productos, y que se incorporan en los principios del Pacto Global[291]. Excepcionalmente, en el caso de la Unión Europea, este marco re-

---

291 Recordar que el Pacto Mundial pide a las empresas que "hagan suyos, apoyen y lleven a la práctica, en sus ámbitos de influencia, un conjunto de valores fundamentales en las esferas de los derechos humanos, las condiciones de trabajo, el medio ambiente y la lucha contra la corrupción", asumiendo los diez principios que a continuación se enumeran:
- En el ámbito de los Derechos Humanos: Principio 1. Las empresas deben apoyar y respetar la protección de los derechos humanos fundamentales internacionalmente reconocidos dentro de su ámbito de influencia; y Principio 2. Deben asegurarse de no ser cómplices en la vulneración de los derechos humanos.
- En el ámbito de las Relaciones laborales: Principio 3. Las empresas deben apoyar la libertad de afiliación y el reconocimiento efectivo del derecho a la negociación colectiva; Principio 4. La eliminación de toda forma de trabajo forzoso o realizado bajo coacción; Principio 5. La erradicación del trabajo infantil;

gulador puede pasar de ser *soft law* a *hard law*, con su propuesta de Directiva sobre diligencia debida de las empresas en materia de sostenibilidad como examinaré posteriormente[292].

Sin duda, la soberanía estatal ha sufrido limitaciones derivadas del poder de actuación de las empresas multinacionales. En aquellos ámbitos en los que el Estado se ha plegado al poder de actuación de la empresa privada, los intentos para establecer una regulación internacional de las empresas multinacionales han fracasado. Con una acción debilitadora de los intentos de progreso normativo, las empresas multinacionales también han influido en el desarrollo posterior de los instrumentos convencionales una vez adoptados, condicionando sus mecanismos de control y cumplimiento. Como ejemplo de las peores prácticas, podemos apuntar como los lobbies del armamento, del petróleo, de la industria farmacéutica o de la química han frustrado el desarrollo normativo de los mecanismos de control internacional de las convenciones internacionales que intentaron regular estos sectores. En ellos, los convenios marco han sido pobremente desarrollados con medidas de ejecución, debido a la acción paralizadora de los lobbies que actúan ante Estados Unidos y, en menor medida, frente a la Unión Europea y sus Estados miembros[293].

---

y Principio 6. La abolición de las prácticas de discriminación en el empleo y la ocupación.

– En el ámbito del Medio ambiente: Principio 7. Las empresas deben mantener un enfoque preventivo orientado al desafío de la protección medioambiental; Principio 8. Adoptar iniciativas que promuevan una mayor responsabilidad ambiental; y Principio 9. Favorecer el desarrollo y la difusión de tecnologías respetuosas con el medio ambiente

– Para la Lucha contra la corrupción: Principio 10 Las empresas deben luchar contra la corrupción en todas sus formas, incluidas la extorsión y el soborno. Véase el Pacto Global, disponible en https://unglobalcompact.org/

292 A pesar de sus limitaciones es una gran apuesta europea para controlar a las empresas, aunque sólo se limite inicialmente a las grandes y no a las medianas y pequeñas empresas. Véase Directiva del Parlamento Europeo y del Consejo sobre diligencia debida de las empresas en materia de sostenibilidad y por la que se modifica la Directiva (UE) 2019/1937, *COM(2022) 71 final*, de 23.02.2022.

293 Véanse los ilustrativos casos de la influencia de la industria química en el colapso del Protocolo sobre armas químicas o de la industria biotecnológica en la Convención Marco sobre Diversidad Biológica.

El *soft law* asociado al concepto de responsabilidad social corporativa, trasladado a la escena internacional y a la luz del Derecho Internacional, representa un intento fallido de domesticación de las empresas multinacionales por parte de las instituciones onusianas, en el marco de las propuestas de una gobernanza mundial. Como ya hemos señalado, en la década de los 80, Naciones Unidas presentó una propuesta de Código de conducta para las empresas multinacionales que nunca llegó a ver la luz debido principalmente a la oposición de los Estados Unidos y de sus empresas multinacionales[294]. Desde entonces, la principal apuesta de las Naciones Unidas en materia de control de las empresas multinacionales ha sido su Pacto Mundial - Global Compact, que se ha visto renovado a través de Estrategias, siendo la más reciente la prevista para 2021-2023[295]. Este Pacto ha supuesto para las multinacionales una vía fácil para la aceptación de estrategias de responsabilidad social corporativa, en la medida en que su adhesión al Pacto sólo les obliga a una serie de obligaciones formales. No obstante, este instrumento que también persigue la adhesión de las empresas multinacionales a un conjunto de principios básicos, está experimentado algunos cambios en los últimos años destinados a reforzar su capacidad de seguimiento de las corporaciones adheridas. En los últimos años se incorporó el objetivo de lucha contra la corrupción que sorprendentemente no había sido previsto en un principio.

---

294 Este código hubiera establecido unas normas básicas en materia de derechos sociales, protección del consumidor y del medio ambiente, lucha anti-corrupción y otras prácticas de las empresas multinacionales. Una nueva revisión de la RSC tuvo lugar con motivo de la Cumbre de las Naciones Unidas celebrada en Río de Janeiro sobre el Medio ambiente y el Desarrollo Sostenible. El texto presentado entonces había sido preparado por el Centro de las Naciones Unidas sobre corporaciones transnacionales en respuesta a una solicitud de propuesta normativa que debía incorporarse en el marco del plan de actuaciones de la Agenda 21. Sin embargo, esta propuesta fue nuevamente postergada en beneficio de una contrapropuesta presentada por el lobby World Business Council for Sustainable Development que formulaba las posiciones de una gran parte de las empresas multinacionales pero igualmente de los países desarrollados, como Estados Unidos y el Reino Unido, que desde entonces han encabezado la defensa de las soluciones voluntarias en este campo

295 Véase su Web en https://unglobalcompact.org/about

Las aspiraciones originarias del Pacto han ido limitándose[296] y cediendo a las presiones de las multinacionales que han conseguido que no se estableciera ningún mecanismo de filtro para su participación. Las ONGs para las que se había previsto en un principio un papel importante de control se han visto defraudadas en la medida en que se las ha marginado y no se ha atendido a sus peticiones de reforzar las medidas de publicidad y de transparencia. La falta crónica de cumplimiento de las normas nacionales por parte de las empresas multinacionales hace necesario buscar vías para la promoción de dicho cumplimiento a través de un compromiso responsable de las empresas[297], que más allá de la existencia o inexistencia de mecanismos de garantía o control de la implementación de los principios del Pacto, incremente su eficacia —misión imposible hasta ahora.

En los últimos años, tras la pandemia, las organizaciones internacionales y los Estados han vuelto a considerar una nueva misión para la responsabilidad social corporativa, en tanto que vía para lograr un desarrollo sostenible en los países del tercer mundo. Así, durante la pandemia y ya en la recuperación posterior, el Pacto Global se invoca para hacer un llamamiento a 'la responsabilidad cívica de las empresas en la economía mundial', para que cumplan con los Objetivos de Desarrollo Sostenible, lo que a falta de resultados, no deja de ser una nueva campaña de legitimación en la medida en que un instrumento de *soft law* en manos de las empresas como es el Pacto Global se pone al servicio del cumplimiento de un instrumento de *soft law* como son los ODS, que vincula a todos los Estados y, también, a los actores de la sociedad civil internacional que lo suscriban —sin que quepan mecanismos de control del cumplimiento que permitan exi-

---

296 En 2003, se incorporó un "nuevo enfoque estratégico" destinado a llevar a cabo un mayor control de las actuaciones de las empresas multinacionales gracias a un sistema de informes anuales destinado a dar cuenta de los resultados alcanzados. Si este sistema de informes no se desarrolla hacia un mecanismo de control las posibilidades de éxito de este instrumento se verán drásticamente mermadas.

297 Algunas iniciativas voluntarias como la "Business Leader's Initiative on Human Rights" muestran como a pesar de la oposición frontal recibida, la propuesta de protección de los derechos humanos tiene impacto en algunas empresas multinacionales.

gir una responsabilidad por el incumplimiento, aunque sea *soft*[298]. En cualquier caso, la participación de las empresas junto a los Estados es fundamental en la medida en que 9 de cada 10 empleos es creado por el sector privado en los países en vías de desarrollo[299].

Naciones Unidas y la Unión Europea han realizado propuestas para que las empresas multinacionales cumplan algunos de los convenios internacionales básicos en materia de derechos humanos y sociales. Estas propuestas apuntan a lo que podríamos calificar de privatización del cumplimiento del Derecho Internacional, en aquellos Estados que, debido a la debilidad de sus instituciones, no pueden garantizar su adecuada aplicación[300]. Más de una década después de la adopción de los Principios Rectores de las Naciones Unidas sobre empresas y derechos humanos no se ha conseguido su objetivo principal de ser la referencia de las empresas a la hora de respetar los derechos humanos. Su vocación de servir de modelo en la interpretación y aplicación de los instrumentos convencionales y nacionales en materia de derechos humanos a las empresas multinacionales por los tribunales nacionales se ha visto frustrada por una práctica que lo rechaza. Así, el recorrido de los procedimientos iniciados ante los tribunales nacionales no ha sido largo en la mayor parte de las ocasiones, cuando el *soft law* no ha tenido la capacidad suficiente como

---

298 Véase en la Web del Pacto Global, "El Pacto Mundial de Naciones Unidas hace un llamamiento a 100 millones de empleados a impulsar la acción empresarial hacia el cumplimiento de los ODS", https://www.pactomundial.org/noticia/el-pacto-mundial-de-naciones-unidas-hace-un-llamamiento-a-100-millones-de-empleados-a-impulsar-la-accion-empresarial-hacia-el-cumplimiento-de-los-ods/

299 CSIS, Project on US Leadership in Development, Sustainable Development Goals, disponible en https://www.csis.org/programs/project-us-leadership-development/sustainable-development-goals

300 Como ya he señalado otra razón de esta privatización se encuentra en la limitada institucionalización de la sociedad internacional de Estados. Sin embargo, la Sociedad civil internacional reclama cada vez un papel más importante a través de la *advocacy* que exige el cumplimiento de los compromisos internacionales como es el caso de la litigación climática que es a día de hoy una historia de éxito en la medida en que con su impacto mediático ha generado una opinión pública internacional capaz de condicionar a los Estados. Y está llamada a seguirle los pasos a la litigación en el campo de la protección de la biodiversidad, dada la gravedad de las consecuencias que se han mostrado como consecuencia a su exposición a la sobreexplotación y a la destrucción de los hábitats: la expansión de las zoonosis entre las que se encuentra la pandemia del COVID-19.

instrumento de resolución de conflictos de las empresas multinacionales. En la práctica reciente, también puede apreciarse como los instrumentos vinculantes aplicables a las empresas multinacionales han sido rebajados a *soft law,* que los tribunales no han aplicado. Este habría sido el caso de la aplicación reciente de la *Alien Tort Act*[301] que ha visto como su función de perseguir ante la jurisdicción estadounidense las violaciones de derechos más graves cometidas por las empresas norteamericanas en el extranjero, se ha devaluado hasta el punto de que el Tribunal Supremo en el caso Nestlé USA, Inc. rechazó su aplicación por los mismos motivos que justificaban esta norma: que los daños se hubieran producido fuera del territorio de los Estados Unidos. Ello ha llevado, como afirmara E. CORCIONE, a que "al descartar la posibilidad de exigir responsabilidades a los gigantes del chocolate Nestlé y Cargill por presunto trabajo infantil en su cadena de suministro de cacao, la decisión es coherente con la tendencia más reciente del Tribunal Supremo de EE.UU. a reducir constantemente el ámbito de aplicación del *Alien Tort Statute* en los casos de violaciones de los derechos humanos por parte de las empresas"[302]. Desafortunadamente, la aplicación de la Alien Tort Act que podría haberse consolidado a través del reconocimiento de los instrumentos de *soft law* internacional, está en retroceso.

La aplicación de los Principios rectores de las Naciones Unidas sobre empresas y derechos humanos por los estados a través del desarrollo de normas nacionales de distinto grado de intensidad normativa también puede inspirar en sí misma toda una nueva línea de investigación que ya han abierto para el caso de España MARÍA

---

[301] Sobre una aplicación de la Alien Tort Act más exitosa que la actual, véase el excelente estudio de ANTONI PIGRAU I SOLÉ, "La responsabilidad de las empresas transnacionales por daños graves al medio ambiente: explorando la vía de la Alien Tort Claims Act", en ANA BADIA MARTÍ, ANTONI PIGRAU SOLÉ, ANDREU OLESTI RAYO (Coords.), *Derecho internacional y comunitario ante los retos de nuestro tiempo: homenaje a la profesora VICTORIA ABELLÁN HONRUBIA*, Vol. 1, Marcial Pons, 2009, pp. 517-570.

[302] E. CORCIONE, "The Role of Soft-Law in Adjudicating Corporate Human Rights Abuses: Interpreting the Alien Tort Statute in the Light of the UN Guiding Principles on Business and Human Rights", *European Papers*, Nº6 (3), 2021, pp. 1293-1306.

MARQUES, ANTONI PIGRAU y JORDI JARIA[303] y CARMEN MÁRQUEZ CARRASCO[304]. El informe de 2022 sobre los Principios Rectores, aunque no olvide la necesidad de adoptar un instrumento vinculante, subraya los resultados alcanzados hasta ahora[305]. Entre ellos, se destaca la aprobación de diversas normas vinculantes sobre las empresas y los derechos humanos, como la Ley sobre el Deber de Vigilancia de las Empresas Matrices y las Empresas Subcontratantes de Francia y otras leyes similares de Alemania, Australia, Noruega y los Países Bajos, y en el ámbito de la Unión Europea, la propuesta de directiva sobre la diligencia debida de las empresas en materia de sostenibilidad"[306]. Del mismo modo, se habría avanzado en la región de Asia y el Pacífico con la adopción de unas directrices sobre el uso responsable de las cadenas de suministro en el Japón[307].

Sin embargo, en el Informe sobre el octavo período de sesiones del grupo de trabajo intergubernamental de composición abierta sobre las empresas transnacionales y otras empresas con respecto a los derechos humanos, presentado por el presidente-relator Emilio Rafael Izquierdo Miño, se hacen concesiones al *soft law* como forma de sacar adelante la propuesta de un instrumento vinculante para regular, en el marco del Derecho Internacional de los derechos humanos, las actividades de las empresas transnacionales y otras empresas con respecto a los derechos humanos[308]. Así, en este informe del

---

303 Véase ANTONI PIGRAU I SOLÉ, JORDI JARIA I MANZANO, "La aplicación de los principios rectores sobre empresas y derechos humanos en el caso de los daños al medio ambiente causados por empresas españolas en terceros países", en MARÍA MÁRQUEZ CARRASCO (dir.), *España y la implementación de los principios rectores de las Naciones Unidas sobre empresas y derechos humanos: oportunidades y desafíos*, 2014, pp. 303-334.

304 Véase también MARÍA MÁRQUEZ CARRASCO (Dir.), *El 10º Aniversario de los Principios Rectores de las Naciones Unidas sobre empresas y Derechos Humanos. Retos de la debida diligencia en materia de Derechos Humanos y medio ambiente y* derechos de los pueblos indígenas, Thomson Reuters Aranzadi, 2022.

305 Véase el Informe del Alto Comisionado de las Naciones Unidas para los Derechos Humanos, en el Taller sobre los acuerdos regionales para la promoción y protección de los derechos humanos, de 29 de Diciembre de 2022, A/HRC/52/42, apartado 34.

306 Ibidem.

307 Ibidem.

308 En él, se recuerda que el grupo de trabajo intergubernamental de composición abierta sobre las empresas transnacionales y otras empresas con respecto a los

relator se propone, entre otras medidas "lograr un nivel adecuado de flexibilidad en cuanto a la aplicación por parte de los Estados de las obligaciones previstas en el instrumento, teniendo en cuenta las diferencias entre los ordenamientos jurídicos y sin menoscabo de la capacidad del instrumento para alcanzar sus objetivos"[309].

También es necesario referirnos al fenómeno de la autorregulación de los actores internacionales en la medida en que los instrumentos que utilizan para ello pueden entrar dentro de la categoría de *soft law.* En este caso, la presencia del *soft law* no debe asociarse con la desregulación, entendida en su dimensión internacional como el fracaso de los Estados para adoptar una posición común frente a un problema que les afecta y del que se beneficiarían los actores no estatales —desde el concepto más amplio de empresa multinacional hasta el más específico de los grupos del crimen organizado transnacional que medran gracias a la falta de normas jurídicas que regulen el crimen transnacional ambiental o a la insuficiencia de las existentes para combatir el tráfico de seres humanos.

La autorregulación también ha terminado siendo la solución propuesta en el marco de la interminable controversia comercial entre Estados Unidos y Méjico llevada ante el sistema de solución de controversias de la Organización Mundial del Comercio. En el asunto de los Atunes y los delfines, y después de múltiples pronunciamientos que formarían de por sí una saga, el Departamento de Comercio de los Estados Unidos recomendaría a la industria conservera norteamericana que desarrollara una respuesta de autorregulación con la que obtener resultados equivalentes a los de una medida restrictiva del comercio con una motivación medioambiental[310].

---

derechos humanos fue establecido por el Consejo de Derechos Humanos en su resolución 26/9, de 26 de junio de 2014, con el mandato de elaborar un instrumento internacional jurídicamente vinculante para regular, en el marco del derecho internacional de los derechos humanos, las actividades de las empresas transnacionales y otras empresas con respecto a los derechos humanos. Informe de 29 de Diciembre de 2022, *A/HRC/52/41.*

309 Ibidem.

310 Después de más de una década, de casos considerados como una aplicación extraterritorial de las normas estadounidenses, Estados Unidos obtendría una victoria con el etiquetado, en el caso *US - Tuna / Dolphin-Safe Labeling.* Las declaraciones de Robert Lighthizer, Representante de Comercio de EE.UU., son muy

5.3. La manifestación internacional de los entes descentralizados a través del *Soft Law*

Por último, una breve mención a un tema que también merece un mayor desarrollo en investigaciones futuras como es el del *soft law* utilizado por la paradiplomacia de los entes descentralizados. En el despliegue de la paradiplomacia, los entes descentralizados recurren a la adopción de instrumentos de *soft law* con el fin no sólo de influir en los órganos políticos del Estado al que pertenecen, sino también de articular una acción exterior, para la que carecerían de competencias, tanto desde el punto de vista del marco constitucional estatal como del Derecho Internacional. Desde este punto de vista, como señalara N. CORNAGO PRIETO que es el referente para el estudio de la paradiplomacia, los entes descentralizados buscan conseguir resultados como "la extensión de acuerdos internacionales a través de diversos mecanismos de *soft law*, la participación limitada en procesos de elaboración de tratados internacionales (...), la participación intensiva en esquemas de negociación multilateral sobre una base geográfica o funcional"[311]. Un ejemplo de ello, que he tenido la experiencia de observar de cerca, viene dado por los instrumentos de *soft law* adoptados en el marco de la acción exterior de la Junta de Andalucía que con solo valor político tienen por fin influir en la futura adopción de reformas normativas nacionales y europeas. Así, hay que destacar desde la propuesta *Andalucía por el Futuro de Europa, Decálogo de Propuestas,* presentada a las instituciones europeas[312], los

---

significativas "After more than 10 years and multiple erroneous WTO reports, the latest compliance reports have finally reached the right conclusion, ending this long-standing dispute. The WTO dispute settlement system should not be used to impose new obligations on WTO Members, and it should not encourage countries to use aggressive litigation tactics to attack fair and neutral environmental measures", United States Secures Final Win in Tuna / Dolphin-Safe Labeling Dispute with Mexico, 18 de diciembre de 2018, disponible en https://ustr.gov/about-us/policy-offices/press-office/press-releases/2018/december/united-states-secures-final-win, consultado por última vez el 31 de Enero de 2023.

311 N. CORNAGO PRIETO, "On the Normalization of Sub-State Diplomacy." *The Hague Journal of Diplomacy* 5 (2010): 11-36, p. 17.

312 Europa Press, "Moreno lleva a Bruselas un decálogo con aportaciones de Andalucía a la Europa del futuro", 10 de Octubre de 2022, disponible en https://

acuerdos celebrados por la Junta de Andalucía junto con otros entes descentralizados del mundo en la Conferencia de las partes de la Convención Marco sobre el Cambio Climático y el Acuerdo de París (COP 26) celebrada en Glasgow, en 2021, con los que se pretendía exponer su compromiso y su contribución a la lucha contra el cambio climático.

6. REGÍMENES AUTÓNOMOS DEL DERECHO INTERNACIONAL EN LOS QUE EL SOFT LAW DESEMPEÑA UN PAPEL RELEVANTE

Muchos de los regímenes autónomos del Derecho Internacional donde el *soft law* desempeña un papel importante, tienen características comunes de las que quiero destacar en especial tres que, a su vez, dan lugar a tres tipologías. Así, en primer lugar, se encuentran los regímenes sectoriales que tienen en común el pertenecer a ámbitos competenciales que anteriormente eran considerados del *domaine reservé* de los Estados[313] y que, por ello, dependen de un desarrollo normativo posterior en los ordenamientos internos. En segundo lugar, están los regímenes que abordan ámbitos materiales relativos a un interés común para el conjunto de la Comunidad Internacional o que se refieren al concepto de Patrimonio Común de la Humanidad. En tercer lugar, se encuentran los nuevos sectores normativos que emergen con una importante presencia del *soft law*, y cuyo origen se encuentra en las propuestas y expectativas normativas de las instituciones internacionales que sirven de ejemplo para la adopción de normas nacionales. Así, tómese como ejemplo la regulación *soft* internacional de la inteligencia artificial, la ciberseguridad o la protección de los datos personales. En cualquiera de los sectores que seleccionaremos, intentaremos dejar constancia de que el ámbito

---

www.europapress.es/andalucia/noticia-moreno-lleva-bruselas-decalogo-aportaciones-andalucia-europa-futuro-20221010170819.html

313 Chinkin habría afirmado al respecto que "the outcome has been to limit the domestic jurisdiction exception and consequently the notion of economic self-determination", C. M. Chinkin, "The Challenge of Soft Law: Development and Change in International Law", *International and Comparative Law Quarterly*, Vol. 38, 1989, p. 854.

material sometido a regulación[314] condicionará la elección de los instrumentos normativos y su naturaleza, pasando desde el *soft law* hasta el *hard law*. Precisamente, los detractores del *soft law* han criticado el hecho de que: "el respaldo al *soft law* hubiese tenido como resultado una expansión sin precedentes del concepto de derecho en áreas de regulación normativa que nunca antes habían sido consideradas como propiamente derecho. En el mejor de los casos, las disposiciones pertinentes sólo se habrían calificado como una etapa en el proceso de creación del derecho."[315] Por esta razón, en el momento actual de crisis, es frecuente que los Estados intenten evitar las obligaciones jurídicas y privilegien los instrumentos de *soft law* que les permitirán retener su poder discrecional a la hora de definir el alcance de sus compromisos internacionales, con una interpretación de las obligaciones que asumen, adaptadas a su interés nacional.

Los subsistemas o regímenes autónomos del Derecho Internacional tales como el Derecho internacional de los derechos humanos, el Derecho económico internacional, el Derecho del comercio internacional, el Derecho internacional del medio ambiente o el Derecho de los conflictos armados, se distinguen entre sí por la prioridad que le atribuyen a las distintas fuentes del Derecho Internacional y a los enfoques con los que se aproximan a ellas. A ellos hay que sumar además los nuevos sectores como la ciberseguridad o la inteligencia artificial, así como aquellos sectores tradicionales que están siendo objeto de una revisión profunda, como está ocurriendo en el caso del derecho del espacio, a través de resoluciones recientes de la Asamblea General de las Naciones Unidas[316]. Después se encuentra una riquísima variedad de propuestas que buscan incrementar la cooperación internacional y en las que se ve la influencia de las ONGs[317],

---

314 Así D. Shelton, considera que "Subject matter has an impact on the choice of binding or non-binding norms, although less, perhaps, than expected", D. Shelton, *loc. cit.*, p. 555.

315 G. M. Danilenko, *Law-making in the International Community*, Martinus Nijhoff, Leiden, 1993, p. 20.

316 Vid. H. Charlesworth, "Law-making and sources" en J. Crawford y M. Koskenniemi (eds.), *The Cambridge Companion to International Law*, Cambridge University Press, Cambridge, 2012, p. 189.

317 Resolución 76/294 aprobada por la Asamblea General el 30 de junio de 2022 sobre la Declaración política de la reunión de alto nivel sobre el mejoramiento de

lo que se ve reflejado en cada tema de la sesión ordinaria de la Asamblea General, y para cuyo desarrollo y alcance basta sólo con considerar el programa de acción de la Segunda Comisión de la Asamblea General que, ciertamente, con sus propuestas de resolución, presenta un horizonte de expectativas normativas, en ámbitos tan diversos como: las tecnologías de la información y las comunicaciones para el desarrollo sostenible, cuestiones de política macroeconómica[318], el seguimiento y aplicación de los resultados de las Conferencias Internacionales sobre la Financiación para el Desarrollo, el desarrollo sostenible[319], la erradicación de la pobreza y otras cuestiones de desarro-

---

la seguridad vial en el mundo, A/RES/76/294, de 11 de Julio de 2022. En este caso, la propuesta pide a las Estados que se adhieran a los instrumentos internacionales, pero señalando en una nota a pie de página que "Las referencias a instrumentos jurídicos de las Naciones Unidas relativos a reglamentos o normas no implican que los reglamentos elaborados en el marco de estos acuerdos sean "normas internacionales" en el sentido del Acuerdo sobre Obstáculos Técnicos al Comercio de la Organización Mundial del Comercio y de las decisiones pertinentes del Comité de Obstáculos Técnicos al Comercio de la Organización".

318 Que incluyen: "a) Comercio internacional y desarrollo; b) Sistema financiero internacional y desarrollo; c) Sostenibilidad de la deuda externa y desarrollo; d) Productos básicos; e) Inclusión financiera para el desarrollo sostenible; f) Promoción de la cooperación internacional para luchar contra los flujos financieros ilícitos y fortalecer las buenas prácticas en materia de restitución de activos con miras a fomentar el desarrollo sostenible; g) Promover las inversiones para el desarrollo sostenible; h) Promoción de una cooperación internacional inclusiva y eficaz en cuestiones de tributación en las Naciones Unidas". La información relaiva a la Segunda Comisión puede consultarse en su web https://www.un.org/en/ga/second/77/documentation.shtml

319 Que cubre "a) Hacia el logro del desarrollo sostenible: implementación de la Agenda 2030 para el Desarrollo Sostenible, incluso mediante el consumo y la producción sostenibles, partiendo del Programa 21; b) Seguimiento y aplicación de las Modalidades de Acción Acelerada para los Pequeños Estados Insulares en Desarrollo (Trayectoria de Samoa) y la Estrategia de Mauricio para la Ejecución Ulterior del Programa de Acción para el Desarrollo Sostenible de los Pequeños Estados Insulares en Desarrollo; c) Reducción del riesgo de desastres; d) Protección del clima mundial para las generaciones presentes y futuras; e) Aplicación de la Convención de las Naciones Unidas de Lucha contra la Desertificación en los Países Afectados por Sequía Grave o Desertificación, en Particular en África; f) Convenio sobre la Diversidad Biológica; g) Educación para el desarrollo sostenible; h) Garantizar el acceso a una energía asequible, fiable, sostenible y moderna para todos; i) Lucha contra las tormentas de arena y polvo; j) Fortalecimiento de la cooperación en la gestión integrada de las zonas costeras para lograr el desarrollo sostenible". Ibidem.

llo o el desarrollo agrícola, la seguridad alimentaria y la nutrición. De todos los subsistemas normativos que pueden identificarse analizaré, sin ánimo exhaustivo, subrayando su potencial normativo de futuro: el Derecho internacional económico, el Derecho Internacional de las inversiones, el Derecho internacional de los derechos humanos, el Derecho del Mar, el Derecho internacional del medio ambiente y los Objetivos de Desarrollo Sostenible.

6.1. *El Soft Law* y el Derecho Internacional Económico

El *soft law* del Derecho internacional económico se ocupa de las relaciones económicas entre los Estados, que es "un área en la que numerosas fuerzas impelen a los estados a buscar una acción colectiva, incluso cuando no desean someterse a obligaciones jurídicas que deben hacerse cumplir"[320] y en la que a partir del ajuste recíproco de los intereses individuales se alcanza un interés común. En el caso del Derecho internacional económico, considero que el Curso de A. SCHWARZENBERGER es una referencia imprescindible para guiarnos por la senda del *soft law*. Así nos recuerda que el Derecho internacional económico se fundamenta en una reciprocidad sustancial que determina que "el Derecho Internacional puede desarrollarse sin ostentación y eficazmente con arreglo a líneas constructivas"[321]. Además el *soft law* económico ofrece el necesario margen de maniobra, de flexibilidad, al tiempo que favorece la aplicación y el cumplimiento, aunque con los mismos problemas que el *hard law*.

Muchos autores analizan el Derecho internacional económico *soft* partiendo de un presupuesto inicial: que lo importante no es que el *soft law* sea derecho, sino que juegue un papel claramente definible en las relaciones económicas internacionales. Así, T. GRUCHALLA-WESIERSKI considera que "el *soft law* económico trata cuestiones que no pueden confinarse en el territorio de un único Estado. Trata de

---

320 T. GRUCHALLA-WESIERSKI, "A Framework for Understanding 'Soft Law'", *loc. cit.*, p. 43.

321 Aunque no aborde directamente la noción de *soft law*, sus ideas son imprescindibles para comprender los rasgos propios del Derecho económico internacional. G. SCHWARZENBERGER, "The Principles and Standards of International Economic Law", *Recueil des Cours*, 1966, p. 6.

esbozar cuando los estados deberían actuar independientemente y cuando deberían cooperar para tratar estos asuntos."[322] De igual modo, este autor habría destacado la importancia que pueden tener los efectos del *soft law*, su función de interpretación, su papel en el control del cumplimiento y las sanciones *soft* que pueden obligar al cumplimiento de alguna manera en el ámbito económico[323]. El cumplimiento se promovería, precisamente, gracias a la percepción de los estados respecto a la falta de cumplimiento de las normas *soft* del Derecho internacional económico, y aunque se trate a primera vista de una sanción moral, está claro que su capacidad para compeler al cumplimiento dependerá del apoyo que haya recabado la disposición de *soft law*[324].

C. Chinkin también es un referente en la aproximación al *soft law* del Derecho económico internacional y sus reflexiones pueden recuperarse para un momento como el actual, cuando la Asamblea General de las Naciones Unidas se propone revisar el proyecto del Nuevo Orden Económico Internacional. Hace décadas, esta autora habría analizado los instrumentos que conformaron el Nuevo Orden Económico Internacional de 1973 bajo el prisma del *soft law*[325]. Así, habría constatado que "la expansión [del Derecho económico internacional] para abarcar el desarrollo general del Nuevo Orden Económico Internacional es una de las razones de las muchas contradicciones en este área"[326] así como de las "muy diferentes instancias que incorporan en su agenda el desarrollo del derecho internacional económico."[327] Ello también le habría llevado a afirmar que "los diferentes participantes en los procesos de negociación y formulación de tales instrumentos y de sus diversos contextos y objetivos hace impro-

---

322 T. Gruchalla-Wesierski, "A Framework for Understanding 'Soft Law'", *loc. cit.*, p. 45.

323 El término utilizado por este autor es contundente: "coerce compliance", *loc. cit.*, p. 45.

324 Ibidem.

325 Véase la Resolución 3201 S-VI de la Asamblea General, de 1 de mayo de 1974, sobre la Declaración sobre el Establecimiento de un Nuevo Orden Económico Internacional.

326 Véase C. M. Chinkin, "The Challenge of Soft Law: Development and Change in International Law", *loc. cit.*, pp. 854-855.

327 Ibidem.

bable la uniformidad."[328] Es más, en aquel momento, el *soft law* era la herramienta que debía permitir a los países en vías de desarrollo cambiar el orden económico existente. Así lo afirmaría igualmente, en su curso de la Academia de Derecho Internacional de la Haya, I. SEIDL-HOHENVELDERN cuando examinó las razones políticas y económicas detrás del *soft law*, es decir, la exigencia de nuevas reglas para las relaciones económicas internacionales de los países en desarrollo. Entonces también criticó las deficiencias del *soft law*, en la medida en que no puede ayudar a resolver los conflictos entre el Norte y el Sur que sólo pueden fijarse con reglas aplicables a nivel mundial de manera uniforme como exigencia de los primeros[329]. El objetivo de cambiar el orden económico sigue siendo hoy la razón de la utilización del *soft law* porque, como afirmara A. PELLET, la relevancia del *soft law* se debe a que "en las relaciones económicas internacionales contemporáneas, se encuentra vinculado con el reajuste de las relaciones de poder económico en el mundo."[330] Por ello, casi medio siglo después, la Asamblea General de las Naciones Unidas ha vuelto a afirmar en su Resolución 77/174 sobre el Nuevo Orden Económico Internacional "la necesidad de seguir trabajando para establecer un nuevo orden económico internacional basado en los principios de la equidad, la igualdad soberana, la interdependencia, el interés común, la cooperación y la solidaridad entre todos los Estados"[331], renovando:

> "el compromiso nuevamente contraído de ampliar y potenciar la voz y la participación de los países en desarrollo —incluidos los países africanos, los países menos adelantados, los países en desarrollo sin litoral, los pequeños Estados insulares en desarrollo y los países de ingresos medianos, así como los países y pueblos bajo ocupación extranjera— en los procesos internacionales de adopción de decisiones y establecimiento de normas en materia económica y en la gobernanza económica mundial,

---

328 Ibidem.

329 Véase I. SEIDL-HOHENVELDERN, "International Economic Soft Law", *Recueil des Cours de l'Académie de Droit International*, Vol. 163, 1979-II, pp. 164-246.

330 A. PELLET, "Contre la Tyrannie de la Ligne Droite. Aspects de la Formation des Normes en Droit International de l'Economie et du Développement," en *Thesaurus Acroasium Vol. XIX, Sources of International Law*, 1992, p. 331.

331 Resolución 77/174 Hacia un nuevo orden económico internacional aprobada por la Asamblea General el 14 de diciembre de 2022, A/RES/77/174, de 21 de Diciembre de 2022, punto 3.

> incluida la necesidad de lograr que el sistema financiero internacional y las instituciones pertinentes tengan más en cuenta las necesidades e inquietudes de los países en desarrollo".[332]

En el caso del Derecho del comercio internacional, como señalara H. D. GABRIEL, los instrumentos de *soft law* cumplirían dos funciones no satisfechas por los tratados internacionales que se han podido celebrar hasta ahora: con el *soft law* se puede perseguir el objetivo de adoptar normas, —si no uniformes al menos armonizadas— al establecer principios generales que debido a su carácter no vinculante, pueden incorporarse de manera flexible en el derecho nacional[333]. Por ello, G. TEUBNER habría afirmado que la *Lex mercatoria,* el derecho transnacional de las relaciones comerciales es principalmente *soft law,* pero no por ello un derecho débil. Y ello no supondría una deficiencia sino una característica típica del llamado derecho global. El *soft law* "compensaría por su falta de capacidad para hacerse cumplir globalmente haciéndose más flexible y adaptativo a las circunstancias cambiantes ... La estabilidad sería el resultado de su *softness.*"[334] Y habría que añadir que ello se consigue sin renunciar a la reglamentación, aunque con una distinta intensidad normativa. Así, la nueva Resolución 77/174 sobre el Nuevo Orden Económico Internacional también se basa en "un sistema de comercio multilateral universal, reglamentado, abierto, no discriminatorio y equitativo que puede contribuir de manera decisiva a estimular el crecimiento económico y el desarrollo en todo el mundo y beneficiar así a todos los países en todas las etapas de desarrollo"[335].

6.2. El Soft Law y el Derecho Internacional de las Inversiones

Como ha señalado H. RUIZ-FABRI, el fracaso de las iniciativas multilaterales para la regulación del sector de las inversiones habría

---

332 Ibidem, punto 8.

333 H. D. GABRIEL, "The Advantages of Soft Law in International Commercial Law: The Role of UNIDROIT, UNCITRAL and the Hague Conference", *Brooklyn Journal of International Law,* Vol. 34, 2008, pp. 654-5.

334 G. TEUBNER,"'Global Bukowina': Legal Pluralism in the World Society" en G. Teubner, (ed.), *Global Law without a State,* Ashgate, Wiltshire, 1997, p. 21.

335 A/RES/77/174, de 21 de Diciembre de 2022, punto 11.

abocado a su 'adopción unilateral' por parte de las organizaciones internacionales que las habrían promovido y que habrían tenido que conformarse con su naturaleza de *soft law*[336]. Ello no sólo habría influido en la naturaleza *soft* del marco normativo del sector de las inversiones sino igualmente en su sistema institucional y en su sistema de solución de controversias y, en especial, el sistema de arbitraje de inversiones. Así, respecto a la gobernanza en el sector de las inversiones es necesario distinguir por una parte que el *soft law* es la forma de expresión de su capacidad limitada de adopción de decisiones y que, al mismo tiempo, el *soft law* es también el elemento fundamental sobre el que se basa la coordinación y la cooperación internacional de las distintas instituciones internacionales del sector.

Respecto al tipo de gobernanza que se ha conformado en este sector, señala C. Brummer que la regulación financiera internacional "se ve reforzada por varios mecanismos disciplinarios que la hacen, en ciertas circunstancias, más coercitiva de lo que las teorías tradicionales del derecho internacional permitirían predecir."[337] Considera este autor que "el derecho financiero internacional comprende lo que en muchos sentidos es una forma única de gobernanza económica" porque "a diferencia del comercio internacional y de los asuntos monetarios, cuando las normas internacionales son adoptadas por organizaciones internacionales formales, la coordinación normativa surge a través de foros interinstitucionales con un estatuto jurídico ambiguo en el mejor de los casos."[338] Además, añade que "las explicaciones sobre por qué prevalece el *soft law* como un mecanismo de coordinación para los reguladores financieros se han tomado prestadas de dos teorías más amplias sobre el uso del *soft law*: los análisis contractualistas (*contractaria*), que caracterizan al *soft law* como un dispositivo para la mitigación de riesgos, y las teorías del poder

---

336 H. Ruiz Fabri, "Regulating Trade, Investment and Money" en J. Crawford y M. Koskenniemi (eds.) *The Cambridge Companion to International Law*, Cambridge University Press, Cambridge, 2012, p. 367.

337 Vid C. Brummer, *Soft Law and the Global Financial System. Rule Making in the 21st Century*, Cambridge University Press, Cambridge, 2012, en pp. 116-117. Vid. igualmente del mismo autor C. Brummer, "Why Soft Law Dominates International Finance - And Not Trade", *Journal of International Economic Law*, Vol. 13, 2010, pp. 623-644.

338 Ibidem.

blando, que interpretan el *soft law* como un facilitador esencial de la coordinación y la cooperación continuas y productivas"[339].

En cualquier caso, en este campo, como señaló en su día J. GOLD, el *soft law* es "una expectativa de que los estados que aceptan estos instrumentos se tomarán en serio su contenido y los respetarán de algún modo."[340] D. W. ARNER y M. TAYLOR consideran, por su parte, que el actual marco de referencia para el Derecho internacional financiero se basa principalmente en estándares internacionales de *soft law* y un sistema institucional de organizaciones *soft*, que a pesar de sus limitaciones sirven para mejorar la coordinación de la supervisión transfronteriza de las instituciones financieras, incluida una cooperación reforzada en cuanto a actuaciones destinadas a hacerlas cumplir[341]. Así estos autores ponen como ejemplo al Consejo de Estabilidad Financiera (en sus siglas en inglés FSB) y a su régimen de "*soft law*" como sustituto del "*hard law*", para criticar que incluso si se lograra un mayor respaldo institucional para el FSB, sin una solución duradera, es poco probable que pueda ofrecer mejoras a los acuerdos de gestión de crisis[342].

Por otra parte, en este campo, el *soft law* sirve para incorporar los procesos transnacionales y las redes gubernamentales y los procesos de creación de normas de actores no estatales en la taxonomía jurídica internacional financiera[343]. Igualmente es necesario sumar instrumentos de *soft law*, con una intensidad muy suave, como es el caso de la Propuesta de Directrices sobre la mediación de inversiones cuyo objetivo no es otro que:

> "explicar cómo podría utilizarse la mediación para resolver controversias relativas a inversiones. Dada la naturaleza flexible de la media-

---

339 Ibidem.

340 Vid. J. GOLD, "Strengthening the Soft International Law of Exchange Arrangements", *American Journal of International Law,* Vol. 77, 1983, pp. 443-489, p. 443.

341 D. W. ARNER y M. TAYLOR, *The Global Financial Crisis and the Financial Stability Board: Hardening the Soft Law of International Financial Regulation? Asian Institute of International Financial Law,* Working Paper N°6, (2009): 1-31, disponible en Internet en http://papers.ssrn.com/sol3/papers.cfm?abstract_id=1427084 p. 4

342 Ibid.

343 Vid. J. K. LEVIT, "A Bottom-Up Approach to International Law-Making: The Tale of Three Trade Finance Instruments", *Yale Journal of International Law,* Vol. 30, 2005, pp. 125-209.

ción, las presentes directrices no tienen por finalidad promover ninguna práctica en particular, sino más bien plantear en general las cuestiones que deberían tenerse en cuenta al iniciarse una mediación de inversiones. Las directrices no son vinculantes para las partes y tienen un carácter puramente explicativo"[344].

Además, se viene a señalar en esta Propuesta que, en el caso de que las partes decidan la mediación, podrán remitirse a instrumentos vinculantes y de *soft law*, en los tratados de inversión, en los contratos de inversión o en la legislación nacional, de manera que:

"Cuando las partes acuerdan someter su controversia a mediación, podrían remitir a un reglamento, como el Reglamento de Mediación de la CNUDMI, que es más general, o a reglamentos que están más orientados a la mediación de inversiones, como las Reglas de Mediación del CIADI de 2022 o las Reglas del IBA. Esos reglamentos de mediación proporcionan un marco procesal general para la mediación y evitan que se produzcan lagunas procesales u omisiones involuntarias, a la vez que proporcionan flexibilidad a las partes para adaptar el procedimiento a sus necesidades. (...)"[345]

6.3. *El Soft Law y el Derecho internacional de los Derechos Humanos*

En el caso del Derecho internacional de los Derechos humanos, es necesario recordar que Dinah Shelton afirmó en su momento que "en el campo de los derechos humanos, el *soft law* normalmente precedió al *hard law* en el pasado, ayudando a construir el consenso sobre sus normas."[346] De esta manera, la Declaración Universal de los Derechos Humanos tendría un efecto germinal que conduciría a la adopción de los instrumentos jurídicos internacionales con los que se conforma la Carta de los derechos humanos de las Naciones Unidas: el Pacto internacional de Derechos Civiles y Políticos y el

---

344 Comisión de las Naciones Unidas para el Derecho Mercantil Internacional, Posible reforma del sistema de solución de controversias entre inversionistas y Estados (SCIE), Proyecto de directrices sobre la mediación de inversiones, de 21 de Julio de 2022, A/CN.9/WG.III/WP.218

345 Ibidem.

346 D. Shelton, "Compliance with International Human Rights Soft Law," *Studies of Transnational Legal Policy*, Vol. 29, 1997, pp. 119-143.

Pacto internacional de Derechos Económicos, Sociales y Culturales. Sin embargo, en la segunda mitad del Siglo XX, el papel del *soft law* habría de cambiar en la medida en que los derechos humanos ya habrían sido objeto de regulación jurídica internacional en aquellos sectores sobre los que se había alcanzado un amplio consenso, lo que habría hecho posible la negociación y adopción de tratados internacionales. Ahora, el número de tratados internacionales que son adoptados en este campo ha disminuido y las organizaciones internacionales han de conformarse con adoptar resoluciones y declaraciones internacionales y proponer instrumentos no vinculantes pero no por ello carentes de valor jurídico. Estos instrumentos de *soft law* emulan en la terminología a los tratados internacionales a los que no se puede aspirar ahora, debido al rechazo de los Estados a aceptar obligaciones en sectores tan sensibles como el marco normativo para la prohibición de la tortura o la gestión de la migración o de los refugiados. En el primer caso, la prohibición de la tortura que es una de las obligaciones consideradas de *ius cogens*[347], ha sido objeto recientemente de una Resolución de la Asamblea General de las Naciones Unidas que desarrolla ampliamente el marco normativo en el que los Estados deben combatir esta lacra. Así, esta Resolución 72/209 de 14 de Diciembre de 2022 completa y actualiza la Convención contra la Tortura y Otros Tratos o Penas Crueles, Inhumanos o Degradantes[348], a la luz de las nuevas necesidades y sensibilidades sociales, que deben llevar a proponer una regulación aunque sea de forma *soft* de los comportamientos policiales, las condiciones de las detenciones y los internamientos en prisión. Y ello, sin dejar de ser un instrumento de *soft law* en la mayor parte de su contenido porque, aunque esta Resolución que ha sido adoptada por consenso pueda cristalizar la *opinio iuris* de la norma consuetudinaria imperativa de la prohibición de la tortura, también busca el fortalecimiento normativo de la

---

347 Así, se dice en la Resolución que "la prohibición de la tortura es una norma imperativa del derecho internacional sin limitación territorial y que los tribunales internacionales, regionales y nacionales han reconocido que la prohibición de los tratos o penas crueles, inhumanos o degradantes forma parte del derecho internacional consuetudinario", Resolución 72/209, La tortura y otros tratos o penas crueles, inhumanos o degradantes, aprobada por la Asamblea General el 15 de diciembre de 2022, A/RES/72/209, de 5 de Enero de 2023.

348 Ibidem.

constelación de instrumentos de *soft law* adoptados por la Asamblea General, para su desarrollo sustantivo y procedimental. Ese sería el caso de las Reglas Mínimas de las Naciones Unidas para el Tratamiento de los Reclusos —denominadas Reglas Nelson Mandela[349] o los Principios Méndez sobre Entrevistas Efectivas para la Investigación y Recopilación de Información o los Principios de Estambul relativos a la Investigación y Documentación Eficaces de la Tortura y Otros Tratos o Penas Crueles, Inhumanos o Degradantes[350].

Todos estos instrumentos de *soft law* se desarrollan en distintos planos diferenciados en razón de los Estados participantes, que pueden llegar a determinar su grado de cumplimiento y sus posibilidades de conseguir el cambio normativo, con su transformación en *hard law*. Así hay que distinguir el desarrollo y aplicación de los instrumentos de *soft law* de los derechos humanos en el plano universal y, en especial, en el seno de los órganos e instituciones de la ONU, donde son una forma recurrente de desarrollo de los tratados internacionales, a través de los comentarios y recomendaciones sobre su interpretación y aplicación. En el ámbito regional, este tipo de instrumentos iría más allá de su intensidad normativa asumida, en la medida en que se han convertido en un indicador de cumplimiento más, que se tiene en cuenta, por ejemplo, por el Tribunal Europeo de Derechos Humanos y los demás órganos del Consejo de Europa o por la Corte Interamericana de Derechos Humanos. Además, es necesario abordar el cumplimiento del que son objeto estos instrumentos en el ámbito nacional y si existen mecanismos que promuevan su cumplimiento, y aunque ello ya desborda esta investigación, lo examinaré brevemente en la jurisprudencia española que los aplica.

Como ejemplo de instrumento promotor del cambio normativo, en el ámbito internacional, cabe destacar como el *soft law* se ha convertido en un instrumento para la propuesta de estándares internacionales del trabajo en el caso de la Organización Internacional del Trabajo o para la gestión de las crisis migratorias en el caso de la ONU y la Organización Internacional para las Migraciones.

---

349 Véase el Anexo de la Resolución 70/175.

350 Véase el Anexo de la Resolución 55/89.

En el caso de las normas laborales *soft*, es necesario constatar su acogida ya no por los Estados sino por los actores internacionales que además de poder ser sus destinatarios también podrían participar en su elaboración; así, en ellas, intervendrían también los representantes de asociaciones sindicales y empresariales. Por ello, R. Blanpain y M. Colucci distinguen cuatro vías o formas de avanzar los derechos fundamentales: las vías legales, voluntarias, promocionales y comerciales y los vínculos entre ellas[351].

En el caso de la gestión migratoria, la Asamblea General de las Naciones Unidas lanzó el desafío de la adopción en 2016 de un Pacto mundial sobre la migración y los refugiados que englobaría los aspectos más relevantes para la gestión de las crisis humanitarias. Finalmente, en 2018, la propuesta inicial se dividió en dos Pactos que, a pesar de ser ambos instrumentos de *soft law*[352] tienen una distinta

---

351 Vid. R. Blanpain y M. Colucci, *The Globalization of Labour Standards. The Soft Law Track*, Kluwer Law International, La Haya, 2004.

352 En el caso del Pacto sobre los Refugiados, P. Pozo subraya que "La Asamblea General había solicitado al ACNUR que incluyera el Pacto mundial sobre los refugiados en su Informe general a la Asamblea General del año 2018, por lo que el Pacto fue aprobado como parte de ese Informe mediante la Resolución 73/151, de 17 de diciembre de 2018. Hasta ese momento, la Asamblea General siempre había aprobado por consenso las resoluciones generales referidas al Informe del ACNUR. Las discrepancias suscitadas por algunos aspectos del Pacto determinaron que, por primera vez, la resolución fuera sometida a votación y aprobada por mayoría. En la medida en que había sido aprobado mediante una resolución de la Asamblea General, era evidente que el Pacto carecía de valor formalmente obligatorio. Los Estados quisieron, no obstante, que el texto hiciera referencia explícita a ese carácter no vinculante, e incidieron de nuevo en este aspecto al subrayar la discrecionalidad de que disfrutan los Estados para la aplicación del Pacto mediante contribuciones voluntarias. En la misma línea, el Pacto excluyó expresamente que las medidas de apoyo a los refugiados y comunidades de acogida propuestas dentro del programa de acción tuvieran naturaleza "prescriptiva" o que tales medidas impusieran cargas adicionales a los países de acogida. El Pacto fue diseñado como un instrumento de *soft law* y concedía un amplio margen de maniobra a los Estados", P. Pozo Serrano, "El Pacto Mundial sobre los Refugiados: Límites y Contribución a la Evolución del Derecho Internacional de los Refugiados", *REEI*, Vol. 38, 2019, pp. 1-29, en p. 12. Véase igualmente Silvia Morgades Gil, "El Pacto Mundial sobre los Refugiados y el Nuevo Pacto de la Unión Europea sobre Migración y Asilo: derecho informal y jurisprudencia internacional en materia de acceso a la protección", *REDI*, Vol. 74(1), 2022, 25-45.

intensidad normativa debido, por una parte, a las normas consuetudinarias y convencionales a las que se remiten, y, por otra, a sus propuestas de *lege ferenda* que persiguen proponer y desarrollar con ambición unas normas comunes para las migraciones, con el fin de que llegaran a convertirse en un *ius migrationis*, si recabaran el apoyo de los Estados. Sin embargo, las objeciones formuladas por un importante número de Estados en las sesiones en las que se solicitó la votación de las resoluciones —frustrando el consenso como modo de su adopción— manifiestan la negativa de estos Estados a asumir mayores compromisos para garantizar una gestión migratoria más respetuosa con los derechos humanos básicos reconocidos en el estándar mínimo.

En un trabajo previo, desarrollé mi aproximación al carácter de *soft law* del Pacto Mundial por una Migración Segura, Ordenada y Regular[353], debido a que muchos de sus objetivos tienen por fin último determinar cómo ha de ejercerse la soberanía en el marco nacional y, en particular, sobre cómo ha de realizarse el diseño de políticas públicas de gestión de la migración y de las fronteras. Por ello, propuse para su análisis, una clasificación en tres bloques en función de que los objetivos lleven a la adopción de políticas públicas mundiales, a la adopción de políticas y medidas nacionales y, por último, a la adopción de medidas que aborden las cuestiones migratorias desde su impacto directo en los derechos humanos, en función de que los objetivos tengan una naturaleza transversal que les conecte con la protección de los derechos humanos y la promoción del desarrollo sostenible.

Además, el Pacto Mundial por una Migración Segura, Ordenada y Regular puede convertirse en un referente de la gobernanza *soft* y el cumplimiento que promueve. Así, su aplicación ha sido objeto de evaluación cada dos años desde su adopción, por la estructura de seguimiento que claramente tiene una vocación de control de

---

353 El Pacto Mundial por una Migración Segura, Ordenada y Regular fue adoptado el 11 de Diciembre de 2018 por 163 Estados en la Conferencia intergubernamental de Marraquech, y una semana más tarde, la Asamblea General de las Naciones Unidas lo incorporó en su Resolución 73/195 adoptada por 153 votos a favor, 5 votos en contra y 12 abstenciones, el 19 de diciembre de 2018, y que se encuentra disponible en Internet en https://undocs.org/es/A/RES/73/195

carácter *soft*[354], como se previó en su origen y que implica de manera estrecha al Secretario General de las Naciones Unidas que presenta los informes periódicos elaborados con la asistencia de la Red de las Naciones Unidas sobre la Migración[355] y previa consulta a todas las instituciones implicadas[356]. En el último informe se valora el papel que ha desempeñado el Pacto y sus principios como guía para los Estados ante los problemas y los nuevos retos que se han derivado de las restricciones a la movilidad durante el período de la pandemia[357].

---

354 Centro de la Red de las Naciones Unidas sobre la Migración: https://migrationnetwork.un.org/hub.

355 La Red elaboró orientaciones para que los Gobiernos y las partes interesadas aplicaran el Pacto. En las orientaciones se propone un proceso de seis etapas para aplicar los objetivos de los Pactos y los principios rectores, al tiempo que se reconoce la necesidad de un enfoque flexible y adaptado al contexto. A/76/642, Informe del Secretario General sobre el Pacto Mundial para la Migración segura, ordenada y regular, de 27 de diciembre de 2021, A76/642, p. 20.

356 En la apertura del Informe se describe el proceso: "Este informe se presenta en cumplimiento de la resolución 73/195 de la Asamblea General, de 19 de diciembre de 2018, en la que la Asamblea solicitó al Secretario General que, haciendo uso de la Red de las Naciones Unidas sobre la Migración, la informara cada dos años sobre la aplicación del Pacto Mundial para la Migración Segura, Ordenada y Regular, las actividades del sistema de las Naciones Unidas al respecto y el funcionamiento de los arreglos institucionales. Este informe responde también a la solicitud formulada por la Asamblea en su resolución 73/326, de 19 de julio de 2019, de que el Secretario General que, 'como parte del informe bienal que precederá a cada foro, y haciendo uso de la Red, proporcione orientación para las deliberaciones durante el foro, incluidas las mesas redondas y el debate sobre políticas previstos, y que publique el informe por lo menos 12 semanas antes de cada foro'. El informe se basa en los aportes y los resultados de los exámenes regionales del Pacto Mundial, así como en las consultas específicas a los Estados Miembros y a las partes interesadas y en los debates con las entidades del sistema de las Naciones Unidas. La redacción del informe fue supervisada por el Comité Ejecutivo de la Red, integrado por el Departamento de Asuntos Económicos y Sociales, el Fondo de las Naciones Unidas para la Infancia, la Oficina del Alto Comisionado de las Naciones Unidas de las Naciones Unidas para los Derechos Humanos, la Oficina del Alto Comisionado de las Naciones Unidas para los Refugiados, la Oficina de las Naciones Unidas contra la Droga y el Delito, la Organización Internacional para las Migraciones, la Organización Internacional del Trabajo, la Organización Mundial de la Salud y el Programa de las Naciones Unidas para el Desarrollo".

357 Partiendo del hecho de que "es importante reconocer que la pandemia de COVID-19 ha reconfigurado en muchos sentidos la migración internacional. Las cambiantes restricciones en materia de movilidad y de requisitos de entrada han

Por otra parte, en el desarrollo del Pacto se ha visto igualmente su capacidad para contribuir a la consecución de los Objetivos de Desarrollo Sostenible[358], lo que se incorporará a la futura visión del Pacto, y, en particular, al próximo Foro de Examen de la Migración Internacional que intentará aprovechar "el poder del multilateralismo para proporcionar orientaciones concretas en tres ámbitos de importancia general y común", como son, en primer lugar, la integración de los migrantes en las sociedades de acogida; en segundo lugar, el fomento de la migración regular en el nuevo contexto marcado por las repercusiones de la pandemia, pero también de "la intensificación de los efectos del cambio climático y la evolución de nuestras sociedades y economías" y, en tercer lugar, "reducir las vulnerabilidades que socavan los derechos o el bienestar de los migrantes, sus familias y sociedades, incluidas las tragedias derivadas de la migración irregular y precaria".[359]

Todos estos elementos normativos e institucionales de naturaleza *soft* constituyen las mimbres de una política global en tiempos de pandemia, de desastres naturales y cambio climático, que lejos de ser

alterado profundamente la mecánica y las oportunidades de admisión, estadía, trabajo y retorno. Sin embargo, resulta claro que muchos de esos problemas anteceden a la pandemia. La discriminación, la xenofobia, la desinformación y la estigmatización de los migrantes o las minorías asociadas a la migración siguen siendo virulentas. En este entorno, los migrantes son vilipendiados e incluso considerados como amenazas. Resulta inaceptable que en el mundo actual miles de migrantes se vean expuestos a tanto sufrimiento y desaparezcan o mueran durante su trayecto migratorio." Por ello es necesario reconocer el valor de "Los principios rectores, objetivos y acciones propuestas del Pacto [que] sirven de hoja de ruta para afrontar esos retos. De hecho, como se muestra en el presente informe, a lo largo de la pandemia ha quedado demostrado el valor del Pacto como referencia y guía para los Estados en su labor dirigida a lograr que la migración dé buenos resultados para todos.", A/76/642.

358 Véase la Declaración ministerial de la serie de sesiones de alto nivel del período de sesiones de 2021 del Consejo Económico y Social y del foro político de alto nivel sobre el desarrollo sostenible celebrado bajo los auspicios del Consejo en 2021, con el tema "Recuperación sostenible y resiliente de la pandemia de COVID-19 que promueva las dimensiones económica, social y ambiental del desarrollo sostenible: forjar una vía inclusiva y eficaz para el logro de la Agenda 2030 en el contexto de la década de acción y resultados en favor del desarrollo sostenible", ECOSOC, E/ HLS/2021/1, de 16 de Agosto de 2021.

359 Ibidem.

susceptible de una regulación convencional, puede abordarse desde la flexibilidad que ofrece un sistema *soft*, que no es vinculante y que no puede ser objeto de revisión judicial y que, sin embargo, ha servido de guía a los Estados y a las instituciones internacionales y a los actores no gubernamentales implicados. Y estos elementos, a pesar de su naturaleza *soft*, han conseguido que los Estados se esforzaran por cumplir sus compromisos[360].

En el plano regional, las instituciones también adoptan instrumentos de *soft law* que generan expectativas normativas que pueden trascender su naturaleza no obligatoria. Así, crean expectativas de que se llevará a cabo un cumplimiento voluntario que podría conseguir que el resto de los Estados miembros se adhieran a la aplicación y el respeto de las normas *soft*. Este tipo de resoluciones ha sido muy frecuente en el marco del Consejo de Europa y de sus instituciones, donde, además, la multitud de tratados que han sido adoptados sin que nunca llegasen a entrar en vigor, nos lleva a plantearnos si estamos en presencia de una *lex imperfecta*, que tiene una existencia normativa en tanto que instrumento de referencia. Un ejemplo de especial interés fue el Tratado sobre la protección del medio ambiente a través del derecho penal, que a pesar de no haber entrado nunca en vigor tuvo una segunda oportunidad a través de la Directiva de la Unión Europea sobre crimen ambiental y que, ahora, está siendo objeto de una nueva negociación[361].

En el ámbito regional, es también donde se han creado tribunales especializados y cuya jurisprudencia recurre a los instrumentos de

---

360 "En sus informes voluntarios presentados en respuesta a los exámenes regionales del Pacto, más de 90 Estados analizaron los avances y los retos. Los enfoques respecto a la aplicación varían. Kenya y Portugal adoptaron planes nacionales de aplicación específicos del Pacto. Algunos Estados incorporaron el Pacto a los marcos vigentes. Otros observaron que sus marcos vigentes reflejaban suficientemente el Pacto. Los Estados también informaron sobre las iniciativas nacionales que ya estaban en marcha cuando se aprobó el Pacto y que se ajustaban a los compromisos y acciones recomendados del Pacto", A/76/642, p. 4.

361 Véase en la Web del Consejo de Europa, "Council of Europe to draft a new global Convention to Protect the Environment through Criminal Law", disponible en https://www.coe.int/en/web/cdpc/-/council-of-europe-to-draft-a-new-global-convention-to-protect-the-environment-through-criminal-law, consultado por última vez el 10 de Mayo de 2023.

soft law como herramienta para la interpretación de las disposiciones de *hard law*. El Tribunal Europeo de Derechos Humanos y su jurisprudencia merecen el desarrollo de una línea de investigación futura, en la medida en que las recomendaciones de su Asamblea Parlamentaria y de sus Comisarios de Derechos Humanos son cada vez más importantes a la hora de aplicar los derechos humanos en tiempos de crisis humanitarias. Así siguen la estela de los Comentarios Generales de las Naciones Unidas sobre las Convenciones en materia de Derechos humanos, a las que A. E. Boyle y C. Chinkin consideran como una expresión o forma de poder normativo delegado de carácter *soft* en la medida en que suplirían o complementarían la limitada jurisprudencia existente en aplicación de las Convenciones de Naciones Unidas en materia de derechos humanos y contribuirían a su naturaleza de "instrumentos vivos"[362].

6.4. *El Soft Law y el Derecho Internacional del Medio ambiente*

El Derecho internacional del medio ambiente es uno de los sectores del Derecho Internacional donde mayor presencia tiene el *soft law*,[363] ya que se ha caracterizado por el predominio del *soft law* sobre el *hard law* como apuntara J. Juste Ruiz en su obra de referencia[364].

---

362 Boyle y Chinkin consideran que estos Comentarios generales constituyen "delegated soft law since they supplement the limited jurisprudence under UN human rights treaties and contribute to their status as 'living instruments'", A. E. Boyle y C. Chinkin, *The Making of International Law*, Oxford University Press, Oxford, 2007, p. 217.

363 De Sadeleer considera que "abounding in declarations, resolutions, and guidelines, international environmental law is a favored discipline for the use of soft-law instruments", N. De Sadeleer, *Environmental Principles. From Political Slogans to Legal Rules*. Oxford University Press, Oxford, 2001, p. 312.

364 Así afirma que "el carácter eminentemente funcional del Derecho internacional del medio ambiente contribuye a dar a sus normas una contextura flexible, configurando un universo jurídico particularmente fluido que presenta los perfiles característicos de lo que ha dado en denominarse *soft law*". Distingue además dos dimensiones del *soft law*, una normativa y otra aplicativa. En la primera destaca que "los procesos normativos en cuya virtud se elabora el Derecho internacional del medio ambiente responden a la flexibilidad y evolutividad propia de este sector del ordenamiento internacional, y ello se manifiesta tanto en lo que se refiere a la forma de los instrumentos utilizados como al contenido mismo de las disposiciones adoptadas (...)". En cuanto a la dimensión

Como subsistema, el Derecho internacional del medio ambiente tiene características propias que se refieren tanto a sus normas primarias como a sus normas secundarias, y que favorecen la adopción de instrumentos de *soft law,* que son los más numerosos siempre. Las normas primarias del medio ambiente responden a la necesidad de que los Estados acepten una limitación funcional de su soberanía territorial con el fin de evitar el daño transfronterizo del medio ambiente. Para ello, los Estados están dispuestos a aceptar sólo una limitación mínima de su soberanía, mientras que para el resto de obligaciones relativas a la protección y a la conservación de la naturaleza, prefieren normas de intensidad variable que pueden adaptar a sus circunstancias e intereses nacionales, para lo que recurren a normas de *soft law* o a normas convencionales con obligaciones laxas y flexibles. Además, en cuanto a las normas secundarias, los Estados prefieren evitar la responsabilidad internacional y favorecer los mecanismos de control y seguimiento, como muestra el hecho de que en acuerdos como el de París sobre el cambio climático se favorezcan los mecanismos de promoción del cumplimiento y no se establezcan disposiciones relativas a la responsabilidad internacional. Ello debe explicarse no sólo por la resistencia de los Estados a aceptar los límites a su soberanía territorial que se derivarían del Principio 21 de la Declaración de Estocolmo sobre el Medio Humano con un fin de prevención del daño transfronterizo, sino porque la mayor parte de las disposiciones del Derecho internacional del medio ambiente tienen el ordenamiento jurídico interno de los Estados como destino final porque los objetivos globales como son los ligados a las tres crisis medioambientales —el cambio climático, la pérdida de biodiversidad y la contaminación— sólo pueden alcanzarse con políticas,

---

aplicativa, pone de manifiesto que "la fluidez que caracteriza esencialmente al Derecho internacional del medio ambiente aparece también en el plano indicativo, ámbito en el que es frecuente el recurso a mecanismos y procedimientos de contextura flexible. En efecto, los instrumentos internacionales relativos a la protección del medio ambiente no suelen establecer un aparato institucional muy desarrollado, ni órganos o instancias dotados de poderes de decisión. En general se trata más bien de poner en pie un mínimo esbozo organizativo que deje en manos de los propios Estados involucrados las decisiones relativas a la aplicación de las reglas convenidas", J. Juste Ruiz, *Derecho Internacional del Medio ambiente*, McGraw Hill, Madrid, 1998, pp. 44-45.

planes y medidas nacionales. Es por ello que este sector reúne las características de un Derecho con vocación universal para inspirar el horizonte normativo de los Estados[365], y, para algunos autores, las de un Derecho público global[366].

Así, el *soft law* en el caso del Derecho internacional del medio ambiente reflejaría en opinión de A. Kiss y D. Shelton, la voluntad de la comunidad internacional de resolver un problema global acuciante a pesar de las objeciones de unos pocos estados que causan el problema, "mientras que evita la barrera doctrinal de la falta de consentimiento para verse obligado por la norma."[367] Esta situación se ve claramente reflejada en la lucha contra el cambio climático, que es causado por los países desarrollados, y sin cuya cooperación no es posible adoptar instrumentos normativos capaces de revertir este problema. Esta cuestión crucial también pone de manifiesto la necesidad de abordar la interdependencia, teniendo en cuenta las dificultades añadidas por la falta de sintonía entre el interés común de la Humanidad con los intereses nacionales. Es por ello que el *soft law* se ha convertido en el último recurso cuando no se dan las condiciones para su conversión en una norma de *hard law*. Así, D. Shelton habría destacado que "en el ámbito del medio ambiente,

---

365 En este sentido, Boyle and Freestone consideran que 'Rio Declaration is overtly intended to initiate new law for the international community of States; for this reason many of its provisions are formulated in normative and obligatory terms, although the declaration is formally non-binding', Boyle, A. E. y Freestone, D., (Eds) *International Law and Sustainable Development. Past Achievements and Future Challenges*, Oxford University Press, 1999.

366 Véase igualmente sobre esta cuestión Pierre Marie Dupuy, "Sur les Rapports entre Sujets et "Acteurs" en Droit international contemporain", en Lal Chand Vohrah, Fausto Pocar, Yvonne Featherstone et al (eds.), *Man's Inhumanity to Man, Essays on International Law in Honour of Antonio Cassese*, Kluwer Law International, The Hague, 2003, pp. 261-277. Benedict Kingsbury, Nico Krisch, & Richard B. Stewart, "The Emergence of Global Administrative Law", *Law & Contemporary Problems*, Vol. 68, 2005, pp. 15-61; Nico Krisch & Benedict Kingsbury, "Introduction: Global Administrative Law and Global Market Regulation in the International Legal Order", *European Journal of International Law*, Vol. 17, 2006, pp. 1-14; L. Boisson de Chazournes, L. Casini y B. Kingsbury (dir), Symposium on "Global Administrative Law in the Operations of International Organizations", *International Organizations Law Review*, 2009, no. 2, pp. 315-666.

367 A. Kiss y D. Shelton, *Guide to International Environmental Law*, Martinus Nijhoff Publishers, Leiden, 2007, p. 9.

las declaraciones de principios adoptadas en conferencias globales habrían estimulado la conclusión tanto de instrumentos vinculantes como no vinculantes, con picos de regulación tras las Conferencias de Estocolmo y Río... "[368].

Desde su origen, uno de los efectos que ha producido el *soft law* en el Derecho internacional del medio ambiente es el de transformar hechos sociales y económicos, sin existencia hasta entonces para el mundo del derecho, en hechos que pasan a tener consistencia para el jurista —no sólo para el ius-internacionalista sino para todos los responsables directos o indirectos de la protección del medio ambiente a través del derecho— como objeto o futuro objeto de reglamentación jurídica. De este modo, en este sector que se nutre permanentemente de los avances de la ciencia, el *soft law* sirve para cartografiar el terreno que deberá someterse a una regulación internacional de intensidad variable, empezando con las declaraciones más *soft* con las que identificar las primeras cuestiones relevantes para un nuevo sector hasta profundizar en las propuestas que podrían desarrollarse y culminar en la adopción de un instrumento jurídico vinculante. En caso de que ello no fuera posible por la oposición de algunos Estados, la adopción de instrumentos de *soft law* serviría para marcar los estadios normativos iniciales de ámbitos originales. Así habría ocurrido, por ejemplo, con los instrumentos de *soft law* sobre los organismos genéticamente modificados que luego serían objeto de uno de los protocolos de la Convención Marco sobre la Diversidad biológica. De esta manera, el *soft law* serviría para "marcar las tendencias del contenido en expansión del Derecho internacional"[369] y con ello el origen del *hard law*, a pesar de las dificultades que luego puedan presentarse durante su conversión en una norma consue-

---

368 D. SHELTON, *op. cit.*, p. 555.

369 Así DRUMBL caracteriza el soft law en tanto que "trendsetter for the expanding content of international law" (p. 3) aunque no lo considere entre las Fuentes del derecho internacional ya que lo define como un "law-like behavior that falls outside the principal sources of law identified in Article 38(1)", (p. 14). Vid. M. A. Drumbl, "Actors and Law-Making in International Environmental Law" en MALGOSIA FITZMAURICE, DAVID M. ONG, PANOS MERCURIS (Eds.) *Research Handbook of International Environmental Law*, Edward Elgar Publishing, 2010.

tudinaria o en un tratado internacional[370]. El *soft law* también sirve para cubrir las lagunas que pudieran encontrarse en los tratados medioambientales[371] así como para desarrollar y actualizar de manera rápida los instrumentos de *hard law*, a través de la adopción de estándares[372] y buenas prácticas que de ser adoptados con éxito por los Estados, terminarán por incorporarse en protocolos de desarrollo o tratados autónomos.

Un claro ejemplo de ello es la Declaración de Río de Janeiro adoptada en la Conferencia de las Naciones Unidas sobre el Medio ambiente y el Desarrollo celebrada en Río de Janeiro en 1992. Como señalaron A. E. Boyle y D. Freestone la Declaración de Río "abiertamente perseguía iniciar un nuevo derecho para la comunidad internacional de Estados" y "por ello muchas de sus disposiciones están formuladas en términos normativos y obligatorios, aunque la declaración es formalmente no vinculante."[373] Con esta Declaración en los

---

370 Esta cuestión ha sido ampliamente explorada por P. Birnie, A. Boyle y C. Redgwell, *International Law and the Environment*, Oxford University Press, New York 3rd Edition, 2009; D. Bodansky, J. Brunnée, y E. Hey, (Eds.) *The Oxford Handbook of International Environmental Law*, Oxford University Press, New York, 2007 y P. M. Dupuy, "Soft Law and the International Law of the EL," *loc. cit.*, p. 435.

371 Así A. E. Boyle y C. Chinkin señalarían que el *soft law* medioambiental serviría para establecer "detailed rules or more general standards of best practice or due diligence to be achieved by the parties in implementing their obligations. These 'eco-standards' are essential in giving hard content to the open-textured terms of framework environmental treaties", A. E. Boyle y C. Chinkin, *op. cit.*, p. Igualmente, J. Juste Ruiz, "Orígenes y Evolución del Derecho Internacional del Medio Ambiente" en F. Sindico, R. Fernández Egea y S. Borrás, *Derecho Internacional del Medio Ambiente, Una visión desde Iberoamérica*, Cameron May, Londres 2011, pp. 3-30.

372 Sobre los estándares véase C. Fernández de Casadevante Romaní, *La Protección del Medio ambiente en Derecho internacional, Derecho Comunitario Europeo y Derecho Español*, Servicio Central de Publicaciones del Gobierno Vasco, Vitoria Gasteiz, 1991. Veáse igualmente, J. J. Kirton y M. J. Trebilcok (eds.) *Hard Choices, Soft Law, Voluntary Standards In Global Trade, Environment And Social Governance*, Ashgate, Aldershot, 2004. Este estudio considera el soft law como complemento del derecho internacional en áreas como el comercio, el medio ambiente y la gobernanza social en la OCDE, la OMC, el G7 y el TLCAN y además, examina el sector forestal, donde el *hard law* aún sigue ausente.

373 Vid. A. E. Boyle y D. Freestone (Eds), *International Law and Sustainable Development. Past Achievements and Future Challenges*, Oxford University Press, New York, 1999, p. 69.

últimos 25 años también se ha puesto de manifiesto la difícil transición de sus principios tanto en el ordenamiento jurídico internacional como en los ordenamientos internos. Su *iter* normativo habría llevado tanto a la celebración y al desarrollo de los tratados internacionales medioambientales posteriores, y no sólo aquellos que fueron adoptados en la Conferencia de Río, como a la cristalización de normas consuetudinarias. Precisamente, serían las normas consuetudinarias las que habrían experimentado las mayores dificultades en el proceso de transformación normativa, especialmente en el caso de aquellos principios generales del Derecho internacional del medio ambiente con vocación de informar no sólo el subsistema ambiental sino también el sistema general del Derecho Internacional[374]. Hay que destacar especialmente aquellos principios[375] que afectarían a la soberanía del estado[376] al establecer la obligación de no causar daño o a la hora de modular las obligaciones como en el caso del principio de las responsabilidades comunes pero diferenciadas. Con él, se daría el protagonismo necesario a los países en vías en desarrollo en el proceso de creación de normas internacionales[377], y se aceptaría una excepción en la reciprocidad de los regímenes jurídicos internacionales al aceptar distinguir en el cuerpo de las obligaciones entre aquellas de las que serían responsables los países desarrollados y las que se exigirían de los países en vías de desarrollo, en cuyo caso se debe tener en cuenta sus especiales circunstancias nacionales.

La Declaración de Río de Janeiro también habría desempeñado una función fundamental a través de su principio de Desarrollo soste-

---

374 Véase T. Fajardo del Castillo, "Environmental law principles and General principles of international law", en L. Kramer y E. Orlando (Eds.), *Principles of Environmental Law, Elgar Encyclopedia of Environmental Law,* Vol. VIII, 2018, pp. 38-51.

375 Véase N. De Sadeleer, *Environmental Principles. From Political Slogans to Legal Rules.* Oxford University Press, Oxford, 2001; A. Rodrigo, *El Desafío del Desarrollo Sostenible. Los principios de Derecho internacional relativos al desarrollo sostenible,* Marcial Pons, 2015.

376 Véase P. Birnie, A. Boyle y C. Redgwell, *International Law and the Environment,* 2009.

377 A. E. Boyle y D. Freestone consideran que la Declaración de Río "marks the emergence of developing countries as a real and substantial influence on the making of international environmental law...", A. E. Boyle y D. Freestone (Eds), *International Law and Sustainable Development. (...), op. cit,* p. 69.

nible como es la de impulsar la adopción de políticas medioambientales y de planes estratégicos para la protección del medio ambiente, que arrancaron con la ya famosa Agenda 21, y que posteriormente ha encontrado su continuidad en los Objetivos de Desarrollo Sostenible y la Agenda 2030, a los que por su especial importancia dedicaré un apartado específico.

Por último, como ejemplo sobresaliente de un instrumento de *soft law* con potencial de futuro, y fruto de la intersección del medio ambiente con los derechos humanos, se encuentra la Resolución 76/300 de la Asamblea General de las Naciones Unidas sobre el derecho humano a un medio ambiente limpio, saludable y sostenible. Adoptada el 28 de Julio de 2022, en el 50º aniversario de la Declaración de Estocolmo sobre el Medio humano, con la pretensión de ser el compromiso con el que los Estados recuperarán el impulso perdido, esta resolución de la Asamblea General que ha sido adoptada sin votos en contra, como era deseable, es sólo el comienzo de un proceso de constitucionalización que debe llevarse a nivel interno. Con ella, lo que es más importante, es el comienzo de un proceso para la creación de los mecanismos de garantía de su disfrute. Es por ello que el Gobierno Sueco —que acogió la conferencia para la conmemoración de la primera Conferencia de Estocolmo de 1972, ha querido dejar muy claro en una declaración enviada al Secretario General de las Naciones Unidas para su difusión en la Asamblea General que:

> "Suecia agradece al grupo principal por el proyecto de resolución A/76/L.75, titulado "El derecho humano a un medio ambiente limpio, saludable y sostenible", y por plantear ante la Asamblea General el importante vínculo entre el medio ambiente y la promoción y protección de los derechos humanos. Es consciente de que las cuestiones a las que se refiere el proyecto de Resolución A/76/L.75 revisten gran importancia y lo patrocina para dejar constancia de ello, así como de la voluntad de participar activamente en las consultas y negociaciones sobre la manera de hacer efectivo este derecho judicialmente.
>
> Suecia cree que el reconocimiento político del derecho a un medio ambiente limpio, saludable y sostenible que se hace en esta resolución no tiene ningún efecto jurídico y no puede utilizarse como fundamento

jurídico, ya que falta estudiar y negociar minuciosamente el significado jurídico y los posibles efectos de tal derecho".[378]

También es necesario subrayar que en el Derecho internacional del medio ambiente los estándares que se adoptan para el desarrollo normativo de los instrumentos convencionales merecen una línea de investigación propia. Ya los abordé en mi tesis doctoral, para afirmar que los estándares eran una fórmula que se había convertido en un rasgo distintivo del Derecho internacional del medio ambiente con la que divorciar el tratado internacional y los estándares que le acompañan, en anexos técnicos o en textos no vinculantes. En estos casos, el tratado establece los principios generales y la infraestructura orgánica destinados a permanecer; y a los estándares les corresponde la parte reglamentaria, la que deberá evolucionar con los avances científicos y técnicos y adaptarse a ellos con mecanismos expeditivos y flexibles, que pasan de manos de los diplomáticos y plenipotenciarios a las de los expertos.

Del examen de los múltiples tratados internacionales sectoriales cabría hacer una taxonomía de los estándares por ámbitos materiales, por sistemas técnicos, etc., más no es éste mi propósito[379]. Sólo señalaré la clasificación que realizaron hace medio siglo P. Contini y P. H. Sand, que sigue estando plenamente vigente, por su aportación al estudio de los estándares en el Derecho internacional del medio ambiente[380]. Distinguen estos autores tres categorías: estándares es-

---

[378] Carta de fecha 2 de agosto de 2022 dirigida al Secretario General por la Representante Permanente de Suecia ante las Naciones Unidas, A/76/893, de 3 de Agosto de 2022.

[379] Para su estudio me remito a cualquiera de las obras que realizan estudios sectoriales del Derecho internacional del medio ambiente y en los que es fácilmente identificar la técnica de los estándares.

[380] P. Contini y P. H. Sand, "Methods to expedite environment protection: International Ecostandards", *AJIL*, vol. 66, 1972, p. 40 y ss.

trictamente obligatorios, estándares no obligatorios[381] y estándares potencialmente obligatorios (p.e. los sujetos a *opting-out*[382]).

Por todo lo que acabo de referir, los estándares como instrumentos jurídicos están especialmente dotados para responder a una de las vocaciones del Derecho internacional del medioambiente como es la de establecer una normatividad general, una legislación con alcance universal y que al mismo tiempo sea permeable a las diferencias, dando cabida a los rasgos particulares de los Estados porque los estándares son aptos para encajar en sistemas de flexibilidad que permiten a los Estados que así lo necesiten, asumir una carga obligacional asimétrica o aceptar dilatados calendarios de ejecución de sus obligaciones o adoptar medidas más restrictivas a nivel regional y nacional[383]. En ese sentido, la ambivalencia de los estándares los hace especialmente valiosos porque, por una parte, pueden incitar a la armonización de las legislaciones nacionales y, por otra, pueden ser el instrumento diferenciador y, por ello, corrector, entre Estados desiguales. Diferentes estándares se establecen en el Protocolo de Montreal sobre sustancias que agotan la capa de ozono para poner en pie un régimen convencional asimétrico que distingue entre países desarrollados y países en desarrollo.

Por último, señalar que las asimetrías en las obligaciones que se establecen en los tratados ambientales se reflejan en los instrumentos de *soft law* que las reinterpretan a la luz de las reivindicaciones de los Estados partes. En este caso hay que destacar que todos los tratados para la lucha contra el cambio climático han reconocido la necesaria asimetría de obligaciones entre Estados desarrollados y en vías de desarrollo, que ha sido interpretada a la luz de los intereses nacionales en las contribuciones voluntarias determinadas a nivel na-

---

381 Tan frecuentes y bien conocidos por los ejemplos que suministran las recomendaciones sobre estándar laborales y sociales de la OIT, o los estándares de seguridad marítima de la OCMI, o los estándar de seguridad recomendados por la Agencia Internacional de la Energía Atómica o el *Codex Alimentarius* establecido por la FAO y la OMS.

382 Son aquellos estándares que permiten al Estado optar y elegir el estatuto jurídico al que se verán sometidos.

383 Es desde esta óptica también, donde cobra sentido la candidatura de los estándares a convertirse en una fuente autónoma del Derecho internacional del medio ambiente.

cional adoptadas tras el Acuerdo de París. Esta asimetría también ha sido reivindicada con mayor rotundidad desde que China liderara a los países que se agrupan en el Sur Global, en la última COP27 celebrada en Sharm el Sheik en 2022[384].

6.5. El Soft Law y el Derecho del Mar

En el caso del Derecho del Mar, el *soft law* ofrece una respuesta para los desarrollos normativos que la Comunidad Internacional considera necesarios, pero para los que aún no se puede obtener el consentimiento de los Estados, especialmente, de aquellos llamados a desempeñar un papel principal en su aplicación y cumplimiento posterior[385]. Esta premisa que sirve de punto de partida para el análisis de este sector se ve claramente reflejada en la Resolución 69/292 de la Asamblea General de las Naciones Unidas de 2015 que inició el proceso de negociación de una de las convenciones de aplicación de la Convención de las Naciones Unidas sobre el Derecho del Mar[386] y con la que se buscaba ya no una codificación de la práctica o del derecho consuetudinario preexistente, sino el desarrollo progresivo del Derecho internacional del Mar. La propuesta de tratado que podría haber acabado siendo un instrumento de *soft law*, ha podido finalmente ser adoptada como Convención relativa a la conservación y el uso sostenible de la diversidad biológica marina de las zonas situadas fuera de la jurisdicción nacional.

Desde que fuera adoptada la Convención sobre el Derecho del Mar, se recurre al *soft law* como fase inicial de los procesos normativos

---

384 Véase T. Fajardo del Castillo, "Éxitos y fracasos de la diplomacia del clima de la Unión Europea en la COP27 de Sharm el-Sheikh de 2022", *Anales de Derecho*, Vol. 40, 2023, pp. 1-36.

385 Véase T. Fajardo del Castillo, "Soft law and the law of the sea its presence in the UNCLOS", en J. M. Sobrino Heredia (Dir.), La contribución de la convención de las Naciones Unidas sobre el derecho del mar a la buena gobernanza de los mares y océanos, Vol. 1, 2014, pp. 65-78.

386 Resolución 69/292 aprobada por la Asamblea General el 19 de junio de 2015 sobre la Elaboración de un instrumento internacional jurídicamente vinculante en el marco de la Convención de las Naciones Unidas sobre el Derecho del Mar relativo, a la conservación y el uso sostenible de la diversidad biológica marina de las zonas situadas fuera de la jurisdicción nacional, *A/RES/69/292*, de 6 de Julio de 2015.

en aquellos sectores en los que el consenso como procedimiento de adopción de decisiones y la técnica del *package deal* no logran alcanzar un acuerdo convencional de primeras. Tal y como lo expone G. L. LUGTEN, "el propósito del *soft law* es llamar la atención sobre un problema, sugerir el comportamiento apropiado para resolver este problema y proporcionar a los estados un período de transición para que puedan adoptar el cambio de comportamiento entre el período intersticial de las obligaciones no vinculantes del *soft law* y el desarrollo de instrumentos de *hard law*"[387]. El *soft law* también puede servir para identificar en que estadio de su desarrollo normativo se encuentran conceptos y principios como el principio de precaución que se aplican a cuestiones relativas al Derecho del Mar y que tendrían su origen en instrumentos de *soft law*[388].

40 años después de la adopción de la Convención sobre el Derecho del Mar, algunos de los problemas y de las necesidades emergentes de los Estados y de la Comunidad internacional han hecho que se desborden los límites negociados entonces y que se requieran ahora nuevas respuestas normativas a las nuevas necesidades. Y ello ocurre especialmente con aquellas disposiciones de la Convención relacionadas con la protección del medio ambiente, con las que se otorgan competencias al Estado del puerto para que subsane la inacción del Estado del pabellón o con las que llevarían a consolidar los conceptos de Patrimonio Común de la Humanidad. Por ello, J. EDESON ya consideraba que en el caso de la regulación de la pesca en el marco del alta mar, las soluciones para abordar los problemas de la sobreexplotación o la pesca ilegal revestirían "la forma de declaraciones exhortatorias tales como las que pueden encontrarse en la Declaración de Río de Janeiro de 1992, la Declaración de Cancún y el uso de las Resoluciones de la Asamblea General, que habrían tenido en ocasiones un impacto mucho mayor del que podría esperarse de su status jurídico de *soft law*"[389].

---

387 G. L. LUGTEN, "Soft Law with Hidden Teeth: The Case for a FAO International Plan of Action on Sea Turtles," *Journal of International Wildlife Law and Policy*, Vol. 9, 2006, pp. 155-173, en p. 162.

388 Vid. W. EDESON, "Closing the Gap: the Role of 'Soft' International Instruments to Control Fishing." *Australian Yearbook of International Law*, Vol. 20, 1999, p. 83.

389 *Ibidem*.

Y no solo habría sido la ONU quien habría recurrido al *soft law.* La Organización de las Naciones Unidas para la Alimentación y la Agricultura (FAO en adelante) ha recurrido en incontables ocasiones a instrumentos de *soft law* para regular el régimen de la pesca que en algunos casos han finalmente mutado en tratados internacionales. De esta manera, los instrumentos de *soft law* serían el punto de partida de una transición que culminaría en la renegociación del instrumento ya bajo la forma de un tratado internacional o su transformación en una norma consuetudinaria gracias a la práctica y a la adhesión de los Estados.

De igual modo es posible establecer la distinción entre el *soft law* que se puede encontrar dentro de la Convención sobre el Derecho del Mar y los instrumentos de *soft law* que la desarrollan. Para ello, analizaremos como dos casos de referencia las disposiciones de la Convención y los instrumentos de *soft law,* en concreto, el Memorandum de entendimiento sobre el control del Estado del puerto. En el caso de las disposiciones de *soft law* de la Convención sobre el Derecho del Mar, éstas son el resultado de su proceso de negociación en el que el consenso fue, durante la fase inicial, el procedimiento de adopción de decisiones. Podemos afirmar que el consenso dejó su marca en muchas de las disposiciones de la Convención sobre el Derecho del Mar de manera que dependiendo del grado de acuerdo alcanzado, su intensidad normativa variaría y se distinguiría entre aquellas en las que ésta sería *soft* (las disposiciones relativas a la definición), pasando por una intensidad media (para establecer los principios, las normas, las directrices, las recomendaciones y medidas similares), hasta llegar a una intensidad *hard,* la propia de las normas convencionales[390]. Así, tenemos que examinar no la naturaleza del instrumento, sino la de sus disposiciones[391]. Es de destacar que la *softness* de algunas de sus disposiciones tiene su causa en que tuvieran

---

390 Véase B. Buzan, "Negotiating by Consensus: Developments in Technique at the United Nations Conference on the Law of the Sea," *American Journal of International Law,* Vol. 75, 1981, p. 345.

391 Gamble considera que sería mejor "to sharpen some of the tenets of soft law while providing a different vantage about the strengths and weaknesses of the law contained in the MBC", J. K. Gamble, "The 1982 United Nations Convention on the Law of the Sea as Soft Law," *Houston Journal of International Law,* Vol. 37, 1985-1986, p. 37.

como origen un instrumento de *soft law* de la Organización Marítima Internacional incorporado en la Convención. En este sentido, A. E. Boyle pone a la Convención sobre el Derecho del Mar como ejemplo de tratado internacional que habría dado un valor jurídico vinculante a instrumentos de *soft law* al incorporarlos en los términos del tratado a través de una referencia implícita, como en el caso de las recomendaciones y resoluciones de la OMI.[392]

Respecto a si la desigual intensidad normativa de las disposiciones *soft* de la Convención de 1982 determinaría la posibilidad de recurrir —o no— a medios de solución jurídica de las controversias en caso de conflicto, hay distintas posiciones en la doctrina. Así respecto al Capítulo XII, N. Klein considera que el carácter *soft* de sus disposiciones no permitiría recurrir a mecanismos de heterosolución[393] Así sostiene que las "disposiciones de la Parte XII del Convenio son, en efecto, de *soft law*, imponiendo normas muy flexibles que no favorecen la conciliación con terceros", aunque igualmente señale que "los aspectos persuasorios de estas obligaciones no deben ser ignorados, para evitar que las disposiciones sean totalmente ociosas"[394]. Además, en el caso de las disposiciones de *soft law* que pueden encontrarse en la Convención sobre el Derecho del Mar es necesario señalar y examinar cómo éstas han conducido en ocasiones a la judicialización como un último recurso para conseguir salvar las lagunas y las insuficiencias normativas de este tipo de disposiciones. En estos casos, T. Treves ha valorado positivamente el papel que pueden desempeñar la mediación o la conciliación no vinculantes y que "en la práctica, se han mostrado más eficientes porque puede ser más fácil indicar los

---

392 A. E. Boyle, "Some Reflections on the Relationship of Treaties and Soft Law", *International and Comparative Law Quarterly*, Vol. 48, 1999, p. 906.

393 N. Klein sostiene que las "provisions in Part XII of the Convention are indeed of soft law, imposing very flexible standards that are not conducive to third party settlement" aunque igualmente señale "the hortatory aspects of these obligations must not be ignored, to avoid rendering the provisions entirely otiose", N. Klein, *Dispute Settlement in the UN Convention on the Law of the Sea*, Cambridge University Press, Cambridge, 2005, p. 152.

394 Ibidem.

términos de un posible acuerdo, aunque las partes no se vean obligadas por dichos términos"[395].

Es de destacar el Memorándum de París para el control de los buques por el Estado rector del puerto (MOU en sus siglas en inglés) que fue adoptado en 1982[396] a iniciativa de los Estados miembros de la Unión Europea y que si bien tiene una dimensión regional, ha trascendido sus límites geográficos al servir de inspiración para la adopción de los demás MOUs, que han replicado su estructura orgánica y sus instrumentos de desarrollo, lo que ha hecho posible la coordinación entre ellos y la aproximación de sus mecanismos de actuación, con resultados muy positivos en términos de aplicación uniforme de las medidas de control adoptadas por los Estados del puerto[397], dado que los problemas de falta de aplicación uniforme están siempre presentes, debido, por una parte, a que no todos los Estados miembros de los MOUs son partes de las convenciones internacionales, y por otra, a las diferencias que persisten entre ellos. Ello ha hecho posible el reconocimiento recíproco de los controles realizados en las respectivas zonas geográficas[398].

---

395 Véase T. Treves, "The Settlement of Disputes According to the Straddling Stocks Agreement of 1995," en A. E. Boyle y D. Freestone (Eds.) *International Law and Sustainable Development. Past Achievements and Future Challenges,* Oxford University Press, New York, 1999, p. 260.

396 Véase la norma española que lo incorpora: Real Decreto 1621/1997, de 24 de octubre, por el que se aprueba el Reglamento para el control del cumplimiento de la normativa internacional sobre seguridad marítima, prevención de la contaminación y condiciones de vida y trabajo en los buques extranjeros que utilicen puertos o instalaciones situadas en aguas jurisdiccionales españolas, BOE núm. 264, de 4 de noviembre de 1997, pp. 31795-1804.

397 Así, por ejemplo, el aumento de la efectividad de las medidas del MOU de París puede explicarse gracias a su coordinación con el MOU de Tokio que ha permitido mejorar el cumplimiento de las normas internacionales en las dos regiones. Vid. T. Fajardo del Castillo, "El Control por el Estado del Puerto: Cambios de rumbo en el Derecho Internacional del Mar," en J. M. Sobrino Heredia (Ed.) *Mares y océanos en un mundo en cambio: tendencias jurídicas, actores y factores,* Tirant lo Blanch, Valencia, 2007, pp. 401-426.

398 Los problemas de falta de aplicación uniforme están siempre presentes, debido por una parte, a que no todos los Estados miembros de los MOUs son partes de las convenciones internacionales, y por otra, a las diferencias que persisten entre ellos.

La naturaleza jurídica de los MOUs y en particular la del MOU de París es objeto de discusión en la medida en que sus disposiciones bien podrían constituir un tratado internacional[399], pero la voluntad manifiesta de los Estados de caracterizarlos como un acuerdo administrativo entre sus autoridades marítimas nacionales rebaja considerablemente la intensidad normativa de estos instrumentos. Además, en el caso del MOU de París puede apreciarse su transición hacia instrumentos obligatorios cuando éste ha sido incorporado en la Unión Europea a través de directivas[400] dotándolo del carácter obligatorio que necesitaba para incrementar su eficacia[401] y dando lugar además a una práctica regional uniforme[402] que no ha sido objeto de contestación por los Estados del pabellón.

---

399 Véase a este respecto E. J. Molenaar, "The EC Directive on Port State Control in Context", *The Internacional Journal of Marine and Coastal Law*, vol. 11, p. 241 y ss.

400 Directiva 95/21 del Consejo de 19 de junio de 1995 relativa al control de los buques por el Estado del puerto, *DOCE L 157*, 7.7.1995 1995, derogada posteriormente por la Directiva 2009/16/CE del Parlamento Europeo y del Consejo, de 23 de abril de 2009, sobre el control de los buques por el Estado rector del puerto, DOCE L 131,28.5.2009.

401 La directiva hace obligatorio lo que el MoU sólo recomienda y así obliga a los Estados miembros a realizar un control de al menos el 25% de los buques que entran en sus puertos y a dotarse de los medios personales necesarios para ello. Además, esta directiva amplia el alcance de las normas internacionales, incluido el MOU de París, a todos los buques, ya que proyecta sus medidas y estándares no sólo a los navíos que enarbolan el pabellón de los Estados firmantes de estos convenios sino igualmente a los demás buques para evitar que estos reciban un trato más beneficioso que el que recibirían los sometidos a la normativa de la Unión.

402 La Directiva fue adoptada en respuesta no sólo a los problemas planteados por el incumplimiento por parte del Estado del pabellón de sus obligaciones internacionales sino porque en el momento de su entrada en vigor, el 1 de julio de 1996, el MoU de París no era aplicado de manera uniforme por los Estados miembros y no había conseguido alcanzar el objetivo de reducir el número de buques subestandard que visitaban los puertos europeos. Véase R. Salvarani, "The EC Directive on Port State Control: A Policy Statement", *The International Journal of Marine and Coastal Law*, vol. 11, 1996, p. 225.

6.6. El Soft Law y los Objetivos de Desarrollo Sostenible

Desde que los Objetivos de Desarrollo Sostenible (ODS) y la Agenda 2030 para el Desarrollo Sostenible fueron adoptados por la Asamblea General de las Naciones Unidas en su Resolución 70/1 de 25 de Septiembre de 2015[403], son, sin duda, "uno de los instrumentos de *soft law* con mayor capacidad movilizadora jamás adoptada por una institución multilateral, con el fin último de promover la necesaria acción tanto de Estados y Organizaciones internacionales, como de los distintos actores que forman la sociedad civil internacional para la consecución de objetivos en tres niveles: el económico, el social y el medioambiental"[404]. Los ODS que no tenían inicialmente una vocación mayor de la que habían tenido los Objetivos de Desarrollo del Milenio que les precedieron[405], son algo más que una pieza clave de los procesos normativos dentro del *continuum* del Derecho internacional del medio ambiente y de los procesos de formulación de políticas públicas globales. Así, su naturaleza de *soft law*, "si bien limita la intensidad normativa de los ODS y de la Agenda 2030, ha servido para adoptar una política pública global a través de la cual se informa tanto la agenda de las instituciones de la familia de la Organización de las Naciones Unidas como las estrategias y planes que los Estados han de adoptar a nivel nacional. Además, la elección de un instrumento de carácter no vinculante ha permitido salvar las reticencias de los Estados a la hora de aceptar limitaciones en su soberanía, que son necesarias para la protección de bienes públicos globales, el Patrimonio Común de la Humanidad o la protección en

---

403 Resolución 70/1, de 25 de septiembre de 2015, titulada "Transformar nuestro mundo: la Agenda 2030 para el Desarrollo Sostenible", disponible en https://sdgs.un.org/es/2030agenda

404 Véase T. Fajardo del Castillo, "El ODS 15: El Papel del Soft Law en la Protección de la Biodiversidad", en C. Fernández Liesa y E. Fernández-Jacoiste Díaz (Eds.), *El Derecho internacional, los ODS y la Comunidad internacional*, Dykinson, 2023, en prensa.

405 Los ODM fueron inicialmente un anexo al Informe del Secretario General de las Naciones Unidas - Hoja de ruta para la aplicación de la Declaración del Milenio de las Naciones Unidas, que fue posteriormente incorporado en la Resolución 56/326 de la Asamblea General, Doc A/56/326, de 6 de Septiembre de 2001, Anexo.

espacios sometidos a la jurisdicción estatal a través de la figura de las zonas protegidas"[406].

Los ODS cubren los 3 ejes del desarrollo sostenible lo que marca su vocación de influir en la soberanía de los Estados a todos los niveles, lo que difícilmente se hubiese conseguido si se hubiera intentado formularlos a través de un instrumento convencional con obligaciones precisas. De ello se justifica su metodología de consecución de objetivos, cuyos resultados son evaluados a partir de los planes nacionales presentados por los Estados, de acuerdo con indicadores aceptados globalmente. La divulgación de estos planes y la posibilidad de cuantificar los resultados a través de indicadores han hecho que las expectativas de cumplimiento se incrementaran, no sólo por la presión política o social, sino también gracias a los recursos movilizados en el marco de la cooperación al desarrollo de las organizaciones internacionales y los donantes internacionales, como la Unión Europea, que se han comprometido con su cumplimiento a nivel global.

Por otra parte, la sectorialización del desarrollo sostenible que reflejan los ODS ha llevado a que las instituciones de las Naciones Unidas consideren necesario articular compromisos intersectoriales y promover la interoperabilidad entre los distintos objetivos. Así, por ejemplo, el ODS 7 de *acceso a una energía asequible, fiable, sostenible y moderna para todos* es especialmente ejemplificativo de la necesidad de adoptar la flexibilidad como norma[407]. Así, L-A. Duvic-Paoli considera que este objetivo tiene "potencial transformador del Derecho Internacional de la energía" porque representa "un paso histórico hacia un enfoque multilateral del sector energético".[408] Sin embargo, aún es sólo "una aspiración política formada por objetivos ambiciosos, y quizás inalcanzables…". Por ello, mientras recibe los apoyos necesarios de los Estados, el ODS "puede actuar como complemento o inspiración de normas jurídicas existentes y nuevas. Funciona como un puente que conecta las aspiraciones políticas con los funda-

---

[406] Ibidem.

[407] L-A Duvic-Paoli, "From Aspirational Politics to Soft Law? Exploring the International Legal Effects of Sustainable Development Goal 7 on Affordable and Clean Energy", *Melbourne Journal of International Law*, Vol. 22, 2021, pp. 1-23, en 23.

[408] Ibidem.

mentos normativos del sistema internacional y fomenta el cambio jurídico"[409].

Ahora, que esta Resolución 70/1 ha sido objeto de evaluación, su mayor interés es que ha puesto en marcha los mecanismos de evaluación y control *soft* suficientes para poder afirmar que no se trata de un documento sin valor jurídico alguno como se criticaba inicialmente[410]. No obstante, como ha alertado el Secretario General de las Naciones Unidas, no se han conseguido la mayor parte de sus resultados, no por falta de compromiso político sino por los efectos devastadores de la pandemia en la economía de los países en vías de desarrollo. Su revisión en el marco de una conferencia que se celebrará a mediados de 2023 pondrá de manifiesto como su influencia política como política pública global y su intensidad normativa han crecido. Esta intensidad normativa de los objetivos y prioridades que fijan los ODS y su Estrategia 2030 se ha desarrollo tanto en el plano reglamentario en las organizaciones internacionales y en los planes nacionales, como en el plano institucional en el que se busca su control y 'accountability', sin que por ello haya alcanzado aún a ser un instrumento del *hard law* onusiano; quizás, por eso, sea el mejor ejemplo de la nueva normatividad y gobernanza *soft* de la Organización de las Naciones Unidas.

7. APLICACIÓN Y CUMPLIMIENTO DEL SOFT LAW

Como Dinah Shelton argumenta "a primera vista no es evidente que estudiar el cumplimiento del *soft law* sea diferente de estudiar el cumplimiento de los tratados y el derecho consuetudinario[411], sin embargo, hay autores que lo cuestionan y lo consideran fuera de lugar en razón de la posición que asumen respecto al *soft law*[412].

---

409 Ibidem.

410 Véase Duncan French y Louis J Kotzé (eds.), *Sustainable Development Goals: Law, Theory and Implementation,* Edward Elgar Publishing, 2018.

411 D. Shelton, *op. cit. Commitment and Compliance...*, p. 119.Sheldon considera además que "the considerable recourse to and compliance with non-binding norms appears to represent a maturing of the international system", p. 556.

412 Vid. I. Seidl-Hohenveldern, "International Economic Soft Law", *Recueil des Cours de l'Academie de Droit International 163*, 1979-II, pp. 164-246.

El cumplimiento de los instrumentos de *soft law* puede ser promovido o menoscabado por factores muy similares a los que afectan al cumplimiento de los tratados y costumbres[413], si bien el *soft law* no es objeto de cumplimiento "bajo la coerción del principio del *pacta sunt servanda* o cualquiera de las otras normas de derecho internacional consuetudinario" como habría destacado Q. BAXTER[414]. En cualquier caso, como este autor apunta, los Estados pueden acordar el establecimiento de una muy variada maquinaria para cooperar y coordinarse, aunque no revista la complejidad de la que ofrecen las organizaciones internacionales[415]. Sin embargo, cada vez más, son las organizaciones internacionales y las conferencias de las partes las que adoptan los instrumentos de *soft law* y las que ofrecen sus estructuras para promover su cumplimiento, como extensión del derecho convencional o reconociéndoles una autonomía propia. Como ya hemos expuesto en la sección sobre el *Soft law y el derecho del mar*, habría sido la misma Organización Marítima Internacional la que habría ofrecido los mecanismos para facilitar el cumplimiento del MOU de París sobre el control por el Estado del puerto.

En los estudios desarrollados por D. SHELTON sobre los niveles de cumplimiento se muestra una amplia gama de grados dentro incluso de un mismo instrumento[416]. Esta autora considera, además, que "los mecanismos institucionales de supervisión y seguimiento pueden ser aún más importantes en el contexto de las normas no vinculantes, donde falta el estímulo del cumplimiento atribuible a la 'legislación'" y "se ha pedido a los Estados que presenten informes sobre el cumplimiento de las declaraciones y los programas de acción, de una manera que imita, si no duplica, los mecanismos utilizados en los tratados"[417]. Ciertamente, ese es el caso de las contribuciones voluntarias determinadas a nivel nacional adoptadas por los Estados para el cumplimiento del Acuerdo de París y, también, de los planes nacionales para el cumplimiento de los Objetivos de Desarrollo Soste-

---

413 Vid. E. BROWN WEIS, *loc. cit.*

414 Vid. Q. BAXTER, "International Law in her Infinite Variety", *International and Comparative Law Quarterly*, Vol. 29, 1980, p. 566.

415 *Ibidem.*

416 D. SHELTON, *op. cit.*, p. 319.

417 Ibidem.

nible, y que nos sirven para ilustrar la amplia gama de compromisos que los Estados partes han asumido y cumplido —o han dejado de cumplir— en razón de sus circunstancias nacionales.

Por su parte, E. BROWN WEISS ha examinado los factores que pueden ayudar a explicar los distintos grados de cumplimiento, así como las diferencias de cumplimiento entre los Estados. Para ello, ha destacado especialmente el contenido de las normas y su legitimidad, aunque también tiene en cuenta el papel que desempeñan otros factores como la intención y la capacidad de los Estados. Además, incorpora a los actores no estatales entre esos factores que facilitan el cumplimiento[418]. Esta autora explica el cumplimiento a través de las teorías sobre normas sociales informales[419]. Este planteamiento es clave a la hora de explicar los cambios que se han incorporado en el Derecho Internacional a través de los tratados internacionales del medio ambiente y los instrumentos voluntarios o de *soft law* que los complementan, en los que se prevé que su aplicación y su cumplimiento se modularán teniendo en cuenta la capacidad del Estado y sus circunstancias nacionales. Con ello se pone de manifiesto que el *soft law* adolece de un mayor grado de subjetividad que el *hard law*, lo que iría en detrimento de su cumplimiento y de los mecanismos que se pusieran a disposición de este objetivo[420]. Así, el concepto de subjetividad es intrínseco al *soft law* en la medida en que logra incorporar un elemento largamente eludido en el Derecho Internacional como es la influencia que juega el interés nacional, no sólo a lo largo del proceso de negociación y formulación de las obligaciones internacionales sino también en el momento de llevar a cabo su interpretación y aplicación.

Entre los medios para estimular el cumplimiento, parece haber pocas dudas respecto a que, en principio, las contramedidas estarían

---

418 Vid. E. BROWN WEISS, "Conclusions: Understanding Compliance with Soft Law." In Dinah Shelton (ed.). *Commitment and Compliance: The Role of Non-Binding Norms in the International Legal System*, Oxford University Press, Oxford, 2000, re-impresión de 2007.

419 Ibidem.

420 I. SEIDL-HOHENVELDERN, "International Economic ..., *loc. cit.*, p. 86. Seidl-Hohenveldern concluiría que "the essence of an enforceable norm is its objectivity" y que "the objective portion of the norm that sanctions against a non-complying party may be justified" p. 86.

al alcance del Estado en respuesta al no-cumplimiento del *soft law* por parte de otro Estado, como habría defendido T. GRUCHALLA-WESIERSKI[421]. En este sentido, pero limitando el abanico de medidas que pudieran adoptar los Estados, I. SEIDL-HOHENVELDERN consideró que "el estado afectado por tal falta de observancia no estaría autorizado por el derecho internacional a recurrir a las represalias."[422] En ese caso hay que tener en cuenta además cuando la tendencia a rechazar lo que pueden considerarse actos unilaterales en respuesta al incumplimiento, pueden suponer una violación de derechos humanos, tal y como ha puesto de manifiesto recientemente el informe de la Relatora especial sobre las repercusiones negativas de las medidas coercitivas unilaterales en el disfrute de los derechos humanos, ALENA F. DOUHAN. En este informe lleva a cabo una evaluación de las sanciones secundarias como vía de aplicación extraterritorial de las sanciones unilaterales, para denunciar que "las sanciones secundarias y las medidas de aplicación internas, entre otros factores, han conducido a un exceso de celo generalizado en el cumplimiento de las sanciones unilaterales, ampliando así enormemente el alcance de las mismas y las consiguientes repercusiones negativas en los derechos humanos, ya sea de las personas o de poblaciones enteras que no son destinatarias directas de las sanciones iniciales."[423]También analiza la naturaleza de estas prácticas, su cuestionable legalidad y los diversos derechos afectados, y formula recomendaciones para paliar las consiguientes violaciones de los derechos humanos[424].

Además, algunos autores como A. E. BOYLE consideran que no puede exigirse el cumplimiento del *soft law* a través de los mecanismos obligatorios de solución de diferencias, si bien presenta ejemplos que muestran: "algunas de las graduaciones del espectro de posibilidades, que se proyectan en última instancia para evitar las

---

421 T. GRUCHALLA-WESIERSKI, *loc. cit.*, p. 84.

422 Por otra parte, I. SEIDL-HOHENVELDERN es crítico con la cuestión del cumplimiento de los instrumentos de soft law cuando analiza procedimientos de control y seguimiento porque plantear por sí solo el cumplimiento "will be almost too strong a word for the following-up of States attitudes concerning 'soft law'", I. SEIDL-HOHENVELDERN, "International Economic Soft Law", *Recueil des Cours de l'Academie de Droit International 163*, 1979-II, p. 205.

423 A/HRC/51/33, de 15 de Julio de 2022.

424 Ibidem.

disputas, aunque, en esta categoría, es el carácter del proceso de solución de controversias el que determina si estamos en presencia de *hard* o de *soft law.*"[425]

Será una de mis nuevas líneas de investigación futuras el estudiar como la Unión Europea ha avanzado en el intento de conseguir un mayor cumplimiento de los acuerdos internacionales, algunos de ellos con disposiciones *soft* y de intensidad normativa variable, ya no a través de las medidas de cooperación al desarrollo sino a través de medidas unilaterales destinadas a influir, cuando no a sentar las normas mínimas que deben aplicarse en las cadenas de valor de los procesos de producción de los países en vías de desarrollo, sin olvidar su impacto en sus relaciones comerciales, formuladas hasta con instrumentos *soft*, con Estados Unidos y China.

8. EL SOFT LAW Y LAS RELACIONES INTERNACIONALES

El *soft law* ha suscitado interés no sólo para el Derecho Internacional sino también para otras disciplinas tales como las Relaciones Internacionales o la Ciencia política y la Sociología, desde puntos de vista distintos a los que hemos podido ver hasta ahora, y entre los que únicamente mencionaré la relación entre el *soft law* y la propia idea del Derecho Internacional y del consenso para las Relaciones Internacionales, así como el *soft law* en tanto que componente de la nueva gobernanza internacional. Lo cierto es que cuando realicé mi estudio sobre el *soft law* para la propuesta editorial *Oxford Bibliographies* en 2014, el enfoque desde las Relaciones Internacionales era el de mayor interés para la doctrina angloamericana en la medida en que su posición frente al Derecho Internacional está muy próxima a una visión de intensidad variable del fenómeno jurídico que hace que lo hayan estudiado desde su capacidad de 'legalización' o regulación normativa de los fenómenos económicos, sociales y medioam-

425 A. E. Boyle afirma que "some of the gradations on a spectrum of possibilities, which shade ultimately into dispute avoidance, but in this category it is the character of the dispute resolution process which determines whether we have hard or soft law", A. E. Boyle, "Some Reflections on the Relationship of Treaties and Soft Law", *loc. cit.*, p. 902.

bientales globales. De ahí surge el denominado marco teórico de la regulación internacional (legalization), desarrollado conjuntamente por estudiosos de las Relaciones Internacionales y del Derecho Internacional. Aquí he de agradecer lo aprendido y lo que aún he de aprender sobre los distintos enfoques que ofrecen las Relaciones Internacionales para el estudio del *soft law*, de las discusiones con Noé Cornago, Caterina García Segura, Ángel Rodrigo, Pablo Pareja y Leire Moure, sin olvidar las habidas con mis compañeros Inmaculada Marrero y Antonio Sánchez-Ortega. Mi aproximación al *soft law*, no obstante, adolece del sesgo de mi visión de las Relaciones Internacionales, no como marco teórico, sino como contexto de un mundo que altera con sus cambios su ordenamiento jurídico y sus modos de creación de normas. Ni que decir tiene que la lectura de sus trabajos ha enriquecido la visión de este sistema global que se encuentra "entre el cosmopolitismo soft y el resurgir de Westfalia"[426]. Es en este sistema global en cambio donde sitúo al *soft law*, como forma de creación de normas internacionales que, sin renunciar a la vocación de la universalidad de sus propuestas, ha de pagar por ello con el precio de una desigual intensidad normativa, en razón de un consenso imperfecto, cuando no menguante.

En este sentido, y desarrollando un nuevo concepto de gobernanza desde las Relaciones Internacionales, U. MÖHR ha puesto de manifiesto que el *soft law* "ha sido utilizado en estrecha conexión con los acontecimientos y los procesos del mundo real" y que "ha sido creado en un momento en que los expertos en ciencias políticas y los juristas internacionales necesitaban nuevos conceptos para encontrar el sentido de un mundo en cambio."[427] De igual modo, D. M. TRUBECK ET AL. han sostenido que la literatura en el campo de las Relaciones Internacionales "ofrece una variedad de explicaciones generales sobre por qué el *soft law* puede llegar a ser preferible al *hard law* en ciertas

---

426 Véase C. GARCÍA, P. PAREJA Y A. J. RODRIGO, "The Paradox of Global Norms", *Spanish Yearbook of International Law*, Vol. 25, 2021, pp. 93-99, véase también de estos autores: "La Creación De Normas Globales: Entre el Cosmopolitismo Soft y el Resurgir De Westfalia", *ORBIS Working Paper*, 2019, pp. 1-33.

427 Véase ULRIKA MÖRTH, "Introduction" en ULRIKA MÖRTH (ed.) *Soft Law in Governance and Regulation - An Interdisciplinary Analysis*, Edward Elgar, Cheltenham, 2004. p. 5.

circunstancias"[428]. Para ello, se ha estudiado el *soft law* desde el punto de vista de los costes de la creación del Derecho Internacional. De referencia son K. Abbott y D. Snidal, cuando señalaron que el *soft law* supone "menores costes de negociación, menores costes en términos de soberanía cuando es necesario tener en cuenta la diversidad (...), flexibilidad, sencillez y rapidez, la participación de actores no estatales, el 'incrementalismo' en la medida en que el *soft law* puede representar un primer paso en el camino del *hard law* (...)"[429]. A partir de este punto, el debate se habría polarizado a raíz del número especial publicado en la revista *International Organizations*, que llevaba por título "*Legalization and World Politics*"[430]. En este número especial, Abbott et al. crearían con su concepción de la legalización "un terreno común para los politólogos y juristas al alejarse de una visión estrecha del derecho como es la que requiere la aplicación por parte de un sujeto soberano con capacidad coercitiva"[431], con un marco metodológico que haría del *soft law* y de la legalización un *continuum* con tres dimensiones: la obligación, la precisión y la delegación. En este sentido, y entendida como producción normativa, J. Ibáñez explica esta concepción destacando que:

> "la noción de 'legalization' distingue entre grados de institucionalización de una norma en función de tres tipos de criterios: a) la obligación, entendida como vinculación de un Estado u otro actor para con una norma o compromiso o para un conjunto de normas o compromisos; b) la precisión, entendida como el grado de definición que establecen las normas con respecto a la conducta que exigen, autorizan o proscriben; y c) la delegación, entendida como la autoridad otorgada a una tercera parte

---

[428] D. M. Trubeck, P. Cottrell y M. Nance, "'Soft Law', 'Hard Law' and European Integration: Toward a Theory of Hybridity", *Jean Monnet Working Paper*, 2005, p. 10.

[429] K. Abbott y D. Snidal, "Hard and Soft Law in International Governance," *International Organization*, Vol. 54, 2000, pp. 421-456.

[430] Vid. K. W. Abbott, R. O. Keohane, A. Moravcsik, A. M. Slaughter y D. Snidal, "The Concept of Legalization," *International Organization*, Vol. 54, 2000, pp. 401-419. Estos autores establecerían desde una perspectiva de las Relaciones Internacionales, un marco de análisis que ha sido adoptado por muchos politólogos a la hora de aproximarse al *soft law*. Distinguir el *hard law* del *soft law* supondría recorrer un largo "continuo multidimensional" que va desde el *hard law*, a través de múltiples formas de 'legalización' suave, hasta la completa ausencia de legalización," pp. 402-403.

[431] Ibidem.

> para la aplicación, la interpretación y la ejecución de normas, para la resolución de controversias, y para la creación de otras normas. Cada una de estas tres dimensiones relacionadas, pero autónomas, es entendida como una línea continua entre dos extremos que irían desde un estadio de alta juridificación (*hard legislation*), pasando por un nivel de baja juridificación (*soft legalization*), hasta una ausencia total de juridificación."[432]

Además, K. Abbott y D. Snidal distinguen que el *hard law* es "preciso y delega la autoridad para interpretar y aplicar el derecho", mientras que el *soft law* "aparece cuando los acuerdos jurídicos se han debilitado en una o más de sus dimensiones". Estos autores representan la versión más desarrollada del enfoque funcional aplicado al *soft law* y la gobernanza, teniendo en cuenta que la principal ventaja del *soft law* es una mayor flexibilidad frente a la incertidumbre[433]. No obstante, en respuesta a K. Abbott y D. Snidal, en números posteriores de la revista *International Organizations*, Finnemore y Toope ofrecerían alternativas a la juridificación (legalización) desde un enfoque constructivista. Estos autores, en cualquier caso, le darían la importancia debida al *soft law* como elemento del debate[434]. Y ese es ya un debate para los especialistas de la disciplina en el que quedan abiertas muchas vías que explorar sobre el *soft law* en las Relaciones Internacionales, y sobre por qué el *soft law* puede llegar a ser preferible al *hard law* en ciertas circunstancias, cuando se sopesan problemas comunes como son la creación normativa[435], los de la resolución de conflictos o el déficit de cumplimiento de las normas internacionales[436].

También considero importante la aproximación al consenso desde las Relaciones Internacionales, como elemento central de todo debate del *soft law*, en el que es necesario apuntar que, ante la crisis

---

432 J. Ibáñez, *loc. cit.*, p. 119.

433 K. Abbott y D. Snidal, "Hard and Soft Law in International Governance," *International Organization*, Vol. 54, 2000, p. 421.

434 M. Finnemore y S. Toope, "Alternatives to 'Legalization': Richer Views of Law and Politics," *International Organization*, Vol. 55, 2000, p. 746.

435 Véase la obra clásica Ch. Lipson, "Why Are Some International Agreements Informal?", *International Organisations*, Vol. 45, 1991, pp. 495-538.

436 Véase A. Chayes y A. Handler Chayes, "On compliance", *International Organisations*, Vol. 47, 1993, pp. 175-205.

del orden liberal[437], el consenso es más difícil de alcanzar. Así, CELESTINO DEL ARENAL ya consideró que:

> "El último efecto derivado de la globalización que vamos a considerar, en el que se manifiestan esos procesos contradictorios de homogeneización y heterogeneización, se refiere a la noción de orden internacional y al consenso sobre el que descansa el mismo. Como consecuencia de la globalización, así como del final de la guerra fría y del enfrentamiento ideológico y del papel hegemónico jugado por la ideología neoliberal, hay que destacar la conformación de un nuevo consenso internacional en torno a la democracia, los derechos humanos y la economía de mercado, que, aunque con valores muy diferentes, nos retrotrae a épocas ya lejanas del sistema europeo de Estados. Este consenso es, sin embargo, de naturaleza imperfecta y limitada, dado que tiene como principal protagonista a Occidente y es puesto en entredicho por otros actores. Nos encontramos de alguna forma ante unos nuevos 'estándares de civilización', aunque con un alcance y sentido diferente a los existentes en el pasado. (…) Esta nueva realidad ha permitido a Remiro considerar que estamos de vuelta a los tiempos en que el Derecho internacional se definía como un *ius publicum europeum*, que ahora sería euroatlántico, con lo que ello supondría de paso atrás en el universalismo hace poco alcanzado del Derecho Internacional.
>
> Sin embargo, no debe olvidarse que ese consenso presenta significativas fracturas incluso entre los propios Estados occidentales, como consecuencia de la política unilateralista adoptada especialmente por los Estados Unidos, durante la Administración Bush, que antepone la defensa a ultranza de sus intereses de seguridad nacional frente a los intereses globales y comunes que caracterizan la sociedad mundial y que rechaza cualquier atadura derivada de esos valores, que limite sus posibilidades de actuación.
>
> Todo ello debilita de forma importante ese consenso frente a los Estados no occidentales y muchos actores transnacionales y subestatales que se muestran reticentes, cuando no se enfrentan abiertamente al mismo"[438].

Esta falta de consenso y una nueva visión de los liderazgos de lo global ha llevado a que los procesos normativos se conciban de una

---

437 Véase la obra de referencia de E. BARBÉ (Dir.), *Las normas internacionales ante la crisis del orden liberal*, Tecnos, 2021.

438 C. DEL ARENAL, *loc. cit.*, pp. 80-81.

manera distinta[439] a lo que hasta ahora hemos considerado como canónico, de manera que el factor tiempo[440] y la proyección de futuro de la propia negociación hacen que se encuentren o incluso que entren en conflicto los modos y propósitos de las Relaciones Internacionales y del Derecho Internacional. Es en este sentido que hay que recuperar la reflexión que hicieran G. C. SHAFFER Y M. A. POLLACK cuando criticaban las interacciones entre el *hard* y el *soft law* en un orden jurídico internacional fragmentado donde las normas *soft* servirían no sólo como alternativas o complementos sino también como antagonistas, que en la medida en que entraran a competir podrían llevar a la reducción de la certeza jurídica y de la previsibilidad, especialmente cuando existen conflictos distributivos entre estados poderosos[441]. Ello puede apreciarse ahora en la posición que sostienen China y el grupo de Estados que comparten con ella su

439 Así J. IBÁÑEZ ha analizado esta situación destacando que "Las tendencias unitarias y fragmentadoras presentes en el ordenamiento jurídico internacional han sido habitualmente tratadas desde la perspectiva de las normas e instituciones que componen dicho ordenamiento. La evolución de éste durante las últimas décadas ha dado lugar a un complejo debate en torno al carácter más o menos unitario del derecho internacional y a las tensiones disgregadoras que ponen en cuestión su unidad como sistema normativo. La proliferación de normas consuetudinarias y convencionales, de regímenes internacionales, de principios generales del Derecho o de innumerables normas no vinculantes ha dificultado la articulación armoniosa de todos los elementos sistémicos del ordenamiento jurídico internacional y ha generado una complejidad normativa interpretada por muchos ius-internacionalistas en clave de fragmentación. Desde la perspectiva politológica de las Relaciones Internacionales, estos fenómenos normativos se explican por las profundas transformaciones experimentadas en la sociedad internacional durante la segunda mitad del siglo XX. Los procesos constitutivos de la globalización contemporánea, en especial los de carácter político y económico, han generado nuevas necesidades normativas y han dado lugar a nuevas normas e instituciones, que a su vez han facilitado la extensión, la velocidad, la intensidad y el impacto de las interacciones globalizadoras." J. IBÁÑEZ, *loc. cit.*, pp. 107-108.

440 Véase respecto a la cuestión temporal del proceso de creación de las normas internacionales, M. FITZMAURICE Y P. MERKOURIS, *Treaties in Motion: The Evolution of Treaties from Formation to Termination*, Cambridge Studies in International and Comparative Law, Cambridge University Press, 2020.

441 G. C. SHAFFER Y M. A POLLACK, "Hard vs. Soft: Alternatives, Complements and Antagonist in International Governance" *Minnessota Law Review 94*, 2010, pp. 706-799. También se encuentra disponible en Internet en http://papers.ssrn.com/sol3/papers.cfm?abstract_id=1426123

visión de la soberanía frente a la Unión Europea, que como potencia normativa sigue siendo la gran valedora del multilateralismo de Naciones Unidas y de sus propuestas normativas que persiguen el reflejo de intereses comunes a pesar de la creciente fragmentación de la sociedad internacional. En estos momentos de cambio de su orden internacional, China está intentando hacer valer su influencia como potencia normativa para hacer más *soft* el proceso normativo internacional de manera que se convierta en un proceso permanente de negociación, lo que para China es también una oportunidad para promover su nueva visión de una civilización sin ideología, ya que trascendería los conflictos ideológicos del marxismo y el capitalismo con su propuesta de "civilización ecológica". Así, en el análisis de la participación de China en la COP 26 de la Convención Marco sobre el Cambio Climático, el Protocolo de Kioto y el Acuerdo de París que realicé con MAR CAMPINS I ERITJA, he considerado que:

> "Ante la imposibilidad de alcanzar el consenso sobre las ambiciosas propuestas presentadas inicialmente por los países más desarrollados y por los diversos representantes de la sociedad civil internacional, la única alternativa a una falta de acuerdo ha sido adoptar un documento no vinculante que refleja el mínimo común denominador propuesto por China, India y Brasil. (…) Este texto también merece la crítica porque los países en vías de desarrollo no han querido aceptar propuestas ambiciosas que consideran una limitación inaceptable para sus soberanías. Así pues, las soluciones han quedado en el aire, a la espera de que se concreten los compromisos financieros y, también, de nuevas propuestas de solución que tengan una dimensión cooperativa, gracias a sumar a la aplicación de los compromisos a los entes descentralizados y demás actores que conforman la sociedad civil internacional. (…) Bajo el discreto pero indiscutible liderazgo de China se ha asumido que los instrumentos no vinculantes son los únicos que los países asiáticos están dispuestos a aceptar, de manera que muestran con firmeza que la imposición de limitaciones a su soberanía como ellos perciben los procesos de negociación multilateral deben dar un giro en la dirección del respeto de su soberanía y que lo que es el desarrollo de un "*pacto de contrahendo*" dependerá de las ayudas financieras que se ofrezcan"[442].

---

[442] Véase T. FAJARDO DEL CASTILLO y M. CAMPINS ERITJA, "La COP26 de Glasgow sobre el Cambio Climático: ¿Truco o Trato?", Vol. XII, Núm. 2, Diciembre 2021, pp. 1-32, en pp. 2 y 4.

Este diagnóstico no ha hecho más que confirmarse con la práctica posterior de China en las instancias internacionales onusianas y también en los foros plurilaterales del G7 y del G20, y en particular, en la reciente COP 27 que se ha celebrado en Egipto, en la ciudad de Sharm El-Sheikh, en Noviembre de 2022 y con la que afianzaba su posición como portavoz del denominado grupo de países del Sur Global que supera la dimensión regional de su influencia en Asia y aborda ya una acción normativa global. "Con esta nueva forma de negociar, cambiará el multilateralismo como lo habíamos entendido hasta ahora, y puede poner en peligro también las iniciativas de la Organización de las Naciones Unidas que tenían por objetivo convertirlo en un multilateralismo más eficaz e inclusivo, con una mayor participación de la sociedad civil (...)"[443].

Las dificultades crecientes para alcanzar un consenso mundial conducen a recurrir al *soft law* para la formulación de proyectos normativos globales, que hasta hoy habían parecido indisociablemente vinculados a los tratados y a las normas consuetudinarias. Sólo recordar el ejemplo de los últimos desarrollos normativos de la norma consuetudinaria imperativa y *erga omnes* de la prohibición de la tortura, en torno a la cual se despliegan múltiples instrumentos de *soft law* de distinta intensidad normativa, desde las resoluciones de la Asamblea General adoptadas por consenso hasta las reglas y principios adoptados para guiar a los Estados en la regulación de aspectos sustantivos y procedimentales de la erradicación de la tortura, respecto a los que no sería posible alcanzar normas convencionales. Muchas de estas propuestas son una respuesta a las nuevas necesidades normativas suscitadas por la guerra de agresión de Rusia en Ucrania, que es quizás el mayor riesgo que ha sufrido hasta ahora el orden internacional surgido tras la II Guerra Mundial —tras la agresión en su día de Estados Unidos en Iraq en 2003. En este sentido, es interesante comprobar que se han publicado estudios sobre la insatisfacción de Rusia con las herramientas normativas del *soft law,* una vez iniciado

---

443 T. Fajardo del Castillo, "Éxitos y Fracasos de la Diplomacia del Clima de la Unión Europea en la COP27 de Sharm El-Sheikh de 2022", *Anales de Derecho,* 2023, Vol. 40, pp. 1-33.

este conflicto[444]. Pero esta ya es una nueva cuestión a abordar en estudios futuros.

9. EL *SOFT LAW* INTERNACIONAL Y LOS ORDENAMIENTOS JURÍDICOS INTERNOS

En este apartado, abordaré la incidencia del *soft law* internacional en el derecho interno, teniendo en cuenta no sólo su dimensión jurídica sino también su dimensión política, dado que ambas han tenido un importante impacto en el ámbito nacional, en la medida en que el *soft law* sirve de referente normativo para la interpretación de las normas internacionales y europeas y también como referente político para el desarrollo de políticas públicas. Así, el *soft law* como fenómeno jurídico ha influido en los sistemas jurídicos internos, especialmente en el sector del derecho administrativo donde ya ha sido objeto de importantes análisis, como el realizado por DANIEL SARMIENTO en su libro *El Soft Law Administrativo. Un estudio de los efectos jurídicos de las normas no vinculantes de la Administración*[445], o por RICARDO ALONSO GARCÍA en uno de los primeros estudios sobre el *soft law* comunitario[446].

---

444 Así L. DOROSH Y B. VOIAT analizan aspectos específicos de las dimensiones instrumental y de percepción del poder blando de Rusia. El examen de estas dimensiones es especialmente relevante para estudiar la probabilidad de que Rusia pueda seguir aplicando la estrategia de poder blando de influencia exterior a largo plazo. Se han analizado las principales herramientas de la base instrumental del poder blando de Rusia. "Russia's position in the rankings of well-known international rating agencies have been compared. The comprehensive studies are considered to be promising, combining detailed analysis of the soft power tools in the domestic and foreign policy strategy of the Russian Federation and the way it is perceived by different target audiences. It is concluded that foreign countries and societies perception of the soft tools application (mostly perceived as propaganda) may affect Russia's low position in international soft power and branding rankings", L. DOROSH Y B. VOIAT, "Soft Power of the Russian Federation: Instrumental and Perceptional Dimensions", *Russian Politics*, Vol. 7(1), Marzo 2022, pp. 31-68, en p. 31.

445 Véase D. SARMIENTO, *El Soft Law Administrativo. Un estudio de los efectos jurídicos de las normas no vinculantes de la Administración*, Thomson Civitas, Madrid, 2008.

446 R. ALONSO GARCÍA, "El soft law comunitario", *Revista de Administración Pública*, Vol. 154, 2001, pp. 63-94.

En su dimensión normativa interna, el *soft law* internacional trasciende su naturaleza jurídica ambigua o su baja intensidad normativa en los ordenamientos jurídicos nacionales donde puede ser incorporado de acuerdo a su naturaleza y su intensidad normativa inicial o puede trascenderla adquiriendo un nuevo estatus jurídico, incluso asumir las funciones del *hard law*. Ello dependerá del tipo de instrumento en el que sea incorporado y del tipo de funciones que esté llamado a desempeñar. Así podrá cubrir lagunas normativas, o inspirar al legislador en el desarrollo de normas internacionales, o servir a los jueces en la interpretación de la legislación nacional adoptada en aplicación de instrumentos jurídicos internacionales.

Por otra parte, el *soft law* internacional puede tener un importante impacto en los Estados no solo como fenómeno normativo que regula áreas de intereses comunes e interdependencia con otros estados, sino que también puede impulsar la adopción de políticas públicas en el ámbito nacional que generen ulteriores desarrollos normativos. También hay que destacar como señalara F. FRANCIONI que en el derecho nacional "la existencia de un cuerpo de *soft law* estimula un proceso mimético que tiene como resultado reproducir una misma prescripción bajo una forma obligatoria."[447] En este sentido, D. SARMIENTO habría apuntado que, en el caso de España, el *soft law* procedente de la Unión Europea establece la interpretación que deberían seguir el Estado, las jurisdicciones nacionales y los ciudadanos, tal y como estableciera el Tribunal de Justicia de la Unión Europea en el caso *GRIMALDI*[448].

El proceso de adopción y transformación del *soft law* en el derecho interno es imprescindible cuando, como señalara I. SEIDL-HOHENVELDERN, el *soft law* "no sólo tiene como propósito influir en las acciones de los Estados sino también en las de los particulares, entre los que se incluirían las corporaciones nacionales y transnacionales,"

---

447 Vid. F. FRANCIONI, "International 'soft law': a contemporary assessment," en V. LOWE Y M. FITZMAURICE (eds.) *Fifty Years of the International Court of Justice. Essays in Honor of Sir Robert Jennings*, Grotius Publications, Cambridge University Press, Cambridge, 1996, p. 167.

448 Vid. D. SARMIENTO, *El Soft Law Administrativo. Un estudio de los efectos jurídicos de las normas no vinculantes de la Administración*, Thomson Civitas, Madrid, 2008, p. 85.

en cuyo caso, además, el Estado podría elegir medidas *soft* y *hard* para aplicarlas y hacerlas cumplir[449]. El Estado también podría utilizarlas como punto de partida o base para el diálogo con sus actores sociales con el fin de acordar los objetivos y el alcance de su auto-regulación en ámbitos tan diversos como los controles que deben aplicar las plataformas digitales a los anuncios que publican, o las medidas relativas al comercio y las cadenas de valor regidas por el principio de la diligencia debida exigible a las empresas que importan productos y materias primas. Así, en el primer caso, a partir de un marco normativo en el que se combinan normas vinculantes y de *soft law*, las plataformas digitales de alcance planetario han iniciado un diálogo con los Estados sobre las posibles formas de combatir las actividades delictivas que se pueden llevar a cabo en ellas y, que luego se trasladan al ámbito nacional. Fruto de este diálogo entre los Estados y las plataformas digitales se ha presentado dos soluciones distintas; por una parte, las disposiciones vinculantes que obligan a las plataformas a reportar las actividades susceptibles de constituir un delito en el ámbito de las finanzas o el tráfico ilegal de drogas; y, por otra, las disposiciones de *soft law* que les sirven de guía sobre cómo hacer frente a otros tráficos ilícitos como el de especies de flora y fauna silvestre en peligro de extinción, —aunque algunos estados pueden convertir estas disposiciones voluntarias en vinculantes si así lo deciden a nivel interno[450]. El *soft law* inicialmente adoptado ha conducido a que, finalmente, se vaya a iniciar la negociación en el seno de la Asamblea General de las Naciones Unidas para la adopción de una '*convención internacional integral sobre la lucha contra la utilización de las tecnologías de*

---

449 Seidl-Hohenveldern considera que la transformación o adopción de obligaciones de carácter no vinculante en el derecho interno es necesaria cuando el derecho "[does] not only purport to influence the actions of States but also of private individuals, including national and transnational corporations", aunque en este caso el Estado "might also use soft enforcement measures". Vid. I. Seidl-Hohenveldern, "International Economic Soft Law", *loc. cit.*, pp. 198-199.

450 Estos controles son, dependiendo de la materia que abordan, obligatorios en el caso de actividades del sector financiero y de inversiones, o voluntarios como los que se establecen para advertir de que los especímenes cuya venta se publicita en milanuncios.com, wallapop o ebay están protegidos por la Convención CITES.

la información y las comunicaciones con fines delictivos"[451]. En los comentarios y sugerencias que han presentado ya los Estados a la propuesta de convención es de destacar que propongan la flexibilidad y el *soft law* para resolver cuestiones que requieren cambios y ajustes en sus ordenamientos internos. Así se habría señalado que "en cuanto al principio de la doble incriminación, dado el carácter tecnológico del fenómeno de la ciberdelincuencia, que sin duda provocará algunas discordancias en la redacción de los tipos penales en las legislaciones nacionales, conviene flexibilizar sus requisitos para posibilitar una cooperación eficaz siempre que se acomoden a los fundamentos y objetivos de la convención."[452]

La incorporación del *soft law* en el ordenamiento jurídico interno puede llevarse a cabo a través de instrumentos de similar naturaleza o puede desembocar en su transformación en *hard law* a través de muy distintas manifestaciones normativas que dependerán de las preferencias del Estado de que se trate, en razón de su capacidad o sus intereses nacionales o de sus circunstancias especiales. La aplicación del Acuerdo de París a través de las contribuciones nacionales voluntarias es una fórmula compleja que obedece, precisamente, a la necesidad de ir más allá de un instrumento con obligaciones comunes de carácter flexible, cuando *no soft*, para ser objeto de un desarrollo interno que también puede reflejar distintas intensidades normativas. Además, esta fórmula ha tenido éxito y se está empezando a aplicar a otras convenciones y también a instrumentos de *soft law* internacionales, que son la alternativa a tratados internacionales que no han podido adoptarse.

El Estado también podría elegir ignorar el *soft law* y no adoptar ningún tipo de medidas respecto a éste. Así, G. FALKNER ET AL. habrían señalado al respecto que: "depende de las preferencias de los gobiernos nacionales y/o de los interlocutores sociales el que una recomendación específica se aplique como derecho duro, se adopte en forma de recomendación blanda o se ignore por completo. Los

---

451 Véanse los documentos preparatorios del *Ad Hoc* Committee to Elaborate a Comprehensive International Convention on Countering the Use of Information and Communications Technologies for Criminal Purposes, disponibles en https://www.unodc.org/unodc/en/cybercrime/ad_hoc_committee/home

452 Ibidem.

patrones de los países también implican que hay factores culturales en las reacciones nacionales al *Soft law* de la Unión Europea".[453]

También cabría la posibilidad en el caso de los países con sistemas políticos descentralizados que sus gobiernos regionales y locales se hicieran eco de los instrumentos internacionales de *soft law*, como ocurrió en su día con la Agenda 21 de la Conferencia de Río de Janeiro sobre el Medio ambiente y el Desarrollo y, ha vuelto a ocurrir, ahora, con los Objetivos de Desarrollo Sostenible y la Estrategia de Desarrollo 2030[454].

Entre las medidas utilizadas para llevar a cabo la incorporación del *soft law* internacional en el derecho interno, también puede destacarse la adopción por las autoridades nacionales de instrumentos de *soft law* destinados a sus ciudadanos, empresas, ONGs y demás miembros de su sociedad civil. De esta manera, con líneas directrices, estrategias, estándares de calidad, códigos de conducta con un origen en el Derecho internacional y europeo, los Estados pueden condicionar los comportamientos y las estrategias no solo de sus entes descentralizados sino también de las empresas, los ciudadanos, las ONGs o los pueblos indígenas, pasando a formar parte, dependiendo del destinatario final, de sus estrategias, políticas públicas, programas y agendas nacionales[455]. Como veremos, son de especial importancia las comunicaciones interpretativas en el ámbito de las ayudas de estado y de la competencia que generarían reacciones de todos los afectados, aunque en otros casos, como en el del Código de

---

453 G. Falkner, O. Treib, M. Hartlapp y S. Leiber, *Complying with Europe. EU Harmonisation and Soft Law in the Member States*, Cambridge: Cambridge University Press, 2005, p. 189. Muchas de las contribuciones se encuentran disponibles en http://www.mpifg.de en alemán y en inglés.

454 Resolución 70/1, de 25 de septiembre de 2015, titulada "Transformar nuestro mundo: la Agenda 2030 para el Desarrollo Sostenible", disponible en https://sdgs.un.org/es/2030agenda

455 Así A. Kiss y D. Shelton, consideran que las "national authorities also make use of non-binding or voluntary agreements with private parties, such as industrial associations, forest or other landowners, indigenous groups, or scientific institutions. These non-binding instruments can involve scientific research, land use, or reduction of pollution", A. Kiss y D. Shelton, *Guide to International Environmental Law*, Martinus Nijhoff Publishers, Leiden, 2007, pp. 10-11.

conducta de la Unión Europea en materia de exportación de armas se añadiría al marco normativo ya existente[456].

En estos casos, cabría igualmente examinar las consecuencias que pudieran derivarse de que el Estado decida modificar o suprimir las normas que tienen su origen en el *soft law* internacional posteriormente, con los perjuicios que pudieran producirse para los particulares y empresas, que verían como se ponen en peligro derechos adquiridos, la confianza legítima o la seguridad jurídica. Un ejemplo puede encontrarse en las guías y recomendaciones adoptadas por el Presidente Obama como órdenes ejecutivas, que calificaría de *soft law* en el caso de la lucha contra el cambio climático. A estas medidas, también habría que sumarles las que adoptó para paliar las violaciones de los derechos humanos de su política migratoria. Estos instrumentos normativos de intensidad baja y con origen en otros instrumentos de igual naturaleza luego serían suprimidos inmediatamente por el Presidente Trump. Las líneas directrices en materia medioambiental del Presidente Obama fueron un ejemplo de instrumento de *soft law* que se derogó posteriormente por su enorme potencial para condicionar la adopción de políticas públicas con un posible impacto en la protección medioambiental y en la salud de las personas.[457] Y el mismo valor e impacto tendrían sus medidas de *soft law* inspiradas por las Resoluciones de la Asamblea General de las Naciones Unidas, en particular, la Declaración de Nueva York de 2016, en las políticas relativas a los derechos humanos, incluidos los derechos de los migrantes. Cuando el Presidente Trump ordenó poner fin a una orden ejecutiva del Presidente Obama que protegía de la deportación a los jóvenes inmigrantes indocumentados en Estados

---

456 Véase Conclusiones del Abogado General Dámaso Ruiz-Jarabo Colomer presentadas el 10 de febrero de 2009, Asuntos C-284/05, C-294/05, C-372/05, C-387/05, C-409/05, C-461/05, C-239/06, Comisión Europea contra Finlandia, Suecia, Alemania, Italia, Grecia y Dinamarca, ECLI:EU:C:2009:67

457 Estas Guidelines que tenían por objeto servir de guía para que las agencias federales incluyeran las emisiones de gases de efecto y los posibles efectos climáticos en las revisiones de impacto ambiental, fueron revocadas el 5 de Abril de 2017. Véase Nadja Popovich y Tatiana Schlossberg, "23 Environmental Rules Rolled Back in Trump's First 100 Days", The New York Times, 2 de Mayo de 2017, disponible en Internet https://www.nytimes.com/interactive/2017/05/02/climate/environmental-rules-reversed-trump-100-days.html?_r=0

Unidos, lo justificó afirmando que Estados Unidos es una "nación de oportunidades porque somos una nación de leyes [nation of laws]" y pidió al Congreso que sustituyera la orden por una ley[458].

En el orden constitucional, el *soft law* ha jugado un interesante papel en la medida en que instrumentos de la trascendencia de la Declaración Universal de los Derechos Humanos adoptada por la Asamblea General de las Naciones Unidas han sido incorporados en las nuevas constituciones adoptadas por Estados como España o los países de la Europa Central tras alcanzar la democracia para inspirar la interpretación de los derechos humanos. De esta manera como señalara D. Liñán Nogueras en su lectura del Artículo 10.2 de la Constitución Española, con su incorporación en el texto constitucional no solo se habría elevado su status normativo, sino que igualmente se les consideraría el parámetro para la interpretación de los derechos humanos y libertades fundamentales[459], como habría quedado reflejado en la jurisprudencia del Tribunal Constitucional español.

---

458 De igual modo en la Web de la Representación permanente de los Estados Unidos ante las Naciones Unidas se hizo pública una declaración en la que se afirma que "Today, the U.S. Mission to the United Nations informed the UN Secretary-General that the United States is ending its participation in the Global Compact on Migration. U.S. participation in the Compact process began in 2016, following the Obama Administration's decision to join the UN's New York Declaration on migration. The New York Declaration contains numerous provisions that are inconsistent with U.S. immigration policy and the Trump Administration's immigration principles. As a result, President Trump determined that the United States would end its participation in the Compact process that aims to reach international consensus at the UN in 2018. Ambassador Nikki Haley, U.S. Permanent Representative to the United Nations, issued the following statement: "America is proud of our immigrant heritage and our long-standing moral leadership in providing support to migrant and refugee populations across the globe. No country has done more than the United States, and our generosity will continue. But our decisions on immigration policies must always be made by Americans and Americans alone. We will decide how best to control our borders and who will be allowed to enter our country. The global approach in the New York Declaration is simply not compatible with U.S. sovereignty", "United States Ends Participation in Global Compact on Migration" disponible en United States Mission to the United Nations, disponible en https://usun.usmission.gov/united-states-ends participation-in-global-compact-on-migration/

459 D. J. Liñán Nogueras, "El proyecto constitucional europeo y la interpretación de derechos y libertades en la Constitución española: ¿Una nueva dimensión

Nuestro Alto Tribunal afirmaría además que los tratados "se van incorporando paulatina y constantemente a nuestro ordenamiento, a medida que, acordados en el seno de la sociedad internacional, la Unión Europea o el Consejo de Europa, España los ratifica, con lo cual la regla hermenéutica del artículo 10.2 CE lleva asociada una regla de interpretación evolutiva. (...) El propio artículo 10.2 CE se refiere expresamente a la Declaración universal de derechos humanos, proclamada por la Asamblea de la ONU el 10 de diciembre de 1948"[460]. Además, el Tribunal Constitucional considera que en la línea de lectura evolutiva se tendrá en cuenta que "esa interpretación... no puede prescindir de la que, a su vez, llevan a cabo los órganos de garantía establecidos por esos mismos tratados y acuerdos internacionales" a través de sus comentarios y orientaciones generales, como los adoptados por el Comité de Derechos Humanos[461] o el Comité de Derechos Económicos, Sociales y Culturales de la Organización de las Naciones Unidas[462], o los comités y órganos pertinentes del Consejo de Europa[463].

En el caso de los tribunales nacionales, el *soft law* no sólo es considerado como una herramienta para la interpretación o para cubrir lagunas, sino también como una referencia normativa a tener en cuenta una vez que ha sido incorporado en un instrumento normativo interno o europeo. Así, los instrumentos de *soft law* han sido objeto de aplicación por parte de los tribunales españoles que lo han

---

del art. 10. 2 CE?", en AA.VV., *Pacis Artes. Obra homenaje al Profesor Julio D. González Campos*, Vol. I, Eurolex, Madrid, 2005, pp. 933-946.

460 Así, en su Sentencia 31/2018, de 10 de abril de 2018 en el Recurso de inconstitucionalidad 1406-2014, interpuesto por más de cincuenta diputados del Grupo Parlamentario Socialista en el Congreso en relación con diversos preceptos de la Ley Orgánica 8/2013, de 9 de diciembre, ECLI:ES:TC:2018:31

461 Véase, por ejemplo, UN Human Rights Committee, General Comment no. 27, CCPR/C/21/Rev.1/Add.9, Noviembre de 1999,

462 En su Sentencia 31/2018, el Tribunal Constitucional añadiría que "Respecto al valor de este género de textos emanados del Comité de Derechos Económicos, Sociales y Culturales, hemos de aplicar el mismo criterio que el sostenido en relación con los dictámenes del Comité de Derechos Humanos de Naciones Unidas, sentado en la STC 116/2006, de 24 de abril, FJ 5," ECLI:ES:TC:2018:31

463 Véase, por ejemplo, General Comment No. 27: Freedom of movement (Art. 12), *CCPR/C/21/Rev.1/Add.9*, General Comment No. 27, de 2 de Noviembre de 1999.

utilizado para llevar a cabo una interpretación de las disposiciones nacionales con las que el poder legislativo español ha transpuesto normas internacionales y europeas. En este sentido, la jurisprudencia española muestra como el *soft law* se puede convertir en un parámetro de legalidad y de legitimidad de las medidas adoptadas no sólo por las autoridades legislativas sino igualmente por las administrativas en sus distintos niveles de responsabilidad. Así los jueces españoles recurren al *soft law* para examinar la legalidad respecto al derecho internacional y europeo, de cualquier acto normativo interno, teniendo en cuenta estos estándares internacionales con el fin de dar una correcta interpretación a las obligaciones internacionales formuladas de manera muy genérica. Es este un tema de gran interés y que debe llevar a un análisis de las sentencias españolas en las que aparezca una referencia al *soft law* internacional. Es por ello el tema de una futura publicación en la que también abordaré el *soft law* internacional en el ordenamiento jurídico español y, en especial, su consideración en la Ley de Tratados y otros acuerdos internacionales adoptada en 2014, que ha dado visibilidad al *soft law* al incorporarlo en su preámbulo y en sus disposiciones, refiriéndose a él también como derecho dispositivo e informal.

Capítulo III

EL SOFT LAW EN LA UNIÓN EUROPEA

1. INTRODUCCIÓN

El papel que desempeña el *soft law* en el ordenamiento jurídico de la Unión Europea tiene unas características propias, que nos deben llevar a examinar si su definición, su fundamento y sus funciones como fuente normativa son los mismos en el Derecho Europeo que en el Derecho Internacional[464]. Nuevamente, como ya ocurriera en el caso del Derecho Internacional, es necesario adoptar una posición en tanto que iusinternacionalistas frente al *soft law* en el caso del Derecho de la Unión, y no tiene por qué ser la misma que la adoptada frente al Derecho Internacional ya que las razones y, especialmente, las consecuencias del recurso al *soft law* no son las mismas en esta Comunidad de Derecho. La naturaleza jurídica y la intensidad normativa variable del *soft law europeo*, su carácter de fuente o no en el sistema de fuentes de esta organización internacional de integración, su impacto en su sistema de competencias atribuidas y en sus procesos normativos, así como su responsabilidad en el des-equilibrio institucional deben llevarnos a algo más que asumir que su presencia es un reflejo de la que tiene en el Derecho Internacional. A ello hay que sumar además su versatilidad a la hora de formular las políticas públicas europeas, lo que otorga al *soft law* una función metajurídica, en tanto que instrumento de acción política al más alto nivel, en la medida en que impulsa avances y desarrollos en el proceso de integración.

Por otra parte, es necesario considerar que como consecuencia de la creciente importancia del *soft law internacional*, la Unión Europea

---

464 Así Fiona Beveridge y Sue Nott advertían de que "there must be serious questioning of whether the concept of soft law carries the same meaning when the term is transplanted into the [European Union]. The EC's legal system and its law-creating processes are of a radically different character from those encountered in international law", Fiona Beveridge y Sue Nott, "A Hard Look at Soft Law" en P. Craig y C. Harlow (eds.) *Lawmaking in the European Union,* Kluwer Law International, 1998, p. 289.

lo ha incorporado también en su acción exterior, donde tiene un papel creciente como instrumento y como resultado de los procesos de negociación internacionales, tanto a nivel bilateral como multilateral y en los que se produce una interacción[465] entre el *soft law* internacional y el Derecho de la Unión Europea.

Como tendremos ocasión de ver, las distintas razones que llevan a elegir el *soft law* en lugar del *hard law* en el Derecho Internacional y en el Derecho de la Unión Europea vienen dadas por los costes políticos y jurídicos de los procesos normativos. En el caso de la Unión Europea, en el origen del recurso al *soft law* por parte de sus Estados miembros y de sus instituciones, se encuentra la crisis en el proceso de integración producida por las dificultades para alcanzar la identificación entre los intereses nacionales y los intereses de la Unión. A lo largo de todo el proceso de integración, esa crisis se ha reflejado en los procedimientos de creación de normas de distinta manera. A través de la instrumentalización de las bases normativas con las que se atribuyen competencias y con las que se establecen procedimientos normativos, la Comisión Europea y los Estados miembros han luchado por imponer aquellas que les garantizaban una mayor capacidad de decisión o influencia en los procedimientos normativos. Con la llegada del *soft law*, el tipo de conflicto que se suscita entre los Estados miembros y las instituciones europeas se refiere antes bien a la necesidad de disminuir la intensidad normativa de los instrumentos ante la falta del apoyo necesario por parte de los Estados miembros a las fuentes formales previstas en los tratados. Esta crisis de la integración lleva a que se favorezcan tanto una menor intensidad normativa de las disposiciones como los mecanismos de flexibilidad o las excepciones en los instrumentos normativos, como forma de proseguir con los procesos normativos, asumiendo sus costes jurídicos y políticos ante las instituciones europeas, pero también ante las instituciones nacionales y los ciudadanos de la Unión.

El *soft law* introduce una flexibilidad en los procedimientos normativos que parte de un acuerdo previo necesario, que, sin embargo, no siempre suma a todas las instituciones como ha denunciado

---

465 Véase P. García Andrade (Ed.) *Interacciones entre el Derecho de la Unión Europea y el Derecho Internacional Público*, Tirant lo Blanch, 2023.

el Parlamento Europeo, cuando ha sido esta institución la excluida. Esta exclusión menoscaba el equilibrio institucional y los principios constitucionales de la Unión, de manera que la institución afectada se vería negadas sus competencias legislativas. En esas condiciones, cabe preguntarse si el *soft law* es un instrumento adecuado para la consecución del proceso de integración europeo, cuando es un hecho que puede ser tanto un instrumento del método comunitario, como del método intergubernamental, que deja al margen de su adopción a algunas de las instituciones europeas. Y, es más, si el *soft law* se considera como una de las fuentes del Derecho Europeo, ¿no sería necesario garantizar que se apliquen los mismos principios y las mismas reglas que rigen el sistema de atribución de competencias y el procedimiento legislativo?, ¿Responde el *soft law europeo* a los principios constitucionales de subsidiariedad, de proporcionalidad, de equilibrio institucional y de lealtad comunitaria? Como tendremos ocasión de examinar, no hay una respuesta única, en la medida en que el *soft law* rompe todos los moldes del derecho derivado y de sus previsiones en los tratados constitutivos[466]. Al responder a todas estas preguntas, el *soft law* podría sorprendernos, al ser, no la prueba de que la integración se estanca, sino de que progresa por otras vías.

Si situamos el debate sobre el *soft law europeo*, como haré en el siguiente epígrafe, en el marco de la distinción entre el método intergubernamental y el método comunitario podremos ver cómo la elección de uno u otro responde a los objetivos y políticas a desarrollar. Así, la adopción conforme a un método intergubernamental de declaraciones, —véase el caso de la adoptada por los Jefes de Estado y de Gobierno en el seno del Consejo Europeo, en Versalles—[467], puede ser la vía más indicada para definir los fronteras conceptuales y espaciales de una nueva Comunidad Política sin alterar los tratados. A esta nueva Comunidad Política, nacida como una gobernanza más

---

466 Véase T. Fajardo del Castillo, "La Unión Europea y el desafío del Soft Law en las Fuentes del Derecho Internacional", en P. García Andrade (Dir.), *Interacciones entre el Derecho de la Unión Europea y el Derecho Internacional*, Tirant lo Blanch, 2023, pp. 97-117.

467 Declaración de Versalles de la Presidencia Francesa de la Unión, Reunión informal de los Jefes de Estado o de Gobierno, Versalles, 10 y 11 de marzo de 2022, disponible en https://www.consilium.europa.eu/media/54800/20220311-versailles-declaration-es.pdf

flexible dentro de la integración, se invitaría a una nueva categoría de estados, como serían la de los estados miembros asociados, cuya adhesión a la Unión conforme a los requisitos constitucionales no es aún posible.

No obstante, un posible proceso de reforma de los Tratados que surgiera finalmente del impulso dado por la Conferencia sobre el Futuro de Europa desarrollada de 2021 a 2022, plantearía nuevas variables en los procesos de adopción de decisiones con el propósito de hacerlos más sencillos a través de la supresión de la unanimidad, el reconocimiento general de la abstención constructiva o la simplificación de la codecisión, aunque ello también podría fomentar el recurso a los instrumentos de *soft law* y de las obligaciones *soft.* De manera que la flexibilización de los procesos de adopción de decisiones podría desembocar en una flexibilización de los contenidos obligacionales de los instrumentos adoptados y, también, en la aparición de excepciones a las reglas. Esto también ocurre cuando ante la falta de consenso o en presencia de una minoría de bloqueo, la consecución de resultados normativos sólo es posible recurriendo a instrumentos de *soft law.* Sin embargo, ello no obedece tanto a un proceso de debilitamiento de los procesos e instrumentos normativos de la Comunidad de Derecho que es la Unión, como a una nueva instrumentalización que hacen de ellos las instituciones europeas, para superar los conflictos políticos subyacentes.

En esta nueva crisis de la integración, el objeto principal del conflicto ya no es la elección de una base jurídica de los Tratados constitutivos, sino la elección de la fuente normativa. Y en este sentido cabe preguntarse si el *soft law* es una pseudo-fuente normativa del Derecho de la Unión cuya característica principal es formular expectativas normativas y disposiciones con intensidad normativa variable, que dilatan en el tiempo el procedimiento normativo, desde que se inicia la 'legalización' y la posterior adopción de un instrumento normativo típico. En este sentido, en una Comunidad de Derecho como es la Unión Europea, cabe preguntarse si la adopción de *soft law* es un intento de alargar en el tiempo los procesos normativos que le dan forma hasta que se consigue la identificación de los Estados miembros con el interés comunitario. Así, con el recurso al *soft law,* algunas instituciones de la Unión ralentizan el proceso de ampliación de las competencias de la Unión y neutralizan su *vis atractiva* sobre las competencias nacionales que los Estados aún ejercen. Este freno lo aplicarían las propias instituciones europeas con los instrumentos de *soft law*, y sirve para aplazar la "*preemption*", la ocupación de la competencia a través de su ejercicio exhaustivo con las fuentes tradicionales de la Unión. En este caso, la valoración positiva o negativa del recurso al *soft law* dependerá de la percepción sobre la necesidad de avanzar o, por el contrario, dilatar en el tiempo el proceso de integración en función de las circunstancias políticas del momento, que llevan a que los Estados miembros y las instituciones favorezcan cambios en los procesos normativos, en los que el *soft law* sería la antesala para la adopción de las directivas y reglamentos o, incluso, la reforma de los tratados. Ello ocurre tanto en el ejercicio cotidiano de las competencias como al más alto nivel de decisión política sobre el futuro de la Unión. Así podemos verlo cuando se adoptan declaraciones políticas para proseguir con la profundización de la Comunidad Política Europea, en lugar de abordar una reforma de los tratados fundacionales, que los Estados miembros no desean. Así, el nuevo intento de avanzar hacia la Comunidad Política Europea obedece a la necesidad de reaccionar frente a la amenaza externa que ha supuesto la agresión de Rusia a Ucrania y, en suma, la amenaza al canon democrático que ha querido representar y consolidar la Unión Europea en Europa y en el mundo. No obstante, esta Comunidad Política Europea ha sido la más esquiva a la hora de ser definida en los tratados constitutivos y, en especial, a la hora de traducirla en términos de atribución de competencias soberanas a las instituciones europeas. En cualquier caso, la nueva Comunidad Política Europea podría re-fundarse con instrumentos de *soft law*, a la espera de mejores tiempos para la reforma de los Tratados.

En cuanto a la aplicación y cumplimiento del *soft law europeo*, es necesario destacar que cuando los Estados miembros y las instituciones europeas lo respetan, lo llevan a un nivel normativo superior, que se puede traducir también en la adopción de un instrumento normativo tradicional. Por el contrario, cuando lo incumplen y lo descartan como inspiración normativa, lo que comunican es una desautorización no sólo del instrumento de *soft law*, sino también de los avances en los procedimientos normativos que se proyectan *ad futurum*. Así pues, cabe plantearse todas estas preguntas a la hora de calificar el *soft law* que las instituciones europeas producen en ámbitos competenciales en constante evolución, —tanto nuevos como tradicionales—, tales como la inteligencia artificial o el mercado interior. Ciertamente la respuesta no puede ser única, porque debe tenerse en cuenta su impacto en el sistema competencial en función de la naturaleza de la competencia ejercida —exclusiva, compartida o de coordinación—, su impacto en el sistema institucional en función de las instituciones a las que se ha involucrado en el proceso de adopción del *soft law* y a las que se ha excluido; y en función de los destinatarios últimos del *soft law* y de los garantes de su cumplimiento. Así, cabe valorar positivamente al *soft law* a partir del papel que desempeña en el proceso normativo europeo, en tanto que contribuye al ejercicio legislativo del marco competencial, como pieza del proceso prelegislativo o como instrumento de desarrollo de una directiva o un reglamento, o incluso de una disposición de los tratados constitutivos, y también como vehículo de articulación de las políticas públicas europeas. Sin embargo, también cabe su valoración negativa porque el *soft law* en el proceso legislativo europeo puede ser el instrumento para el bloqueo o la congelación de una propuesta legislativa, a la espera de que los Estados alcancen el grado de acuerdo necesario. En este caso, el debate está servido en la medida en que el proceso de integración se caracteriza por la idea de que los Estados miembros al haber atribuido competencias soberanas a las instituciones europeas han renunciado a los procedimientos internacionales intergubernamentales para su ejercicio, al estar dispuestos a aceptar normas que son adoptadas por una mayoría cualificada y, excepcionalmente, por unanimidad. Por otra parte, es necesario considerar si la falta de acuerdo o de consenso que se manifiesta también en las instituciones de la Unión Europea a través de las minorías de bloqueo y del veto en los procedimientos por unanimidad en aquellos sectores en los que aún está prevista, es lo suficientemente importante como para dejar abierta sólo la vía normativa de baja intensidad y generar una adaptación de los procesos normativos a través de la introducción del *soft law* como fuente —pseudo fuente o fuente atípica— al margen de las reformas de los tratados constitutivos.

Las nuevas bases jurídicas del Tratado de Lisboa, las más ambiciosas porque codifican la práctica jurisprudencial que propulsa el desarrollo del proceso de integración especialmente en la acción exterior, deben llevarnos a examinar la práctica que muestra que son los instrumentos de *soft law* los elegidos para explorar las posibilidades de ejercicio de las competencias de coordinación y, también, las del ejercicio de las competencias compartidas e, incluso, de las competencias exclusivas, cuando se trata de expandir su alcance por razones políticas o por un imperativo científico o tecnológico más allá de sus límites tradicionalmente aceptados. Así, en el caso de las competencias de coordinación, gracias a los logros del *soft law* pueden terminar proponiéndose futuras reformas de los tratados en sectores como la sanidad, la educación o el deporte. En el caso de la Política Comercial Común y en la acción exterior podrán examinarse los instrumentos de *soft law* que sirven de hoja de ruta para la cooperación con el Reino Unido tras el Brexit, o también los que sustituirán al Acuerdo de Inversiones con China, tras verse frustrado, después de que considerara el Parlamento Europeo que ha de aplicarse la condicionalidad en materia de derechos humanos que, sin embargo, no alcanzaría al *soft law*, que podría adoptarse sin la intervención de las instituciones parlamentarias —la europea y las nacionales—. El análisis de estos casos puede plantear más cuestiones sobre en qué medida el *soft law* debe responder a los valores y a los principios de la Unión y cuáles serían las vías para su escrutinio en caso de que el Tribunal de Justicia de la Unión Europea persista en su negativa a juzgarlo y aplicarlo. Por ello, A. PETERS ya habría recordado que "los principios constitucionales europeos más importantes desalientan *prima facie* el uso excesivo del *soft law*"[468]. Entre ellos, figuran el principio del Estado de Derecho que incorpora a su vez los principios de la protección de la seguridad jurídica y de confianza legítima, de la transparencia, de la democracia, del equilibrio institucional, de la división de poderes y de la independencia del poder judicial[469]. Estos principios son también en última instancia garantías para la aplicación y el cumplimiento de los instrumentos normativos, porque pueden considerarse como límites y requisitos de la Comunidad de Derecho que es la Unión y de los que son garantes las instituciones europeas. Cabría preguntarse también si dichos principios y garantías son exigibles

---

468 ANNE PETERS, "Soft Law as a new mode of governance", en UDO DIEDRICHS, WULF REINERS Y WOLFGANG WESSELS (eds.), The Dynamics of Change in EU Governance. Cheltenham, UK: Edward Elgar, p. 39.

469 Ibid.

igualmente a los Estados miembros, cuando se trata de garantizar la aplicación y cumplimiento de instrumentos de *soft law* y si ha de intervenir el Tribunal de Justicia de la Unión Europea, cuando dichos instrumentos afectan a los principales objetivos y valores de la Unión. Es este el argumento de mayor trascendencia política y normativa para justificar que el Alto Tribunal acepte hacerlo. En la mayoría de los casos, la respuesta positiva o negativa de los Estados miembros y de las instituciones de la Unión frente al *soft law* que se genera para abordar los nuevos desafíos normativos, no se traduce en un procedimiento por incumplimiento o en una cuestión prejudicial de validez ante el Tribunal de Justicia de la Unión Europea, institución que ha sido reacia a la hora de asumir su obligación de entrar a conocer el *soft law*, y ha preferido declararse incompetente al negarle cualquier intensidad normativa en la mayoría de las ocasiones. Sin embargo, y como defenderé posteriormente, el TJUE debe asumir la obligación de enjuiciar el *soft law*, para garantía de los principios de equilibrio institucional y de seguridad jurídica que entroncan con el principio del Estado de Derecho y la democracia que son los pilares de la Comunidad de Derecho de la Unión Europea.

2. UNA DEFINICIÓN DE SOFT LAW PARA EL DERECHO DE LA UNIÓN EUROPEA

En 1993, Francis Snyder ofreció ya la definición más utilizada hasta ahora del que podría denominarse *soft law* de la Unión Europea[470]. Así diría que el *soft law* europeo está compuesto por "normas de conducta que en principio no tienen fuerza jurídica vinculante

---

470 No obstante, ya se habían publicado otras referencias directas e indirectas al *soft law*, como intento de explicar la intensidad normativa de los actos atípicos, no previstos en los tratados constitutivos pero con un papel creciente en los procedimientos normativos. Así M. Melchior, "Les communications de la Commission: Contribution à l'étude des actes oommunautaires non prévus par les traités", en *Mélanges Fernand Dehousse*, vol. 2 *La Construction européenne*, Labor, 1979, pp. 243-258; A. Mattera, *Le marché* unique européen: *Ses régles, son fonctionnement*, París, Jupiter, 2nd ed. 1990, pp. 43-46; K. C. Wellens y G. M. Borchardt, "Soft Law in European Community Law", *European Law Review*, Vol. 14, 1989, pp. 267-321.

pero que, sin embargo, pueden tener efectos prácticos"[471]. Un año más tarde, criticaría que el recurso creciente al *soft law* es un "intento cuestionable de eludir o evitar las implicaciones de los fracasos para alcanzar un acuerdo político"[472].

En su definición había entonces un enfoque de derecho público que evocaba al derecho administrativo, como instrumento normativo que la Comisión Europea podría adoptar en tanto que administración pública europea, con un amplio poder de ejecución. La práctica posterior y el uso extendido del *soft law* hacen necesario ir más allá de esta primera interpretación para profundizar en la naturaleza normativa y como fuente del Derecho de la Unión Europea del *soft law*. Además, a la definición de F. SNYDER se han sumado otras que la complementan porque destacan que el *soft law* de la Unión Europea persigue el objetivo de tener efectos prácticos de carácter jurídico y también de carácter político[473] y se refiere a procesos de la más diversa naturaleza en el sistema institucional[474] y normativo de la Unión[475]. De esta manera, podemos identificar un *soft law* que en razón de su trascendencia política puede ser utilizado para articular las políticas públicas de la Unión con carácter general, como en el caso del Pacto Verde, o en distintos sectores normativos, con la trascendencia y tradición del Derecho de la competencia o tan novedosos como la Inteligencia Artificial o la protección de datos personales. En el primer caso, a diferencia de lo que ocurre en otros instrumen-

---

471 F. SNYDER, "The Effectiveness of European Community Law: Institutions, Processes, Tools and Techniques", *Modern Law Review*, 56, 1993, pp. 19-54.

472 F. SNYDER, "Soft Law and Institutional Practice in the European Community," en S. MARTIN (Ed.), *The Construction of Europe: Essays in Honor of Emile Nöel*, Kluwer, Deventer, 1994, pp. 197-225, en p. 200.

473 Así la definición de *soft law* de LINDA SENDEN la caracteriza como "rules of conduct that are laid down in instruments which have not been attributed legally binding force as such, but nevertheless may have certain (indirect) legal effects, and that are aimed at and may produce practical effects", LINDA SENDEN, *Soft Law in European Community Law*, Hart Publishing, Oxford, 2004, p. 456.

474 Así D. M. TRUBECK ET AL. consideran que "el soft law is a very general term, and has been used to refer to a variety of processes", D. M. TRUBECK, P. COTTRELL Y M. NANCE, "'Soft Law', 'Hard Law' and European Integration: Toward a Theory of Hybridity", *Jean Monnet Working Paper*, 2005, p. 5.

475 F. BEVERIDGE Y S. NOTT, "A Hard Look at Soft Law" en P. CRAIG Y C. HARLOW (eds.) *Lawmaking in the European Union*, Kluwer Law International, 1998.

tos de *soft law*, respecto al Pacto Verde caracterizado como la política pública de la integración más ambiciosa, hay que destacar que existe un acuerdo institucional ya que, tras su presentación por la Comisión Europa, las demás instituciones se adhirieron a él, lo que permite afirmar que con él se respeta el equilibrio institucional. Así, a partir de una propuesta de la Presidenta de la Comisión Europea, que obtuvo el respaldo del Consejo de Ministros y del Parlamento Europeo, se hace de un instrumento de *soft law* como es el Pacto Verde, el instrumento para la transformación de la economía europea, en razón de dos ejes vertebradores del cambio normativo y económico como son la economía descarbonizada y la revolución digital, a los que ha sido necesario sumar con posterioridad un pilar de cohesión social. Esta política pública tiene también una agenda normativa que con el calendario que acompaña al Pacto Verde traslada la expectativa de que las instituciones y los Estados miembros adoptarán en los próximos años una larga lista de instrumentos típicos y atípicos, unos con carácter obligatorio y otros no vinculantes. Las consecuencias jurídicas y políticas que se derivarán de la falta de cumplimiento del Pacto Verde no están previstas en este documento y tampoco lo están en los tratados constitutivos. Sin embargo, puede afirmarse que tendrá consecuencias prácticas de una enorme variedad en la medida en que, si bien no podrán iniciarse procedimientos por incumplimiento contra las instituciones europeas o los Estados miembros ante el Tribunal de Justicia de la Unión, estos últimos podrán verse sancionados económicamente en la medida en que ellos o sus empresas dejen de ser elegibles para los distintos fondos económicos vinculados a la consecución del Pacto Verde y a la superación de los efectos económicos de la pandemia de COVID-19, con lo que también podrían perder atractivo para las inversiones de las empresas y de los particulares[476].

En el caso de la formulación de políticas públicas de integración en los nuevos sectores normativos, el *soft law europeo* se utiliza para

---

476 Véase el excelente análisis de esta cuestión en M. GUINEA LLORENTE, "El Programa "Próxima Generación Unión Europea" y los objetivos de desarrollo sostenible: ¿un modelo de desarrollo sostenible, equitativo y competitivo?", en A. PIGRAU ET AL. (Eds.), *La comunidad internacional ante el desafío de los objetivos de desarrollo sostenible. XXIX Jornadas de la Asociación Española de Profesores de Derecho Internacional y Relaciones Internacionales*, Tirant lo Blanch, 2023, pp. 241-265.

la adopción de principios que deben guiar a las instituciones y a los Estados miembros en la adopción y el desarrollo normativo posterior de instrumentos vinculantes, sobre cuyo alcance no ha sido posible un acuerdo. Así, la Declaración Europea sobre los Derechos y Principios Digitales para la Década Digital de 23 de Enero de 2023, servirá tanto para el desarrollo de normas de la Unión, como de los Estados miembros[477].

3. EL SOFT LAW, EL MÉTODO COMUNITARIO Y EL MÉTODO INTERGUBERNAMENTAL

El papel que se reserva al método intergubernamental en el proceso de integración de la Unión Europea no es el fundacional de los tratados constitutivos, sino aquel a través del cual los Estados miembros actuan al margen de las instituciones europeas en ámbitos competenciales no atribuidos aún o, excepcionalmente, en ámbitos que a pesar de haber sido atribuidos a la Unión, quedan excluidos del ejercicio a través del método comunitario o de integración por una maniobra de los Estados miembros, para de este modo reivindicar sus intereses nacionales, frente al interés comunitario. De este modo, los Estados miembros pretenden prolongar un ejercicio concurrente de las competencias atribuidas que impide además la *preemption*, es decir, la ocupación de la competencia de la Unión a través de su ejercicio por las instituciones europeas. Por contraposición al método intergubernamental, el método comunitario, empezando por su definición, es el propio de la Comunidad de Derecho que se crea a partir del ejercicio de las competencias soberanas que le han sido atribuidas a la Unión Europea por sus Estados miembros en sus tratados constitutivos, en los que también se establecen los procedimientos para su ejercicio.

Atribuir el monopolio del *soft law* a uno u otro método podría facilitar el análisis y simplificarlo, sobre todo, facilitaría la crítica de su creciente presencia en el ordenamiento jurídico comunitario. Así,

---

477 Véase la Declaración conjunta del Parlamento Europeo, del Consejo y de la Comisión Europea sobre los Derechos y Principios Digitales para la Década Digital, (2023/C 23/01), *DOUE C/23* de 23 de Enero de 2023, pp. 1-7.

podría afirmarse que el método intergubernamental produce *soft law internacional* mientras que el método comunitario, como propio de la integración, produciría *soft law europeo*, sin embargo, esta distinción no tendría relevancia en cuanto al resultado final, en términos de efectos jurídicos, judicialización de su interpretación y persecución de su incumplimiento. Por otra parte, ambos métodos comparten razones para el recurso al *soft law*, que se da cuando el consenso político necesario es difícil de alcanzar, de manera que el *soft law* se incorpora en las fases previas de los procesos normativos que se alargan y, en ocasiones, permanecen abiertos gracias a —o por culpa de— los instrumentos de *soft law*. Ello es así porque el *soft law* aparece en estos procesos normativos, primero, con la adopción de instrumentos pre-legislativos y, después, y de manera más preocupante, como instrumento de desarrollo normativo posterior a la adopción de una directiva o de un reglamento. Con este desarrollo que se realiza a partir de instrumentos de intensidad normativa variable se garantiza un amplio margen de discrecionalidad a los Estados miembros y también a las instituciones europeas, que pueden hacer del *soft law* el instrumento para el ejercicio de la delegación de competencias legislativas con las que se consideran investidas. Veremos como la Comisión Europea ha hecho un amplio uso del *soft law* como medida de desarrollo legislativo blando de directivas y reglamentos a través de comunicaciones interpretativas, que han sido cuestionadas en muchas ocasiones por los Estados miembros y el Consejo. También puede observarse el creciente recurso al *soft law* por parte de las agencias de la Unión Europea para llevar a cabo una acción exterior para la que no tienen competencias atribuidas formalmente[478], con

---

478 Es de lectura necesaria el estudio de A. Ott, en el que esta autora critica la informalización de los instrumentos bilaterales de la Unión Europea, A. Ott, "Informalization of EU Bilateral Instruments: Categorization, Contestation, and Challenges", *Yearbook of European Law*, Vol. 39, nº1, 2020, pp. 569-601. Véase también A. Ott y R. A. Wessel, National Report of The Netherlands, *XXVIII FIDE Congress*. Topic 3: The external dimension of EU policies. An update on the roles of the EU institutions and Member States. An assessment of the current challenges on trade, investment protection and the Area of Freedom, Security and Justice, 2018.

lo que generan no sólo dudas respecto al alcance de su mandato sino también respecto al propio respeto del sistema competencial[479].

A pesar de que el ejercicio de las competencias atribuidas debe manifestarse a través de procedimientos normativos y de las fuentes previstas en los tratados, el método comunitario se ha visto afectado por las distintas crisis políticas que sufre el proceso de integración y que se han dejado sentir no sólo en la adopción sino también en la aplicación de la legislación europea. Estas crisis habrían llevado a que la calidad de los instrumentos normativos se resintiera, por la imprecisión o el carácter incompleto o inacabado de sus disposiciones y obligaciones, pendientes de un desarrollo posterior, capaz de colmar lagunas o superar sus imperfecciones. Todas estas imperfecciones quedarían expuestas en el momento de su aplicación por los Estados miembros. Ante estas dificultades para desarrollar una legislación europea de mayor calidad, se han puesto en marcha distintas adaptaciones de los procedimientos normativos de la UE, a los que me referiré posteriormente.

Así el *soft law* se convierte en una vía de expresión del método comunitario con la que se intenta superar las limitaciones competenciales y normativas de la UE y las reticencias de los Estados miembros a recurrir a las fuentes formales del Artículo 288 para la regulación de las nuevas materias de las que deben ocuparse los Estados, y que las reivindicaciones sociales, tecnológicas y científicas convierten en competencias estatales. Su regulación a través del método comunitario, incluso antes de su regulación a nivel nacional, es posible gracias a que se hayan llevado a cabo ensayos de su ejercicio normativo a través de la adopción de instrumentos de *soft law* en ámbitos como la inteligencia artificial, la protección de datos personales o la ciberseguridad. En estos casos, el *soft law* se convierte en el eslabón entre el método intergubernamental de cooperación y el método de integración, lo que pone de manifiesto las dificultades para la aplicación de este último y la necesidad de cambios —o no— en función de la posición que se adopte respecto a los instrumentos atípicos y el *soft law*.

---

479 Véase F. Tassinari, *The external reach of the interoperability of large-scale it systems in the AFSJ*, Editorial de la Universidad de Granada, Tesis Doctorales, 2022, disponible en https://digibug.ugr.es/handle/10481/77708

Para salvar la distancia entre los dos métodos, como propusiera R. Dehousse, cabría poner el método intergubernamental y el método comunitario en un *continuum* donde también tendría su espacio el *soft law*[480]. Esta idea de *continuum,* al igual que ocurre con el Derecho Internacional, permite concebir el proceso supranacional de adopción de la legislación europea destinada a formar parte de los ordenamientos jurídicos nacionales, como un proceso flexible en razón de la naturaleza evolutiva de las competencias estatales. También permite tener en cuenta aspectos tales como la existencia o no de desarrollos normativos previos en los ordenamientos nacionales. Así ante la aparición y el desarrollo de nuevos ámbitos competenciales, el *soft law* sirve para expandir los límites de las competencias soberanas, cuando no existe una legislación nacional de referencia que lo haya hecho previamente. En estos casos, en los que falta el ejercicio previo de lo que sólo pueden ser competencias estatales —porque sólo los estados tienen la competencia sobre las competencias soberanas—, la adopción de *soft law* sirve de ensayo o propuesta normativa, a lo que de otra manera habría sido conforme al método comunitario un proceso de aproximación o armonización de las legislaciones nacionales preexistentes. En este sentido, el *soft law* es un vaso comunicante entre el sistema competencial de la Unión y los sistemas de competencias nacionales, donde se encuentra siempre el origen de toda nueva competencia o de su desarrollo progresivo res-

---

480 R. Dehousse ya había planteado que "En un artículo muy discutido, escrito hace medio siglo, Stanley Hoffman (1966) sostenía que, a pesar de las expectativas funcionalistas en sentido contrario, los Estados no estaban desapareciendo y debía esperarse que conservaran un papel importante en los asuntos europeos. Lo mismo podría decirse hoy del método comunitario. Más de 60 años después del Tratado de París, el primero en definir los elementos básicos en los limitados, pero estratégicamente importantes sectores del carbón y el acero, sigue desempeñando un papel central en la elaboración de las políticas contemporáneas de la UE, a pesar de las repetidas declaraciones sobre su supuesta obsolescencia, realizadas tanto por los líderes políticos como por los estudiosos de la integración europea. Sin embargo, su continua relevancia no significa que no haya evolucionado. Por lo tanto, cuando se trata de analizar la evolución global de la Unión Europea, hay que evitar los juicios simplistas: como en cualquier sistema político, se pueden ver diferentes procesos en funcionamiento", R. Dehousse, Conclusion: Obstinate or Obsolete? en R. Dehousse, *The Community Method: Obstinate or Obsolete?* Palgrave Macmillan, Palgrave Studies in European Union Politics, Londres, 2011.

pecto a los cuales los Estados miembros quieren tener una capacidad de decisión exclusiva antes de perderla en su atribución a la Unión, de forma expresa o implícita en función de los fines.

En este *continuum* estaría inicialmente la exigencia de unanimidad —o de consenso y, en su defecto, de una abstención constructiva—, para luego prescindirse de ella cuando, en los procesos supranacionales, la atribución de competencias y su ejercicio hubiese evolucionado hacia la mayoría cualificada en los procesos de votación —lo que ha sido posible siempre hasta ahora, a pesar de las crisis periódicas y de la difícil ampliación de los Estados miembros de la Unión. En ese *continuum*, la próxima meta sería la renuncia a la unanimidad, como se ha pedido a lo largo de la reciente Conferencia sobre el Futuro de Europa, tanto por parte de las instituciones, en particular, del Parlamento Europeo, como por la doctrina, que podrían ver en ello una vía para salir del agotamiento de ciertas bases jurídicas o del estancamiento actual en la evolución de los procesos normativos existentes. Sin embargo, la falta de acuerdo en el Consejo de Ministros para desencadenar el nuevo proceso constituyente, puede significar tener que avanzar en la integración política antes de volver a hacerlo en la integración jurídica; lo que puede hacerse a través de la adopción de instrumentos de *soft law*. Así pues, podemos plantearnos incluso si el *soft law* está llamado a ser un instrumento clave para mantener la integración en marcha.

Para ejemplificar este *continuum* entre los métodos intergubernamental y el comunitario y el papel que juega en él el *soft law*, podemos fijarnos en el proceso de progresiva incorporación de los derechos humanos en la Comunidad de Derecho que es la Unión y en la que inicialmente no estaban previstos. Los derechos humanos en el seno de la Unión muestran el proceso de 'legalización progresiva' inicialmente a través de los principios generales, como mostrara D. J. LIÑÁN NOGUERAS, para luego dar un salto en este proceso con la Carta de Derechos Fundamentales tal y como fue inicialmente aprobada en el marco de la Convención y el Tratado de Niza de 2000, como un instrumento de *soft law* que sólo vinculaba inicialmente a las instituciones europeas. Al respecto se habría pronunciado la Abogada General E. SHARSTON al señalar que:

> "Aunque la Carta fue solemnemente proclamada en Niza el 7 de diciembre de 2000, se aplazó la decisión sobre el rango jurídico preciso que

> se le debía conferir. Como consecuencia, no se incorporó en ninguno de los Tratados y no se atribuyó fuerza jurídica a sus disposiciones de otra forma. No obstante, fue considerada con prontitud como un catálogo de derechos fundamentales dotado de autoridad, puesto que confirmaba los principios generales inherentes al Estado de Derecho comunes a las tradiciones constitucionales de los Estados miembros. Al pronunciar sus sentencias el Tribunal de Justicia ha deducido con frecuencia una orientación de las disposiciones de la Carta. Como resultado, la Carta adquirió la condición de «Derecho de eficacia atenuada» (soft law en su versión en inglés), es decir, aunque sus disposiciones no fueran directamente aplicables como parte del Derecho de la Unión, eran sin embargo aptas para producir efectos jurídicos, en muchos casos de largo alcance, dentro de la Unión."[481]

También se pronunció sobre la Carta de Derechos Fundamentales, el Abogado General D. Ruiz Jarabo para vincularla con la Directiva 95/46 que desarrolló el derecho fundamental a la intimidad, en su dimensión relativa a la información personal en los tratamientos automatizados, y, en particular, con el artículo 8 de la Carta, dedicado a la «protección de datos de carácter personal». En este sentido, señalaría al respecto que la Carta, "si bien no se integra hoy día en el ordenamiento jurídico comunitario vigente, indudablemente despliega sus efectos como norma de *soft law*", por lo que "a pesar de las cautelas con las que se ha de emplear la Carta, parece difícil ignorar su articulado y negar que estos elementos del derecho forman parte de las tradiciones constitucionales comunes a los Estados miembros"[482].

Los Estados miembros sólo la aceptarían posteriormente, y no todos, tras el Tratado de Lisboa. La ampliación de los derechos de esta Carta puede hacerse por distintas vías: a través de la vía de la reforma constitucional; a través de una protección por *ricochet* como la que lleva a cabo el Tribunal Europeo de Derechos Humanos con la Con-

---

481 Conclusiones de la Abogada General Eleanor Sharpston, presentadas el 18 de octubre de 2012, Asunto C-396/11, Ministerul Public - Parchetul de pe lângă Curtea de Apel Constanţa contra Ciprian Vasile Radu, apartado 48.

482 Conclusiones del Abogado General Dámaso Ruiz-Jarabo Colomer, presentadas el 22 de diciembre de 2008, Asunto C-553/07, College van burgemeester en wethouders van Rotterdam contra M. E. E. Rijkeboer, ECLI:EU:C:2008:773, apartados 21 y ss.

vención de Roma de Derechos Humanos y Libertados Fundamentales con su (in)necesario activismo judicial; y puede hacerse a través de instrumentos de *soft law* con vocación a iniciar dicha reforma de los tratados o, si ello no fuera posible, a inspirar la interpretación extensiva y teleológica de los textos constitucionales. De esta forma, para evitar una deriva intergubernamental del tratamiento de los derechos humanos, buscada por algunos Estados miembros, el *soft law* es una vía de tránsito a una normatividad de mayor intensidad. Cabe poner de ejemplo los avances en la protección de la infancia en la Unión Europea o en la protección del derecho a la intimidad y a la vida privada —asediadas como están por el avance en el tratamiento de datos personales—.

4. LAS INSTITUCIONES DE LA UNIÓN EUROPEA FRENTE AL SOFT LAW

El posicionamiento de las instituciones europeas y de los Estados miembros respecto al *soft law* se define a partir de la defensa de los intereses que les son propios. En el caso de los Estados miembros, en su defensa de su interés nacional, estos pueden preferir el *soft law* en tanto que instrumento jurídico relevante con el que amortiguar los efectos normativos de la integración. Al mismo tiempo, el *soft law,* tal y como es utilizado por la Comisión Europea, puede servir a una aproximación o a un armonización encubierta de sectores competenciales en los que los Estados miembros no están listos aún para alcanzar el consenso requerido para su regulación o porque se ha producido "una ruptura de los consensos" como denominó a esta situación J. Esteve Pardo[483]. Y sin embargo, del consenso nace la le-

[483] Señala este autor que "el fenómeno al que el *soft law* nos asoma es el de la dispersión de los consensos poniendo en evidencia la incapacidad de las instancias legislativas de alcanzar acuerdos que se extiendan a todos los ámbitos y niveles de decisión que se advierten en una sociedad muy compleja, una sociedad policéntrica por emplear la expresión de Helmut Wilke, que ha de adoptar decisiones y alcanzar consensos en espacios y frentes muy diversos. No hay un centro regulador y decisorio, fundado en un único consenso expresión de la idea moderna del contrato social y que en todo caso se articularía perfectamente con una estructura periférica de instancias reguladoras integrada también en un único sistema. Lo hubo desde luego en muchas concepciones doctrinarias, en

gitimidad de todo el sistema normativo y político europeo, y cuando el *soft law* intenta suplir su déficit, sólo está poniendo en evidencia las crisis políticas, económicas y sociales que han hecho que el proceso de integración entre en una fase de estancamiento. La pandemia del COVID-19 y la guerra de agresión de Rusia en Ucrania han tenido, sin embargo, un efecto movilizador de las voluntades de las instituciones y de los Estados miembros que ha llevado a la adopción de nuevas estrategias y programas, con los que el recurso al *soft law* no se ha frenado, y han hecho de él una fuente informal del Derecho de la UE que ha llegado para quedarse.

4.1. La Comisión Europea y el Soft Law

En su caso, la Comisión Europea, en su propósito de servir al interés de la integración y de la Unión, ha visto en el *soft law* un acto atípico con el que, por una parte, presentar sus propuestas normativas y, por otra, complementarlas hasta el punto de convertirlo en el apéndice de los procesos normativos, en una suerte de 'post-proceso legislativo' como lo ha denominado L. SENDEN[484].

Con el *soft law,* la Comisión también intenta sustituir aquellas propuestas normativas fallidas que tienen una segunda oportunidad en una versión *soft,* pero ya sin la intervención de las restantes instituciones y de los Estados miembros, con lo que se corre el riesgo de que la acción de la Comisión afecte no sólo al equilibrio institucional, sino a la esencia misma de los procesos normativos y de sus rasgos democráticos y de legitimidad que les son propios. Su justificación se encuentra en la necesidad de hacer frente a lagunas normativas que si no se vieran cubiertas por el *soft law* institucional vendrían a subsa-

las grandes Constituciones continentales y pareció por un momento que la propia realidad se ajustaba a ese proyecto utópico. En la actualidad es ya bien visible un movimiento de signo contrario, un movimiento centrífugo a la búsqueda de unos foros, de unos consensos, de unas referencias que no pueden ofrecerse desde el sistema formalizado y articulado del derecho público" J. ESTEVE PARDO, "Introducción", D. SARMIENTO, *El Soft Law Administrativo. Un estudio de los efectos jurídicos de las normas no vinculantes de la Administración*, Thomson Civitas, Madrid, 2008, p. 16.

484 Véase L. SENDEN, *Soft Law in European Community Law,* Hart Publishing, Oxford, 2004.

narse con el *soft law* de los actores del mercado y su *autorregulación*, un ejercicio liberal ya ajeno por completo al control democrático. Por otra parte, la acción normativa *soft* asumida por la Comisión a veces cuenta con la aquiescencia de los Estados miembros y del Consejo que prefieren testar los recursos normativos posibles en su versión no vinculante, más amable con sus competencias y siempre libre de las consecuencias que se derivan de su incumplimiento.

Además, es necesario tener en cuenta, como señaló F. SNYDER, que la Comisión Europea incorpora en el *soft law* los elementos de la jurisprudencia del TJUE que apoya sus propuestas normativas. Y en este caso, lo que es legítimo en esta actuación de la Comisión que es la formulación del interés comunitario a la luz de la jurisprudencia, no puede convertirse en un obstáculo o en una excusa para no proseguir con el procedimiento legislativo conforme a las vías del Artículo 288, conforme a las cuales deberían poder pronunciarse en función de sus competencias propias, el Consejo de Ministros y el Parlamento Europeo. Es más, las comunicaciones y recomendaciones de la Comisión que incorporan la jurisprudencia del TJUE tras un proceso de judicialización de los conflictos sobre las bases jurídicas y su ejercicio, serían claramente *soft law* con efectos normativos, que quedarían al margen de todo escrutinio del Alto Tribunal, ya no por considerarse éste incompetente, sino por ser su parecer al respecto innecesario o redundante.

La Comisión ha hecho de estos instrumentos de *soft law europeo* un laboratorio normativo en aquellos sectores más sensibles y en los que la colaboración con las autoridades administrativas de los Estados miembros formaba parte del proceso de aplicación y cumplimiento de manera muy relevante. Un ejemplo de ello se encuentra en las recomendaciones de la Comisión en materia de ayudas de estado en el sector textil que terminaron convirtiéndose en el origen del Asunto DEUFIL ante el TJUE, en el que el desencuentro entre la Comisión y los Estados miembros llevaron a la judicialización de una disputa sobre la 'legalización' de un ámbito competencial como era el de las ayudas de estado a través de un instrumento de *soft law*, como veremos posteriormente. En este campo de las ayudas de estado, los códigos de conducta, las directrices y orientaciones, han sido catalogados como *soft law* y actos administrativos, que se adoptan en virtud del poder discrecional de la Comisión para autolimitarse[485]. En este sentido, el Abogado General D. Ruiz Jarabo habría completado sus reflexiones sobre la naturaleza jurídica del *soft law europeo*, en determinadas ocasiones, señalando que:

> "(...) las directrices no son fuente de la legalidad comunitaria en sentido estricto. Como en reiteradas ocasiones ha manifestado el Tribunal de Justicia, la Comisión puede imponerse orientaciones para el ejercicio de sus facultades de apreciación mediante actos como las directrices, siempre que incluyan reglas indicativas para su comportamiento, que no se separen del Tratado y que contribuyan a garantizar la transparencia, la previsibilidad y la seguridad jurídica de su actuación; aunque no vinculan al Tribunal de Justicia, representan una herramienta útil en su hilo argumental."[486]

Esta caracterización de los instrumentos de *soft law europeo* como resultado de un poder discrecional de carácter ejecutivo es lo que lleva a negar su carácter normativo. Y, sin embargo, esta caracterización no puede aplicarse aquellos instrumentos de *soft law* cuyos rasgos no dejan de ser normativos a pesar de su título, especialmente, en el caso de las comunicaciones y declaraciones interpretativas con alcance general que completan instrumentos normativos que requieren de una definición o de un mecanismo de control para su aplicación, como podremos ver posteriormente.

---

485 Véase la Sentencia de 12 de Marzo de 2020, *Comisión* v *Italia (Ayudas ilegales concedidas al sector hotelero en Cerdeña)*, C-576/18, EU:C:2020:202, par. 136; y las Conclusiones del Abogado General Pikamäe, de 2 Marzo de 2023, Asunto acumulados C-73/22 P y C-77/22 P, Grupa Azoty S. A., Azomures, SA, Lipasmata Kavalas LTD Ypokatastima Allodapis v. Comisión Europea, asunto C-73/22 P y Advansa Manufacturing GmbH, Beaulieu International Group, Brilen, SA, Cordenka GmbH & Co. KG, Dolan GmbH, Enka International GmbH & Co. KG, Glanzstoff Longlaville, Infinited Fiber Company Oy, Kelheim Fibres GmbH, Nurel, SA, PHP Fibers GmbH, Teijin Aramid BV, Thrace Nonwovens & Geosynthetics monoprosopi AVEE mi yfanton yfasmaton kai geosynthetikon proïonton, Trevira GmbH v. Comisión Europea, asunto C-77/22 P, ECLI:EU:C:2023:157

486 Conclusiones del Abogado General Dámaso Ruiz-Jarabo Colomer presentadas el 27 de noviembre de 2008, Asunto C-415/07, Lodato Gennaro & C. SpA contra Istituto nazionale della previdenza sociale (INPS) contra SCCI, ECLI:EU:C:2008:658, ap. 35.

4.2. El Parlamento Europeo y el Soft Law

La posición del Parlamento Europeo frente al *soft law* ha estado motivada por la necesidad de preservar sus competencias y garantizar su principal misión: identificar el interés de los pueblos de Europa, con lo que se protege igualmente el carácter democrático del proceso de integración, más allá de la representación de los Estados miembros a través de sus autoridades políticas elegidas. En su búsqueda del interés de los pueblos de Europa y como garante de la legitimidad democrática de los procesos normativos de la Unión, el Parlamento Europeo ha visto en el *soft law* un motivo de preocupación y un factor de riesgo que acrecienta la tendencia a que sea el poder ejecutivo el que usurpe las funciones legislativas y lo haga ya con una legitimidad basada en la eficacia, la especialización técnica y burocrática y la flexibilidad para adaptarse a los retos reguladores de la nueva gobernanza. Por ello, no es de extrañar entonces que, desde hace ya dos décadas, la posición del Parlamento Europeo haya sido tan clara respecto al *soft law*, cuando expresó su preocupación en su *Resolución de 2007 sobre las implicaciones jurídicas e institucionales del uso del soft law* en la que criticó que:

> "cuando la Comunidad cuenta con competencias legislativas pero le falta la voluntad política de legislar, el uso del *soft law* puede llevar a eludir los órganos legislativos realmente competentes, lo que puede pervertir los principios de la democracia y del Estado de Derecho, establecidos en el artículo 6 del Tratado de la UE, así como la subsidiariedad y la proporcionalidad, recogidas en el artículo 5 del Tratado CE, y tener como resultado que la Comisión actúe rebasando sus competencias"[487].

El Parlamento Europeo ha declarado desde entonces que los instrumentos de *soft law europeo* están siendo utilizados como alternativas a la legislación, con lo que no sólo se estaría menoscabando el papel que tiene asignado esta institución en el procedimiento legislativo,

---

[487] Resolución del Parlamento Europeo, de 4 de septiembre de 2007, sobre las repercusiones institucionales y jurídicas del uso de los instrumentos de *soft law* (2007/2028(INI)), P6_TA(2007)0366 *DOUE C 187*, 24.7.2008, pp. 75-79, disponible en https://www.europarl.europa.eu/doceo/document/TA-6-2007-0366_ES.html El Parlamento Europeo se fundaría en un informe previo disponible en https://www.europarl.europa.eu/doceo/document/A-6-2007-0259_ES.html y (2007/2028(INI))

sino que también se estarían eludiendo las garantías democráticas previstas en los tratados para su desarrollo —incluida la consulta a los parlamentos nacionales cuando haya una posible afectación del principio de subsidiariedad y de las competencias nacionales—. En este sentido, A. Peters habría criticado que "el peligro de eludir al Parlamento Europeo al basarse en el *soft law* también afecta a la cuestión de la justificación democrática o la legitimidad del *soft law*"[488].

Es por ello que el Parlamento Europeo ha querido dejar claro su papel no sólo en los procedimientos de producción del *soft law* de la Unión sino también en los de su control cuando se hubiese visto excluido de aquellos, como ocurre en el caso de ciertos actos de ejecución y delegación de la Comisión que, aunque por definición no son normativos sino ejecutivos conforme a la Comitología post-Lisboa, sí adquieren rasgos normativos cuando pueden servir para la armonización o aproximación encubierta de sectores sensibles. Los actos de ejecución pueden entonces confundirse con el *soft law* con vocación normativa, especialmente, cuando el órgano que los adopta pretende ir con ellos más lejos de lo previsto en su mandato y en sus competencias. Como en el resto de sistemas políticos —estatales, descentralizados—, el poder se concentra en el ejecutivo, y en el caso del *soft law* en la Unión Europea la institución que concentra el monopolio de la iniciativa del poder legislativo es la Comisión que ante la debilidad del consenso de los Estados miembros intenta sortearlo, en detrimento de las competencias del órgano parlamentario[489].

---

488 Véase Anne Peters, "Soft Law as New Mode of Governance", *loc. cit.*, p. 39. En este mismo sentido, Trubeck *et al.* habrían apuntado que el *soft law* puede ser una táctica encubierta para ampliar la competencia legislativa de la Unión, que puede socavar el equilibrio interinstitucional y la legitimad de la UE, D.M. Trubeck *et al.*, *loc. cit.*

489 Algo similar ocurriría en los ordenamientos jurídicos internos donde los parlamentos nacionales habrían visto erosionados sus poderes debido a que los partidos políticos concentrarían su acción en el gobierno, en detrimento del sistema parlamentario tal y como lo habríamos conocido hasta ahora. En este sentido, Sarmiento señala que "los partidos gobernantes huyen hacia el Gobierno con el fin de ejecutar un programa; los partidos de la oposición se refugian bajo el calor de los medios de comunicación, donde las estrategias de la contienda política se articulan y difunden mejor. Así las cosas, el parlamento deja de ejercer la función de control parlamentario, pero, como consecuencia de este mismo fenómeno se resiente igualmente la función legislativa. Efectivamente, el par-

No obstante, el Parlamento Europeo también ha propuesto la adopción de *soft law europeo* en temas competenciales sensibles, sobre los que las instituciones y los estados miembros han sostenido posiciones muy distintas. Así, en el marco de la reforma de la Directiva sobre Crimen Ambiental, el Parlamento Europeo ha hecho una apuesta tan ambiciosa que sólo puede entenderse como parte de su estrategia de negociación en el trílogo que llevarán a cabo las instituciones europeas para adoptarla. Entre las enmiendas que ha presentado el Parlamento Europeo a la propuesta de reforma de la Comisión de 15 de diciembre de 2021[490], hay que destacar aquellas que proponen que la Comisión presente directrices sobre armonización de tipos penales y sanciones. Considero que una propuesta de *soft law* de esta naturaleza, en la que no se consulta a los Estados miembros sobre reformas radicales en los sistemas penales de los Estados miembros, es criticable tanto desde el punto de vista de su técnica jurídica como de su ambición política, y sólo puede entenderse como baza negociadora en el juego de fuerzas interinstitucional[491]. Así, el Parlamento

---

lamento en el que los partidos trabajan es un ámbito residual de influencia. Donde se elaboran las leyes es en los Gobiernos o en los ámbitos privados. El partido mayoritario cuenta con un importante aparato burocrático encargado de elaborar textos que terminarán convertidos en leyes...", D. Sarmiento, *op. cit.*, pp. 35-36.

490 Propuesta de Directiva del Parlamento Europeo y del Consejo relativa a la protección del medio ambiente mediante el Derecho penal y por la que se sustituye la Directiva 2008/99/CE, 15.12.2021, Doc. COM (2021) 851 final, 2021/0422 (COD), SEC(2021) 428 final - SWD(2021) 465 final - SWD(2021) 466 final.

491 Entre las muchas enmiendas presentadas por el Parlamento Europeo, destaco la que introduce un apartado 18 bis en el preámbulo y que luego se desarrolla posteriormente, afirmando que "Sin perjuicio de los beneficios de la presente Directiva para la mejora de la coherencia jurídica a escala de la Unión, esta se enfrenta aún a una fragmentación normativa en este ámbito, así como a una falta de uniformidad en términos jurídicos y prácticos. Las diferencias en la ejecución y la aplicación de las normas de la Unión sobre delitos y responsabilidades medioambientales dan lugar a la ausencia de unas condiciones de competencia equitativa para la industria de la Unión en la actualidad, y como consecuencia, se menoscaba el funcionamiento cabal del mercado interior. En este sentido, la Comisión debe considerar la opción de complementar la presente Directiva con otros ámbitos de la formulación de políticas, que podrían armonizarse plenamente mediante un Reglamento. La Comisión debe elaborar asimismo directrices con el fin de asistir a los Estados miembros en la preparación de sanciones armonizadas que sean efectivas, disuasorias y proporcionadas", In-

Europeo podría ambicionar ganar peso en su propuesta de perseguir la tolerancia activa de los crímenes medioambientales por parte de las administraciones públicas, que es en mi opinión la propuesta más necesaria para mejorar la aplicación y el cumplimiento del derecho ambiental.

4.3. Los Estados miembros y el Soft Law Europeo

En el caso del Consejo de Ministros, al que se le atribuye la defensa de los intereses nacionales, encontramos instrumentos de *soft law europeo* con el que cada vez más los Estados miembros reivindican la defensa del interés de la Unión, a través de la invocación de un proyecto supranacional federal o confederal. De esta manera, los Estados miembros hacen uso del *soft law europeo y también del soft law internacional,* para la propuesta de regulación de aspectos sensibles desde un punto de vista político, pero también jurídico, en la medida en que su recurso puede afectar tanto al sistema competencial como institucional. Así, los Estados miembros han dado la réplica a las propuestas de la Comisión Europea. Pero han ido más lejos aún, en la medida en que también cuestionan la razón por la cual no pueden ser sus instituciones, el Consejo de Ministros o el Consejo Europeo los que identifiquen y defiendan el interés de la Unión, dentro y fuera de ésta. Si no se admite esa exigencia de los Estados miembros, la alternativa es caracterizar al *soft law* propuesto por los Estados miembros como una herramienta del método intergubernamental que compite con el método comunitario[492]. Desde este enfoque, el *soft law* es un instrumento de expresión del método intergubernamental por el que los Estados miembros recuperan la iniciativa en la acción de la Unión en detrimento de las otras instituciones. Con ello, los Estados recuperarían un mayor control respecto al ejercicio de las

---

forme I sobre la Propuesta de Directiva del Parlamento Europeo y del Consejo relativa a la protección del medio ambiente mediante el Derecho penal y por la que se sustituye la Directiva 2008/99/CE (COM(2021)0851 - C9-0466/2021 - 2021/0422(COD)), Comisión de Asuntos Jurídicos, de 23 de Marzo de 2023, A9-0087/2023

492 Véase S. Borrás Pentinat y K. Jacobsson, "The Open Method of Co-ordination and New Governance Patterns in the EU", *Journal of European Public Policy,* Vol. 11, 2004, pp. 185-208 y Trubek et al. *loc.cit.*

competencias compartidas y limitarían los intentos de avanzar en la integración en áreas tan sensibles como la política económica o la política migratoria.

5. EL SOFT LAW Y LAS FUENTES FORMALES DEL DERECHO DE LA UNIÓN EUROPEA

En los Tratados constitutivos de la Unión Europea, el *soft law* no aparece mencionado entre sus fuentes, tal y como éstas se recogen en el Artículo 288 del Tratado sobre el Funcionamiento de la Unión Europea (TFUE), salvo que decidamos embutirlo en las recomendaciones y dictámenes, en tanto que instrumentos desprovistos de fuerza normativa. Estas recomendaciones y dictámenes del Artículo 288 carecen de naturaleza jurídica[493]y no generan responsabilidad jurídica alguna, de sus autores o de sus destinatarios, y, sin embargo, como veremos a continuación ciertos tipos de recomendaciones interpretativas han alcanzado un indiscutible valor jurídico. Así, el *soft law* se ha hecho un lugar entre los actos atípicos de su ordenamiento jurídico, y como tal ha pasado a ser considerado uno de los instrumentos normativos entre los que la Comisión Europea puede elegir para proponer a los Estados miembros y al Parlamento Europeo la regulación de cualquiera de los ámbitos competenciales de la Unión, lo que veremos al examinar la Comunicación sobre una Mejor Legislación de 2016 y el Acuerdo Institucional al que ésta dio lugar sumando al Consejo y al Parlamento Europeo. Así, el *soft law* se habría convertido en un importante instrumento no sólo para la regulación de los nuevos ámbitos de acción de la Unión como la inteligencia artificial, la sociedad digital o la sanidad, sino que también se habría aceptado que su uso se extendiera a ámbitos tradicionales de competencias exclusivas y compartidas que habrían sido regula-

---

493 Son de esta opinión, L. SENDEN, *Soft Law in European Community Law,* Hart Publishing, Oxford, 2004, G. FALKNER, O. TREIB, M. HARTLAPP Y S. LEIBER, *Complying with Europe. EU Harmonisation and Soft Law in the Member States,* Cambridge: Cambridge University Press, 2005, F. BEVERIDGE Y S. NOTT, "A Hard Look at Soft Law" en P. CRAIG Y C. HARLOW (eds.) *Lawmaking in the European Union,* 1998, p. 285-309.

dos previamente sólo a través de reglamentos y directivas[494]. Por otra parte, el *soft law* de la Unión Europea se ha vinculado a los procesos también atípicos de sus nuevas formas de gobernanza, en especial, al método de coordinación abierta[495], siendo la manifestación más frecuente de sus resultados[496].

No obstante, también hay una aproximación al *soft law* que antes de calificarla de fuente o pseudo-fuente y encuadrarla en una categoría normativa, prefiere reducirla a una "creación doctrinal". En este sentido F. Terpan ha afirmado que:

> "como categoría de normas, es una creación doctrinal, que no tiene fundamento en el derecho positivo. El art. 38(1) del Estatuto de la CIJ no hace ninguna referencia al *soft law* como posible fuente de derecho internacional. El art. 288 del Tratado de Funcionamiento de la Unión Europea no menciona el Derecho indicativo como un tipo de legislación secundaria de la UE. Algunos dirán que el *Soft Law* es un concepto inútil y engañoso que difumina la distinción entre las normas jurídicas y la política en lugar de aclarar la naturaleza y el impacto del Derecho. Yo diría más bien que es una abstracción que ayuda a encapsular la complejidad del ordenamiento jurídico europeo, al tiempo que sitúa el derecho en un contexto social y político más amplio. Sin embargo, la dificultad del *Soft Law* es la propia fluidez de la noción. Paradójicamente, el *Soft Law* es un concepto que se utiliza con frecuencia y al que se le dan significados muy diferentes, ya que no se ha llegado a un consenso en el ámbito académico."[497]

Sin embargo, como ya he señalado en los capítulos previos, el *soft law* rompe las costuras de la categoría de fuentes del Artículo 288 del TFUE, como ya lo hiciera con las fuentes del Artículo 38 del Estatuto del Tribunal Internacional de Justicia. En este caso, debe plantearse si es necesario prolongar el debate sobre si la Unión Europea en tanto que ente supranacional y organización de integración debiera

---

494 Véase U. Mörth, (ed.) *Soft Law in Governance and Regulation - An Interdisciplinary Analysis*, Edward Elgar, Cheltenham, 2004.

495 Esta será otra de las cuestiones a abordar en futuros trabajos.

496 Véase S. Borrás Pentinat y K. Jacobsson, "The Open Method of Co-ordination and New Governance Patterns in the EU", *Journal of European Public Policy*, Vol. 11, 2004, pp. 185-208.

497 F. Terpan, "Soft Law in the European Union-The Changing Nature of EU Law", *European Law Journal*, Vol. 21, No. 1, January 2015, pp. 68-96, en p. 73.

permanecer ajena al *soft law,* al ser éste un instrumento definitorio de la acción normativa de las organizaciones internacionales de cooperación o si el *soft law europeo* también es una manifestación de la integración que surge en tiempo de crisis y sirve para paliarlas. La práctica muestra precisamente que el *soft law europeo* es cada vez más frecuente en la Unión Europea y, por ello, la pregunta que cabe plantearse es si modifica el proceso de integración, a modo de caballo de Troya del método intergubernamental, como ya he señalado o sí es una nueva fuente al margen de los tratados.

En su origen, el ordenamiento jurídico comunitario se concebía como independiente del nacional y del internacional, y estaba compuesto por normas divididas en cuatro categorías principales que podrían equipararse a las fuentes en el Derecho Internacional: tratados, derecho derivado (reglamentos, directivas y decisiones), principios generales del derecho comunitario y acuerdos internacionales. En la mayoría de los casos, las competencias atribuidas a la entonces Comunidad Económica Europea se ejercieron mediante un proceso normativo 'completamente' previsto en los tratados. Así ocurrió con los instrumentos que entonces conformaron el acervo comunitario del mercado interior, la política de competencia, la política agrícola común, la política comercial, la política regional, la del medio ambiente o la política en cuestiones sociales. Algunas de estas políticas comunitarias también incluían normas adicionales de *soft law* como en el caso de las de investigación y desarrollo, medio ambiente, política social y, en cierta medida, la política de competencia.

En la década de los 90, el *soft law* no fue objeto de atención en la iniciativa que se puso en marcha con la Conferencia Intergubernamental de Ámsterdam, de llevar a cabo una simplificación de la legislación europea[498]. Esta iniciativa estaba motivada por una percepción

[498] Así, J. B. Liisberg señaló que cuando se consideró la simplificación en las negociaciones de la ICG para la adopción de la Constitución para Europa se tuvieron en cuenta las propuestas ya hechas anteriormente: "The formula for simplification, suggested at this stage, was similar to ideas tested during the IGCs of the 1990s: Binding legal instruments of general application should be called "European laws", instead of regulations, and "European framework laws", instead of directives. The term "regulation" should be reserved for implementing rules. A significant number of Convention Members found that a clearer hierarchy of norms should help to make it easier to distinguish between (second level)

por parte de las instituciones europeas y de los Estados miembros de la existencia de un exceso de regulación, que llevó a preparar una lista de propuestas normativas a retirar, a modo de expurgo para cumplir con una aplicación estricta de los principios de subsidiariedad y de proporcionalidad. Entonces, esas propuestas normativas se consideraron innecesarias, aunque habría que añadir que, dos décadas después, muchas de ellas se han recuperado, cuando las nuevas demandas sociales las han hecho inaplazables —véase el caso de la regulación del transporte de animales conforme a criterios de bienestar animal. Esta simplificación también entronca con la iniciativa posterior puesta en marcha con la Comunicación de la Comisión Europea *Better Regulation, y* en sus posteriores versiones[499], así como en el Acuerdo Interinstitucional posterior que las recoge, en los que se propone una mejor regulación y en la que ya sí tiene un lugar como instrumento normativo el *soft law* en tanto que instrumento pre-legislativo de intensidad normativa menor, y que es elegido no sólo por las instituciones europeas, sino también por sus destinatarios cuando son consultados al respecto[500].

La figura del *soft law* tampoco entró entre las categorías que se propusieron en su día en el proceso de negociación del Tratado por el que se establecía una Constitución para Europa en 2004. Estas categorías perseguían cambiar la terminología para referirse a los actos

---

norms which fall within the remit of the legislative function and those (third level) norms which are the responsibility of the executive. So conceived, there would be three levels of EU norms: constitutional, laws and regulations", J. B. Liisberg, "The EU Constitutional Treaty and its distinction between legslative and non-legislative acts - Oranges into apples?", *Jean Monnet Working Paper 01/06*, Nueva York, 2006, en p. 12.

499 La primera comunicación se adoptó en 2016 y posteriormente ha sido actualizada en 2019 y 2021, véase Comunicación de la Comisión al Parlamento Europeo, al Consejo, al Comité Económico y Social Europeo y al Comité de las Regiones Legislar mejor: aunar fuerzas para mejorar la legislación, de 29 de Abril de 2021, *COM(2021) 219 final*, disponible en https://eur-lex.europa.eu/legal-content/ES/TXT/PDF/?uri=CELEX:52021DC0219&from=EN

500 Véase *Better regulation toolbox*, de 25 de Noviembre de 2021, que completa las Directrices que se recogen en el documento de la Comisión *SWD(2021) 305 final*. Esta 'caja de herramientas' de la legislación europea se encuentra disponible en https://commission.europa.eu/system/files/2023-02/br_toolbox-nov_2021_en.pdf

normativos de manera más afín con el derecho nacional y, también, marcar diferencias con los actos puramente ejecutivos[501]. Estas categorías no fueron recuperadas en el posterior Tratado de Funcionamiento de la Unión Europea, aunque, en ocasiones, se recurre a ellas con un carácter figurativo para subrayar la trascendencia política de un instrumento normativo como es el reglamento que se encuentra tras la Ley Europea del Cambio Climático[502].

6. TAXONOMIA DE LOS INSTRUMENTOS DE SOFT LAW EN LA UNIÓN EUROPEA

En cuanto a la taxonomía de las distintas manifestaciones del *soft law* de la Unión Europea, cabe incluir en ella todos los actos atípicos con vocación normativa de acuerdo con las propias clasificaciones que han adoptado las instituciones europeas como en el caso de la Comisión Europea en sus glosarios y en su *ABC del Derecho de la Unión*

---

501 En este sentido, E. Vírgala Foruria afirmaría que "lo primero que choca a un constitucionalista al analizar el derecho de la UE es la terminología utilizada, ya que no se habla de normas ni de disposiciones jurídicas sino de actos jurídicos, medidas, bases o instrumentos jurídicos lo que es revelador de que nos encontramos en un terreno en el que las categorías estatales van a sernos de escasa utilidad a lo que se añade que cuando aparece un término familiar, como el de reglamento, tiene un significado completamente diferente del propio en los Estados miembros. Se renuncia con la terminología "actos jurídicos" a determinar el grado de generalidad y abstracción y a la distinción entre la forma de la ley y la forma de actuación de la teoría tradicional de la división de poderes. En el Derecho comunitario las "medidas" que los tratados autorizan a los órganos de la Unión abarcan tanto actos abstractos como concretos, generales e individuales. Esta situación es consecuencia del origen de la UE (es decir, de las Comunidades Europeas en los años 50) en que se pensaba más en medidas de acercamiento adoptadas por una organización internacional que en un sistema completo de normas jurídicas aplicable en los Estados. La enorme evolución desde aquella inicial organización internacional a la UE actual ha significado una eclosión de instrumentos jurídicos para adaptarse a dicha evolución favoreciendo la flexibilidad pero no la claridad ni la seguridad jurídicas". E. Vírgala Foruria, "Los actos no legislativos en la Constitución Europea", *Revista de Derecho Constitucional Europeo*, nº 6, 2006, pp. 279-324, en pp. 280-281.

502 Reglamento del Parlamento Europeo y del Consejo por el que se establece el marco para lograr la neutralidad climática y se modifican los Reglamentos (CE) n.º 401/2009 y (UE) 2018/1999, *DOUE L 243*, de 9 de julio de 2021, pp. 1-17.

Europea. Todos ellos, las comunicaciones, las resoluciones y declaraciones, los códigos de conducta y los memoranda de entendimiento, los libros verdes y blancos y demás actos atípicos han sido clasificados como no vinculantes durante décadas, antes de que apareciera el fenómeno de la *soft law* e hiciera necesario reconocer sus efectos jurídicos, en especial, a partir de 1989, cuando el Tribunal de Justicia de la Unión Europea en el asunto GRIMALDI afirmara refiriéndose a las recomendaciones, que "los citados actos no pueden ser considerados como carentes en absoluto de efectos jurídicos" y además estableciera que debían tenerse en cuenta para la interpretación del derecho comunitario y de los derechos nacionales al disponer:

> "A la luz del párrafo 5 del artículo 189 del Tratado CEE, las Recomendaciones de la Comisión de 23 de julio de 1962, relativa a la adopción de una lista europea de enfermedades profesionales, y 66/462, de 20 de julio de 1966, relativa a las condiciones de indemnización de las víctimas de enfermedades profesionales, no pueden, por sí mismas, crear derechos en favor de los justiciables que éstos puedan ejercitar ante los Jueces nacionales. Sin embargo, estos últimos están obligados a tener en cuenta las recomendaciones al resolver los litigios de que conocen, en especial cuando pueden aclarar la interpretación de otras disposiciones nacionales o comunitarias"[503].

Inicialmente, en las recomendaciones, en las comunicaciones y en los libros verdes y blancos —y a pesar del carácter prescriptivo de estos últimos— no se habría identificado ningún indicio de obligatoriedad. Por su mera existencia, tampoco había una obligación de continuar con el procedimiento legislativo hasta el final, en la medida en que sólo serían una pieza más de su engranaje. No sería hasta un momento posterior, en el que convergen el desbordamiento de los ámbitos materiales y la crisis de la identificación de

[503] Sentencia del 13 de Noviembre de 1989, As. C-322/88; emitida en respuesta a una cuestión prejudicial una decisión prejudicial acerca de la interpretación de la Recomendación dirigida por la Comisión a los Estados miembros el 23 de julio de 1962, relativa a la adopción de una lista europea de enfermedades profesionales (DO 1962, 80, p. 2188; EE 05/01, p. 19), y de la Recomendación 66/462 de la Comisión, de 20 de julio de 1966, relativa a las condiciones de indemnización de las víctimas de enfermedades profesionales (DO 1966, 147, p. 2696; EE 05/01, p. 49), a la luz de lo dispuesto en el párrafo 5 del artículo 189 del Tratado CEE.

los intereses de los Estados miembros con el interés comunitario definido por la Comisión Europea, cuando empezarían a abrirse paso nuevas expresiones normativas, como variantes de las ya existentes, en las que faltarían o estarían mezclados con menor intensidad los elementos normativos. Esa es la razón de que se revaloricen con una mayor carga normativa estos instrumentos en la medida en que se formaliza su función de ser el canal de presentación de expectativas normativas en un ámbito competencial, sujeto a discusiones políticas que terminan trascendiendo esa naturaleza política inicial propia de los planes y programas de acción. Con la creciente ambición de las propuestas normativas de la Comisión Europea se han producido cambios importantes en los instrumentos preparatorios que con anterioridad no se habrían calificado como *soft law*. Así, estos cambios los han transformado para potenciar su capacidad normativa. De esta manera, en las comunicaciones se ha reforzado el carácter prescriptivo en la medida en que incorporan recomendaciones respecto a los comportamientos que se espera que adopten los Estados miembros. El valor de estos instrumentos no sólo depende del cumplimiento voluntario del que sean objeto por parte de los Estados miembros sino también se mide en términos de eficacia para alcanzar los resultados previstos. Además, los instrumentos de *soft law* podrán ser adoptados para subsanar las carencias detectadas en la legislación vigente en un determinado sector que no ha podido ser desarrollado en mayor profundidad a través de instrumentos normativos vinculantes. De esta manera, nos encontramos que la aplicación y cumplimiento de estos instrumentos son sometidos a mecanismos de control y promoción del cumplimiento no previstos formalmente en los tratados pero que la Comisión Europea ha desarrollado, especialmente en el caso de las ayudas de estado.

Algunos de los ejemplos que se seleccionan en el ABC del Derecho de la Unión Europea son el Libro Blanco sobre los servicios de interés general de 2004[504], el Libro Blanco sobre una política euro-

504 Comunicación de la Comisión al Parlamento Europeo, al Consejo, al Comité Económico y Social Europeo y al Comité de las Regiones, de 12 de mayo de 2004, titulada "Libro Blanco sobre los servicios de interés general", *Doc. COM (2004) 374 final*, no fue publicada en el Diario Oficial. En ella, se remite al Libro Verde para justificar la competencia y su ejercicio, de manera que se explica que

pea de comunicación de 2006[505] y el Libro Blanco sobre el Futuro de Europa de 2017[506]. A ellos, hay que sumar el Plan de Acción para la Democracia Europea de 2020[507] en relación a la Comunidad Política Europea. Estos instrumentos llevan a cabo la presentación de temas de interés respecto a los cuales la competencia es compartida en algunos aspectos entre la Unión y los Estados miembros pero, dado el carácter sensible de las materias que abordan, su regulación en el marco de la Unión requiere de un ejercicio concurrente de las autoridades europeas y nacionales, de manera que corresponde a la Unión la definición de una política pública y su ejecución inicial a los Estados miembros, hasta que sea posible llevar a cabo una aproximación y, luego, una armonización de las legislaciones nacionales. No obstante, el Libro Blanco sobre el Futuro de Europa no es un libro blanco tradicional, sino que busca trazar la hoja de ruta a seguir por los 27 Estados miembros tras la salida del Reino Unido, persiguiendo identificar una estrategia de acción como queda de manifiesto en su título completo: *Libro Blanco sobre el Futuro de Europa, Reflexiones y*

"el Tratado proporciona a la Comunidad un amplio abanico de medios para garantizar a los usuarios el acceso a servicios de interés general de calidad y asequibles en la Unión Europea. Con todo, corresponde fundamentalmente a las oportunas autoridades nacionales, regionales y locales la definición, organización, financiación y control de tales servicios. Esta responsabilidad compartida es el concepto que subyace a lo dispuesto en el artículo 16 del Tratado CE, que confía a la Comunidad y los Estados miembros, con arreglo a sus competencias respectivas, la responsabilidad de velar por que sus políticas permitan a los operadores de servicios de interés general cumplir su cometido. El derecho de los Estados miembros a asignar obligaciones específicas de servicio público a los operadores económicos y a garantizar el cumplimiento de las mismas se reconoce asimismo, implícitamente, en el apartado 2 del artículo 86 del Tratado CE", p. 5.

505 Sin existir una competencia de la Unión al respecto, la Comisión Europea consideró necesario abordar la cuestión de la comunicación de la UE con el ciudadano en 2006, con este Libro Blanco que anticipó muchas de las cuestiones que hoy se consideran fundamentales respecto a la utilización de las posibilidades —y también problemas— que pueden plantear las nuevas tecnologías de la información, véase el Libro Blanco sobre una Política Europea de Comunicación, de 1 de Febrero de 2006 *Doc. COM(2006) 35 final.*

506 Libro Blanco sobre el Futuro de Europa, Reflexiones y Escenarios para la Europa de los veintisiete en 2025, *Doc. COM(2017) 2025*, de 1 de Marzo de 2017, pp. 22.

507 Véase *Doc. COM(2020) 790 final* de 3.12.2020.

Escenarios para la Europa de los veintisiete en 2025. Así, se dice que "en un escenario en el que existe consenso sobre la necesidad de afrontar mejor, determinadas prioridades conjuntamente, la UE-27 decide centrar su atención y sus recursos limitados en un número reducido de ámbitos", lo que luego se perfeccionaría en el Pacto Verde de la Comisión Europea de 2019[508].

En su caso, los Libros Verdes deben invitar a la reflexión a escala europea sobre temas específicos y constituyen la base para una consulta y un debate públicos sobre la temática que abordan. En algunos casos, aportan el impulso necesario para el desarrollo de disposiciones que posteriormente se recogen en Libros Blancos[509]. Con la iniciativa de la Comunicación de la Comisión Europea *Better Regulation* y su proceso de consultas a la sociedad civil y a los actores implicados como destinatarios últimos de la legislación europea, se ha subrayado esta carga política y normativa de los proyectos supranacionales.

En otros casos, la forma elegida de la comunicación, las resoluciones, las declaraciones o las recomendaciones será un mero disfraz para un instrumento normativo, que se encuentra en preparación o que es una anticipación, una aclaración o un desarrollo, e, incluso, una segunda oportunidad para un proceso legislativo fallido que, en su día, no llegó a contar con el apoyo suficiente de los Estados miembros. Así, dentro de la categoría de las comunicaciones de la Comisión, se viene a reconocer el concepto de "comunicaciones interpretativas", porque vienen a concretar aspectos que el instrumento normativo adoptado, ya sea una directiva o un reglamento, sólo ha presentado de una manera embrionaria, y, en cualquier caso, insuficiente. Ese sería el caso de la Comunicación interpretativa de la Comisión, de 5 de febrero de 2008, relativa a la aplicación del derecho comunitario en materia de contratación pública y de concesiones a la colaboración público-privada institucionalizada, a la que el Abogado General D. Ruiz Jarabo consideró como la pauta exegética para aco-

508 Comunicación de la Comisión al Parlamento Europeo, al Consejo Europeo, al Consejo, al Comité Económico y Social Europeo y al Comité de las Regiones: El Pacto Verde Europeo, *Doc. COM/2019/640 final*.

509 Véase el Glosario de la Comisión Europea, disponible en https://eur-lex.europa.eu/legal-content/ES/TXT/?uri=LEGISSUM:green_paper

modar las prácticas a los principios del Tratado[510]. Sobre los distintos tipos de comunicaciones interpretativas, el Abogado General G. Tesauro realizó un intento de clasificación cuando señala que:

> "17. Además de las Comunicaciones interpretativas e informativas, estas últimas destinadas, en particular, a alimentar el diálogo entre Instituciones sobre cuestiones y materias en las que se prevé la adopción de actos normativos propiamente dichos [véase, por ejemplo, la Comunicación relativa a la legislación comunitaria sobre los productos alimenticios COM(85) 603 final, de 8 de noviembre de 1985], revisten gran importancia las Comunicaciones llamadas decisorias, relativas a sectores en los que la Comisión dispone de una facultad discrecional. Así sucede en materia de competencia: basta pensar, por ejemplo, en la Comunicación de la Comisión, de 3 de septiembre de 1986, relativa a los acuerdos de menor importancia no contemplados en el apartado 1 del artículo 85 del Tratado constitutivo de la Comunidad Económica Europea (DO C 231, p. 2) o bien en la Comunicación de la Comisión sobre el tratamiento de las empresas en participación de carácter cooperativo en virtud del artículo 85 del Tratado CEE (DO 1993, C 43, p. 2). Lo mismo sucede en materia de ayudas de Estado. Respecto a este último sector, recuerdo, por ejemplo, la Comunicación de la Comisión sobre el método de aplicación de

---

510 A este respecto, habría señalado que "52. El derecho comunitario aspira a la armonización de los ordenamientos nacionales en el ámbito de la contratación pública, aunque su impulso se estanca cuando aparece el «fenómeno» de las CPP (colaboraciones público-privadas). 53. Pero los Estados miembros incentivan una regulación en la Comunidad, ante la presencia creciente de las CPP en el sector público, pues no pasan desapercibidas las atractivas credenciales que exhiben. 54. Además de actuar como una válvula de escape a las restricciones presupuestarias, estos instrumentos favorecen la financiación privada y el aprovechamiento de los conocimientos de las empresas ajenas a la vida pública, como respuesta a la derrota que imprimen al Estado los vientos de la liberalización, pues su condición de operador directo ha evolucionado hacia la de regulador de conductas, de las que es su último garante cuando afectan al interés general. 55. En un contexto sin ningún régimen específico vinculante que las englobe, la incertidumbre jurídica impera sobre todo en torno a la participación y a los medios de integración de los socios privados en esos contrapesos económicos. 56. Nació así la impronta de marcar las pautas exegéticas para acomodar estas prácticas a los principios del Tratado, lo que atiende la Comunicación interpretativa de la Comisión, de 5 de febrero de 2008, relativa a la aplicación del derecho comunitario en materia de contratación pública y de concesiones a la colaboración público-privada institucionalizada", Conclusiones del Abogado General Dámaso Ruiz-Jarabo Colomer presentadas el 2 de junio de 2009, Asunto C-196/08, Acoset SpA contra Conferenza Sindaci e Presidenza Prov. Reg. ATO Idrico Ragusa y otros, ECLI:EU:C:2009:332.

las letras a) y c) del apartado 3 del artículo 92 a las ayudas regionales (DO 1988, C 212, p. 2), así como la Comunicación relativa a las directrices comunitarias sobre ayudas estatales al sector de los vehículos de motor (DO 1989, C 123, p. 3). En relación con el valor de estas Comunicaciones, véase la sentencia de 24 de febrero de 1987, Deufil/Comisión (310/85, Rec. p. 901), apartado 22, en la que el Tribunal de Justicia afirmó que la Comunicación contiene «normas indicativas que definen las líneas de actuación que la Comisión se compromete a seguir y cuyo respeto solicita a los Estados miembros», así como la sentencia de 16 de junio de 1993, Francia/Comisión, citada en la nota 12, mediante la cual, por el contrario, el Tribunal de Justicia anuló la Comunicación en materia de ayudas impugnada, debido a que, lejos de contener normas meramente indicativas, creaba obligaciones nuevas a cargo de los Estados miembros y, por esta vía, de las empresas interesadas.

18. Véanse, en particular, la Comunicación de la Comisión sobre las consecuencias de la sentencia dictada por el Tribunal de Justicia de las Comunidades Europeas el 20 de febrero de 1979 en el asunto 120/78, «Cassis de Dijon» (DO 1980, C 256, p. 2), y la Comunicación interpretativa de la Comisión relativa a la libre circulación transfronteriza de servicios (DO 1993, C 334, p. 3)."[511]

También, encontramos recomendaciones que han sido adoptadas cuando el instrumento normativo inicialmente propuesto, habría sido vetado por dos Estados miembros, y habría sido reformulado en tanto que recomendación, como en el caso de la propuesta de directiva sobre la fracturación hidráulica[512].

Frente a estos instrumentos de *soft law* a los que caracterizamos por su vocación normativa, se han posicionado de distinta manera las instituciones europeas y, también, la doctrina. Es comprensible la posición del Parlamento Europeo, en la medida en que en demasiadas ocasiones ha quedado excluido del proceso normativo iniciado a través del *soft law*. Por ello, el Parlamento Europeo ha manifestado que las comunicaciones, los libros verdes y blancos que se adoptan

---

[511] Véanse las Conclusiones del Abogado General Tesauro de 16 de enero de 1997. - República Francesa contra Comisión de las Comunidades Europeas. - Comunicación de la Comisión - Mercado interior - Fondos de pensiones. - Asunto C-57/95, *Recopilación de Jurisprudencia 1997 página I-01627, ECLI:EU:C:1997:15*

[512] Véase la Recomendación de la Comisión de 22 de enero de 2014 relativa a unos principios mínimos para la exploración y producción de hidrocarburos (como el gas de esquisto) utilizando la fracturación hidráulica de alto volumen, *DOUE L 39/72*, de 8 de febrero de 2014.

como fase previa del proceso legislativo no tienen por qué considerarse como *soft law* y, que simplemente, se trataría de instrumentos no vinculantes[513]. Sin embargo, el Parlamento Europeo también participa junto con la Comisión Europea y el Consejo de Ministros en la adopción de las declaraciones, resoluciones y programas cuando el potencial normativo del instrumento lo hace necesario y atractivo. Estos actos atípicos dada su innegable notoriedad aparecen en el ABC que se actualiza periódicamente para la Comisión Europea, y en el que se afirma que:

> "aparte de los actos jurídicos contemplados en los Tratados, las instituciones de la Unión cuentan con otras muchas formas de acción para dar cuerpo y contenido al ordenamiento jurídico de la Unión. En la práctica de la Unión revisten importancia en particular las resoluciones, las declaraciones y los programas de acción"[514].

La Comisión los distingue en función del procedimiento de su adopción, sus efectos jurídicos y los grupos a los que van dirigidos[515], aunque sería conveniente añadir además quiénes son sus autores y sus responsables políticos y jurídicos en última instancia y si cabría la posibilidad de incoar su anulación a través de los procedimientos previstos para velar por la integridad del ordenamiento jurídico y de sus principios ante el Tribunal de Justicia de la Unión Europea, ya que los instrumentos de *soft law* no se evalúan a la luz de los principios de subsidiariedad y de proporcionalidad que sólo serían aplicables a los instrumentos normativos tradicionales, y tampoco serían objeto de consultas a los parlamentos nacionales.

Es necesario destacar la evolución que han experimentado las recomendaciones adoptadas en ámbitos tan diversos como las ayudas de estado o la protección de la infancia, lo que nos lleva a plantearnos si son éstas las recomendaciones a las que se refiere el Artículo 288 del TFUE, a las que hay que sumar, además, las comunicaciones interpretativas que contienen recomendaciones. En estos casos, es

---

513 F. Terpan, "Soft Law in the European Union—The Changing Nature of EU Law", *European Law Journal,* Vol. 21, No. 1, January 2015, pp. 68-96, en p. 77.

514 Véase Comisión Europea, El ABC del Derecho de la Unión Europea, Edición de 2023, disponible en https://op.europa.eu/webpub/com/abc-of-eu-law/es/#chap0

515 Ibidem.

necesario distinguir las que no serán vinculantes, y las que, de alguna manera, desplegarán efectos jurídicos, porque se trata de otro tipo de recomendaciones que sí tienen vocación normativa como se manifiesta a través de los actos que se adoptan en virtud de ellas. En la búsqueda de ejemplos clarificadores de lo que es una recomendación y a lo que obliga, he detectado similitudes con lo que son las normas convencionales de naturaleza *soft* que pueden encontrarse en los tratados internacionales y que dependen para su desarrollo y cumplimiento de la adopción de planes nacionales. En este sentido, la Comisión Europea ha propiciado la aproximación de las legislaciones nacionales en materias tan diversas como las ayudas de estado y, más recientemente, en una competencia de coordinación como es la que cubre la protección de la infancia, a través de instrumentos de *soft law* pero que responden a muchos de los requisitos de los instrumentos normativos europeos. Así, en la Recomendación 2021/1004 del Consejo de 14 de junio de 2021 por la que se establece una Garantía Infantil Europea se justifica que "la presente Recomendación respeta plenamente los principios de subsidiariedad y proporcionalidad. Se entiende sin perjuicio de los principios del Derecho procesal nacional y de las tradiciones jurídicas de los Estados miembros y no implica una ampliación de las competencias de la Unión"[516]. Además, en su apartado 30 se dice que:

> "La presente Recomendación debe aplicarse a través de planes de acción nacionales adaptados a las circunstancias nacionales, regionales y locales. Tales planes de acción nacionales deben detectar a los niños necesitados y los obstáculos a los que se enfrentan a la hora de acceder a los servicios cubiertos por la presente Recomendación y beneficiarse de ellos. A tal fin, se recomienda a los Estados miembros que obtengan la participación de las partes interesadas pertinentes, tales como las organizaciones no gubernamentales que promueven los derechos del niño. En el contexto del Semestre Europeo, debe realizarse un seguimiento periódico de los avances logrados en la aplicación de la presente Recomendación, por ejemplo, como parte del cuadro de indicadores so-

---

516 Recomendación (UE) 2021/1004, del Consejo de 14 de junio de 2021 por la que se establece una Garantía Infantil Europea, de 22 de Junio de 2021, *DOUE L 223/14*, disponible en https://eur-lex.europa.eu/legal-content/ES/TXT/PDF/?uri=CELEX:32021H1004&from=ES

ciales, y también mediante el desarrollo de indicadores de seguimiento pertinentes."[517]

Esta Recomendación 2021/1004 del Consejo de 14 de junio de 2021 por la que se establece una Garantía Infantil Europea que se publica en el *DOUE L* tiene a su vez un amplio recorrido en un marco *soft* que se identifica en su preámbulo. En dicho preámbulo además se deja constancia de que inicialmente no había un respaldo unánime para la adopción de medidas europeas que fueran más allá de las competencias previstas en los tratados, lo que justificaría que los avances en el compromiso europeo con la infancia se cimentaran con instrumentos *soft*[518].

En el caso de las recomendaciones, decisiones y resoluciones que adoptan el Consejo y el Parlamento Europeo, también podemos ver que

---

517 Ibidem.

518 Así en los apartados 11 y 12 se dice:
(11) El Parlamento Europeo, en su Resolución de 24 de noviembre de 2015, pidió a la Comisión y a los Estados miembros que introdujeran una garantía infantil, con especial atención a los niños en situación de pobreza y al acceso de estos a los servicios. Además, en su Resolución de 11 de marzo de 2021, el Parlamento Europeo pidió a la Comisión que incluyera en la Estrategia de la UE sobre los Derechos de la Infancia medidas específicas para invertir en la infancia a fin de erradicar la pobreza infantil, entre ellas la creación de una Garantía Infantil Europea con recursos adecuados, y que presentara su propuesta sobre esta en el primer trimestre de 2021; asimismo solicitó a los Estados miembros que invirtieran todos los recursos posibles, incluidos fondos de la Unión, en la lucha contra la pobreza infantil y la exclusión social y que establecieran planes de acción nacionales relativos a la Garantía Infantil.
(12) La Declaración conjunta titulada *Overcoming poverty and social exclusion — mitigating the impact of COVID-19 on families— working together to develop prospects for strong children* [«Superar la pobreza y la exclusión social. Mitigar el impacto de la COVID-19 en las familias. Trabajar juntos en el desarrollo de perspectivas para niños y niñas fuertes», documento en inglés], firmada en diciembre de 2020 por veinticuatro ministros del Consejo de Empleo, Política Social, Sanidad y Consumidores, abogaba por que la Garantía Infantil Europea se basara en los principios y el enfoque integrado de la Recomendación 2013/112/UE y del pilar europeo de derechos sociales. Los ministros reiteraban que el acceso a una asistencia sanitaria gratuita, a una educación gratuita, a una educación infantil y atención a la primera infancia asequible, a una vivienda digna y a una alimentación adecuada es esencial para los niños en riesgo de pobreza o exclusión social".

> "expresan las opiniones e intenciones comunes relativas al desarrollo general de la integración, así como sobre misiones concretas dentro y fuera de la UE. Las resoluciones relativas al ámbito interno de la UE han tenido por objeto, por ejemplo, los principios de la unión política, la política regional, la política energética y la unión económica y monetaria, en particular la creación del Sistema Monetario Europeo."[519]

Como la misma Comisión Europea reconoce "estas resoluciones revisten ante todo una importancia política como orientaciones para los futuros trabajos del Consejo. Como *expresiones de la voluntad política común,* facilitan de forma decisiva el consenso en el seno del Consejo. Asimismo, garantizan un mínimo de concordancia entre el plano de decisión de la Unión y el nacional. Toda función de su alcance jurídico debe tener en cuenta, asimismo, esa función, es decir, el instrumento de la resolución debe ser flexible y no estar demasiado cargado de instrucciones y ataduras jurídicas"[520].

En el caso de las declaraciones que adoptan las instituciones europeas, se distingue además entre dos modalidades en las declaraciones interpretativas:

> "en la medida en que estén relacionadas con el *desarrollo ulterior de la Unión,* como las declaraciones sobre la UE, la democracia o los derechos fundamentales, su importancia equivale en lo esencial a la de las resoluciones. Se recurre a ellas en particular cuando se pretende llegar a un público amplio o a un grupo determinado de destinatarios. Asimismo, se adoptan declaraciones en relación con la toma de decisiones del Consejo. En este caso se trata de declaraciones en las que los miembros del Consejo expresan conjunta o individualmente su opinión sobre la interpretación de las decisiones adoptadas por el Consejo. Estas *declaraciones interpretativas* son práctica común en el Consejo y representan un medio indispensable para llegar al consenso en el seno de éste. Su importancia jurídica debe evaluarse con arreglo a los principios generales de interpretación. Según estos, la interpretación de una disposición viene determinada, entre otros factores, por la voluntad de su autor. Sin embargo, esta afirmación solo es válida en la medida en que las declaraciones interpretativas hayan sido objeto de la publicidad necesaria, ya que el Derecho

---

519 Véase el ABC del Derecho de la Unión Europea, 2023, disponible en https://op.europa.eu/webpub/com/abc-of-eu-law/es/#chap0

520 Ibidem.

derivado de la Unión que confiere derechos directos a los individuos no puede ser limitado por pactos accesorios no publicados."[521]

De especial importancia normativa son también los programas de acción y los pactos que se han mostrado como los motores de la integración y del ejercicio de competencias compartidas y de las competencias de coordinación. Está claro que el Pacto Verde que ya hemos mencionado, trasciende su naturaleza política al ser objeto de un consenso sobrevenido de las distintas instituciones europeas a partir de la propuesta lanzada por la Presidenta de la Comisión, Ursula Von der Leyen. Su capacidad para inspirar el desarrollo normativo de las competencias europeas conforme a las exigencias de una transición hacia un nuevo modelo económico descarbonizado no se ha puesto en cuestión desde un punto de vista político o normativo, y los obstáculos que se han presentado desde un punto de vista presupuestario o de la cohesión social han servido de revulsivo para abordar los cambios necesarios. De este mismo modo, se habría adoptado el Programa "Próxima Generación UE" (Next Generation), que con el fin de "reparar los daños provocados por la crisis y preparar un futuro mejor para la próxima generación"[522], "supone un hito trascendental en el proceso de integración europea, poniendo a la UE en una dirección política diferente, al romper varios tabúes y generar una dinámica federalizadora", como sostiene M. Guinea Llorente[523].

En el caso de los programas de acción en ámbitos sectoriales, cabe apreciar similitudes y diferencias que responden al ámbito competencial de que se trate. Como similitudes, el ABC de la legislación de la UE destaca que los proponen

> "el Consejo o la Comisión por propia iniciativa o a propuesta del Consejo Europeo y sirven para concretar los programas legislativos y objetivos generales contemplados en los Tratados de la Unión. En la medida en que dichos programas estén previstos expresamente en los Tratados, su contenido es obligatorio para las instituciones de la Unión. Por el con-

---

521 Ibidem.

522 Comisión Europea, *Comunicación al Parlamento Europeo, al Consejo Europeo, al Consejo, al Comité Económico y Social Europeo y al Comité de las Regiones, "El momento de Europa: reparar los daños y preparar el futuro para la próxima generación", COM(2020) 456 final*, 27 de mayo de 2020, p. 1.

523 Véase M. Guinea Llorente, *loc. cit.*, p. 242,

trario, otros programas se entienden en la práctica únicamente como *orientaciones* que carecen de efectos jurídicos vinculantes. No obstante, expresan la intención de las instituciones de la Unión de actuar de acuerdo con su contenido"[524].

En el caso de los programas de la política medioambiental, nos encontramos con un acto atípico con disposiciones de *soft law* que establece el horizonte normativo medioambiental para un período de tiempo que ha pasado de ser de 5 a 10 años, y del que hasta ahora no se derivan consecuencias normativas o políticas por su incumplimiento, ya que sus objetivos y principios se renuevan siempre en los programas que se suceden. Cabe apreciar en ellos su potencial normativo que se ha dosificado en función de los procedimientos para su adopción que han cambiado desde que se adoptara el primero en 1973 y el último en 2022. En su origen, estos instrumentos programáticos eran adoptados por (super) unanimidad, que se acompañaba por una decisión de los Representantes de los Estados miembros reunidos en el seno del Consejo de Ministros, que exigía igualmente la ratificación nacional. Ya con una adopción prevista por codecisión en el Artículo 192.3 del TFUE[525], estos son desarrollados no sólo a través de los instrumentos normativos previstos en los apartados 1 y 2 de este Artículo 192 sino también a través de los actos atípicos como las estrategias y las recomendaciones que tanta importancia han adquirido en estos últimos años. Además, como defiende LUDWIG KRÄMER cabe afirmar que tras la reforma del Tratado de Lisboa su valor sería obligatorio con carácter general[526], aunque muchas de sus disposiciones dejan un margen tan amplio de desarrollo que pueden considerarse de *soft law*. Este autor de referencia habría destacado que "el contenido de un programa de acción de la UE que haya sido adoptado en virtud del artículo 192.3 TFUE constituirá una fuente

524 ABC del Derecho de la Unión Europea.

525 El Art. 192.3. del TFUE establece que:
"3. El Parlamento Europeo y el Consejo adoptarán, con arreglo al procedimiento legislativo ordinario y previa consulta al Comité Económico y Social y al Comité de las Regiones, programas de acción de carácter general que fijen los objetivos prioritarios que hayan de alcanzarse. Las medidas necesarias para la ejecución de dichos programas se adoptarán de conformidad con las condiciones contempladas en el apartado 1 o en el apartado 2, según proceda".

526 L. KRÄMER, *EU Environmental Law*, Sweet and Maxwell, 2012, p. 5.

de Derecho" y además "la interpretación del principio de subsidiariedad se verá influida por las decisiones adoptadas en virtud del artículo 192.3: cuando una decisión adoptada en virtud de esta disposición prevea explícitamente una medida de la UE sobre un punto específico, normalmente no será posible oponerse a tal medida de la UE invocando el principio de subsidiariedad —aunque mucho depende, por supuesto, del contenido exacto de la medida"[527].

En el caso de los programas en materia migratoria, se observa los mismos elementos comunes de programación de una acción futura, sin embargo, el compromiso débil y fluctuante de los Estados miembros con esta política condiciona tanto los tempos como los resultados que se obtienen. Ello queda puesto de manifiesto en el último Pacto migratorio de la Comisión Europea, que aún se debate tras ser presentado en el mes de septiembre de 2021. El hecho de que la Comisión Europea lo haya denominado Pacto en lugar de programa como en los precedentes programas, como el Programa de Estocolmo de 2010 propuesto por el Consejo Europeo[528], le hace entroncar con el instrumento intergubernamental que la Presidencia francesa de la Unión, en 2008, propuso para catalizar el acuerdo de los Estados miembros sobre cuestiones fundamentales y hacer frente a las crisis migratorias del momento. Ahora como entonces, estos instrumentos programáticos ocupan el lugar de los instrumentos normativos que los Estados miembros no han querido adoptar, desempeñando sus funciones normativas a modo de ensayo, como un ejercicio voluntario.

---

527 Lo ilustra afirmando que "where for example the Sixth Environmental Action Programme, requests in Article 7.1. that 'chemicals that are dangerous should be substituted by safer chemicals or safer alternative technologies not entailing the use of chemicals with the aim of reducing risks to man and the environment' this clearly constitutes the recognition of the substitution principle in EU environmental law, which may influence the interpretation of Arts. 34, 36, 114, 192 or 193 TFEU", L. KRÄMER, *op. cit.*, p. 7-8.

528 Consejo Europeo, Programa de Estocolmo - Una Europa abierta y segura que sirva y proteja al ciudadano, DOUE C 115 de 4.5.2010. Véase T. FAJARDO DEL CASTILLO, "El programa de Estocolmo: últimos desarrollos de la política europea de libertad, seguridad y justicia", en A. DEL VALLE GÁLVEZ ET AL., *Inmigración, seguridad y fronteras: Problemáticas de España, Marruecos y la Unión Europea en el área del Estrecho*, Dykinson, 2012, pp. 153-174.

En el ámbito de la competencia, cabe poner de ejemplo el Programa modelo sobre clemencia de la Red Europea de Competencia (REC) de 2006 que en opinión del Abogado General "pretende fomentar, a través del «soft-law», la armonización voluntaria de los posibles programas de clemencia de los Estados miembros en materia de competencia". Para fundar esta afirmación, subrayaría que

> "el hecho de que las Autoridades Nacionales de la Competencia (ANC) se hayan comprometido formalmente a respetar los principios establecidos en la Comunicación sobre la cooperación en la REC no modifica su índole de foro de discusión y cooperación ni el carácter no vinculante de sus actos. Por otra parte, en el caso particular del Programa modelo sobre clemencia de la REC, su carácter meramente programático se deduce de su propia denominación de programa «modelo» y de su contenido. En efecto, el objetivo declarado del Programa modelo sobre clemencia de la REC de 2006 consiste en incentivar a las ANC para que lo tengan en cuenta en la posible adopción y aplicación de un programa nacional de clemencia sin obligarlas, por consiguiente, a ajustarse al mismo."[529]

7. EL SOFT LAW Y LOS CAMBIOS HABIDOS EN LOS PROCEDIMIENTOS NORMATIVOS DE LA UNIÓN EUROPEA

La adopción de *soft law europeo* altera los procedimientos normativos previstos en los Tratados, así como el principio del equilibrio institucional. En este sentido, el Parlamento Europeo habría denunciado pronto que "no se prevé ningún procedimiento de consulta al Parlamento sobre el uso propuesto de instrumentos de *soft law*, como las recomendaciones y las comunicaciones interpretativas"[530]. Por ello, para apreciar el impacto del *soft law europeo* en los procedimientos normativos que inicia la Comisión Europea conforme al Artículo 288 y ss. del TFUE es necesario tener en cuenta su distintas iniciativas de mejora de la regulación que se recogen en su Comuni-

---

529 Conclusiones del Abogado General Melchior Wathelet, presentadas el 10 de septiembre de 2015, Asunto C-428/14, DHL Express (Italy) Srl, DHL Global Forwarding (Italy) SpA contra Autorità Garante della Concorrenza e del Mercato, ECLI:EU:C:2015:587, apartado 44.

530 Véase la Resolución del Parlamento Europeo de 2007, p. 4, apartado AA.

cación *"Better Regulation"*, "Legislar mejor" y que se traslada posteriormente al Acuerdo Interinstitucional con el Consejo de Ministros y el Parlamento Europeo con el mismo título[531]. Con esta iniciativa que entronca con otros intentos de simplificación que se llevaron a cabo en la década de los 90, se habría incrementado no sólo el número y la calidad de las consultas públicas en los procedimientos normativos sino también la importancia dada al uso de instrumentos alternativos o a instrumentos que son complementarios de la normativa tradicional. Así, L. SENDEN considera que "la UE ha venido desarrollando una nueva política reguladora, que hace cada vez más hincapié en el uso de instrumentos alternativos o complementarios de la legislación tradicional de mando y control. Este objetivo de diversificación de los instrumentos reguladores de la Unión se inspira fundamentalmente en la preocupación por aumentar la eficacia, legitimidad y transparencia de la actuación de la UE. Estos instrumentos alternativos —incluidas, entre otras cosas, las recomendaciones y los acuerdos voluntarios— suelen etiquetarse con los términos generales de 'Derecho indicativo', 'autorregulación' y/o 'co-regulación'."[532] En mi opinión, considero que con estos cambios, se produce una alteración de los procedimientos normativos previstos en los Tratados, que en su origen son mucho más simples, y en los que inicialmente la consulta a la sociedad civil no estaba prevista.

También cabe considerar que el recurso al *soft law* se convierte en una etapa más del *iter* normativo europeo, en el que jugaría un papel muy relevante en tanto que 'instrumento preparatorio'[533], que, de tener éxito en su acogida por los Estados miembros, debería ser sustituido lo antes posible por un instrumento normativo tradicional —o no, si las instituciones europeas y los Estados miembros no consi-

---

531 Acuerdo interinstitucional entre el Parlamento Europeo, el Consejo de la Unión Europea y la Comisión Europea sobre la mejora de la legislación, *DOUE L 123* de 12.5.2016, pp. 1-14.

532 L. SENDEN utiliza la expresión "traditional command-and-control legislation". Véase L. SENDEN, "Soft Law, Self-Regulation And Co-Regulation In European Law: Where Do They Meet?, *Electronic Journal of Comparative Law*, Vol. 9.1, Enero 2005, pp. 1-27, en p. 1.

533 Así se identifica en la Resolución del PE de 2007 y en el Informe en que se basa, p. 11.

deran necesario ir más allá en un proceso de legalización que puede consumarse sólo con un instrumento de *soft law europeo.*

Así pues, con los cambios habidos, los procedimientos normativos pueden dar como resultado una legislación de intensidad normativa variable, compuesta de instrumentos normativos tradicionales, vinculantes, que se desarrollan, se complementan o se modifican con instrumentos de *soft law.* Así, además de conformar una fase preparatoria del proceso normativo, los instrumentos de *soft law europeo* pueden adoptarse con posterioridad a la adopción de un reglamento o de una directiva para llevar a cabo la clarificación de sus términos, como hacen las recomendaciones y comunicaciones interpretativas, o para ensayar las posibilidades de su desarrollo normativo. Un ejemplo de ello podemos verlo en el caso de la adopción de la normativa europea sobre los vehículos pesados para el transporte de mercancías, que la Comisión Europea justificaría afirmando que "en el pasado se utilizó *soft law* (por ejemplo, una Comunicación con recomendaciones) para abordar el problema de las viñetas de corta duración con precios desproporcionados para los turismos, pero se comprobó que no tenía un impacto significativo. Para subsanar las deficiencias de la legislación vigente, no es una opción viable".[534]

De esta manera, la Comisión Europea en sus propuestas podrá proponer o excluir instrumentos de *soft law* en relación con la revisión o la adaptación de directivas o reglamentos, y para ello, también tendrá que justificar que la propuesta o la exclusión de un instrumento de *soft law* cumple con los principios de subsidiariedad y de proporcionalidad[535]. La subsidiariedad no sólo implica el concepto de subsidiariedad *stricto sensu,* es decir, la cuestión de quién debe

---

534 Véase Commission Staff Working Document Impact Assessment, *Accompanying the document* Proposal for a Directive of the European Parliament and of the Council amending Directive 1999/62/EC on the charging of heavy goods vehicles for the use of certain infrastructures and Proposal for a Council Directive amending Directive 1999/62/EC on the charging of heavy goods vehicles for the use of certain infrastructures, as regards certain provisions on vehicle taxation, 31.5.2017 SWD(2017) 180 final PART 1/2, COM(2017) 275 final, COM(2017) 276 final y SWD(2017) 181 final, (Doc. sobre los vehículos pesados, en adelante) p. 26.

535 Así en una propuesta, considerando el principio de proporcionalidad se afirmará que "The choice of instrument (Directive) is adequate as it allows satisfactory

ejercer el poder legislativo, también abarca el concepto de proporcionalidad, es decir, la cuestión de si el poder debe ejercerse y cómo debe ejercerse. Además, F. SNYDER habría sostenido que el principio de proporcionalidad ha sido interpretado tanto por las instituciones europeas como por los gobiernos nacionales para dar prioridad a las medidas que no son jurídicamente vinculantes, es decir, al *soft law*, basándose en lo que la propia Comisión Europea habría sostenido al respecto al afirmar que, "la principal opción en lo que respecta a la *subsidiariedad* [en el sentido de proporcionalidad] es entre las medidas vinculantes y las no vinculantes"[536]. En este sentido, añadiría que "… la acción es necesaria para alcanzar los objetivos del Tratado, pero no debe ser desproporcionada; esto implica que el recurso a los instrumentos más vinculantes debe utilizarse como último recurso"[537]. Ante esta posición de la Comisión, el Consejo aceptaría que la forma de abordar un proceso normativo debe ser lo más sencilla posible, en consonancia con la consecución satisfactoria del objetivo de la medida y la necesidad de una aplicación eficaz[538]. De esta manera, F. SNYDER hace tres décadas ya puso de manifiesto basándose en las manifestaciones de las instituciones europeas que existía un vínculo entre *soft law* y los principios de subsidiariedad y de proporcionalidad[539]. Ese vínculo, lo podemos revisar hoy para constatar que en los procesos normativos y en la 'legalización' y ejercicio de las competencias de la Unión se tiene en cuenta la elección de los instrumentos del *soft law* cuando se aprecia su idoneidad a la luz de los principios

---

achievement of the objectives, at least in PO2, PO3, and PO4. Soft law has not been able to achieve the objectives", Doc. sobre los vehículos pesados, p. 60.

536 Commission of the European Communities, 'The principle of subsidiarity: Communication of the Commission to the Council and the European Parliament', *SEC(92) 1990 final*, 27 Octubre de 1992, p. 14.

537 Commission of the European Communities, 'The principle of subsidiarity: Communication of the Commission to the Council and the European Parliament', *SEC(92)1990 final*, 27 Octubre de 1992, pp. 4 y 5.

538 Conclusions of the Presidency, European Council in Edinburgh, 11-12 December 1992, Annex I to Part A, 'Overall Approach to the Application by the Council of the Subsidiarity Principle and Article 3b of the Treaty on European Union', p. 9.

539 F. SNYDER, "The Soft Law and Institutional Practice in the European Community", en S. MARTIN (Ed.), *The Construction of Europe: Essays in Honor of Emile Nöel*, Kluwer, Deventer, Kluwer, 1994, pp. 197-225, en pp. 201-202.

de subsidiariedad y proporcionalidad. Estas premisas luego han sido recogidas en la iniciativa *Better Regulation* y en el Acuerdo Interinstitucional alcanzado sobre ella.

En el período posterior a la producción normativa, la Comisión Europea también recurre al *soft law* respecto a un sector competencial que ya ha sido objeto de un desarrollo normativo pero cuya adaptación y, en su caso, desarrollo progresivo no es posible dadas las reticencias de los Estados miembros. Así cuando se haya descartado la revisión de la legislación vigente con instrumentos tradicionales, los instrumentos de *soft law europeo* se propondrán para ello. Además, las opciones normativas que se barajan en las propuestas de la Comisión Europea tienen en cuenta las preferencias no sólo de los Estados miembros y de las restantes instituciones europeas, sino también las de los actores interesados. De esta manera, el procedimiento normativo es más inclusivo, en la medida en que incorpora a los representantes de la sociedad civil, asociaciones empresariales o sindicatos, que se manifiestan respecto a los instrumentos normativos a adoptar y los costes de 'legalización' —políticos y jurídicos— de las nuevas exigencias normativas, para en función de ellos graduar su ambición[540].

Aunque la iniciativa *Better Regulation* merece ser abordada en líneas de investigación futuras, sólo me referiré a ella para poner de manifiesto aquellos de sus aspectos que se refieren al *soft law europeo.*

Desde que la Comisión Europea iniciara un ejercicio de reflexión sobre la necesidad de mejorar el proceso legislativo de la Unión[541], se ha planteado la conveniencia de ejercer las competencias atribui-

---

540 Así se explica por ejemplo en el Documento sobre los vehículos pesados cuando se dice que:
"Since other possibilities than revising the existing legislation have been ruled out (business as usual or soft law), the measures have been packaged in a way to put more or less emphasis on the different objectives while addressing passenger and freight transport. At the same time, truly alternative options (e.g. addressing only freight or only passenger transport) are not viable if all the objectives are to be addressed. The options show therefore a cumulative pattern, which allows assessing the effects of key measures, which differentiate them, and gauging the desired level of ambition", p. 31.

541 Ténganse en cuenta el Libro Blanco sobre la Gobernanza Europea de 2001, el Plan de Acción de la Comisión de 2002 "Simplificar y mejorar el marco regu-

das a través de un acto normativo o de un acto de *soft law.* Aunque esta decisión se evalúe desde un punto de vista de la 'mejora de la legislación', qué duda cabe que enmascara una decisión política, con igual trascendencia que la decisión por la que se decide actuar a nivel de la Unión o de los Estados miembros, en virtud de los principios de subsidiariedad y de proporcionalidad. Ya lo había denunciado el Parlamento Europeo cuando señalara que

> "el programa «legislar mejor» no debe verse alterado para que el Ejecutivo comunitario legisle de hecho mediante instrumentos de soft law, con la posibilidad que ello supone de subvertir el orden jurídico comunitario, al evitar la participación del Parlamento elegido democráticamente y el control del Tribunal de Justicia, privando a los ciudadanos de la tutela judicial"[542].

Y también lo criticó en un momento muy temprano, F. SNYDER cuando valoró las consecuencias de la sentencia del Tribunal de Justicia en el asunto CASSIS DE DIJON, que estableció el principio de "reconocimiento mutuo"[543]. Denunciaría este autor, que a partir de ese momento, la rígida armonización de las legislaciones nacionales mediante la legislación comunitaria se sustituyó por una estrategia de litigios selectivos de la Comisión contra los Estados miembros en virtud del artículo 169 del TCEE[544]. Esta estrategia se consolidó y, con ella, el uso cada vez mayor del *soft law europeo*[545]. Como podremos ver en el análisis de la jurisprudencia del TJUE sobre el *soft law europeo*, la Comisión Europea empezó entonces a incorporar la jurisprudencia resultante de esos litigios en instrumentos de *soft law europeo* como

---

lador", el Acuerdo Interinstitucional "Legislar mejor" de 2003 y sus posteriores revisiones, a las que nos referiremos posteriormente.

542 Resolución del Parlamento Europeo sobre las repercusiones legales e institucionales, p. 4, apartado Z.

543 Sentencia del Tribunal de Justicia de 20 de febrero de 1979, Rewe-Zentral AG contra Bundesmonopolverwaltung für Branntwein, Medidas de efecto equivalente a las restricciones cuantitativas, Asunto 120/78, Edición especial española 1979 00351, ECLI:EU:C:1979:42

544 F. SNYDER, "Soft law", *loc. cit.*, p. 199.

545 Comisión Europea, *Completing the Internal Market. White Paper from the Commission to the European Council (Milan, 28-29 June 1985). COM (85) 310 final, 14 June 1985.*

sería su Comunicación relativa a las consecuencias de la sentencia dictada por el Tribunal de Justicia en el asunto Cassis de Dijon[546].

La Comisión lo justificaría en términos económicos y con la voluntad de conseguir una mayor eficacia de los resultados normativos de procesos a los que se suma cada vez más a actores no estatales. El coste político justificaría que se llegue a priorizar las medidas *soft* respecto a las de *hard law* en razón de lo que puede suponer su fracaso en tiempos de crisis normativa en la Unión. Sin embargo, en este caso, podríamos estar frente a lo que F. TERPAN considera una 'deslegalización', el proceso de privar de carácter jurídico al instrumento que debería haberse adoptado en virtud de la atribución de la competencia y del mandato derivado de los tratados de llevar a cabo su desarrollo normativo a través de normas vinculantes[547]. Con un sentido conciliador, estaríamos en presencia de lo que M. LÓPEZ ESCUDERO considera un tránsito de una *soft coordination* a una *hard coordination* que afectaría a la propia naturaleza de las competencias de la Unión, en la medida en que:

> "Con el desarrollo de los nuevos niveles de supervisión reforzada para los países de la zona euro y de la supervisión intrusiva para los países sometidos a programas de ajuste, se ha producido un cambio gradual en la naturaleza de la competencia de la UE sobre la política económica, de manera que la concepción de los tratados según la cual la UE coordina y los Estados deciden en el ámbito de la política económica y presupuestaria ya no se ajusta a la realidad. Ha habido un cambio desde una soft coordination hacia una hard coordination, que se aprecia en lo siguiente: los instrumentos de la gobernanza económica continúan siendo en gran parte no vinculantes, pero se pueden imponer cada vez más sanciones financieras para forzar su cumplimiento, la condicionalidad macroeconómica de los fondos estructurales implica la suspensión de éstos en caso de incumplimiento de las obligaciones derivadas de la gobernanza económica; cuando un Estado solicita asistencia financiera el programa de ajuste y la vigilancia de la Troika hacen que su soberanía económica

---

546 Communication from the Commission concerning the consequences of the judgment given by the Court of Justice on 20 February 1979 in case 120/78, 'Cassis de Dijon', *OJ C 256,* 3.10.1980, pp. 2-3.

547 F. TERPAN, "Soft Law in the European Union-The Changing Nature of EU Law", *European Law Journal,* Vol. 21, No. 1, January 2015, pp. 68-96.

y presupuestaria se vea drásticamente limitada y que deba ejercerla de forma compartida en el seno de la estructura multinivel que es la UE"[548].

Sin embargo, también es necesario tener en cuenta la creciente influencia que tienen los actores económicos en la adopción de *soft law europeo,* de modo que en esta fase pre-legislativa en la que se convierte el *soft law,* se ofrece a los destinatarios últimos de las normas un amplio margen a la hora de determinar su alcance, lo que puede derivar tanto en desregulación como en auto-regulación de distintos sectores empresariales, generando así diferencias entre los distintos Estados miembros, lo que puede llevar a la deslocalización de las empresas —lo que ya se ha considerado en distintos momentos, como en el caso de la regulación de los fondos de pensiones—. Ello también daría lugar a regímenes en los que no se garanticen de la misma manera los derechos de los ciudadanos[549].

Todos estos factores, nos hacen considerar al *soft law europeo* como elemento clave de las estrategias europeas para legislar mejor en las distintas formas que han adoptado, pero que, al mismo tiempo, nos deben llevar a reflexionar que estadio de la integración trasladan. En este sentido puede interpretarse su uso como una salida a la crisis de la identificación de los Estados miembros con el interés europeo cuando son ellos los que lo proponen. Cuando es la Comisión Europea quien lo adopta, puede considerarse como un intento de desarrollo legislativo no siempre delegado. El Parlamento Europeo, a pesar de criticar su uso por menoscabar el equilibrio institucional, también lo ha incorporado en sus estrategias de negociación en los trílogos como propuesta ambiciosa y como vehículo de la armonización, cuando la rechazan los Estados. Luego hay que apreciar las distintas alianzas entre las instituciones y los Estados miembros y sus frutos. Así, el auge del *soft law europeo* y la complicidad de la Comisión y del Consejo llevó a poner de manifiesto que las necesidades legislativas podían satisfacerse de manera flexible y dejando al margen al Parlamento Europeo que no tardaría en reaccionar para reivindicar

---

548 M. López Escudero, "La Nueva Gobernanza Económica de la Unión Europea: ¿Una Auténtica Unión Económica en Formación?", *Revista de Derecho Comunitario Europeo,* N° 50, 2015, pp. 361-433, en p. 430.

549 F. Terpan, *loc. cit.,* p. 69.

sus competencias. Los ámbitos abordados para este ensayo normativo de armonización sin normas armonizadoras serían muy amplios, sin discriminar entre los tipos de competencias. Así, el ejercicio de las competencias exclusivas y compartidas, verían una regulación *soft* para cuestiones novedosas que no habían sido objeto de una regulación previa en los Estados miembros —dándose el caso de una diversidad normativa nacional que sería antes bien un obstáculo que una referencia para los procesos normativos posteriores de la Unión.

Desde el primero de los Acuerdos interinstitucionales se han reiterado los debates "sobre la forma de hacer más eficaz la función reguladora de la Unión Europea en relación tanto con el Derecho indicativo como con el Derecho imperativo", tal y como se expresaría por el Parlamento Europeo, aunque con una traducción al español no muy afortunada[550]. Si bien hay que dejar constancia de que según el Parlamento Europeo estos acuerdos interinstitucionales no entran dentro de la categoría de *soft law*, ya que estos "sólo pueden desarrollar efectos jurídicos entre las instituciones de la UE; no son, por tanto, normas indicativas al no tener efectos jurídicos sobre terceros"[551]. No comparto su opinión al respecto. La trascendencia de los efectos jurídicos de los Acuerdos interinstitucionales debe reconocerse no sólo por su impacto en el ejercicio de las competencias y en el proceso legislativo, sino también como condiciona la naturaleza de los instrumentos normativos a elegir según los sectores normativos.

El ejemplo con el que iniciaba su reflexión sobre el *soft law europeo*, L. Senden se refiere precisamente a una cuestión tan sensible como la fiscalidad de las empresas, mostrando cómo los Estados prefirieron abordarla a través de un código de conducta con el que "suprimir las medidas fiscales perniciosas"[552], y la Comisión Europea, con una Comunicación sobre la Política fiscal en la Unión Europea —Prioridades para los próximos años[553]. En esta comunicación, la Comisión afirmaría que "el uso de enfoques no legislativos o 'legislación blanda" puede ser un medio adicional para avanzar en el ámbito fiscal'[554].

---

550 Informe del Parlamento Europeo de 2007.

551 Véase el Informe del Parlamento Europeo de 2007, p. 15.

552 Véase DOCE C 2/1, de 6 de Enero de 1998.

553 Véase Doc. *COM(2001) 260 final*, pp. 10 y 22-24.

554 Véase DOCE C 2/1, de 6 de Enero de 1998.

No obstante, no podemos dejar de reparar en que el código de conducta del Consejo fue adoptado a través de un procedimiento atípico, como es una "Resolución del Consejo y de los Representantes de los Gobiernos de los Estados miembros, reunidos en el seno del Consejo del 1 de diciembre de 1997, sobre un código de conducta en materia de fiscalidad de las empresas"[555] que, en su caso, podía requerir la intervención de los Parlamentos Nacionales, y que sumaba al método comunitario el método intergubernamental. Con estos dos instrumentos de *soft law* se abordaban conflictos normativos de enorme calado, cuya regulación había fracasado en intentos previos, ante lo cual se ensayaban nuevas vías a la espera de momentos mejores. Y también abordan los posibles efectos secundarios que se contagian al ámbito de la competencia fiscal no sólo en el ámbito europeo, porque el Código de Conducta "se refiere a las medidas que influyen o pueden influir de manera significativa en la radicación de la actividad empresarial dentro de la Comunidad",[556] y también más allá de las fronteras de la Unión, por lo que pide a los Estados miembros que "los principios destinados a eliminar las medidas fiscales perniciosas se adopten en un marco geográfico lo más amplio posible. Con tal fin, los Estados miembros se comprometen a promover su adopción en los terceros países; asimismo, se comprometen a promoverla en los territorios a los que no se aplica el Tratado".[557]

El Código de Conducta sobre la fiscalidad de las empresas también preveía como lo hacen las directivas, un procedimiento —*soft*— de seguimiento y de revisión conforme al cual

> "Con el fin de garantizar una aplicación equilibrada y efectiva del presente Código, el Consejo pide a la Comisión que le presente un informe anual sobre dicha aplicación y sobre la de las ayudas de Estado de

---

555 Resolución del Consejo y de los representantes de los gobiernos de los Estados miembros, reunidos en el seno del Consejo de 1 de diciembre de 1997 relativa a un Código de conducta sobre la fiscalidad de las empresas, DOCE C 2, de 6 de enero de 1998, pp. 2 a 5.

556 Así en el Código de Conducta se señala que "Reconociendo los efectos positivos de una competencia leal y la necesidad de consolidar la competitividad internacional de la Unión Europea y de los Estados miembros, y observando al mismo tiempo que la competencia fiscal puede desembocar también en medidas fiscales que entrañen efectos perniciosos", p. 3.

557 Código de Conducta sobre la fiscalidad de las empresas, p. 6.

> tipo fiscal. El Consejo y los Estados miembros revisarán el contenido del presente Código a los dos años de su adopción"[558].

La Comunicación de la Comisión sería posteriormente objeto de un recurso de anulación, por los problemáticos aspectos relativos a los fondos de pensiones.

Tras la pandemia del COVID 19, no han venido tiempos mejores, pero sí es cierto que el impulso de la integración europea no ha cesado gracias al recurso a la flexibilidad en los ámbitos competenciales más diversos, de la fiscalidad a la defensa, ya para hacer frente a los desafíos que la guerra de agresión de Rusia en Ucrania suponen para la Unión y sus Estados miembros. No es de extrañar entonces que la locomotora de la integración que es Alemania afirmase que:

> "El marco fiscal de la Unión Europea ha demostrado un alto nivel de flexibilidad, recientemente durante la pandemia. En ámbitos clave, las normas permiten tener en cuenta las circunstancias específicas de cada uno de los Estados miembros. No obstante, el marco debe ser desarrollado aún más. Por ejemplo, la flexibilidad debe ir acompañada de límites claramente definidos y con la mejora de los mecanismos de aplicación de las normas. Por esta razón, el desarrollo ulterior del marco fiscal debe hacer especial hincapié en la aplicación de las normas.
>
> Queremos reforzar el enfoque multilateral del marco. Para ser eficaz, es esencial que el marco fiscal garantice la igualdad de trato (tanto real como percibida) de los Estados miembros y utilizar referencias comunes. Los acuerdos individuales negociados bilateralmente para aplicar las normas no son el camino a seguir para mejorar el marco fiscal común de manera que aumente su transparencia, le dé más fuerza vinculante y lo haga más eficaz."[559]

En su momento el Acuerdo Interinstitucional 'Legislar mejor' tuvo un impacto importante en la medida en que como señala L. Senden supuso la ocasión para que las instituciones europeas reaccionasen frente a las deficiencias que la legislación europea planteaba en términos de transparencia, participación y democracia en sus pro-

---

558 Ibidem.

559 Proposed principles to guide the German government in deliberations on the reform of EU fiscal rules https://www.bmwk.de/Redaktion/EN/Downloads/P/proposed-principles-to-guide-the-german-government-in-deliberations-on-the-reform-of-eu-fiscal-rules.pdf?__blob=publicationFile&v=4

cesos de adopción y, también, de eficacia en cuanto a los resultados alcanzados en su aplicación y cumplimiento por parte de los Estados miembros y sus nacionales. De la combinación de estos instrumentos cabe apreciar que la Comisión Europea llega a la conclusión de que lo que necesita la integración europea no son más instrumentos normativos sino su mejor aplicación por parte de los Estados miembros. Ello requiere que se cuestione hacia donde debe dirigirse el foco de atención, que debe apuntar entonces no sólo a la calidad de la legislación sino a los problemas de falta de cumplimiento y a las infracciones de las que son responsables en última instancia los Estados. En este nuevo escenario el recurso al *soft law* no disminuye, sino que se integra en los nuevos procesos de consulta previstos en las distintas iniciativas de Mejora de la Legislación, que no hace sino dar continuidad a las primeras propuestas de la Comisión y que luego se trasladan al Acuerdo interinstitucional 'Legislar mejor' adoptado por el Consejo, la Comisión Europea y el Parlamento Europeo en 2016 para intentar aliviar las tensiones suscitadas entre las instituciones y con los Estados miembros, que habrían revelado como algunos Estados habrían favorecido el uso del *soft law* para poner las bases de la regulación normativa de sectores sensibles, y también obtener una visión práctica de hasta donde podrían conducir las medidas negociadas, a la vez que se evitarían lo que criticarían como medidas adoptadas por la Comisión Europea al margen del procedimiento de codecisión[560].

---

560 Esto es lo que reivindicaba Italia en una Declaración en la que manifestaba su preferencia por el *soft law* a la hora de abordar nuevos aspectos en un sector tan sensible como es el de las ayudas de estado, afirmando que "Italy gives its approval to the Regulation on the assumption that the compromises reached in the legislative procedure and the associated decisions taken by lawmakers will not be jeopardized by other relevant acts or initiatives, namely those carried out by Commission's DGs without the co-decision process —such as the revision of the General Block Exemption Regulation (GBER) or the enquiry on functioning and taxation of ports— if not previously submitted to a "coherence test" in strict coordination with all DGs involved. (…) At the basis of this underassessment there seems to be a too wide extension of the so-called "Leipzig Halle" judgement leading, for the first time, to sectoral rules on State aid to be included in the GBER without being previously tested through the drafting and implementation of specific guidelines, as it has been the case for all other soft law measures (on SMEs, regional aid, Environment & Energy, and so on). Therefore, Italy urges the European Commission to commit itself to further elaborate on their interrelated "soft law"/enabled act projects, in order to ensure their

El Acuerdo Interinstitucional debería haber servido para clarificar el papel del Parlamento Europeo en la negociación de instrumentos jurídicamente no vinculantes. Sin embargo, tras varios años de debates, dos rondas de negociaciones a nivel político y varias reuniones a nivel técnico, aún no se ha alcanzado ningún acuerdo.

Es de destacar en particular que en los procesos de consulta previos al inicio del procedimiento legislativo, la Comisión Europea pregunta a las partes interesadas cuál sería el instrumento normativo idóneo, dando a escoger entre distintas posibilidades entre las que se sumarían a las propuestas de directivas y reglamentos, los instrumentos de *soft law* como las declaraciones, las recomendaciones, los estándares o los códigos de conducta. Así la Comisión Europea propone sus consultas no sólo a los Estados partes, sino a todos los posibles destinatarios de las propuestas legislativas europeas sobre cuál es su opinión respecto a qué tipo de instrumento normativo debe elegirse o no, lo que mostraré poniendo de ejemplo la Directiva sobre la diligencia debida de las empresas. En este caso, se preguntaba a los destinatarios del futuro instrumento normativo sobre las posibles opciones: mantener la política europea como está, adoptar nuevas directrices voluntarias, adoptar nuevos requisitos para el control y seguimiento o adoptar una obligación de diligencia debida. Ante estas distintas posibilidades, las respuestas también son diversas. Así respecto a la posibilidad de adoptar más medidas voluntarias, la Comisión Europea tomó nota de que:

> "Los entrevistados de empresas y otras partes interesadas coincidieron en que ya existe suficiente orientación voluntaria. Del mismo modo, los encuestados en general no parecían convencidos de que una nueva orientación voluntaria tuviera repercusiones notables en los ámbitos social, medioambiental y de los derechos humanos. Sin embargo, los encuestados de organizaciones industriales expresaron su preferencia por

---

coherence, taking MSs view in close consideration and consulting them again, previously to the completion of the adoption procedure, possibly via bilateral meetings". Declaración de Italia anexa al Acta del Consejo en el que se adoptó el Reglamento (UE) 2017/353 del Parlamento Europeo y del Consejo, de 15 de febrero de 2017, por el que se sustituyen los anexos A y B del Reglamento (UE) 2015/848 sobre procedimientos de insolvencia, DOUE L57, 3.3.2017, publicada en el Monthly Summary of Council Acts - Enero 2017, *Doc. 10352/17*, 15 de Junio de 2017, p. 18.

> las directrices voluntarias, llamando la atención sobre el carácter influyente de los mecanismos de *soft law* ya existentes.
>
> Los entrevistados indicaron que las directrices voluntarias podrían ser útiles para complementar cualquier obligación legal, en particular para aclarar las expectativas en materia de diligencia debida para sectores específicos, con respecto a determinadas cuestiones de derechos humanos o medioambientales, o en relación con determinados tipos de empresas. Varios entrevistados también destacaron que, debido a la naturaleza de la diligencia debida, la orientación voluntaria existente influirá en el nivel de diligencia debida que se esperaría de las empresas en circunstancias específicas si se introdujera una obligación jurídica."[561]

Para la elección final, la Comisión Europea también tiene en consideración si en los tratados internacionales del medio ambiente y en el derecho ambiental nacional hay ya precedentes de obligaciones relativas a la diligencia debida. Así, se tiene en cuenta que el derecho ambiental hasta ahora no había incorporado obligaciones jurídicas sobre la diligencia debida. Antes bien, se había tomado nota en las propuestas y estudios realizados por la Comisión Europea de que "las normas no vinculantes existentes, como el Sistema Comunitario de Gestión y Auditoría Medioambientales, ofrecen ejemplos interesantes de cómo se aplican los requisitos de diligencia debida, aunque actualmente de forma voluntaria"[562], a los que habría que sumar los principios aplicables, internacionales y nacionales, previstos en instrumentos de *soft law,* tales como los principios de prevención y de precaución que están conectados estrechamente con el principio de diligencia debida. Un elemento común del principio de diligencia debida con el principio de precaución es que "quienes realizan la actividad potencialmente perjudicial deben asumir la carga de probar la ausencia del daño medioambiental"[563]. No obstante, y en la medida en que la ausencia de instrumentos vinculantes sobre diligencia debida puede considerarse igualmente como una laguna, se concluye en el estudio encargado por la Comisión para analizar el alcance de la regulación en el marco de la UE, de sus Estados miembros y

---

561 Comisión Europea, L. Smit et al., *Study on due diligence requirements through the supply chain,* Part I, Synthesis Report, 2020, p. 17.

562 Ibidem.

563 Ibidem, p. 35.

también por comparación con los Principios adoptados por la ONU que:

> "En resumen, actualmente no existe una obligación jurídica general a nivel de la UE que exija a las empresas de todos los sectores que ejerzan la diligencia debida obligatoria en relación con los impactos adversos sobre los derechos humanos y el medio ambiente en sus propias operaciones y en las cadenas de suministro o de valor. La situación actual es una mezcla de diferentes obligaciones jurídicas y normas que se esperan de las empresas. Algunas de ellas son jurídicas, contenidas en reglamentos o jurisprudencia, y otras son estándares industriales o '*soft law*'. Algunas de estas normas de diligencia debida sólo se aplican en industrias o sectores específicos"[564].

En cuanto a su publicación, los variados instrumentos de *soft law* tienen en común su publicación en la sección C del Diario Oficial de la Unión Europea o, en su defecto, son objeto de una difusión y una publicación interna, lo que además se considera una falta de transparencia que menoscaba la buena gobernanza pero no el procedimiento legislativo, de acuerdo con el Artículo 15 sobre transparencia del TFUE en cuyo tercer apartado, párrafo quinto se afirma que "el Parlamento Europeo y el Consejo garantizarán la publicidad de los documentos relativos a los procedimientos legislativos en las condiciones establecidas por los reglamentos contemplados en el párrafo segundo", que sólo se refiere a los 'actos legislativos'.

Una última reflexión sobre el impacto del *soft law* en los procedimientos normativos se refiere a la fase final de su aplicación y al artículo 260 TFUE, apartado 3, que fue introducido por el Tratado de Lisboa. Este nuevo artículo prevé un mecanismo que permite al Tribunal de Justicia imponer a un Estado miembro una sanción pecuniaria desde la primera condena por incumplimiento de la obligación de informar sobre las medidas de transposición de una directiva adoptada de conformidad con un procedimiento legislativo. Mientras que el Tribunal de Justicia no se habría pronunciado sobre la interpretación del artículo 260 TFUE, apartado 3, la Comisión habría adoptado una comunicación interpretativa al respecto y habría solicitado su aplicación en distintas ocasiones por parte del TJUE. El

---

564 *Ibidem*, p. 42.

Abogado General M. Szpunar habría sido muy crítico con esta comunicación interpretativa y con la práctica seguida por la Comisión, porque en todas las ocasiones en que habría planteado la aplicación del artículo 260 TFUE, apartado 3, al TJUE, los asuntos se habrían resuelto entre el Estado miembro y la Comisión, antes del pronunciamiento de la sentencia, lo que la habría llevado a desistir del recurso en cada uno de ellos, a veces en el último momento. Por ello, este Abogado General destacaría que "la interpretación del artículo 260 TFUE, apartado 3, suscita cuestiones fundamentales relativas al ordenamiento jurídico de la Unión" y que su interpretación no debería depender de la Comisión por lo que afirma que

> "Atribuiría a este respecto más importancia a la intención de los redactores del Tratado FUE, cuya claridad no deja lugar a duda alguna, a mi juicio, que a la interpretación formulada por la Comisión en su comunicación sobre la aplicación del artículo 260 TFUE, apartado 3. En efecto, en el caso de autos me resulta difícil dar prioridad a un acto de *soft law*, adoptado por una parte en el presente procedimiento, y no a los trabajos preparatorios, elaborados, no se olvide, en el marco de una Convención sin precedentes sobre el futuro de Europa"[565].

Su crítica se dirige en última instancia a la práctica de la Comisión de utilizar este artículo como una herramienta de presión a los Estados que, dependiendo del interés de la Comisión —y no del Derecho de la Unión— la llevaría a iniciar y, en su caso, a desistir en los procesos por incumplimiento.

8. EL TRIBUNAL DE JUSTICIA DE LA UNIÓN EUROPEA Y EL SOFT LAW

El Tribunal de Justicia de la Unión Europea (TJUE) merece un apartado propio en el análisis de la posición de las instituciones europeas frente al *soft law internacional y europeo*, por la trascendencia de su

---

[565] Conclusiones del Abogado General Maciej Szpunar, presentadas el 11 de abril de 2019, Asunto C-543/17, Comisión Europea contra Reino de Bélgica, ECLI:EU:C:2019:322, apartados 7 y 52.

función de velar por el interés del Derecho de la Unión Europea[566]. En este sentido, cabe afirmar que su principal interés en lo que se refiere tanto al *soft law europeo* como al *soft law internacional* es el de preservar la Comunidad de Derecho que es el ordenamiento jurídico de la Unión y los principios que lo rigen, en especial los del Estado de Derecho. Para ello, el Alto Tribunal ha examinado su propia competencia para interpretar los instrumentos de *soft law* y para evaluar su validez y la de los procedimientos para su adopción tanto en el marco interno como en el de la acción exterior, siendo su apreciación sobre el alcance de su posible intervención extremadamente restrictiva en la medida en que ha excluido hasta ahora el control de legalidad del artículo 263 del TFUE que establece que:

> El Tribunal de Justicia de la Unión Europea controlará la legalidad de los actos legislativos, de los actos del Consejo, de la Comisión y del Banco Central Europeo que no sean recomendaciones o dictámenes, y de los actos del Parlamento Europeo y del Consejo Europeo destinados a producir efectos jurídicos frente a terceros. Controlará también la legalidad de los actos de los órganos u organismos de la Unión destinados a producir efectos jurídicos frente a terceros.
>
> A tal fin, el Tribunal de Justicia de la Unión Europea será competente para pronunciarse sobre los recursos por incompetencia, vicios sustanciales de forma, violación de los Tratados o de cualquier norma jurídica relativa a su ejecución, o desviación de poder, interpuestos por un Estado miembro, el Parlamento Europeo, el Consejo o la Comisión (...).

F. SNYDER ya señaló que los tribunales europeos, al tiempo que cumplen con su función judicial, han contribuido a definir "el equilibrio en la práctica entre legalidad, eficacia y legitimidad en el sistema comunitario"[567]. Sin embargo, cabe igualmente señalar que el TJUE sólo ha entrado a conocer del *soft law* en ciertos casos. Así, el Alto Tribunal ha conocido de aquellos casos en los que el equilibrio institucional se ha visto alterado por el recurso al *soft law*, y la parte

---

566 Sobre este concepto véase D. J. LIÑÁN NOGUERAS Y P. J. MARTÍN RODRÍGUEZ (Dirs.), *Estado de Derecho y Unión Europea*, Tecnos, 2018.

567 F. SNYDER, "Soft Law and Institutional Practice in the European Community," en S. MARTIN (Ed.), *The Construction of Europe: Essays in Honor of Emile Nöel*, Kluwer, Deventer, 1994, pp. 197-225 y del mismo autor "The Effectiveness of European Community Law: Institutions, Processes, Tools and Techniques", *Modem Law Review*, 56, 1993, pp. 19-54.

afectada —un Estado miembro, el Parlamento— busca restituirlo. También el Tribunal se ha pronunciado en el marco de una cuestión prejudicial de validez cuando la elección de las bases jurídicas y de los instrumentos de *soft law* para desarrollarlas desafían la atribución de competencias por lo que sí le es aplicable el artículo 267. En este sentido, se habría manifestado el Abogado General M. BOBEK al afirmar que

> "el artículo 267 TFUE atribuye al Tribunal de Justicia competencia para pronunciarse, con carácter prejudicial, acerca de la validez y la interpretación de *los actos adoptados por las instituciones de la Unión sin excepción alguna.* Así pues, la competencia del Tribunal de Justicia no se limita a los actos de efectos vinculantes, tal como ha quedado confirmado en las diversas ocasiones en que el Tribunal de Justicia se ha pronunciado con carácter prejudicial sobre la interpretación de las recomendaciones u otros actos atípicos de «soft law»"[568].

Para determinar el alcance de su jurisdicción sobre el *soft law*, es necesario empezar distinguiendo el *soft law europeo* del *soft law internacional.* Siendo el *soft law europeo* aquel producido por las instituciones europeas y que por ello forma parte del ordenamiento jurídico de la Unión, sujeto a la jurisdicción del TJUE, a pesar de su variedad de efectos jurídicos. Además, es necesario distinguir los efectos del *soft law europeo* cuando modifica o altera los equilibrios tanto del sistema competencial como del institucional, en cuyo caso, nos encontraremos ante una controversia entre las instituciones por la instrumentalización de las bases jurídicas y su ejercicio que, en esta ocasión, se realiza con *soft law.*

---

568 Conclusiones del Abogado General MICHAL BOBEK presentadas el 23 de septiembre de 2020, Asuntos acumulados C-83/19, C-127/19 y C-195/19 Asociația «Forumul Judecătorilor din România» contra Inspecţia Judiciară [Petición de decisión prejudicial planteada por el Tribunalul Mehedinţi (Tribunal de Distrito de Mehedinţi, Rumanía)] y Asociația «Forumul Judecătorilor din România», Asociaţia «Mişcarea pentru Apărarea Statutului Procurorilor» contra Consiliul Superior al Magistraturii, [Petición de decisión prejudicial planteada por la Curtea de Apel Alba Iulia (Tribunal Superior de Alba Iulia, Rumanía)] y PJ contra QK, [Petición de decisión prejudicial planteada por la Curtea de Apel Bucureşti (Tribunal Superior de Bucarest, Rumanía)], ECLI:EU:C:2020:746, apartado 126.

Por otra parte, cuando el *soft law europeo* es la vía para el desarrollo de las disposiciones genéricas de directivas y reglamentos, está destinado a incorporarse también en los ordenamientos jurídicos nacionales. En esos casos, los Estados miembros lo han impugnado por no estar conformes con esa función legislativa ejercida por la Comisión sin su participación. Sin embargo, la posición del Alto Tribunal ha sido hasta ahora considerar este fenómeno normativo como ajeno a dicho ordenamiento jurídico —lo que constituye ciertamente una visión limitada de una práctica jurídica que no deja de crecer. Considera el TJUE que el *soft law* está desprovisto de juridicidad, entendiendo por tal la cualidad de que sus instrumentos sean susceptibles de ser objeto de una valoración jurídica por un tribunal, de manera que lo aplique para la solución de conflictos, la interpretación o la apreciación de la validez de las normas. "La perenne cuestión de qué actos pueden someterse al control del Tribunal de Justicia de la Unión Europea con arreglo al artículo 263 TFUE"[569] ha recibido respuestas muy distintas. Así, el Alto Tribunal y los Abogados Generales difieren y han excluido de su control actos administrativos que no tendrían más que un valor ejecutivo, pero es necesario añadir que dichos actos administrativos habrían sido adoptados teniendo en cuenta las directrices y recomendaciones interpretativas previamente adoptadas por la Comisión Europea[570]. Por ello, no serían esos actos administrativos ejemplos de *soft law europeo.* Sí lo son, en cambio, las recomendaciones y las directrices interpretativas, que no debieran asimilarse a dichos actos administrativos en cuanto a su naturaleza y a sus efectos jurídicos[571]. Estos instrumentos de *soft law* los adopta

569 F. Snyder, "The Effectiveness of European Community Law: Institutions, Processes, Tools and Techniques", *Modem Law Review,* 56, 1993, pp. 19-54.

570 Véanse las Conclusiones de la Abogada General Tamara Ćapeta presentadas el 16 de febrero de 2023, Asunto C-767/21 P, ECLI:EU:C:2023:119.

571 Así, lo habría hecho el Abogado General Yves Bot, cuando dice "En efecto, se desprende de reiterada jurisprudencia que la adopción de directrices o de comunicaciones, en las que se exponen, a título de información y en aras de la simplificación, los criterios que la Comisión pretende aplicar al examinar la cuestión de si un proyecto de ayuda es compatible con el mercado común, en ninguna circunstancia puede implicar una excepción al artículo 87 CE y no dispensa a la Comisión de su obligación de evaluar cada asunto con arreglo a los criterios establecidos en dicha disposición. Debo recordar que las directrices tienen un mero valor indicativo. No tienen ningún valor normativo. Como

la Comisión Europea para hacer posible la aplicación de las normas previstas en los tratados y en el derecho derivado que requieren un desarrollo normativo posterior, debido al carácter incompleto o impreciso de sus normas. Es cuanto menos criticable que no se proponga la aplicación de los principios de la confianza legítima y de seguridad jurídica a dichos instrumentos de *soft law* de la misma manera que se hace con el derecho derivado. Para proteger los derechos de los ciudadanos europeos deberían aplicarse esos principios de la confianza legítima y de seguridad jurídica de la misma manera que se aplican al 'legislador europeo', a la Comisión, en cuanto ejerce una función legislativa delegada implícita. Esos principios se aplicarían entonces con el mismo fin protector de las expectativas legítimas y con las mismas limitaciones derivadas de la posibilidad de que la Comisión asuma posteriormente cambios. El Abogado General F. Jacobs se habría pronunciado en contra de ello al enfatizar que "la facultad discrecional de la Comisión no puede quedar comprometida de forma definitiva con la adopción de tales documentos. En consecuencia, la Comisión podrá incluso apartarse de ellos si su aplicación en un supuesto determinado contraviene [los tratados]"[572]. No considero que pueda afirmarse la existencia de un poder discrecional de la Comisión de tal magnitud que quede totalmente desvinculado de

---

cualquier otro actor de Derecho derivado adoptado para la aplicación de los artículos 87 CE y 88 CE, no pueden interpretarse en un sentido que reduzca el alcance de las normas previstas en el Tratado o que vaya en contra de los objetivos que éste pretende alcanzar. Además, debe recordarse, como declaró el Tribunal de Justicia en la sentencia Bélgica y Forum 187/Comisión, antes citada, que sobre la base de los artículos 87 CE y 88 CE debe apreciarse el alcance de las facultades y de las obligaciones de la Comisión en materia de ayudas de Estado. Por lo tanto, si las directrices y las comunicaciones que adopta la Comisión en esta materia obligan a dicha institución, ello es únicamente en la medida en que no se aparten de la correcta aplicación de las normas del Tratado", Conclusiones del Abogado General Yves Bot, presentadas el 6 de marzo de 2008, Asuntos acumulados C-75/05 P y C-80/05 P, República Federal de Alemania contra Kronofrance SA y Glunz AG, OSB Deutschland GmbH contra Kronofrance SA, ECLI:EU:C:2008:140, ap. 141.

572 Véanse las Conclusiones del Abogado General F. G. Jacobs presentadas el 18 de septiembre de 2003, Asunto C-91/01, Italia contra Comisión de las Comunidades Europeas, ECLI:EU:C:2003:476, ap. 38.

sus actos previos y carente de continuidad respecto a ellos[573]. En este sentido, el Abogado General D. RUIZ JARABO habría recordado que:

> "La jurisprudencia también ha añadido que, al publicar estas reglas, la Comisión se autolimita en el ejercicio de su discrecionalidad y no puede alejarse de esas pautas sin motivación. En otro caso, habría que sancionarla por violación de principios jurídicos, como la igualdad de trato o la protección de la confianza legítima. No cabe, pues, excluir que, «bajo ciertos requisitos y en función de su contenido, dichas reglas de conducta de alcance general produzcan efectos jurídicos»"[574].

Por otra parte, y en lo que respecta al *soft law internacional*, considero que el TJUE debería abordarlo desde dos puntos de vista bien distintos. En primer lugar, y el Alto Tribunal ya lo ha hecho, para garantizar el respeto del reparto competencial entre las instituciones en el marco de la acción exterior. En segundo lugar, el TJUE debe conocer el *soft law internacional* que se incorpora en el ordenamiento

---

573 El Alto Tribunal habría resuelto el asunto señalando que "En cualquier caso, habida cuenta del carácter imperativo del control de las ayudas de Estado que efectúa la Comisión con arreglo al artículo 88 CE, las empresas beneficiarias de una ayuda sólo pueden, en principio, depositar una confianza legítima en la validez de la ayuda cuando ésta se haya concedido observando el procedimiento que prevé dicho artículo (véase la sentencia de 14 de enero de 1997, España/Comisión, C-169/95, Rec. p. I-135, apartado 51). Por consiguiente, hasta que la Comisión adopte una decisión de aprobación, e incluso hasta que venza el plazo señalado para interponer un recurso contra dicha decisión, el beneficiario no tiene certeza alguna acerca de la legalidad de la ayuda prevista, que es la única que puede originar en él una confianza legítima (véase, en este sentido, la sentencia de 14 de enero de 1997, España/Comisión, antes citada, apartado 53; véase, también, la sentencia del Tribunal de Primera Instancia de 14 de mayo de 2002, Graphischer Maschinenbau/Comisión, T-126/99, Rec. p. II-2427, apartado 42). De lo anterior se deduce que la Comisión no ha vulnerado el principio de protección de la confianza legítima ni el de seguridad jurídica", Sentencia del Tribunal de Justicia (Sala Quinta) de 29 de abril de 2004, República Italiana contra Comisión de las Comunidades Europeas, Asunto C-91/01, (Ayudas de Estado - Recomendación sobre la definición de pequeñas y medianas empresas - Directrices sobre ayudas de Estado a las pequeñas y medianas empresas - Criterio de independencia - Confianza legítima - Seguridad jurídica), ECLI:EU:C:2004:244, apartados 65-67.

574 Conclusiones del Abogado General DÁMASO RUIZ-JARABO COLOMER presentadas el 27 de noviembre de 2008, Asunto C-415/07, Lodato Gennaro & C. SpA contra Istituto nazionale della previdenza sociale (INPS) contra SCCI, ECLI:EU:C:2008:658, ap. 36.

jurídico de la Unión, tras ser adoptado en el marco de conferencias y organizaciones internacionales y también en las negociaciones propias de las relaciones bilaterales y plurilaterales de la Unión. En ellas, el *soft law internacional* no sólo se dirige a los Estados y organizaciones internacionales partes, para que éstos lleven a cabo la adopción de políticas e instrumentos nacionales, sino que también es parte de una acción normativa orientada al desarrollo progresivo del Derecho Internacional, que puede tener como resultado la ampliación de las competencias de los Estados, y, por ende, tener un impacto en el sistema competencial europeo.

Es por ello que hecha esa diferencia es necesario examinar en primer lugar la jurisprudencia del TJUE para ver como éste define su posición frente al *soft law europeo* en razón de sus efectos jurídicos en el sistema institucional de la Unión y en el marco de los ordenamientos jurídicos de los Estados miembros que le dan cumplimiento y desarrollo tal y como se estableciera en la jurisprudencia Grimaldi. Después veremos la posición adoptada por el Alto Tribunal frente al *soft law internacional*. Para ello, partiremos de una búsqueda con el término *soft law* en la Web en inglés del Tribunal de Justicia de la Unión Europea en la que aparecen 60 resultados de los que sólo 5 son sentencias a las que se añaden las conclusiones de los Abogados Generales y las cuestiones prejudiciales presentadas por los jueces nacionales. A esta selección le sumaremos otras sentencias en las que aunque no se haga mención al término de *soft law* si habrá una referencia a instrumentos no vinculantes. A partir de la revisión de las menciones al *soft law internacional y europeo* en la jurisprudencia llevaré a cabo un análisis del papel que desempeñan en la función de interpretación, tanto a partir de las cuestiones prejudiciales presentadas por los jueces nacionales como en el marco de la labor interpretativa desempeñada por los Jueces y Abogados Generales del Alto Tribunal[575]. A esta búsqueda es necesario sumar aquellas sentencias

---

575 Véanse las Conclusiones del Abogado General M. Bobek en el asunto Reino de Bélgica contra Comisión Europea, Recurso de casación — Protección de los consumidores — Servicios de juego en línea — Protección de los consumidores y los usuarios y prevención del juego en línea entre los menores — Recomendación 2014/478/UE de la Comisión — Acto de la Unión jurídicamente no vinculante — Artículo 263 TFUE, Asunto C-16/16 P, ECLI:EU:C:2017:959.

en las que se abordan distintos instrumentos no vinculantes, a los que no se clasifica de *soft law*, pero que reúnen las características y atributos que les hemos reconocido. A contrario, también nos referiremos a los instrumentos que se califican de *soft law* y que no lo son porque carecen de efectos jurídicos generales como en el caso de los actos administrativos ejecutivos. Por último, veremos que el *soft law europeo* también ha sido objeto de solicitudes de acceso a los documentos que tras su denegación han sido recurridas ante el Tribunal[576].

8.1. El TJUE y el Soft Law Europeo

Como acabamos de señalar, no todas las manifestaciones de *soft law europeo* han sido objeto de consideración por los tribunales europeos. Los casos habidos hasta la fecha se refieren a comunicaciones, directrices e instrucciones internas, códigos de conducta con gran impacto en la práctica jurídica como sería el caso de las ayudas de Estado que dio lugar a la primera reacción del TJUE en el caso GRIMALDI.

Si hacemos una revisión de todos los actos atípicos que hemos considerado *soft law europeo* podemos distinguir aquellos que tienen una vocación jurídica clara de aquellos con una naturaleza política y programática. Pero esta distinción no significa automáticamente que el Alto Tribunal vaya a conocer de los instrumentos de *soft law* con mayor intensidad normativa, como es el caso de las comunicaciones interpretativas de la Comisión Europea. Respecto a ellas, parece claro que el TJUE no entrará a conocer de aquellas comunicaciones interpretativas de la Comisión que incorporan su jurisprudencia. Ello se produce en un contexto particular, como es que previamente se haya producido un conflicto competencial entre las instituciones europeas y los Estados miembros y que su solución se haya resuelto a través de su 'judicialización'. De esta forma, la articulación jurídica del ejercicio de una competencia que genera conflicto interinstitucional vendrá dada por lo que disponga el TJUE. En esos casos, la

---

576 Sentencia del Tribunal de Primera Instancia (Sala Quinta) de 27 de noviembre de 2007, en los asuntos acumulados T-3/00 y T-337/04, Athanasios Pitsiorlas, contra Consejo de la Unión Europea y Banco Central Europeo, ECLI:EU:T:2007:357.

comunicación interpretativa o las recomendaciones de la Comisión que incorporan esta jurisprudencia tras el conflicto institucional judicializado, serían un claro ejemplo de instrumentos de *soft law* que el Tribunal rechazaría interpretar por considerarlo innecesario. Así, se expone en el análisis del asunto DEUFIL, que veremos posteriormente.

8.1.1. Interpretación del Soft Law Europeo

Cabe plantearse si en el marco de sus funciones, el Alto Tribunal debe conocer del *soft law europeo*, no sólo cuando se vea interpelado por los Estados, las instituciones y los ciudadanos en el marco de los distintos recursos que examinaré a continuación, sino también como herramienta propia a la hora de llevar a cabo la función de interpretación de los actos normativos de derecho derivado a los que el *soft law europeo* complementa y desarrolla. Esta función de interpretación conforme al *soft law* —que abordaré en un subapartado— la habría encomendado el Alto Tribunal a los tribunales nacionales en el asunto GRIMALDI. En él, como recordaría el Abogado General D. RUIZ JARABO "...el Tribunal de Justicia confirmó su competencia para interpretar, en vía prejudicial, actos de *soft law* adoptados con arreglo al Tratado, aduciendo que tales actos no carecen de consecuencias jurídicas, por lo que los jueces nacionales han de «tenerlos en cuenta» a la hora de resolver los litigios de que conozcan, sobre todo cuando ilustran acerca de las reglas de su Estado aprobadas para desarrollarlas o cuando completan normas comunitarias dotadas de fuerza vinculante"[577].

En el asunto LODATO, el Alto Tribunal recurre a varios instrumentos de *soft law* para responder a la cuestión planteada por un tribunal italiano cuando afirma que:

> "procede recordar que el procedimiento ante el órgano jurisdiccional remitente se refiere a ayudas a la creación de empleo no vinculadas a una inversión, examinadas por la Comisión a la luz de las Directrices

---

577 Conclusiones del Abogado General D. RUIZ-JARABO COLOMER presentadas el 27 de noviembre de 2008, Asunto C-415/07, Lodato Gennaro & C. SpA contra Istituto nazionale della previdenza sociale (INPS) contra SCCI, ECLI:EU:C:2008:658, apartado 34.

sobre ayudas al empleo. Aunque la cuestión prejudicial realmente sólo tiene por objeto la interpretación de dichas Directrices, procede interpretarlas en estrecha relación con las Directrices sobre las ayudas de Estado de finalidad regional, habida cuenta de que el concepto de creación de empleo es común a ambas Directrices que, en sustancia, definen este concepto refiriéndose, tanto unas como otras, respectivamente en sus puntos 17 y 4.12, a un incremento neto en el número de puestos de trabajo en relación con una media de un período"[578].

En este caso, el TJUE habría seguido también las conclusiones del Abogado General D. RUIZ JARABO que habría resumido la jurisprudencia previa al subrayar que:

> 35. ... las directrices no son fuente de la legalidad comunitaria en sentido estricto. Como en reiteradas ocasiones ha manifestado el Tribunal de Justicia, la Comisión puede imponerse orientaciones para el ejercicio de sus facultades de apreciación mediante actos como las directrices, siempre que incluyan reglas indicativas para su comportamiento, que no se separen del Tratado y que contribuyan a garantizar la transparencia, la previsibilidad y la seguridad jurídica de su actuación; aunque no vinculan al Tribunal de Justicia, representan una herramienta útil en su hilo argumental[579].

---

[578] Por ello, finalmente el TJUE responde afirmando que "Para comprobar si se ha producido un aumento del número de puestos de trabajo, las Directrices sobre ayudas al empleo deben interpretarse en el sentido de que procede comparar la media del número de unidades de trabajo por año del año anterior a la contratación con la media del número de unidades de trabajo por año del año siguiente a la contratación". Sentencia del Tribunal de Justicia (Sala Segunda) de 2 de abril de 2009, asunto C-415/07, Lodato Gennaro & C. SpA e Istituto nazionale della previdenza sociale (INPS), SCCI, ECLI:EU:C:2009:220, apartado 23.

[579] Conclusiones del Abogado General D. RUIZ-JARABO COLOMER presentadas el 27 de noviembre de 2008, Asunto C-415/07, Lodato Gennaro & C. SpA contra Istituto nazionale della previdenza sociale (INPS) contra SCCI, ECLI:EU:C:2008:658, apartado 35. También seguiría esta posición, el Abogado General M. SÁNCHEZ BORDONA en el Asunto en la que propondría al TJUE que "Cuando los términos de un contrato privado obligan a una de las partes a suministrar un producto fabricado con arreglo a una norma técnica nacional, adoptada en aplicación de una norma técnica armonizada aprobada por el CEN, previo mandato de la Comisión, el Tribunal de Justicia es competente para pronunciarse por vía prejudicial sobre la interpretación de dicha norma técnica armonizada". Conclusiones del Abogado General M. CAMPOS SÁNCHEZ-BORDONA presentadas el 28 de enero de 2016, Asunto C-613/14, James Elliott Construction Limited contra Irish Asphalt Limited, apartado 95.

8.1.2. Recurso de Anulación contra el Soft law europeo

Los Estados miembros han presentado recursos de anulación contra las recomendaciones interpretativas de la Comisión por diversos motivos como podré examinar a continuación, y, en todos ellos también se remitirán al *soft law europeo* como referencia hermenéutica y contexto en el que es necesario llevar a cabo la interpretación del marco normativo aplicable[580], especialmente en el caso de las ayudas de estado que los Estados miembros aplican con frecuencia incorrectamente, y para las que la Comisión Europea ha adoptado numerosos instrumentos de *soft law*[581]. Como ejemplo de recursos de anula-

---

580 También se dan los casos en los que el TJUE menciona el *soft law* invocado por las partes y posteriormente no lo aplica a la solución que ofrece. Así, por ejemplo, señalaría que "el órgano jurisdiccional remitente se pregunta cómo deben las distintas autoridades nacionales encargadas de velar por el cumplimiento de la Ley de Contratación Pública o de la Ley de Fondos Europeos coordinar sus controles y conclusiones en relación con la legalidad de los procedimientos de contratación pública. A este respecto, diversos textos de *soft law* abogan, por un lado, por prohibir a la autoridad de gestión y a las autoridades de control interpretar de forma más estricta las normas de selección del adjudicatario y, por otro, por coordinar los informes de las distintas autoridades de control con el fin de evitar cualquier divergencia respecto de la legalidad de los procedimientos y de los gastos efectuados", pero concluiría afirmando que "procede responder a la primera cuestión prejudicial que el artículo 58, apartados 1 y 4, de la Directiva 2014/24 debe interpretarse en el sentido de que no se opone a que, en el marco de un procedimiento de adjudicación de un contrato público, un poder adjudicador pueda imponer, como criterios de selección en relación con la capacidad técnica y profesional de los operadores económicos, requisitos más estrictos que los requisitos mínimos establecidos por la normativa nacional, siempre que tales requisitos sean adecuados para garantizar que un candidato o un licitador posee las competencias técnicas y profesionales necesarias para ejecutar el contrato que se va a adjudicar, que estén vinculados al objeto del contrato y que sean proporcionados a este", Sentencia del Tribunal de Justicia (Sala Octava) de 31 de marzo de 2022, Asunto C-195/21, ECLI:EU:C:2022:239, apartados 37 y 53.

581 Así, por ejemplo, como refiere el Abogado General, "La República de Austria se refiere a los principios de la evaluación de las ayudas de Estado que contiene el capítulo 3 de la Comunicación de la Comisión — Marco sobre ayudas estatales de investigación y desarrollo e innovación (DO 2014, C 198, p. 1), apartado 35; a los mencionados en el capítulo 3.1 de la Comunicación de la Comisión — Directrices sobre ayudas estatales en materia de protección del medio ambiente y energía 2014-2020 (DO 2014, C 200, p. 1), apartados 26 y siguientes, y a los mencionados en el apartado 33 de Comunicación de la Comisión — Directrices

ción presentados por un Estado miembro contra un instrumento de *soft law europeo* es necesario mencionar el caso de la Recomendación 2014/478/UE de la Comisión sobre la Protección de los consumidores y los usuarios y la prevención del juego en línea entre los menores que fue impugnada por Bélgica por considerar que esta recomendación no sólo había servido para sentar los principios para armonizar el mercado de los servicios de los juegos en línea sino que también constituía una falta de respeto por parte de la Comisión Europea "de los principios de atribución de competencias, cooperación leal y equilibrio institucional, que revisten una importancia fundamental en el marco del reparto de competencias entre la Unión y los Estados miembros, así como entre las instituciones de la Unión". Inicialmente, el Tribunal General declaró la inadmisibilidad del recurso contra la Comisión por considerar que la recomendación no era susceptible de un control de legalidad con arreglo al Artículo 263 del TFUE. Y el Alto Tribunal adoptaría esta misma posición cuando examina el recurso de casación presentado por Bélgica contra la decisión del Tribunal General, rechazando los argumentos de Bélgica y también desmarcándose de las propuestas hechas por el Abogado General Bobek en sus conclusiones[582]. No obstante, es de interés presentar las posiciones sostenidas por Bélgica en la medida en que propugna una visión menos formalista de los instrumentos normativos que converge con la del Abogado General y también persigue proteger sus competencias soberanas en virtud de su interpretación de los principios de atribución de competencias y de equilibrio institucional, de manera, que cabe afirmar que tanto su recurso de casación ante el Alto Tribunal y el recurso de anulación ante el Tribunal General son un intento de judicializar un conflicto respecto a la elección de las bases jurídicas y de los instrumentos normativos adoptados por la Comisión Europea. Así, en primer lugar, Bélgica

---

para la aplicación de las normas sobre ayudas estatales al despliegue rápido de redes de banda ancha (DO 2013, C 25, p. 1), y en el apartado 26 de las Directrices sobre las ayudas estatales de finalidad regional para 2014-2020 (DO 2013, C 209, p. 1), todas las cuales aluden, como criterio de valoración, a la contribución a un «objetivo de interés común»"

582 Conclusiones del Abogado General M. Bobek, presentadas el 12 de diciembre de 2017, Reino de Bélgica contra Comisión Europea, Asunto C-16/16 P, ECLI:EU:C:2017:959

> "considera que, en contra de lo que declaró el Tribunal General en el auto recurrido, debe ser posible someter al juez de la Unión la comprobación del respeto, por la institución que adoptó la Recomendación controvertida, de los principios de atribución de competencias, cooperación leal y equilibrio institucional, que revisten una importancia fundamental en el marco del reparto de competencias entre la Unión y los Estados miembros, así como entre las instituciones de la Unión. En su opinión, incluso cuando se trata de una auténtica recomendación, el Tribunal General es competente para comprobar si no se conculcaron los citados principios cuando se adoptó dicha recomendación, sin que ello exija un control completo del contenido material de ésta"[583].

Bélgica añadiría que "en su opinión, el respeto del principio del equilibrio institucional implica, en consecuencia, que el juez de la Unión pueda comprobar si la Comisión disponía, en el caso de autos, de una base jurídica material para adoptar la Recomendación controvertida". Recurriendo a la sentencia de 31 de marzo de 1971, Comisión/Consejo, «AETR»[584] Bélgica afirma que

> "el juez de la Unión debe poder comprobar, desde la fase de la apreciación de la admisibilidad del recurso de anulación, si el acto impugnado puede producir efectos jurídicos con respecto a las prerrogativas de las demás instituciones de la Unión y de los Estados miembros, sin tener que pronunciarse en cuanto al fondo sobre la validez de dicho acto"[585].

Tras la argumentación de Bélgica, en la que también se reivindica una interpretación en igualdad de condiciones del principio de cooperación leal exigible a la Comisión, subyace un intento de control del poder legislativo de la Comisión Europea que va más allá del monopolio de la iniciativa legislativa, en la medida en que también puede marcar los tiempos y las formas de los desarrollos normativos de reglamentos y directivas a través de instrumentos de *soft law euro-*

---

583 Véase Sentencia del Tribunal de Justicia (Gran Sala) de 20 de febrero de 2018, Asunto C-16/16 P, ECLI:EU:C:2018:79el apartado 18.

584 Asunto 22/70, EU:C:1971:32.

585 Véase la Sentencia del Tribunal de Justicia (Gran Sala) de 20 de febrero de 2018, «Recurso de casación — Protección de los consumidores — Servicios de juego en línea — Protección de los consumidores y los usuarios y prevención del juego en línea entre los menores — Recomendación 2014/478/UE de la Comisión — Acto de la Unión jurídicamente no vinculante — Artículo 263 TFUE», ECLI:EU:C:2018:79.

peo, en cuya adopción no intervienen ni el Consejo ni el Parlamento Europeo.

Por su parte, el Abogado General M. Bobek, que se ha referido en varias de sus conclusiones al *soft law*, hace dos propuestas al Tribunal de Justicia:

> "en primer lugar, con carácter *general*, a la luz del cambiante entorno legislativo del Derecho de la Unión (pero no exclusivamente de éste), marcado por la proliferación de múltiples instrumentos de Derecho indicativo, el acceso a los órganos jurisdiccionales de la Unión debería adaptarse para responder a esa evolución. En ese sentido, en la medida en que pueda recurrirse a un juego de palabras teórico, el planteamiento debería pasar a ser más dworkiniano, reconociéndose la existencia de disposiciones que generan efectos jurídicos significativos que están más allá de la lógica binaria de normas jurídicas vinculantes o no vinculantes. En segundo lugar, en lo que respecta, en *concreto*, a la Recomendación controvertida en el presente asunto —un instrumento normativo sobre el que cabe considerar, a la luz de su lógica, contexto, finalidad y, en parte, redacción, que establece *normas* de comportamiento— debería estar sujeto a control judicial, al margen de que esté revestido, en cierto modo, como una serie de meros «*principios*» contenidos en una recomendación."[586]

Tras esta presentación de su posición acogedora del *soft law europeo*, pero rechazada por el Alto Tribunal, el Abogado General M. Bobek, indagó además sobre si la naturaleza de los principios que se recogen en la recomendación de la Comisión, no es la misma que la de los principios del Derecho de la Unión a efectos del control judicial[587]. En este sentido, en otras ocasiones, las partes en los procesos ante el Alto Tribunal también han invocado como principios aplicables los relativos a la buena administración, que se consideran como *soft law* por los Abogados Generales[588].

Por último, también es necesario mencionar el caso Italia contra Consejo en el que se califica como de *soft law* un instrumento atípico

---

586 Véanse las Conclusiones del Abogado General M. Bobek de 12 de Diciembre de 2017, Asunto C-16/16, ECLI:EU:C:2017:959, apartado 4.

587 Ibidem.

588 Véanse las Conclusiones de la Abogado General Verica Trstenjak presentadas el 11 de septiembre de 2008, Asunto C-308/07 P, Koldo Gorostiaga Atxalandabaso contra Parlamento Europeo, ECLI:EU:C:2008:498

como la decisión de asignación de una nueva sede a la Agencia Europea de Medicamentos tras el Brexit, que en este caso habría sido adoptada por los Estados Miembros. Aunque el TJUE desestimó el recurso, acogió la propuesta del Abogado General y va más allá al volver a hacer hincapié en la naturaleza de los actos sobre los que conoce, cuando afirma que:

> 110. Pues bien, como señaló el Abogado General en el punto 166 de sus conclusiones, una decisión como la Decisión impugnada, que ha sido adoptada por los Estados miembros en un ámbito en que los Tratados no prevén la actuación de estos, carece de todo efecto jurídico obligatorio en el Derecho de la Unión. La circunstancia de que una o varias instituciones de la Unión hayan desempeñado un determinado papel en el marco del procedimiento que ha dado lugar a la adopción de esa Decisión no altera la naturaleza de esta, que no pertenece al ordenamiento jurídico de la Unión (véase, por analogía, la sentencia de 20 de septiembre de 2016, Ledra Advertising y otros/Comisión y BCE, C-8/15 P a C-10/15 P, EU:C:2016:701, apartado 54).
>
> 111. En este contexto, incumbe al legislador de la Unión, por razones tanto de seguridad jurídica como de tutela judicial efectiva, adoptar, de conformidad con los procedimientos previstos por las disposiciones de los Tratados materialmente pertinentes, un acto de la Unión que confirme o, por el contrario, rechace la decisión política adoptada por los Estados miembros, precisándose que únicamente ese acto del legislador de la Unión puede producir efectos jurídicos vinculantes en el marco del Derecho de la Unión y que, en un contexto como el de los presentes asuntos, dicho acto debe preceder necesariamente a cualquier medida concreta de reubicación de la sede de la agencia de que se trata."[589]

No obstante, el Abogado General M. Bobek se pronunció nuevamente sobre la cuestión del *soft law,* en este caso para referirse en concreto al *soft law* adoptado por los Estados miembros, al afirmar que:

> "173. Como observación final, a mi parecer, en general los Estados miembros no pueden verse impedidos de adoptar actos al margen del marco de los Tratados, *incluso* en ámbitos relativos a la Unión, si así lo desean. A fin de cuentas, siguen siendo soberanos. Sin embargo, la con-

---

[589] Sentencia del Tribunal De Justicia (Gran Sala) de 14 de julio de 2022, Asuntos acumulados C-59/18 y C-182/18, República Italiana (C-59/18), Comune di Milano (C-182/18) contra Consejo de la Unión Europea, Asunto C-743/19, Parlamento Europeo contra Consejo de la Unión Europea, ECLI:EU:C:2022:567

secuencia de salir al exterior (lo cual quizá no sorprenda del todo, atendiendo a las leyes básicas de la física) es precisamente encontrarse en el exterior.

174. En cualquier caso, aun estando en el exterior, sin duda es posible formular declaraciones no vinculantes sobre lo que sería deseable que sucediese en el interior. No en vano, el ordenamiento jurídico de la Unión y la jurisprudencia del Tribunal de Justicia permiten a diversos actores, entre ellos las instituciones de la Unión, adoptar distintas medidas no obligatorias (Derecho indicativo) con fines de exhortar o persuadir, al margen de la facultad para adoptar actos con fuerza vinculante. Si esto es efectivamente posible para las instituciones de la Unión sometidas al principio de competencia atribuida, con mayor motivo lo ha de ser para los Estados miembros soberanos, incluso cuando afecte a ámbitos del Derecho de la Unión.

175. No obstante, el hecho de que la decisión de los Estados miembros no esté sujeta a la competencia del Tribunal de Justicia en virtud del artículo 263 TFUE no significa que quede totalmente fuera del control del Tribunal de Justicia. Aparte de los supuestos en que «pasan a formar parte del Derecho de la Unión», los actos de los Estados miembros adoptados fuera del marco de los Tratados sí están sujetos al Derecho de la Unión, pero recurriendo a formas de actuación diferentes, como el procedimiento por incumplimiento o la petición de decisión prejudicial sobre la interpretación."[590]

8.1.3. Cuestión prejudicial de validez de una norma de *soft law europeo*

Situamos a continuación del subapartado sobre el recurso de anulación, el relativo a la cuestión prejudicial de validez sobre una norma de *soft law europeo,* porque el Tribunal de Justicia de la Unión adopta una posición coherente en la que, si bien viene a señalar que no ha de conocer del *soft law* en virtud del Artículo 263, lleva a cabo la aplicación del artículo 19 TUE, apartado 3, letra b), y del artículo 267 TFUE, párrafo primero, letra b), en el sentido de afirmar que "el Tribunal de Justicia es competente para pronunciarse, con carácter

[590] Conclusiones del Abogado General M. Bobek presentadas el 6 de octubre de 2021, Asuntos acumulados C-59/18 y C-182/18, República Italiana (C-59/18), Comune di Milano (C-182/18) contra Consejo de la Unión Europea, Asunto C-743/19, Parlamento Europeo contra Consejo de la Unión Europea, ECLI:EU:C:2021:812

prejudicial, acerca de la interpretación del Derecho de la Unión y la validez de los actos adoptados por las instituciones de la Unión sin excepción alguna", basándose en su jurisprudencia previa en los casos Grimaldi y Bélgica c. Comisión[591]. De esta manera, aunque niegue la naturaleza jurídica del *soft law,* sí viene a conocer de su validez teniendo en cuenta los principios de la atribución de competencias y del equilibrio institucional. Por ello, es de destacar que, respecto al mandato de la Autoridad Bancaria Europea tal y como se establece en el Reglamento 1093/2010, el Alto Tribunal considera que, aunque sus directrices no tengan valor jurídico vinculante, si puede apreciar su validez a la luz del artículo 267 del TFUE y de las Directivas 2014/17, en la medida en que son necesarias para garantizar su aplicación coherente y eficaz[592]. Negar carácter vinculante a dichas directrices de la Autoridad Bancaria Europea, una vez que se ha comprobado su competencia para adoptarlas, es más una cuestión de coherencia del propio Tribunal con su jurisprudencia previa que la niega. Sigue así negando el carácter vinculante pero no los efectos jurídicos que se derivan de los rasgos propios de los instrumentos elegidos, que con su carácter general despliegan efectos jurídicos más allá de los actos de ejecución que los aplican, ya sean las directrices de la Autoridad Bancaria Europea o las recomendaciones de la Comisión en materia de ayudas de estado.

Sin carácter exhaustivo, entre las muchas cuestiones prejudiciales presentadas en materia de competencia y ayudas de estado, me referiré a las que considero más relevantes, sin perjuicio de que en el futuro vuelva a estudiar esta cuestión de creciente interés. En el Asunto

---

591 Véanse, en este sentido, las sentencias de 13 de diciembre de 1989, Grimaldi, C-322/88, EU:C:1989:646, apartado 8, y de 20 de febrero de 2018, Bélgica/ Comisión, C-16/16 P, EU:C:2018:79, apartado 44.

592 Así valora la validez de las Directrices de la Autoridad Bancaria Europea (ABE), de 22 de marzo de 2016, sobre procedimientos de gobernanza y vigilancia de productos de banca minorista (ABE/GL/2015/18). Véase la Sentencia del Tribunal de Justicia (Gran Sala) de 15 de julio de 2021, Asunto C-911/19, «Procedimiento prejudicial — Artículos 263 TFUE y 267 TFUE — Acto de la Unión jurídicamente no vinculante — Control jurisdiccional — Directrices emitidas por la Autoridad Bancaria Europea (ABE) — Procedimientos de gobernanza y vigilancia de productos de banca minorista — Validez — Competencia de la ABE», ECLI:EU:C:2021:599, apartados 123 y ss.

Deufil[593], el TJUE entró a conocer las directrices de la Comisión Europea recogidas en un código sobre ayudas estatales a la industria textil y que le servirían de base para evaluar la legalidad de las ayudas estatales otorgadas en el sector textil. En este caso, el demandante, una empresa textil alemana afectada, solicitaba la anulación de una decisión de la Comisión, por la que se declaraban ilegales las ayudas que le habían sido concedidas, en virtud de la legislación alemana relativa a las subvenciones a la inversión y de un programa conjunto de ayudas regionales del Gobierno Federal Alemán y del Gobierno de los Países Bajos. En última instancia, la decisión impugnada tenía su origen en el conjunto de instrumentos de *soft law* adoptado por la Comisión en el sector textil[594]. En su análisis sobre estas normas de *soft law europeo*, F. Snyder habría puesto de manifiesto que

> "la forma cambiante de estas medidas reflejaba la creciente preocupación de la Comisión por el mercado textil durante un periodo de quince años. A medida que la opinión de la Comisión sobre el mercado se volvía más pesimista, el documento pasó de ser un memorándum a unas directrices y luego a un código de ayudas. De este modo, las medidas tendieron gradualmente hacia el formalismo, la obligación y el legalismo, aunque sin adoptar nunca la forma de un acto jurídicamente vinculante. No obstante, la Comisión siempre ha reconocido que, independientemente de su título formal, el documento se entiende sin perjuicio de las disposiciones del Tratado CEE. No obstante, las medidas fueron dando cada vez más orientaciones políticas precisas a los Estados miembros, describieron las consecuencias específicas de las acciones contrarias a su contenido y, por implicación necesaria, expusieron con mayor claridad los principios

593 Sentencia del Tribunal de Justicia (Sala Sexta) de 24 de Febrero de 1987, Asunto 310/85, Deufil GmbH & Co. KG contra Comisión de las Comunidades Europeas, Ayudas de Estado - Fibras e hilos sintéticos, ECLI:EU:C:1987:96

594 Entre estos instrumentos de *soft law* destacan el memorando titulado '*Contención a nivel comunitario de las ayudas a la industria textil*' de 1971 y las directrices de 1977 dirigidas a los Estados miembros bajo el título '*Consideración de la situación actual en materia de ayudas a la industria textil y de la confección*'. También en 1977, la Comisión habría notificado a los Estados miembros, un 'código de ayudas' relativo a las fibras e hilos sintéticos que se ampliaría durante los años siguientes. Ya en el año 1985, la Comisión notificó a los Estados miembros la prórroga del sistema de supervisión de las ayudas introducido en 1977 hasta 1987, extendiendo su alcance a nuevas fibras.

sustantivos básicos de las decisiones de la Comisión en materia de ayudas estatales en el sector textil"[595].

La Comisión reaccionaría a las ayudas estatales considerándolas una infracción del entonces apartado 3 del artículo 93 del Tratado CEE, en una decisión que exigiría su devolución y que sería impugnada por la empresa afectada por violación del principio de la confianza legítima y por considerar que el código de conducta no se le aplicaba. El TJUE le daría la razón a la Comisión Europea por considerar que la ayuda otorgada a Deufil era ilegal y debía recuperarse, ya que se había destinado a una restructuración de su capacidad que hacía posible una ampliación de su producción en un mercado con exceso de oferta. La naturaleza jurídica del código de conducta y su fuerza vinculante no se había cuestionado sino su aplicación al caso, en el que Deufil defendía que su reestructuración al no estar prohibida en el código, quedaba autorizada entonces, siendo esta interpretación rechazada por la Comisión. Como F. Snyder resumiría "el *soft law* no constituye en absoluto un derecho; puede cambiarse en cualquier momento porque es simplemente un reflejo más o menos directo de la política (cambiante)."[596] A lo que añadiríamos, el *soft law europeo* es un reflejo de la política normativa de la Comisión, que por su alcance despliega efectos normativos que deben ser sometidos a los principios del ordenamiento jurídico de la Unión.

Por ello, es necesario recordar las conclusiones del Abogado General Darmon en las que venía a reconocer que "el código represen-

---

595 F. Snyder señaló entonces que en *Deufil* "the Court of Justice stated that the aid code could not derogate from the Treaty. It also did not recognise the aid code as giving rise to legitimate expectations. This is not to say, however, that the Court of Justice denied all status to soft law in general, or even to the aid code in particular. Such a conclusion would be based only on a retrospective view, as if we were using the judgment as a rear-view mirror in order partially to reflect the past. Continuing the metaphor, let us instead, however, conceive of the judgment as a windscreen, in other words prospectively, through which to view the future. From this perspective, the description by the Court of Justice of the aid code in Deufil had real effects", F. Snyder, "Soft Law and Institutional Practice in the European Community," en S. Martin (Ed.), *The Construction of Europe: Essays in Honor of Emile Nöel*, Kluwer, Deventer, 1994, pp. 197-225, en p. 212.

596 Véase F. Snyder, "Soft law…", *loc. cit.*, p. 208.

taba la definición de la Comisión del interés general del sector de las fibras sintéticas, y más generalmente de la industria textil. Por lo tanto, en su opinión, la demandante no podía alegar que desconocía que una inversión que le permitiera aumentar la producción de poliamida, así como de polipropileno, era contraria a este interés. En consecuencia, el código no proporcionaba ninguna base para la confianza legítima", sino todo lo contrario cabría añadir[597]. El TJUE seguiría la posición de la Comisión y se desviaría de la posición del Abogado General M. Darmon al considerar que el código de conducta tenía una naturaleza política y no jurídica por lo que las expectativas legítimas de Deufil no debían salvaguardarse, y tampoco podían limitar la facultad de apreciación de la Comisión Europea, en virtud de los artículos 92 y 93 del Tratado CEE, a la hora de decidir los productos cubiertos o no por el código de conducta. No obstante, lo relevante de este caso Deufil es la lección aprendida que se refleja en el *soft law* posterior de la Comisión que incorpora esta jurisprudencia[598]. Así, a partir de entonces y para evitar litigios posteriores, la Comisión notificaría su política respecto al crecimiento del mercado a los beneficiarios de las ayudas textiles, y perseguiría la devolución de las ayudas estatales de las que no hubiese tenido conocimiento por parte de los Estados miembros. De esta manera, en el caso de las ayudas de estado en el sector textil, la Comisión utilizaría su código de conducta como una referencia que los Estados debían tener en cuenta, lo que implicaba que el *soft law* en materia de ayudas de estado tenía también efectos jurídicos y no sólo políticos, pero ya vía jurisprudencial, lo que debe llevarnos también a considerar si la jurisprudencia del TJUE no se asimila al *soft law* que enjuicia y que después se incorpora en las comunicaciones y recomendaciones de la Comisión Europea, y que podría modificarse si después las otras instituciones de la Unión adoptasen instrumentos normativos típicos con un régimen distinto de las ayudas de estado.

---

597 Véanse las Conclusiones del Abogado General M. Darmon, presentadas el 10 de Diciembre de 1986, Asunto 310/85, ECLI:EU:C:1986:475p. 920.

598 F. Snyder considera que la Comunicación de la Comisión de noviembre de 1983 formó parte del contexto político y normativo en el que se argumentó, escuchó y decidió el caso Deufil.

Otro ejemplo de instrumento de *soft law europeo* en materia del Derecho de la competencia es la Comunicación *de minimis* sobre cuya naturaleza jurídica se habría pronunciado la Abogada General pero no el Tribunal de Justicia, que la habría aplicado sin llegar a considerar su 'juridicidad'. Así, la Abogada General J. KOKOTT habría afirmado los efectos jurídicos que se derivan de la *Comunicación de minimis* al considerar que:

> "Aunque la Comunicación *de minimis,* como hemos demostrado, carece de efectos jurídicos vinculantes, sería erróneo negarle toda relevancia jurídica para procedimientos de defensa de la competencia. De hecho, las publicaciones como la Comunicación *de minimis* constituyen normas de «*soft law*», cuyo valor en procedimientos de defensa de la competencia, tanto a escala europea como a escala nacional, no debe menospreciarse"[599].

8.1.4. Función de Interpretación conforme al *soft law* europeo por parte de los jueces nacionales

En su sentencia GRIMALDI, el TJUE afirmó respecto a las recomendaciones interpretativas de la Comisión Europea que:

> "Efectivamente, los Jueces nacionales están obligados a tener en cuenta las recomendaciones a la hora de resolver los litigios de que conocen, sobre todo cuando aquéllas ilustran acerca de la interpretación de disposiciones nacionales adoptadas con el fin de darles aplicación, o también cuando tienen por objeto completar las disposiciones comunitarias dotadas de fuerza vinculante."[600]

Por ello, es necesario hacer una breve referencia a la práctica de los tribunales nacionales que aplica el *soft law.* En este caso, también hay que hacer una distinción entre el recurso al *soft law europeo* y *al soft law internacional* en la medida en que los tribunales nacionales se refieren a ambos como parte del Derecho europeo. En el caso del *soft law europeo,* cabe señalar una práctica muy diversa en que se ofrecen interpretaciones muy variadas —a veces contradictorias— de lo que

---

[599] Conclusiones de la Abogado General JULIANE KOKOTT presentadas el 6 de Septiembre de 2012, Asunto C-226/11, Expedia Inc. contra Autorité de la concurrence y otros, ECLI:EU:C:2012:544, apartado 35.

[600] Véase el apartado 18 de la Sentencia GRIMALDI.

es el *soft law*. Ese es el caso de los jueces españoles que presentaré a continuación. Sin perjuicio de que esta sección se convierta en uno de mis trabajos futuros, me referiré a algunos supuestos relevantes que aparecen si se hace una búsqueda con el término *soft law* en la base de datos del Consejo General del Poder Judicial —CENDOJ. En estos casos podemos ver cómo tanto los jueces españoles como las partes invocan el *soft law* para llevar a cabo la aplicación o la interpretación de normas nacionales de manera acorde a la jurisprudencia GRIMALDI, pero también podemos ver cómo lo rechazan.

En el primero de los casos, cuando los jueces españoles interpretan una norma considerando el *soft law* en la materia o cuando lo invocan las partes, pueden hacerlo adoptando una interpretación *secundum legem*, *praeter legem* y *contra legem*, lo que en ocasiones responde a la existencia de lagunas o a la necesidad de actualizar la norma española conforme a un nuevo contexto normativo, que como se verá en los ejemplos no tiene en cuenta la naturaleza de las competencias atribuidas. Así, el juez español ha negado una interpretación *praeter legem* de la carga normativa de un instrumento de *soft law* porque las partes perseguían con él definir los perfiles de una política pública como es la sanitaria, de manera que se ampliase la cartera de servicios que ofrece el Servicio Nacional de Salud (SNS)[601]. Pero la ha aceptado cuando se amplía el alcance de la garantía de un derecho como es el derecho a la no discriminación por razón de la edad, conforme a las directrices relativas a una jubilación activa tal

---

601 "*Cuestión ligada a la anterior, y que requiere consideración aparte, es lo que razona la sentencia en el sentido de que, de no estimarse la demanda, se frustraría el efecto útil del Real Decreto-ley 9/2014. En este sentido IVIDA sostuvo —así lo asume la sentencia— que la negativa del SERGAS impide a sus usuarias ejercer como opción el uso autólogo eventual, pues la negativa se basa en la preferencia del SNS, favorable a las donaciones alógenas. Esta opción de política sanitaria se basa en una serie de informes o estudios que, frente a lo que señala la sentencia, no son calificables como soft law, luego un conjunto normativo subordinado por razón de rango al Real Decreto-ley 9/2014: se trata de presupuestos científicos sobre los que diseña su política sanitaria y que desaconsejan distraer ese tipo de materiales para usos poco fiables, a todo lo cual se ha hecho referencia en el anterior Fundamento de Derecho Primero 6º y 7º*", Sentencia Nº 74/2021 del Tribunal Superior de Justicia de Extremadura, Sala de lo Contencioso, de 22 de Abril de 2021, STSJ EXT 197/2021 - ECLI:ES:TSJEXT:2021:197. En el mismo sentido, véase Sentencia Nº39/2021 del Juzgado de lo Contencioso Administrativo de Mérida, de 23 de Marzo de 2021, SJCA 486/2021 - ECLI:ES:JCA:2021:486

y como se habría señalado en políticas adoptadas a nivel europeo, derecho comparado y disposiciones de *soft law*[602]. Sin embargo, a este respecto, no hay unanimidad entre los jueces, que consideraron que la interpretación que se decida en la instancia, "previsiblemente (...) habrá de ser resuelta en casación para unificación de doctrina por el Tribunal Supremo"[603].

También, ha habido casos en que los jueces nacionales se han negado a interpretar las normas de conformidad con el *soft law* como en el caso en que, junto con la invocación de las bases jurídicas de los tratados de la Unión Europea y de la normativa vigente[604], las partes

602 Las referencias que tiene en cuenta el juez son: "en primer lugar, porque la normativa internacional y europea, en el contexto de la prohibición de discriminación por razón de edad y de la instauración de medidas de flexibilidad y gradualidad en la jubilación y de envejecimiento activo, recomienda a las legislaciones nacionales posibilitar a las personas perceptora de pensión de jubilación la continuación de una actividad profesional, especialmente a tiempo parcial, así como también la posibilidad de constituirse en trabajadores por cuenta propia (Recomendación 162 de la OIT, 1980, sobre los trabajadores de edad, apartado 30.3.b), o la inclusión en cualquier forma de actividad remunerada (Recomendación 82/857/CEE del Consejo, de 10 de diciembre de 1982, relativa a los principios de una política comunitaria sobre la edad de jubilación); - en segundo lugar, porque la Comisión de Seguimiento del Pacto de Toledo recomienda que "hay que introducir esquemas de mayor permeabilidad y convivencia entre la vida activa y pasiva, que permitan e incrementen la coexistencia de salario y pensión" y que "resulta adecuada, en la misma línea que otros países de nuestro ámbito, una mayor compatibilidad entre percepción de la pensión y percepción del salario por actividad laboral, hoy muy restringida y que no incentiva la continuidad laboral" (Recomendación 25/1/2011)". (...) "Por esto y dada la finalidad de la norma, en consonancia el *soft law* de la Unión Europea mencionado y las recomendaciones de la Comisión de Seguimiento del Pacto de Toledo, entiendo que la norma de aplicación debe ser interpretada en el sentido de las indicadas sentencias de las salas de Galicia y La Rioja y, por tanto, la demanda ser estimada", Sentencia Nº255/2020 del Juzgado de lo Social de Pamplona, de 1 de Diciembre de 2020, SJSO 5283/2020 - ECLI:ES:JSO:2020:5283

603 *Ibidem.*

604 Así "el artículo 288 del Tratado de Funcionamiento de la Unión Europea —TFEU— los artículos 37.1, 38.3, 39, 51, y 82.1 del Reglamento (UE) 2016/679 del Parlamento Europeo y del Consejo de 27 de abril de 2016, relativo a la protección de las personas físicas en lo que respecta al tratamiento de datos personales y a la libre circulación de estos datos y por el que se deroga la Directiva 95/46/CE (Reglamento general de protección de datos —RGPD—), los artículos 36.2 y 47 de la Ley Orgánica 3/2018, de 5 de diciembre, de Protección

hicieron valer también las Directrices adoptadas sobre los delegados de protección de datos. Así, en una sentencia en la que el *soft law* se traduciría como derecho blando, el Tribunal Superior de Justicia de Madrid, en un recurso por despido improcedente de una delegada de protección de datos, resolvió aplicando el Reglamento de Protección de Datos, pero no las directrices adoptadas por la Comisión Europea por considerar que el *soft law* es:

> "... es un concepto que se utiliza para referirse a acuerdos, principios y declaraciones que no son legalmente vinculantes y que en el contexto del derecho internacional, se refiere a pautas, declaraciones de políticas o códigos de conducta que establecen estándares de conducta que no son directamente exigibles, por lo que en ningún caso la sentencia de instancia habría vulnerado una directriz, por no ser vinculante y de hecho el artículo 288 del Tratado de Funcionamiento de la Unión Europea dispone que *Las recomendaciones y los dictámenes no serán vinculantes.*"[605].

Y, en otra ocasión, cuando de subsanar una laguna se trata, como sería el caso del acceso a la información en materia del Derecho de la competencia de la Unión Europea[606], el *soft law* de la Unión serviría de referente para plantear posibles soluciones por ser "conocidas entre los jueces españoles las orientaciones de *soft law* establecidas al

de Datos Personales y garantía de los derechos digitales —LOPDPPGD— los artículos 1.7, 1258, 1256 y 1288 del Código Civil, los artículos 3, 55.5, 68 y 5 del Estatuto de los Trabajadores, los artículos 183.1 y 96 de la Ley Reguladora de la Jurisdicción Social, el artículo 9.3 de la Constitución Española y así mismo el *soft law* europeo de las Directrices sobre los delegados de protección de datos (working paper 243), adoptadas el 13 de diciembre de 2016 del artículo 29 del Reglamento general de protección de datos —RGPD—."

605 Véase el vigésimo fundamento de derecho, Sentencia Nº 910/21-F del Tribunal Superior de Justicia de Madrid, Sala de lo Social, de 29 de Diciembre de 2021, STSJ M 15194/2021 - ECLI:ES:TSJM:2021:15194

606 Así se señalaría que: El sistema procesal español no regula en forma alguna la manera de instrumentalizar esas peticiones de acceso, especialmente en relación con las pautas logísticas que las hagan posibles. Sin embargo, son conocidas entre los jueces españoles las orientaciones de *soft law* establecidas al respecto y, en particular, la *Comunicación de la Comisión sobre la protección de la información confidencial por los órganos jurisdiccionales nacionales en los procedimientos de aplicación privada del Derecho de la Competencia de la Unión Europea* (DOUE 2020/ C 242/01). Auto Nº 1017/2019, del Juzgado de lo Mercantil de Valencia, de 10 de Mayo de 2020, AJM V 681/2021 - ECLI:ES:JMV:2021:681A

respecto" y servirían también para apoyar una cuestión prejudicial presentada en materia de derecho de la competencia[607].

8.2. El TJUE y el Soft Law Internacional

En el caso del *soft law internacional* es necesario distinguir dos tipos de funciones que debe asumir el TJUE: la primera sería la de su interpretación y aplicación y la segunda sería la de control de la articulación jurídica de la acción exterior de la Unión de conformidad con lo establecido en las bases jurídicas de los tratados constitutivos.

8.2.1. Interpretación y Aplicación del *Soft Law Internacional*

Del mismo modo que lo ha hecho en su jurisprudencia sobre el *soft law europeo,* el TJUE se ha preguntado sobre si es competente para interpretar las disposiciones de cualquier instrumento de *soft law internacional* que hayan aceptado las instituciones europeas y los Estados miembros. Para responder a esta pregunta, ha tenido en cuenta su jurisprudencia previa respecto al Derecho Internacional de los tratados internacionales celebrados por la Unión y también de los instrumentos normativos adoptados por las organizaciones internacionales en las que la Unión es parte o en las que se ve representada por sus Estados miembros. Por ello, es necesario recordar que en su sentencia HAEGEMAN, el Alto Tribunal afirmó que es competente para interpretar un acuerdo internacional "en la medida en que afecta a la [Unión]"[608]. Y en el mismo sentido, en ANDERSSON Y WÅKERÅS-ANDERSSON, un asunto en el que se trataba la interpretación del Acuerdo sobre el Espacio Económico Europeo (EEE), el Tribunal sostuvo que: su "competencia para interpretar el Acuerdo sobre el EEE [...] se aplica únicamente con respecto a la [Unión]; el Tribunal no es competente para pronunciarse sobre la interpretación de

---

607 Ibidem.

608 Sentencia de 30 de abril de 1974, Haegeman, 181/73, *Rec.* p. 449, apartado 5: "The provisions of the Agreement, from the coming into force thereof, form an integral part of Community law" (regarding the Agreement of Association between the European Economic Community and Greece).

dicho acuerdo en lo que respecta a su aplicación en los Estados de la AELC" [Asociación Europea de Libre Comercio].[609]

Por analogía, cabría también afirmar que, con carácter general, el TJUE, cuando se pregunta si es competente para conocer de un instrumento de *soft law internacional*, debe constatar antes si existe o no una afectación de la autonomía y de los principios propios del ordenamiento jurídico de la Unión, así como de los valores recogidos en la Carta de Derechos Fundamentales cuando estemos en presencia de aspectos relativos al reconocimiento y garantía de derechos. Este habría sido el caso del asunto KOMSTROY que muestra la necesidad de preservar el principio de autonomía del Derecho de la Unión Europea[610]. En la respuesta que ofreció el Alto Tribunal a una cuestión prejudicial presentada por un tribunal francés respecto a la posible aplicación e interpretación del Tratado sobre la Carta de la Energía en un conflicto surgido entre un Estado tercero, Moldavia y un inversor ucraniano[611], éste afirmó entonces que un tratado es

609 Sentencia del TJUE, Asunto C-321/97 *Ulla-Brith Andersson and Susannne Wåkerås-Andersson v Svenska staten* ECLI:EU:C:1999:307, para. 26.

610 Sobre este principio y la jurisprudencia del TJUE veáse J. ODERMATT, "Is EU Law International? Case c-741/19 Republic of Moldova v Komstroy LLC and the Autonomy of the EU Legal Order", *European Papers*, Vol. 6, N°3, 2021, pp. 1255-1268. En su comentario del caso Komstroy este autor apunta que "Yet the importance of the case goes much further than this technical question. First, the Court found that it had jurisdiction to issue a preliminary ruling interpreting the ECT in a dispute that had little or no connection to the EU legal order. Second, the Court used the case as an opportunity to state—albeit in *obiter dicta*—that the ECT's investor-state dispute settlement mechanisms are incompatible with EU law. This note addresses these two main issues. First, it discusses why the Court found that it had jurisdiction to provide a preliminary reference. It then addresses questions related to the intra-EU application of the ECT. While *Komstroy* builds upon its previous case-law, including *Achmea* and Opinion 2/13, on the application of the principle of "autonomy" in EU law, it fails to shed much light on the meaning of this principle. Whereas the Court has in the past interpreted EU agreements using the principles enshrined in the VCLT, *Komstroy* shows how the Court can approach these issues entirely through the lens of EU law", p. 1257.

611 El Tribunal de Apelación de París se dirige al TJUE para pedirle su interpretación del Tratado sobre la Carta de la Energía, del art. 1(6) sobre la definición de "inversión" y del art. 26(1) sobre la solución de controversias. El TCE es un tratado multilateral que establece el marco de cooperación en el ámbito de la energía, con el fin de promover la seguridad energética y "catalizar el creci-

un acto del Derecho de la Unión. En razón de esta respuesta, cabría esperar igualmente que una disposición *soft* de un tratado internacional también sea considerada como parte de un acto del Derecho de la Unión, con una intensidad normativa distinta. Así, sería necesario distinguir en el caso del *soft law internacional* si estamos en presencia de disposiciones *soft* de un tratado internacional que requiere una clarificación o si estamos ante una resolución de una organización internacional, lo que haría necesario examinar caso por caso, y en función del marco institucional en el que hayan sido adoptadas, para preservar en última instancia el principio de autonomía, porque como afirmara el TJUE:

> 42. En efecto, según reiterada jurisprudencia del Tribunal de Justicia, un acuerdo internacional no puede vulnerar el orden de competencias fijado por los Tratados ni, por lo tanto, la autonomía del sistema jurídico de la Unión, cuya observancia garantiza el Tribunal de Justicia. Este principio se encuentra reconocido, en particular, en el artículo 344 TFUE, según el cual los Estados miembros se comprometen a no someter las controversias relativas a la interpretación o aplicación de los Tratados a un procedimiento de solución distinto de los previstos en los mismos (sentencia de 6 de marzo de 2018, Achmea, C-284/16, EU:C:2018:158, apartado 32 y jurisprudencia citada)[612].

---

miento económico mediante medidas de liberalización de las inversiones y el comercio de la energía". Uno de los objetivos del TCE es proteger las inversiones extranjeras, y para ello establece un sistema de solución de controversias entre los inversores y los Estados receptores. El artículo 26 del TCE establece un sistema de solución de controversias entre inversores y Estados, en virtud del cual un inversor puede presentar una controversia para su resolución ante un tribunal de arbitraje. La Unión Europea es parte del TCE junto con sus Estados miembros. J. Odermatt ha destacado que "mientras que el TJUE ha abordado la compatibilidad de los TBI intracomunitarios con la legislación de la UE, aún no ha abordado la cuestión de si las disposiciones de ISDS del Tratado sobre la Carta de la Energía son compatibles con la legislación de la UE", *loc. cit.*, p. 1257.

612 Continúa señalando igualmente que: "43. Según jurisprudencia igualmente reiterada del Tribunal de Justicia, la autonomía del Derecho de la Unión, tanto en relación con el Derecho de los Estados miembros como con respecto al Derecho internacional, se justifica por las características esenciales de la Unión y de su Derecho relativas, en particular, a la estructura constitucional de la Unión y a la propia naturaleza de este Derecho. El Derecho de la Unión se caracteriza, en efecto, por proceder de una fuente autónoma, constituida por los Tratados, por su primacía sobre los Derechos de los Estados miembros y por el efecto directo

En el mismo caso *Komstroy*, se produce la intervención del TJUE para definir el término inversión en el marco del Tratado de la Carta de la Energía, lo que puede considerarse una acción por la que interpreta y desarrolla una disposición de naturaleza *soft*, que por su carácter abierto o impreciso necesita de una acción posterior como la llevada a cabo por el Alto Tribunal en la que, además, tiene en cuenta también el preámbulo de dicho tratado[613]. Por otra parte, aunque

de toda una serie de disposiciones aplicables a sus nacionales y a ellos mismos. Estas características han dado lugar a una red estructurada de principios, normas y relaciones jurídicas mutuamente interdependientes que vinculan recíprocamente a la propia Unión y a sus Estados miembros, y a los Estados miembros entre sí [sentencia de 6 de marzo de 2018, Achmea, C-284/16, EU:C:2018:158, apartado 33 y jurisprudencia citada, y dictamen 1/17 (Acuerdo CETA UE-Canadá), de 30 de abril de 2019, EU:C:2019:341, apartado 109 y jurisprudencia citada].
44. Dicha autonomía reside por tanto en la circunstancia de que la Unión está dotada de un marco constitucional propio. En este marco se incluyen, entre otras, las disposiciones de los Tratados UE y FUE, que establecen, en particular, las normas de atribución y de reparto de competencias, las normas de funcionamiento de las instituciones de la Unión y del sistema jurisdiccional de esta y las normas fundamentales en ámbitos específicos, estructuradas de modo que contribuyen a la realización del proceso de integración recordado en el artículo 1 TUE, párrafo segundo [véase, en este sentido, el dictamen 1/17 (Acuerdo CETA UE-Canadá), de 30 de abril de 2019, EU:C:2019:341, apartado 110 y jurisprudencia citada].
45. Para asegurar la preservación de esas características específicas y de la autonomía del ordenamiento jurídico así creado, los Tratados han establecido un sistema jurisdiccional destinado a garantizar la coherencia y la unidad en la interpretación del Derecho de la Unión. Conforme al artículo 19 TUE, incumbe a los órganos jurisdiccionales nacionales y al Tribunal de Justicia garantizar la plena aplicación de ese Derecho en el conjunto de los Estados miembros y la tutela judicial efectiva que ese ordenamiento confiere a los justiciables, teniendo el Tribunal de Justicia la competencia exclusiva para dar la interpretación definitiva de dicho Derecho. Con esta finalidad, ese sistema incluye concretamente el procedimiento de remisión prejudicial previsto en el artículo 267 TFUE [sentencia de 6 de marzo de 2018, Achmea, C-284/16, EU:C:2018:158, apartados 35 y 36 y jurisprudencia citada, y dictamen 1/17 (Acuerdo CETA UE-Canadá), de 30 de abril de 2019, EU:C:2019:341, apartado 111 y jurisprudencia citada].

613 En la que tiene en cuenta una interpretación conforme al principio del efecto útil y además tiene en cuenta los objetivos del preámbulo cuando señala en sus considerandos 79 y ss. que:
"79. En este contexto, procede considerar que un mero contrato de suministro es una operación comercial que, como tal, no puede constituir una «inversión»

su interpretación y su definición de inversión tenga un impacto sólo *ad intra* de la Unión y para sus Estados miembros, sin duda, también contagiará su práctica internacional, bajo la influencia del efecto Bruselas[614].

Es necesario señalar igualmente que el *soft law internacional* se utiliza para completar los principios generales, y en concreto, los del Estado de Derecho y la independencia judicial. Así, el Abogado General M. TANCHEV afirma que "cabe señalar que, pese a que tales directrices son calificadas de *soft law* o normas no vinculantes, encarnan un «consenso normativo» de reglas y principios compartidos por los Estados miembros (y otros países) que proporcionan una referencia útil para el Tribunal de Justicia"[615].

---

en el sentido del artículo 1, punto 6, del TCE, con independencia incluso de si una aportación es necesaria para que una operación determinada constituya una inversión.
80. Cualquier otra interpretación de esta disposición equivaldría a privar de efecto útil a la distinción clara que el TCE realiza entre el comercio, regulado por la parte II de este Tratado, y las inversiones, reguladas por la parte III de este.
81. Pues bien, esta distinción refleja el objetivo del TCE, tal como se desprende de su preámbulo, consistente en «catalizar el crecimiento económico mediante medidas de liberalización de la inversión y el comercio en energía». Estas dos categorías de medidas se corresponden con la estructura de dicho Tratado, que regula, por un lado, las inversiones y, por otro, el comercio."

614 Véase A. BRADFORD, *The Brussels Effect. How the European Union rules the world*, Oxford University Press, 2020.

615 En sus conclusiones se refiere a que "Recientemente, el Tribunal Europeo de Derechos Humanos ha reiterado las circunstancias en las que la remoción de un juez vulnera su independencia e imparcialidad consagradas en el artículo 6 CEDH, apartado 1. El elemento objetivo de la imparcialidad protegida por este artículo requiere que se evalúe de manera objetiva si el órgano judicial en sí, entre otros aspectos en lo que atañe a su composición, ofrece garantías suficientes para descartar toda duda legítima en cuanto a su imparcialidad. Las apariencias tienen una cierta importancia, de modo que, «no solo debe hacerse justicia, sino que también debe parecer que se hace justicia». Está en juego la confianza que los tribunales deben inspirar en la ciudadanía de una sociedad democrática. Esos principios constituyen una fuente de inspiración para los principios del Derecho de la Unión que resultan aplicables, como mínimo, cuando la Comisión, con arreglo al procedimiento establecido en el artículo 258 TFUE, imputa una violación del Estado de Derecho, protegido en el artículo 2 TUE y que tiene su expresión específica en el artículo 19 TUE". Conclusiones del Abogado General EVGENI TANCHEV presentadas el 11 de abril de 2019, Asunto C-619/18

En el caso de varias conclusiones presentadas por los Abogados Generales van a referirse al *soft law internacional* que sirve para la interpretación de instrumentos convencionales, aunque posteriormente el TJUE no haga referencia a ellos, a pesar de seguir las conclusiones. Este sería el caso de las conclusiones del Abogado General M. SZPUNAR que apunta que

> "cabe observar asimismo que las conclusiones y los principios rectores relativos a la Convención para reducir los casos de apatridia, publicados por ACNUR, constituyen Derecho indicativo (*soft law*), de modo que tienen cierta autoridad, pero no son vinculantes. En cualquier caso, es cierto que estas conclusiones contienen indicaciones útiles para los Estados miembros. No obstante, corresponde al órgano jurisdiccional remitente comprobar estos elementos en el presente asunto"[616].

8.2.2. Control de la articulación jurídica de la acción exterior de la Unión de conformidad con lo establecido en las bases jurídicas de los tratados constitutivos

El TJUE ha interpretado el artículo 218, apartado 9 del TFUE de manera que quedan comprendidos por él también los instrumentos de *soft law internacional*. De esta manera, cuando en el proceso de negociación y adopción de un instrumento de *soft law internacional*, las instituciones europeas o un Estado miembro incumplan las normas relativas a la representación de la Unión o a la atribución de competencias prevista en los tratados constitutivos, tanto una institución europea como un Estado miembro podrá solicitar la anulación de

---

Comisión Europea Contra República de Polonia, «Incumplimiento de Estado — Artículo 258 TFUE — Artículo 7 TUE — Estado de Derecho — Artículo 19 TUE, apartado 1 — Principio de tutela judicial efectiva — Principios de independencia y de inamovilidad del juez — Carta de los Derechos Fundamentales de la Unión Europea — Artículos 47 y 51 — Medidas nacionales que reducen la edad de jubilación de los jueces del Tribunal Supremo en activo — Inexistencia de un período de transición — Medidas nacionales que atribuyen al presidente de la República una facultad discrecional para prorrogar el mandato de los jueces del Tribunal Supremo», ECLI:EU:C:2019:325, apartado 71 y n.a. p. 51.

616 Conclusiones del Abogado General MACIEJ SZPUNAR, presentadas el 1 de julio de 2021, Asunto C-118/20, JY con intervención de Wiener Landesregierun, ECLI:EU:C:2021:530, apartado 96 y Sentencia del Tribunal de Justicia (Gran Sala) de 18 de enero de 2022, Asunto C-118/20, JY y Wiener Landesregierung, ECLI:EU:C:2022:34

dicho acto porque, aunque no sea vinculante, no sólo puede tener un impacto en el equilibrio institucional y en el sistema de competencias de la Unión Europea sino también en su ordenamiento jurídico. La razón de recurrir la validez de tales instrumentos de *soft law internacional* vendrá dada por un defecto de forma en el proceso de celebración —al requerir una forma mixta de celebración— o también por la falta de la competencia necesaria, en la medida en que estemos en presencia de un proceso de desarrollo progresivo del Derecho Internacional, en cuyo caso sólo los Estados tienen la capacidad para definir el alcance de sus competencias. Este fue el caso del Código de Conducta Suizo en el que el Alto Tribunal tuvo que entrar a conocer el recurso de anulación interpuesto por el Consejo contra la Decisión de la Comisión de 3 de octubre de 2013 relativa a la firma de un apéndice del Memorando de Entendimiento de 27 de febrero de 2006, en relación con la contribución financiera de Suiza a los nuevos Estados miembros de la UE. El Alto Tribunal examinó entonces la distinta posición sostenida por la Comisión y el Consejo respecto al alcance de la competencia exterior y como debe llevarse a cabo su ejercicio y representación cuando se trata de adoptar un instrumento de *soft law*. Este asunto supuso un cambio de rumbo en los pronunciamientos del Tribunal de Justicia, inclinados hasta entonces a favor de aceptar las propuestas de la Comisión Europea respecto a la articulación jurídica de la acción exterior de manera estrechamente vinculada con su interpretación de su mandato de representación exterior de la Unión. Sin embargo, aquí, el pronunciamiento del TJUE fue favorable a la posición sostenida por el Consejo y los Estados miembros que distinguen entre la labor de representación y la definición de la competencia, que debe llevarse a cabo con carácter previo a su ejercicio en las instancias internacionales. En contra de lo argumentado por la Comisión, no puede considerarse que la firma de un acuerdo no vinculante sea un acto de representación exterior en virtud del artículo 17 del TUE, que no puede adoptarse sin la aprobación previa del Consejo. Con su interpretación del principio de equilibrio institucional consagrado en los Tratados, el Tribunal afirmó que la Comisión no estaba facultada para adoptar la decisión de firmar el Memorando de Entendimiento de 2013, competencia que correspondía al Consejo porque

"38. En estas circunstancias, no cabe considerar que la Comisión esté habilitada, por su facultad de representación exterior en virtud del artículo 17 TUE, apartado 1, para firmar un acuerdo no vinculante resultante de las negociaciones llevadas a cabo con un país tercero.

39. En efecto, la decisión relativa a la firma de un acuerdo con un país tercero incluido en un ámbito de competencias de la Unión, al margen de que el acuerdo sea vinculante o no, implica apreciar, atendiendo a las líneas estratégicas definidas por el Consejo Europeo y a los principios y objetivos de la acción exterior de la Unión enunciados en el artículo 21 TUE, apartados 1 y 2, los intereses de la Unión en el marco de las relaciones con el país tercero de que se trate y arbitrar entre los intereses divergentes de tales relaciones.

40. Por lo tanto, una decisión relativa a la firma de un acuerdo no vinculante, como el controvertido en este caso, forma parte de los actos de definición de políticas de la Unión y de elaboración de la acción exterior de ésta, en el sentido del artículo 16 TUE, apartado 1, segunda frase, y apartado 6, párrafo tercero.

(...)

42. En efecto, la firma de un acuerdo no vinculante implica la apreciación, por parte de la Unión, de la cuestión de si tal acuerdo sigue estando en línea con su interés, tal como se define por el Consejo concretamente en la decisión relativa a la iniciación de las negociaciones sobre la conclusión del acuerdo"[617].

Como ya he señalado en anteriores trabajos, el Alto Tribunal resolvió entonces un nuevo caso de judicialización de la disputa entre Consejo y Comisión sobre el ejercicio de la función de representación y su capacidad para delimitar el alcance de las competencias exteriores a través de su ejercicio. En este caso, sin embargo, la respuesta dada por el Tribunal va a suponer que, en virtud del art. 16.1 del TUE, le corresponde al Consejo la función "de definición de políticas y de coordinación, en las condiciones establecidas en los Tratados", lo que en el ámbito exterior y de acuerdo con lo previsto en el art. 16.6.3 implica que "El Consejo de Asuntos Exteriores elaborará la acción exterior de la Unión atendiendo a las líneas estratégicas definidas por el Consejo Europeo y velará por la coherencia de la acción de la Unión". A partir de esta interpretación del Alto Tribu-

---

[617] Sentencia del Tribunal de Justicia de 28 de julio de 2016, *Consejo c. Comisión*, C-660/13, EU:C:2016:616.

nal, le corresponderá al Consejo en virtud de esta competencia de definición, la competencia igualmente para decidir si adoptar los instrumentos de *soft law* que llevan a cabo las definiciones de políticas globales, en contra de lo que defendía la Comisión Europea que consideraba que, en virtud del art. 17.1. del TUE, la firma de un acuerdo no vinculante sería un acto de representación exterior, en la medida en que dicho acuerdo refleje una posición o política de la Unión ya establecida por el Consejo. La amplitud con que la Comisión Europea había interpretado esta última condición había menoscabado la competencia del Consejo a la hora de definir la política exterior.

La trascendencia de esta sentencia[618] llevó al Consejo de Ministros, a la Comisión Europea y al Servicio Europeo de Acción Exterior a adoptar un protocolo sobre *Arrangements for non-binding instruments, Disposiciones relativas a los instrumentos no vinculantes*[619] que ya se ha aplicado posteriormente, sin consultar al Parlamento Europeo, como si la acción exterior sólo dependiese del Consejo y de la Comisión. Al respecto he considerado que "el hecho de que el Parlamento Europeo no haya sido tenido en cuenta por el Consejo, la Comisión y el Servicio Europeo de Acción Exterior a la hora de diseñar el acuerdo de actuación para la adopción de acuerdos internacionales no vinculantes, menoscaba igualmente el equilibrio institucional en la medida en que a esta institución no se le permite ejercer el control

---

618 Así, T. Verellen considera que "Unfortunately, the picture to which Swiss MoU adds a few brush strokes is one in which the power to conclude non-binding agreements is divided only between the Commission and the Council. The European Parliament, by contrast, remains invisible" y por ello defiende que "a more comprehensive reading of the EU Treaty is called for; one which takes into account not only the policy-making powers of the Council and the power of representation of the Commission, but also the power of the European Parliament to exercise political control and legislative functions. Only such a reading would do justice to the dual source of democratic legitimacy of the EU: The individual EU citizens as represented in the Parliament, and the EU citizens as represented by their governments in the Council." T. Verellen, "On Conferral, Institutional Balance and Non-Binding International Agreements", *Insight, European Papers*, 1(3), 2016, pp. 1225-1233, en p. 1225.

619 *Arrangements for non-binding instruments*, incorporado como anexo de la Nota informativa de la Secretaría General del Consejo sobre "Follow Up to Judgment in Case C-660/13 - Arrangements between Secretaries General on non-binding instruments", Doc. 15367/17, de 4 de diciembre de 2017.

político de acuerdos que condicionarán futuros desarrollos normativos tanto de la acción exterior como de la legislación interna de la Unión". Por ello, será necesario considerar su participación en la adopción de instrumentos de *soft law* internacional en el futuro. Ni la Comisión ni el Consejo deberían descuidar el papel que los Tratados le atribuyen al Parlamento Europeo cuando recurran al *soft law*.

Un problema adicional es que el PE no tiene acceso formal a la información relativa al proceso de negociación de acuerdos internacionales no vinculantes, lo que contrasta claramente con el procedimiento establecido en el artículo 218, apartado 10, del TFUE. La obligación de informar al PE en todas las fases del procedimiento de celebración de acuerdos internacionales establecida en el artículo 218, apartado 10, del TFUE no se extiende formalmente a los instrumentos internacionales no vinculantes[620]. SANTOS VARA ha criticado que exista "una clara falta de coherencia al ampliar la obligación de información a los acuerdos de la PESC y privar al PE de este derecho en el caso de los acuerdos no vinculantes, en particular en la cooperación en materia de migración con terceros países. Podría argumentarse que la obligación de información debería respetarse independientemente de que las instituciones utilicen un acuerdo internacional vinculante o no vinculante."[621]

Por último, quisiera señalar que, con carácter previo a esta jurisprudencia y a la reforma llevada a cabo por el Tratado de Lisboa, en el Asunto DIOR se planteó la necesidad de que las autoridades nacionales desempeñaran aún funciones de representación y negociación en el marco de la Organización Mundial del Comercio respecto a materias consideradas de naturaleza mixta como las del Acuerdo sobre los aspectos de los derechos de propiedad intelectual relacionados con el comercio (ADPIC). Preguntado entonces el *Alto Tribunal* por la interpretación de "un acuerdo internacional celebrado por la Comunidad y los Estados miembros en virtud de una competencia

---

620 J. SANTOS VARA, "Soft international agreements on migration cooperation with third countries: a challenge to democratic and judicial controls in the EU", en S. CARRERA, J. SANTOS VARA, T. STRIK, en *Constitutionalising the External Dimensions of EU Migration Policies in Times of Crisis. Legality, Rule of Law and Fundamental Rights Reconsidered*, Elgar, 2019, pp. 21-28.

621 Ibidem, p. 32.

compartida y que influye en la aplicación de disposiciones comunitarias por parte de los órganos jurisdiccionales nacionales", su respuesta no menciona expresamente al *soft law*, como lo hace la del Abogado General Cosmas. El Alto Tribunal prefiere señalar que

> "El Acuerdo ADPIC no contiene ninguna definición expresa de lo que el propio Acuerdo entiende por «derecho de propiedad intelectual». Es necesario, por tanto, interpretar esta expresión, que figura en numerosas ocasiones en el preámbulo y en el texto del Acuerdo ADPIC, en su contexto y a la luz de su objeto y de su finalidad"[622].

8.2.3. El *Soft Law Internacional* como apoyo para la labor de interpretación del TJUE y de los Tribunales Nacionales

Los instrumentos de *soft law internacional* que hemos analizado en el segundo capítulo y que sirven para interpretar los instrumentos normativos convencionales y consuetudinarios, tales como las recomendaciones adoptadas por los Comités de derechos humanos de Naciones Unidas o por los del Consejo de Europa o las Resoluciones de la Asamblea General de las Naciones Unidas, son invocados por las partes y por los tribunales nacionales cuando han de aplicar el derecho europeo, y, en su caso, cuando presentan una cuestión prejudicial de interpretación o de validez. Cabe apreciar distintos usos de esta remisión al *soft law internacional*. Así, por ejemplo, en una recién presentada cuestión prejudicial de validez, un tribunal griego le pregunta al TJUE si es válida una decisión que designa a Turquía como país tercero seguro para demandantes de protección internacional procedentes de países como Siria, Afganistán, Paquistán, Bangladesh o Somalia. En el origen de la cuestión, se encuentra la práctica de Turquía que tarda 20 meses en responder a las solicitudes y que se cuestiona a la luz no sólo de las normas europeas e internacionales sino también del *soft law internacional*[623].

---

[622] Sentencia del Tribunal de Justicia de 14 de diciembre de 2000, Asuntos acumulados C-300/98 y C-392/98, Parfums Christian Dior SA contra TUK Consultancy BV y Assco Gerüste GmbH y Rob van Dijk contra Wilhelm Layher GmbH & Co. KG y Layher BV, ECLI:EU:C:2000:688, apartado 55.

[623] Así en el apartado 11 de la cuestión prejudicial, se dice "The referring court adds, moreover, that the view that the classification of a third country as safe depends on whether the foreign national seeking international protection can be

9. EL SOFT LAW EN LA ACCIÓN EXTERIOR DE LA UNIÓN EUROPEA

Por su importancia y por sus rasgos específicos, voy a examinar el papel que desempeñan el *soft law europeo* y el *soft law internacional* en la acción exterior de la Unión. Será ya en futuros trabajos, donde examinaré el papel del *soft law europeo* en los distintos sectores normativos del Derecho de la Unión Europea.

El *soft law internacional* lleva siendo objeto de la acción exterior de la Unión Europea desde hace décadas, pero no ha sido hasta la adopción del Tratado de Lisboa cuando su influencia plantea nuevos desafíos normativos e institucionales, especialmente, respecto a la atribución de las competencias para su adopción y la representación en las instituciones internacionales y conferencias de las partes donde el *soft law internacional* se adopta cada vez más. Como ya he examinado en el capítulo segundo, las organizaciones internacionales, ante la imposibilidad de alcanzar el consenso en cuestiones principales, adoptan instrumentos de *soft law* como alternativa a los tratados internacionales, pero también como vía para la fijación de la interpretación de instrumentos normativos marco y para el desarrollo progresivo del Derecho Internacional. Por ello, la Unión Europea y sus Estados miembros deben articular las fórmulas necesarias para estar presentes en esa acción normativa. Es más, en el marco de las relaciones exteriores de la Unión Europea, la adopción de instrumentos de *soft law internacional* ha dejado de ser una cuestión política residual, para tener un importante papel normativo, con una dimensión externa y también con una dimensión interna, en función de su impacto posterior en el ordenamiento jurídico de la Unión y también en los de sus Estados miembros. Así, en lo que se refiere a su dimensión externa, la participación de la UE en el proceso de negociación y adopción de un instrumento de *soft law internacional* debe regirse por las mismas normas relativas a la celebración de tratados

admitted or readmitted to that third country is reflected in soft-law texts of the Council of Europe and supported by some commentators on international law, and has been espoused by courts in other EU Member States", Case C-134/23 Summary of the request for a preliminary ruling pursuant to Article 98(1) of the Rules of Procedure of the Court of Justice, de 7 de Marzo de 2023.

internacionales, tanto si se le atribuyen efectos jurídicos como si no, en la medida en que puede adquirirlos posteriormente como consecuencia de su desarrollo normativo en el ordenamiento jurídico de la Unión. En caso contrario, si se defiende que del *soft law internacional* no se deriva efecto normativo alguno, entonces sería irrelevante la intervención de las instituciones europeas. Sin embargo, no es ésta nuestra posición al respecto. Además, el TJUE ya se ha posicionado sobre ello desde el punto de vista del principio de atribución de competencias y del ejercicio del poder de representación de la Unión ante las instituciones internacionales, lo que examinaré a continuación.

En lo que se refiere a su dimensión interna, los efectos de los instrumentos de *soft law internacional* que tienen que incorporarse en el ordenamiento jurídico de la Unión, dependerán de su incidencia en el sistema competencial y de lo que decidan las instituciones europeas y los Estados miembros respecto a la intensidad normativa que le atribuyan, ya que podrían fortalecerla a través de la adopción de un instrumento vinculante o mantenerla ya como un instrumento de *soft law europeo.* Además, el instrumento de *soft law internacional* puede ser el primer paso de un desarrollo normativo posterior en un contexto multilateral, —universal, regional o europeo— de manera que con él se sientan las bases políticas y jurídicas de un proceso complejo que puede involucrar a las instituciones y a los Estados miembros con otros Estados o grupos de estados. Por su importancia creciente, le dedicaré un subapartado en el que analizaré el Acuerdo con los Estados Unidos para establecer el *Trans-Atlantic Data Privacy Framework.*

9.1. El Ejercicio de la Competencia exterior a través del soft law internacional

Durante mucho tiempo, la producción de *soft law internacional* en las organizaciones y conferencias internacionales en las que participaban la Unión Europea junto con sus Estados miembros permitió dejar abierta la cuestión de la división de competencias entre la Unión y sus Estados miembros. Sin embargo, su uso cada vez más frecuente ha hecho necesario que las instituciones europeas y los Estados miembros lleguen a acuerdos respecto al reparto competencial para suscribir el *soft law internacional,* pero también que acepten pactos respecto a la indeterminación de la titularidad de la competencia y en su caso un compromiso de una determinación futura cuando sea necesario llevar a cabo su desarrollo interno. En esos casos de indeterminación de la titularidad de la competencia exterior debido al carácter concurrente de la competencia o a la existencia de elementos políticos que aconsejen un ejercicio mixto, habrá que establecer cuando la Unión Europea adquiere la competencia a través de su ejercicio interno. Ello también debería llevarnos a plantear si la competencia puede adquirirse a través del *soft law europeo* adoptado como resultado de la acción exterior, con una *preemption* basada en el *soft law*, que es capaz de marcar los objetivos normativos de la Unión.

Así pues, es necesario incluir la competencia para suscribir *soft law internacional* entre las competencias exteriores de la Unión Europea. No es ésta una cuestión baladí, ya que incluso suscribir instrumentos no vinculantes puede suponer un pacto *de negotiando* o incluso *de contrahendo*, o contribuir a la formación de una costumbre regional o universal, o facilitar un compromiso político que necesariamente ha de revalidarse en el momento de la adopción de los instrumentos convencionales pertinentes. Sobre este respecto se pronunció en un momento temprano G. GARZON CLARIANA cuando afirmó que

> "[e]n lo que se refiere a la norma internacional, conviene recordar que, siguiendo la jurisprudencia del Tribunal de Justicia, la expresión "acuerdo" en el sentido del artículo 228 del Tratado constitutivo de la Comunidad Europea, no se refiere sólo a los tratados internacionales, tal y como se definen en las dos Convenciones de Viena sobre el derecho de los Tratados, sino también otros instrumentos vinculantes regidos por el derecho internacional público, como ciertos actos adoptados por organizaciones internacionales, o decisiones de órganos establecidos por los acuerdos bilaterales concluidos en nombre de la Comunidad con un Estado tercero. Por otra parte, se plantea la cuestión de saber si el artículo 228 funda una competencia de la Comunidad para participar en textos internacionales desprovistos de efectos obligatorios, cuando se refieren a materias relativas, en todo o en parte, de la competencia comunitaria. Ahora bien, esta cuestión presenta un interés práctico considerable, especialmente por el hecho de que la norma internacional está a veces condicionada, prefigurada o suscitada por tomas de posición preexistentes, reflejadas en textos no vinculantes que han sido adoptados por una organización o una conferencia intergubernamental"[624].

---

[624] Véase G. GARZON CLARIANA,"La mixité: le droit et les problèmes pratiques", en J. H. J. BOURGEOIS, J-L. DEWOST, M-A. GAIFFE (eds.), *La Communauté européenne*

En este sentido es fundamental tener en cuenta que el valor del *soft law internacional* depende de la intención de las partes, tal y como la expresan en el instrumento de aceptación o adhesión, así como en las declaraciones con los que los acompañan los Estados como en el caso de las Resoluciones de la Asamblea General cuya adopción es sometida a votación —por no alcanzarse el consenso—. Una muestra de ello, la encontramos en el caso del Pacto Mundial para una Migración Segura, Ordenada y Regular en el ámbito de la política de inmigración, en las declaraciones que realizaron los Estados miembros de la Unión en la sesión previa del día 10 de Diciembre de 2020, que constituyen un claro ejemplo de delimitación y restricción del potencial normativo de la propuesta de un instrumento de *soft law*, pero también de su visión del ejercicio de la competencia exterior en materia migratoria, supeditada siempre a los intereses nacionales.

9.2. El soft law y la participación y representación de la UE en las Organizaciones Internacionales

La Unión Europea no ha conseguido aún que su participación en otras organizaciones internacionales sea plena, debido a que se le sigue reservando el estatuto de observador en aquellas organizaciones cuya membresía se reserva a los Estados. Ello ha hecho que se articulen distintas vías de participación y representación para intentar que la Unión pueda ejercer sus competencias exteriores a través de todas las expresiones posibles, en especial, la creación y desarrollo de normas internacionales y, por supuesto, también de *soft law internacional*. Así, la participación en una organización internacional de la Unión Europea está relacionada con la participación de manera directa o indirecta a través de sus Estados miembros, en sus órganos[625], de carácter político o de carácter técnico, de composición restringida o abierta, y sumándose a ello el derecho a asistir a las reuniones, ser

---

et les accords mixtes. Quelques perspectives?, Presses Interuniversitaires Européennes, Bruselas, 1997, pp. 16-17.

625 Véase B. Martenczuk, "Decisions of Bodies Established by International Agreements and the Community Legal Order", en V. Kronenberger, (ed.), *The European Union and the International Legal Order*, The Hague: T. M. C. Asser Press 2001, pp. 141-163.

elegido para desempeñar funciones en el órgano y ejercer derechos de voto y de palabra. En lo que se refiere al *soft law internacional*, la Unión participará en el diseño de las estrategias y políticas globales de las organizaciones internacionales y también en sus procesos de formación de normas de manera que es necesario distinguir los instrumentos de *soft law* en función de su adopción por los órganos plenarios, de composición restringida y los cuerpos técnicos de las organizaciones internacionales, lo que nos llevaría a una interesante variedad de resoluciones, recomendaciones, directrices, cuyo valor inicial puede ser de *soft law* pero que al incorporarse en el ordenamiento jurídico de la Unión Europea experimentan una "legalización" que va a alcanzar también los ordenamientos jurídicos de sus Estados miembros. Y viceversa, la Unión Europea, una vez superada una parte importante de las reticencias que tuvo que salvar en las organizaciones internacionales, también se ha convertido en una promotora de sus estándares de protección en los más diversos ámbitos normativos, desde la ciberseguridad, a la protección de datos y, de manera sobresaliente, en materia ambiental. En todos estos casos, cabe recordar o encontrar un ejemplo significativo que nos permita ver la progresión de la Unión en tanto que sujeto con una capacidad jurídica para comprometerse en función de las competencias que tiene atribuidas —aunque en el caso del *soft law* es necesario ser precavidos en la medida en que la máxima de 'quien puede lo más puede lo menos' a la hora de comprometerse internacionalmente entra en conflicto con su aplicación al mismo tiempo a sus Estados miembros, que son plenamente conscientes del poder del *soft law* para iniciar el desarrollo progresivo del Derecho internacional, en los ámbitos más diversos. Para ilustrar con ejemplos las capacidades normativas de la Unión en las Organizaciones internacionales, hay que recordar a K. E. JØRGENSEN Y R. A. WESSEL que destacaron el papel que desempeñaría la UE en el concepto de multilateralismo eficaz que sería más tarde un *leitmotiv* del cambio en la ONU[626]. También habría tenido

---

626 Consideran que "... la noción de "multilateralismo eficaz", una noción que puede remontarse a la Estrategia Europea de Seguridad de la UE, adoptada en 2003. En la Estrategia Europea de Seguridad, la UE declara que uno de sus principales objetivos estratégicos en materia de seguridad es la promoción de un "multilateralismo eficaz", una expresión abreviada de los esfuerzos contemporáneos por reformar una serie de organizaciones internacionales, haciéndolas

un gran impacto en el cambio de rumbo en el Derecho del Mar, el caso del Memorandum de Entendimiento de París sobre el Estado de Control del Puerto que he analizado en la primera parte. Así, su adopción se lleva a cabo para distintos fines: para articular un marco normativo cuando no es posible alcanzar un acuerdo internacional, en el seno de una conferencia o de una organización internacional, como sería el caso del MOU de París, y que en su día se convirtió en la única solución posible, una vez que la Comisión Europea y los Estados miembros constataron la falta de apoyo en el seno de la OMI para la adopción de un tratado internacional.

Por otra parte, el *soft law* adoptado por las organizaciones internacionales puede alcanzar una mayor intensidad normativa en el seno de la Unión Europea, del mismo modo que las disposiciones s*oft* que éstas propongan en tratados internacionales y en las resoluciones de las Conferencias de las Partes. En otras ocasiones, el carácter blando de una recomendación no será objeto de una reacción normativa de la Unión Europea pero sí de sus Estados miembros como ha sido por ejemplo, las Recomendaciones de la CoP de la Convención CITES.

Por otra parte, la articulación jurídica de la representación exterior de la Unión Europea en las organizaciones internacionales a cargo de la Comisión Europea, —sola o junto con los Estados miembros dependiendo de la naturaleza de la competencia— ha evolucionado hasta alcanzar la regulación actual del Tratado de Lisboa, que codifica la jurisprudencia del TJUE y que también formaliza las prácticas informales que se desarrollaron inicialmente. Así, un ejemplo del papel del *soft law europeo* como vía para manifestar los acuerdos para la representación en las instituciones internacionales se ve en el Memorando de entendimiento con el que los Estados miembros y la Comisión Europea ordenaban su participación de manera flexible en el seno de la estructura institucional de la Organización Mundial del Comercio. Este MOU de 12 de Mayo de 1995 establecía unas reglas para una participación flexible "a fin de defender de la manera más eficaz y más coherente posible los intereses comerciales de

---

más 'eficaces'", K. E. JØRGENSEN Y R. A. WESSEL, "The position of the European Union in (other) international organizations: confronting legal and political approaches", *European Foreign Policy*, 2011, pp. 261-286, en p. 284.

la Comunidad Europea y de sus Estados miembros en el marco de la Organización Mundial del Comercio, [de manera que] las partes del presente código de conducta convienen, sin perjuicio del reparto formal de sus competencias respectivas tal y como se establece por el Tratado CE y la jurisprudencia del Tribunal de Justicia". Ese MOU hoy sería innecesario en la mayor parte de las intervenciones en el seno de las instituciones de la OMC, ya que lo que entonces se consideraban competencias mixtas han disminuido considerablemente. Aún así, cuando se planteen desarrollos sustanciales en el futuro, se echará de menos este MOU, o se lo podrá recuperar para ocasiones puntuales, dadas sus previsiones de participación de los Estados miembros junto con la Comisión Europea. Entonces, de manera flexible, y en la medida en que no se hubiese alcanzado un acuerdo sobre las líneas de negociación, la Comisión Europea atendería las propuestas que presentaran tres o más Estados miembros que consideraran necesaria la adopción de una medida o de una declaración. De igual modo, en el marco de las reuniones de la OMC, aunque sea posible la participación de todos los Estados miembros, sólo intervienen la Comisión Europea y la presidencia, pero en casos excepcionales un Estado miembro podría solicitar a la Comisión que solicitara la suspensión de la reunión si considerara que se estaba produciendo un desvío respecto a las cuestiones inicialmente planteadas. En cualquier caso, en el código, los Estados miembros se comprometían a no utilizarlo con fines dilatorios o para obstaculizar los trabajos en curso. También establecía este MOU que los posibles desacuerdos entre la Comisión y los Estados miembros se someterían para su resolución al Consejo. Esta flexibilidad en la representación exterior habría sido considerada por el Abogado General Cosmas cuando en el asunto Dior, afirma que:

> "(...) un planteamiento correcto, eficaz y solidario de los compromisos internacionales de la Comunidad debe fundarse necesariamente en procedimientos y obligaciones inscritos en un marco jurídico alternativo, a menudo caracterizado por su falta de rigor (soft law). Lejos de ser extraña o contradictoria, esta situación se justifica por la geometría variable y la institucionalización aún incompleta de la coexistencia entre los ordenamientos jurídicos nacional, comunitario e internacional. En el marco de esta institucionalización, el Derecho y la política intercambian sus respectivas características: el primero impone a la segunda su rigor

y su carácter vinculante, mientras que esta última aporta al primero su relatividad y su flexibilidad."[627]

Ya en tiempos post-Tratado de Lisboa se ha perdido la flexibilidad original con el monopolio de la representación, otorgado a la Comisión Europea en el TFUE. Sólo cabría entonces la presencia de los Estados miembros, para actuar en nombre de la Unión, cuando a ésta se le hubiera negado el estatuto de miembro o de parte y sólo se le hubiera reconocido el estatuto de observadora. Sin embargo, la práctica de las organizaciones internacionales es muy diversa y compleja, y ha hecho necesario aceptar una aproximación casuística a la hora de valorar el papel que pueden jugar los Estados miembros y la Comisión en ellas. Dos casos relevantes, porque los desencuentros entre la Comisión y el Consejo y los Estados miembros respecto a la representación han terminado judicializándose, son los de la Organización de la Viña y el Vino y la gobernanza del Tratado Antártico.

En el caso de la Organización de la Viña y el Vino (OIV), la Unión Europea no es parte de su tratado constitutivo del que sí lo son sus Estados miembros. La representación de los intereses de la Unión en función de sus competencias ha llevado a las instituciones europeas a distintos conflictos con aquellos Estados que seguirían persiguiendo en ella sus intereses nacionales. Ello llevaría a Alemania a presentar un recurso de anulación ante el TJUE contra distintas decisiones del Consejo de Ministros, que éste desestimaría. En su sentencia, el Alto Tribunal concluyó que las recomendaciones adoptadas en la OIV surtían efectos jurídicos como consecuencia de su incorporación en el Derecho de la Unión, y que de conformidad con el Artículo 218.9 "la Unión, pese a no ser parte del Acuerdo OIV, está facultada para determinar una posición que ha de adoptarse en su nombre en lo referente a dichas recomendaciones, habida cuenta de la incidencia directa que tienen sobre el acervo de la Unión en dicho ámbito"[628].

---

627 Véanse las Conclusiones del Abogado General Cosmas presentadas el 11 de julio de 2000, Asuntos acumulados C-300/98 y C-392/98, Parfums Christian Dior SA contra TUK Consultancy BV y Assco Gerüste GmbH y Rob van Dijk contra Wilhelm Layher GmbH & Co. KG y Layher BV, ECLI:EU:C:2000:378, apartado 76.

628 Véase el apartado 64 de la Sentencia del Tribunal de Justicia (Gran Sala) de 7 de octubre de 2014, Asunto C-399/12, República Federal de Alemania contra

Con este tenor, el TJUE se posicionaba a favor de conocer toda resolución adoptada en una organización internacional que pudiese producir efectos jurídicos en el ordenamiento jurídico de la Unión, tras ser ésta representada por sus Estados miembros, actuando en su nombre conforme a una Decisión adoptada por el Consejo. Por ello, los argumentos de Alemania que defendía su competencia para la adopción de las recomendaciones de la OIV no prosperaron porque su posición habría sido la de seguir defendiendo sus intereses nacionales en contra de lo que el TJUE terminaría estableciendo que es decir que

> "Los Estados miembros deberán actuar en nombre de la UE en aquellos organismos donde ésta no tenga reconocida representación, en el marco de la adopción de recomendaciones que a pesar de no tener efecto vinculante pueden afectar al marco normativo de la Unión"[629].

En el sistema institucional del Tratado Antártico, la Unión Europea tiene una participación mediada a través de los Estados miembros que son los únicos a los que se les otorga el estatuto de parte y la capacidad para promover la adopción de instrumentos de *soft law* con un enorme potencial normativo. El Tratado Antártico que fue firmado en Washington en 1959, tiene a día de hoy veinticinco Estados Partes con distintos estatutos que distinguen entre las Partes consultivas contratantes, las Partes consultivas adherentes y las Partes no consultivas. Cada uno de estos estatutos contemplan poderes distintos en las instancias de decisión y en los procesos normativos. Solo las Partes consultivas pueden participar en la toma de decisiones en las reuniones celebradas entre las Partes contratantes, que en el caso de las adoptadas por consenso tienen valor vinculante. En el caso de los Estados miembros de la Unión Europea, sólo tres de ellos fueron Partes signatarias del Tratado Antártico, por lo que tienen reconocido el estatuto de Partes consultivas «ratificantes» —Bélgica, Francia y el Reino Unido. Con posterioridad, nueve Estados se adherirían al Tratado Antártico ya con el estatuto de Partes consultivas «adherentes», entre los que se encuentran Bulgaria, la República Checa, Alemania, España, Italia, Holanda, Polonia, Finlandia y Suecia. Otros

---

Consejo de la Unión Europea, ECLI:EU:C:2014:2258.

629 Ibidem.

ocho Estados miembros tienen el estatuto de Partes no consultivas: Dinamarca, Estonia, Grecia, Hungría, Austria, Portugal, Rumanía y Eslovaquia. La Unión Europea no ha obtenido el estatuto de parte consultiva, a pesar de que en razón de su adhesión a la Convención de Canberra sí se encuentra sometida a las decisiones adoptadas en el marco de la gobernanza antártica. Ello se encuentra en el origen del conflicto institucional que enfrentó a la Comisión con el Consejo de Ministros y que llevó a ésta a solicitar la anulación ante el TJUE de las Decisiones 2015 y 2016 de creación de áreas marinas protegidas en el Océano Antártico. Entre otras cuestiones, en la sentencia del Alto Tribunal se analizan las competencias para la adopción de instrumentos de *soft law* que por definición carecen de valor normativo pero que, en el marco de las instituciones del Tratado Antártico, en su forma de documento de reflexión, pueden finalmente alcanzar fuerza normativa vinculante si son adoptados por consenso por las Partes consultivas. Ese fue el caso de los documentos de reflexión presentados por la UE junto con sus Estados miembros y terceros Estados y que tras conseguir el consenso hicieron posible la creación del área marina protegida más grande del mundo en el Mar de Ross. Estos documentos de reflexión fueron adoptados por el Consejo de la Unión sobre la base jurídica de la protección del medio ambiente, lo que provocó la posterior impugnación por la Comisión Europea por disentir con dicha base jurídica[630]. La sentencia dictada por el Alto Tribunal[631] examina las particularidades del Tratado Antártico y de su exclusivo —en más de un sentido— sistema de gobernanza, en la medida en que las posibilidades que la Unión Europea tiene de participar en los procesos de creación de áreas marinas protegidas junto con sus Estados miembros, están limitadas por los conflictos de intereses existentes entre ellos. Como ya he considerado en un trabajo previo, el conflicto va más allá de la titularidad de la representación exterior y el punto de inflexión que ha marcado el Alto Tribunal

---

630 La primera sería la Decisión del Consejo de la Unión Europea, que figura en la conclusión del Presidente del Comité de Representantes Permanentes de 11 de septiembre de 2015 (Decisión de 2015, en adelante) que daría lugar al asunto C-626/15 y la segunda sería la Decisión del Consejo de 10 de octubre de 2016 ("Decisión de 2016") que daría lugar al asunto C-659/16.

631 Sentencia del Tribunal de Justicia (Gran Sala) de 20 de noviembre de 2018, asuntos acumulados C-626/15 y C-659/16, ECLI:EU:C:2018:925

con su sentencia es que "ha reconocido el papel especial que algunos de los Estados miembros tienen en el seno de la gobernanza antártica y como ello conduce a una representación mixta de la Unión y de los Estados miembros. La capacidad que tendrá esta jurisprudencia de impulsar el compromiso de la Unión y de sus Estados miembros en la defensa de las áreas marinas protegidas en el Derecho internacional y, en particular, en las convenciones regionales y sectoriales, dependerá de una acción exterior coherente y comprometida con esta materia y que tenga continuidad a partir de ahora en una nueva diplomacia de los océanos".[632]

En este caso, convergen distintos instrumentos de *soft law* que contienen un mandato normativo, —el de la creación de áreas marinas protegidas— sobre el que coinciden la UE y sus Estados miembros, pero que también genera puntos de fricción en la medida en que la soberanía territorial de algunos de ellos se ve afectada. Este sería el caso de Francia, con intereses en la zona ligados a sus territorios de ultramar. Además, en el sistema institucional del Tratado Antártico se pueden adoptar disposiciones de *soft law* que sientan las bases de los desarrollos normativos posteriores. Es este poder de adoptar normas obligatorias y un *soft law* relevante lo que ha hecho que la Comisión Europea y sus Estados miembros se enfrentaran por seguir estando presentes en las reuniones de sus organismos principales. La sentencia del TJUE acepta que en el sistema de gobernanza antártica, "los Estados miembros aún desempeñan un papel reconocido como principal que no permite la participación autónoma de la Unión", y ello debe asumirse en la medida en que los ámbitos donde se lleva a cabo un desarrollo progresivo del Derecho internacional "no puede sostenerse que la Unión ya haya establecido normas comunes en la materia que le conferirían una competencia propia. Sí debería afirmarse, sin embargo, que la cooperación leal y comprometida de Unión y Estados miembros es más necesaria que nunca para alcanzar la conservación de los mares y océanos"[633].

---

632 T. Fajardo del Castillo, "La Unión Europea y las Áreas Marinas Protegidas en el Océano Antártico a la luz de su práctica y de su jurisprudencia reciente", *RCDA*, Vol. X, Nº 2, 2019, pp. 1-54, en pp. 5 y 12.

633 Ibidem, en p. 45.

9.3. La Declaración de Competencias de la Unión Europea en los tratados internacionales

La declaración anexa al instrumento de ratificación de un tratado internacional que realiza la Unión Europea incorpora una relación de los actos normativos de derecho derivado —existentes o adoptados durante el período de negociación del convenio y el plazo previo a su ratificación— que justifica, por una parte, la competencia y la capacidad jurídica de la Unión y, por otra, su alcance. Así, la declaración relativa a la división de competencias es antes bien una prueba de la competencia de la Unión que una delimitación exacta y exhaustiva de los límites de la competencia. Dado que su función es justificar, por una parte, la competencia y, por otra, su alcance, ha evolucionado hasta albergar instrumentos atípicos y de *soft law*, tales como los Programas plurianuales o las comunicaciones de la Comisión que antes que derecho son una herramienta de prospección de los campos normativos en los que puede desarrollarse el Derecho de la Unión. Este es por ejemplo el caso de la "Declaración hecha por la Comunidad Europea de conformidad con lo dispuesto en los apartados 2 y 3 del artículo 34 de la Convención de las Naciones Unidas de lucha contra la desertificación en los países afectados por sequía grave o desertificación en particular en África". Esta declaración, además de encabezar "la relación de actos legislativos y de programas comunitarios que (…) ilustra las esferas de competencia de la Comunidad" con el Quinto Programa de acción comunitario —que ciertamente fue un programa de acciones comunitarias y nacionales[634]— y con la Comunicación de la Comisión al Consejo y al Parlamento Europeo relativa a la política de cooperación al desarrollo en el horizonte 2000, que destacó claramente que "[e]n el futuro, la Comunidad podrá asumir responsabilidades adicionales adoptando instrumentos legislativos o medidas de cooperación elaboradas específicamente para luchar contra la desertificación"[635].

---

634 Resolución del Consejo y de los representantes de los Gobiernos de los Estados miembros, reunidos en el seno del Consejo, de 1 de febrero de 1993, sobre un Programa comunitario de política y actuación en materia de medio ambiente y desarrollo sostenible, *DOCE C 138* de 17.5.1993, p. 1.

635 *SEC(92) 915 final.*

Como caso excepcional, que supone una progresión respecto a las declaraciones de competencias tradicionales, es necesario destacar la declaración conjunta que la Unión junto con sus Estados miembros realizaron en la Organización Internacional de la Propiedad Intelectual, en la reunión de su Comité permanente sobre el derecho de patentes, con la que transmitieron su posición respecto a la adopción de instrumentos de *soft law*. Con esta decisión, la Unión y sus Estados miembros perseguían aportar una solución positiva para todos los Estados, en un sector donde la existencia de distintos regímenes entorpecía la práctica internacional. En los casos planteados, los instrumentos de *soft law* servirían para aproximar posiciones y facilitar la convergencia entre los distintos regímenes nacionales[636]. Sólo poner de ejemplo, el instrumento sobre la confidencialidad de las comunicaciones entre los clientes y sus asesores en materia de patentes. Esta declaración establecía que:

> "Quisiéramos reiterar que debería considerarse un enfoque de *soft law* y que trabajar en un instrumento no jurídicamente vinculante sería beneficioso para todos los Estados miembros, con el fin de conferir a los Estados miembros la misma protección para las comunicaciones entre un cliente y su asesor de patentes extranjero como la que es aplicable en el derecho nacional a las comunicaciones entre un cliente y su asesor nacional de patentes. Esto debería hacerse sin perjuicio de la legislación nacional vigente y garantizar una flexibilidad óptima".[637]

El *soft law* en este caso se propone además porque se considera que es el momento adecuado[638], para abordar la cuestión de la convergencia de las regulaciones nacionales.

---

636 Así se afirma en la Declaración conjunta que:
"The convergence of existing diverse systems in the area of confidentiality of communications between clients and patent advisors among WIPO Member States would be beneficial for users of the patent system, irrespective of the level of development of individual WIPO Member States".
Véase la Declaración final de la Unión Europea y de sus Estados miembros en la 26ª Sesión del Comité Permanente de la OMPI sobre el Derecho de Patentes (SCP) Ginebra, 3-6 Julio 2017, *Doc. 11103/17*, p. 14.

637 Ibidem.

638 Así se dice en la Declaración se dice que "The time is ripe to address the recognition of foreign patent advisor's privilege through a soft law instrument", p. 18.

9.4. Instrumentos de Soft Law Mixtos

Por la misma razón que se celebran acuerdos mixtos, también es necesaria la negociación y adopción como instrumento mixto de ciertos acuerdos de *soft law internacional*, debido a que la competencia necesaria para suscribirlos es compartida por la Unión Europea y sus Estados miembros. El carácter mixto de muchos de los tratados internacionales celebrados por la UE no obedece realmente a la razón última de la mixicidad[639], es decir, que ni la UE ni los Estados miembros dispongan de las competencias necesarias para la conclusión de tratados. En muchas ocasiones, la participación de los Estados miembros junto con la Unión obedece a su deseo de expresar los intereses nacionales al margen de las instituciones de la UE en las conferencias y organizaciones internacionales, en particular, las de la familia de las Naciones Unidas. Pero el carácter mixto de la competencia y de la participación en las organizaciones internacionales, puede tener un carácter forzado, impostado, en la medida en que los Estados miembros hayan incorporado un elemento político de suficiente relevancia como para hacer necesaria su presencia en los procesos de negociación y, ya, por último, en su ratificación. Este carácter mixto de naturaleza 'política' de las competencias se incorporó en un momento muy temprano, en el Memorando de entendimiento de la Comisión Europea y los Estados miembros para permitir su participación o aceptar sus recomendaciones en el marco de los organismos de la Organización Mundial del Comercio, al que ya hemos hecho referencia. Otros ejemplos que nos sirven para ilustrar el carácter mixto de instrumentos de *soft law internacional* son el marco normativo del Brexit y el Pacto sobre las Migraciones.

Durante el proceso de negociación del Brexit[640] se han considerado las diversas formas con las que el Reino Unido se des-vincularía tanto de los acuerdos internacionales como del *soft law* compartido

---

639 Véase C. Martínez Capdevila, "Los acuerdos internacionales de la Unión Europea en ámbitos de competencias compartidas: ¿mixidad facultativa o mixidad obligatoria?" en Paula García Andrade (ed.) *Interacciones entre el Derecho de la Unión Europea y el Derecho Internacional Público*, 2023, Tirant lo Blanch, pp. 73-96.

640 Véase M. Guinea Llorente, "El Reino Unido y la renegociación de su estatuto de miembro de la Unión Europea", *Revista Aranzadi Unión Europea*, Nº 4, 2016, pp. 63-78.

con la UE, de acuerdo con los requisitos generales establecidos en las negociaciones por la Ley de la Unión Europea o Acuerdo de Retirada[641]y la Declaración Política que establece el marco de la futura relación entre la Unión Europea y el Reino Unido que es en sí misma un ejemplo de *soft law internacional*[642]. El *soft law* también apareció en la primera y fallida propuesta de acuerdo defendida por la entonces Primera ministra británica Teresa May. Cuando en ella se viene a discutir la posibilidad de que las obligaciones del compromiso pudieran ser objeto de incumplimiento, se contempla la posibilidad de que el incumplimiento se refiera a disposiciones no vinculantes, en cuyo caso se afirma que "el no cumplimiento no sería relevante"[643]. Por ello, el *soft law* ofrece una vía normativa sin obligaciones primarias claras y sin consecuencias derivadas de su incumplimiento, pero creando expectativas normativas que pueden derivar en expresiones de mayor intensidad jurídica en el futuro.

En el caso del Pacto Mundial para una Migración Segura, Ordenada y Regular de las Naciones Unidas, a pesar de que las materias abordadas forman parte de las competencias de la Unión para la gestión migratoria previstas en los tratados constitutivos, la presencia de los Estados miembros a través de una fórmula mixta de celebración se justifica por la naturaleza política y también, por el desarrollo progresivo del Derecho Internacional en materia migratoria que podría afectar al alcance de las competencias de los Estados miembros, que siempre conservan "la competencia sobre la competencia", como

---

641 European Union (Withdrawal Agreement) Act 2020, de 23 de enero de 2020 y la Decisión (UE) 2020/135 del Consejo, de 30 de enero de 2020, relativa a la celebración del Acuerdo sobre la retirada del Reino Unido de Gran Bretaña e Irlanda del Norte de la Unión Europea y de la Comunidad Europea de la Energía Atómica, *DOUE L 29/1,* 2020.

642 Declaración política por la que se establece el marco de la futura relación entre la Unión Europea y el Reino Unido, *DOUE C 34/01,* 2020.

643 Así en esta primera propuesta se señala que "Once an agreement is reached between the UK and the EU on the shape of the future relationship, there is no reason to expect that either party will break the commitments the UK and the EU have made to each other. However, as is normal in international agreements, the UK and the EU will still need to agree on what should happen if one party is in breach of the agreements. Of course in parts of the future relationship where the UK does not make binding commitments, non-compliance would not be relevant", p. 93.

titulares que son de la soberanía estatal. Esa sería la razón por la que los Estados miembros de la Unión, en función de sus intereses nacionales, querrían estar presentes durante todo el proceso negociador, y, en su caso, abandonarlo. Esto se vería reflejado en el mandato negociador de la Comisión junto con los Estados miembros que haría posible una fórmula de participación conjunta con la que se perseguía alcanzar un acuerdo mixto *sui generis*. Por ello durante las distintas fases de la negociación, la UE y sus Estados miembros presentaron unas "Líneas directrices" en las que la política migratoria y el *acquis* de la Unión marcaban límites[644].

La adopción inicialmente de un Documento marco elaborado por la Presidencia del Consejo de Ministros que reflejaba la existencia de "competencias de la Unión, mixtas y de los Estados miembros"[645] intentaba que en las negociaciones se expresara una sola voz, pero en un marco fluido de debate interinstitucional[646]. El mandato de la Comisión Europea, tal y como sería adoptado finalmente tras varias fases negociadoras internas, supuso el reconocimiento de esta fórmula flexible que permitiría que los Estados miembros consensuaran sus posiciones en el Grupo de Trabajo de Alto Nivel sobre el Asilo y la Migración y en el Grupo CONUN para Naciones Unidas. A su vez, las posiciones de los Estados miembros defendidas en las fases de negociación en Nueva York se habrían incorporado en los borradores iniciales del Pacto Mundial[647]. Y de cara a la negociación final

644 Véase Draft EU Framework Document for the negotiation of a Global Compact for Safe, Orderly and Regular Migration, *Doc. 6192/3/18 REV 3, LIMITE*, de 28 de Abril de 2018, p. 2

645 *Ibidem*.

646 Así, la Presidencia expresaría en su Documento Marco para la negociación que «This Framework document is intended to provide a strategic steer and constitute a useful basis for the EU and Member States in view of the negotiations for the Global Compact for Safe, Orderly and Regular Migration. It is not meant to be implemented as a specific mandate, insofar as negotiations require the necessary flexibility, the ultimate goal of the EU and its Member States being that of achieving a Global Compact for Migration as consistent as possible with their policy and approach», Draft EU Framework Document for the negotiation of a Global Compact for Safe, Orderly and Regular Migration, *Doc. 6192/3/18 REV 3*, LIMITE, de 28 de Abril de 2018.

647 Así se destaca en el Anexo del Documento de la Presidencia del Consejo de Ministros HLWG/CONUN discussion of 15 June 2018 on the negotiations of

que tendría lugar, primero, en una conferencia intergubernamental celebrada en Marraquech y luego en la Asamblea General, los Estados miembros habrían acordado posiciones comunes para sostener de manera coherente el carácter no vinculante del acuerdo, lo que debía mostrarse con un "lenguaje menos prescriptivo"[648] y con un contenido que no debería ir más allá de proponer y de identificar las mejores opciones políticas y las mejores prácticas de los Estados, y ello conforme a los principios previamente acordados en la Declaración de Nueva York de 2016.

Las bases jurídicas propuestas para la celebración del Pacto Mundial sobre las migraciones fueron el artículo 16 del TUE, en relación con los artículos 79 y 209 del TFUE. Se perseguía que las decisiones del Consejo relativas a la aprobación del Pacto Mundial sobre la Migración se elaborasen en una fase en la que la función de definición de políticas del Consejo aún pudiera tener un impacto en el resultado final. Por ello, el Consejo invoca el artículo 16 del TUE que le otorga la competencia para la definición de políticas y la competencia de coordinación, en las condiciones establecidas en los Tratados, y la Comisión Europea lo acepta y se compromete a consultar al Consejo en caso de que el Pacto Mundial sobre Migración presentado a la Conferencia Intergubernamental difiriera sustancialmente de la Decisión[649]. Sin embargo, en el proceso negociador, las líneas rojas marcadas por la Unión y sus Estados miembros sobre ciertos temas que no debían trasladarse al texto final, se cruzaron. Así el concepto

the Global Compact on Migration - Chairs' Summary, de 28 de Junio de 2018, *Doc. 10636/18*, p. 2. Following the debrief by the EU Delegation in New York on the last rounds of negotiations and the progress achieved, followed by the Commission's assessment of the draft Compact, Member States generally agreed that the latest revision of the text (Draft REV2) represents a positive step towards a balanced text that takes on board several important suggestions made by EU Member States throughout the negotiation phase in New York.

648 *Ibid.*

649 Véase Propuesta de Decisión del Consejo por la que se autoriza a la Comisión a aprobar, en nombre de la Unión, el Pacto Mundial para una Migración Segura, Ordenada y Regular en el ámbito de la política de inmigración, 7391/18, 21 de marzo de 2018.

de refugiado climático se incorporó en referencia a las migraciones causadas por desastres naturales y el cambio climático.[650]

Finalmente, la Unión Europea, aunque hubiese estado presente durante todo el proceso de negociación del Pacto con contribuciones relevantes que se reflejarían en su contenido final, no participaría en la fase de adopción como consecuencia directa de las deserciones de un número significativo de Estados. Entre estos Estados, se encontraría Austria, que ejercía la Presidencia rotatoria de la Unión y que habría desarrollado un papel importante durante la negociación del Pacto Mundial. También desertarían en la recta final del proceso de adopción en la conferencia intergubernamental en Marraquech o reservarían sus disposiciones no vinculantes ya en la fase de adopción como resolución en la Asamblea General, Hungría, Bulgaria, República Checa, Estonia, Polonia, Italia y, por último, Eslovaquia, aunque por distintas razones, de las que paso a exponer las de Italia, porque tienen que ver con la articulación jurídica de la acción exterior, incluyendo al *soft law*. El caso de Italia tiene resonancias especiales en la medida en que su presidente Salvini[651] dejaría la decisión última en manos del Parlamento italiano, porque desde la entrada en vigor del Tratado de Lisboa, los Estados miembros habrían recurrido a las cláusulas de escrutinio parlamentario para hacer valer su apreciación no sólo del respeto del principio de subsidiariedad sino también del alcance y titularidad de la competencia. Este recurso se ha hecho más frecuente aún en aquellos procesos de negociación en los que se lleva a cabo un desarrollo progresivo del Derecho internacional con repercusión directa o indirecta sobre las competencias soberanas de los Estados que a su vez incide en la atribución de competencias a la Unión.

---

650 Draft EU Framework Document for the negotiation of a Global Compact for Safe, Orderly and Regular Migration, *Doc. 6192/3/18 REV 3*, LIMITE, de 28 de Abril de 2018, p. 4.

651 S. Carrera et al. consideraron que "As a non-legally binding initiative, the Compact does not require lengthy ratification processes either. Italian Interior Minister Salvini's idea to submit the UN Global Compact on Migration to a vote in the Italian Parliament is therefore an unnecessary and futile step, as it would only create additional procedural hurdles likely to undermine the work conducted by Italian diplomats participating in the multilateral negotiations of the text", *loc. cit.*, 2018, p. 5.

Por último, también he de recordar que entre las razones para recurrir al *soft law* en la articulación de la acción exterior es evitar los procesos convencionales, en particular los de los acuerdos mixtos con los que se hace necesaria una participación de los Estados acompañada de la ratificación y la participación de los Parlamentos nacionales. Además, los instrumentos de soft law que se multiplicaron tras la adopción del Enfoque Global de la Migración[652], tenían como objetivo ser la antesala de instrumentos vinculantes que se negociarían gracias a ellos. Así, a raíz de los Acuerdos de Asociación de Movilidad con Marruecos, Moldavia, Túnez y Cabo Verde se negociarían los Acuerdos de Visados. Para la Comisión Europea estos acuerdos "proporcionan un marco flexible y no jurídicamente vinculante para garantizar la gestión eficaz de la circulación de personas entre la UE y un tercer país"[653]. Con un cuerpo de disposiciones que se asemejan a un tratado con el que regular la migración —regular e irregular— estos acuerdos se cierran con una disposición en la que se afirma que no están destinados a producir efectos jurídicos conforme al Derecho internacional[654].

652 Véase Comisión Europea, Comunicación "El Enfoque Global de la Migración y la Movilidad", *Doc. COM (2011) 743 final* y "Stronger cooperation and mobility at the centre of the renewed EU migration strategy", 2011, disponibles en https://ec.europa.eu/commission/presscorner/detail/en/IP_11_1369, consultado por última vez el 10 de Mayo de 2023.

653 Véanse las Conclusiones del Consejo sobre la evaluación del Enfoque global de las migraciones y sobre la asociación con los países de origen y de tránsito, *Doc. 16041/08*, p. 24

654 Como ya analicé en un trabajo previo, las asociaciones para la movilidad se califican de "elemento esencial de la declinación por países del Enfoque global" y de "marco de un diálogo y de una cooperación mayores", y arrastran un pecado original que debilita sus resultados: se desarrollan a partir de una selección de países que se prestan a una experiencia piloto a la que se suman tan sólo los Estados miembros que han expresado su interés en hacerlo. Quizás la clave para apreciar en su justo valor las asociaciones de movilidad sea el papel que juegan los países seleccionados no en tanto que países de origen o de tránsito sino en que son claves en la ruta migratoria a la hora de realizar los controles necesarios. T. Fajardo del Castillo, "Inmigración y cooperación al desarrollo en la Unión Europea", en José Martín y Pérez de Nanclares (Coord.), *La dimensión exterior del espacio de libertad, seguridad y justicia de la Unión Europea*, 2012, IUSTEL, pp. 409-431.

Este marco flexible se alimentó a su vez de un *soft law internacional* que le era necesario para gestionar sus aspectos prácticos, como por ejemplo el envío de remesas a los países de origen para lo que se recomendó la adhesión a los códigos de conducta propuestos por las instituciones financieras internacionales tales como los "Principios Generales para los Servicios de Remesas Internacionales" adoptados por el Comité de Sistemas de Pagos y Liquidaciones (CPSS)[655].

Por último, sólo apuntar, en un tema en el que me gustaría profundizar en el futuro, que en el caso de la gestión migratoria es necesario añadir que las vías flexibles son las únicas disponibles cuando el proceso de negociación entra en un bucle sin solución posible, como parece ser el caso de las negociaciones de un acuerdo de readmisión de la Unión con Marruecos. Tras las situaciones de instrumentalización de la gestión de las fronteras, se ha vuelto a llegar a acuerdos informales donde la cooperación al desarrollo y los fondos son el precio para conseguir la adopción de medidas eficaces para la gestión de fronteras y conseguir la readmisión de los inmigrantes irregulares. Por ello, la Comisión Europea planteó en 2016 su Marco de Asociación para la Movilidad[656], que J. Santos Vara considera que es "un ejemplo más de informalización en la política exterior de migración de la UE, en particular en el ámbito de la readmisión", porque regresa a "los anteriores instrumentos que regían las relaciones exteriores de la UE y sus Estados miembros en el ámbito de la migración, en particular las asociaciones de movilidad y el Enfoque Global para la Migración. Sin embargo, parece que los distintos instrumentos que han proliferado en el ámbito de la cooperación exterior de la UE en materia de migración entre la UE y sus Estados miembros, por un lado, y los terceros países, por otro, van a coexistir en un futu-

655 "Principios Generales para los Servicios de Remesas Internacionales" adoptados por el Comité de Sistemas de Pagos y Liquidaciones (CPSS) del Banco Mundial, disponibles en https://documents.worldbank.org/en/publication/documents-reports/documentdetail/894291468313541470/general-principles-for-international-remittance-services

656 Comunicación de la Comisión al Parlamento Europeo, al Consejo Europeo, al Consejo y al Banco Europeo de Inversiones sobre la creación de un nuevo Marco de Asociación con terceros países en el contexto dela Agenda Europea de Migración, *COM(2016) 385 final*, de 7 de Junio de 2016.

ro próximo."[657] Esta coexistencia de instrumentos es consustancial al ámbito de la migración como ya puso de manifiesto J. Martín y Pérez de Nanclares[658] cuando señaló que en él coexisten los instrumentos intergubernamentales y los propios de la UE, lo que evidencia las dificultades para alcanzar acuerdos con los Estados miembros a todos los niveles normativos. Lo que se ha puesto de manifiesto en el caso de la Declaración UE-Turquía de 18 de marzo de 2016, ya que en ella y en su posterior aplicación podemos ver cómo se suman instrumentos normativos de distinta naturaleza e intensidad normativa y que finalmente han sido necesarios para articular la compleja gestión de la crisis humanitaria desde 2015. Esta Declaración socavó la coherencia de la acción exterior de la Unión en la medida en que se recurrió a un acuerdo informal de los Estados miembros con Turquía que ha sido aplicado gracias a las medidas adoptadas dentro del marco de la Unión que han hecho posible su financiación y posterior desarrollo normativo con distintos niveles de intensidad y con un nulo control por parte del TJUE al considerarse sin competencia al respecto. Así, en este caso, el Tribunal General que examinó la Declaración en los asuntos acumulados NF, NG y NM contra el Consejo Europeo, no se pronunció sobre la naturaleza jurídica al considerar que se trataba de un instrumento de los Estados miembros y no de la Unión, por lo que no podía entrar a conocer de ella, y hubo de declarar inadmisibles los recursos de anulación introducidos contra el Consejo Europeo[659]. Sin embargo, ello no puede servir de argumen-

---

657 J. Santos Vara, *loc. cit.*, p. 26 y ss.

658 Así es necesario recordar que el fenómeno de la inmigración irregular y de las medidas para su retorno a los países de origen y de tránsito ha sido objeto de regulación en la Unión Europea desde tres distintos enfoques normativos. Son estos el enfoque convencional, el intergubernamental y el comunitario que no se sustituyen sino que coexisten dando lugar a un sistema normativo complejo y fragmentario, en el que en razón del predominio de uno de estos enfoques, se marcan tres etapas sucesivas, que serían: la primera inspirada en un modelo convencional, la segunda inspirada en un modelo intergubernamental y la tercera de comunitarización; véase J. Martín y Pérez de Nanclares, *La inmigración y el Asilo en la Unión Europea*, Colex, Madrid, 2002.

659 Autos del Tribunal General de 28 de febrero de 2017 en los asuntos T-192/16, NF c. Consejo Europeo, ECLI:EU:T:2017:128; T-193/16, NG c. Consejo Europeo, ECLI:EU:T:2017:129; y T-257/16, NM c. Consejo Europeo, ECLI:EU:T:2017:130. Sobre ellos, véase S. Carrera, L. den Hertog y M. Stefan, "It Wasn't Me! The

to para obviar que los instrumentos de *soft law* pueden desencadenar violaciones de las obligaciones convencionales y consuetudinarias en materia de derechos humanos, que deben seguir respetándose no sólo en la gestión de las fronteras sino también en los rescates en alta mar en el Mediterráneo. Esta es una cuestión ampliamente estudiada, sin que, por ello, las respuestas que se han dado hayan supuesto una solución definitiva a los problemas que pueden presentarse en el curso de un intento de alcanzar las costas de Europa, en las mortíferas rutas migratorias procedentes de los países africanos.

Tras el Enfoque Global para la Migración, el denominado nuevo Marco de Asociación ha continuado con el recurso a los instrumentos de *soft law*, aunque con matices, como han destacado A. Ott y R. Wessel al apuntar que:

> "... el nuevo Marco de Asociación posiblemente integra el [Enfoque Global] y desplaza la política migratoria de la UE a un contexto político más amplio en el que las preocupaciones de seguridad y cooperación al desarrollo desempeñan un papel más importante. En otras palabras, parece que mientras que el Enfoque Global] introdujo instrumentos más flexibles para desarrollar mecanismos de cooperación en materia de migración con terceros países, el nuevo Marco de Asociación pretende aunar la política migratoria con la lucha contra la delincuencia organizada (tráfico de seres humanos) y la cooperación al desarrollo para ayudar a los terceros países que tienen una posición especial en la actual crisis migratoria. (...) En este sentido, el Marco de Asociación promueve más que los instrumentos desarrollados en el marco del [Enfoque Global] la integración de las cuestiones migratorias con la Cooperación al Desarrollo y la cooperación técnica con terceros países. Al mismo tiempo, la UE deja claro que el objetivo a corto plazo del Marco de Asociación es hacer frente a la crisis actual. Al igual que los instrumentos del [Enfoque Global], también en este caso los instrumentos de *soft law* (pactos) se han introducido como la herramienta política preferida que utiliza la UE, pero a diferencia del [Enfoque Global], los pactos de la Asociación tienen como objetivo la integración de políticas e instrumentos utilizados y desarrollados en el marco de una pluralidad de políticas exteriores de la UE"[660].

Luxembourg Court Orders on the EU-Turkey Refugee Deal", *CEPS Policy Insights*, 28 de Abril de 2017.

660 Véase A. Ott y R. A. Wessel, National Report of The Netherlands, *XXVIII FIDE Congress*. Topic 3: The external dimension of EU policies. An update on the roles of the EU institutions and Member States. An assessment of the current

El elemento negativo de esta tendencia es que no sólo la UE sigue recurriendo a los instrumentos de *soft law* para la cooperación con terceros países, sino que los Estados miembros en ausencia de instrumentos vinculantes, también continúan desarrollando su cooperación bilateral con instrumentos de *soft law*[661] —lo que es un obstáculo al desarrollo de una verdadera política europea de cooperación en materia migratoria con terceros países.

Asimismo, el nuevo Pacto migratorio refleja la incoherencia que el recurso a los acuerdos informales ha provocado en la acción exterior, en la medida en que, a falta de acuerdos de la Unión con terceros Estados, se han mantenido los acuerdos bilaterales de los Estados miembros con los países de origen y de tránsito, lo que ha desincentivado la formalización de las relaciones y acuerdos. De esta manera, a través de la informalización, los Estados miembros y las instituciones europeas que lo toleran, consiguen que las relaciones con terceros estados para el control de flujos migratorios, se mantengan alejadas del control político y jurídico que deberían ejercer tanto los parlamentos como los tribunales en el seno de los Estados miembros y en la UE. Sin embargo, las denuncias que han proliferado en los últimos años y cuya comunicación ha disparado las reacciones por parte de la opinión pública europea, han llevado ante el TJUE los casos más llamativos, sin éxito.

El *soft law* migratorio desarrollado por la Unión y sus Estados miembros con Marruecos, Turquía, Libia o Afganistán también pone de manifiesto que el coste de renunciar a las negociaciones de acuerdos internacionales —por su coste muy superior en términos de 'legalización' a los de los acuerdos informales— no puede medirse sólo

---

challenges on trade, investment protection and the Area of Freedom, Security and Justice, 2018, pp. 1-37, en p. 33.

661 Así A. Ott y R. A. Wessel señalan que "In a manner similar to Mobility Partnerships also the Partnership Framework is conceived as an instrument in which the EU and Member States create synergies to create action plans with third countries with a view to combine EU-based and national-base initiatives for the targeted third country. Thus, the Netherlands has strengthened bilateral cooperation with Uganda, Kenya, Tanzania, Ethiopia, Congo DR, Rwanda, Somalia, Sudan and Burundi. These cooperation tools are soft law instruments in the form of memoranda of understanding, exchanges of letters, pacts, and police co-operation agreements, which include a readmission clause," *ibidem*.

en términos políticos, por la erosión que causan en la coherencia democrática de las relaciones exteriores de la Unión, como ha criticado tan acertadamente J. SANTOS VARA[662].

[662] Así J. SANTOS VARA ha denunciado que "For these reasons, the democratisation of EU international relations through EU law which has taken place in the post-Lisbon period is in stark contrast to the increasing use of non-binding agreements on migration cooperation with third countries", J. SANTOS VARA, "Soft international agreements on migration cooperation with third countries: a challenge to democratic and judicial controls in the EU", en S. CARRERA, J. SANTOS VARA, T. STRIK, en *Constitutionalising the External Dimensions of EU Migration Policies in Times of Crisis. Legality, Rule of Law and Fundamental Rights Reconsidered*, Elgar, 2019, pp. 21-38.

Capítulo IV
CONCLUSIONES

PRIMERA: El *soft law internacional* está aquí para quedarse, en el Derecho Internacional.

Todo investigador tendrá que posicionarse frente al *soft law*, ya desarrolle su labor de investigación en el Derecho Internacional, en el Derecho Europeo o en las Relaciones Internacionales. Tanto si iniciamos el *iter* de investigación a partir de él, como si de una estación de salida se tratara, como si lo encontramos en su tránsito o ya en la última fase de llegada en cualquiera de nuestras investigaciones, hemos de enfrentarnos al *soft law* para definirnos frente a las grandes cuestiones normativas y políticas que conlleva toda investigación: respecto a la cuestión de las fuentes o al fundamento último del derecho, la intensidad normativa de las normas y los estándares.

En el caso del Derecho de la Unión Europea, el Parlamento Europeo ha afirmado que es "una práctica establecida" y que, por tanto, "debería abordarse con especial cautela"[663]. Las razones para aplicarla con cautela en la Unión son diversas y se refieren a su impacto en este ordenamiento jurídico singular en la medida en que no garantiza la misma protección judicial a sus ciudadanos como el derecho originario y derivado.

SEGUNDA: El *soft law* refleja una intensidad normativa acorde con el consenso imperfecto que se alcanza en tiempos de crisis normativa, cuando no hay apetito por los tratados y los procesos de formación de normas consuetudinarias se ven contestados más que nunca por objeciones a la universalidad de las propuestas.

A pesar de que la adopción de un instrumento de *soft law* denota la falta de consenso que se requiere para la adopción de una norma convencional o consuetudinaria, también se encuentra entre sus fun-

663 Informe del Parlamento Europeo sobre el Soft Law, *op. cit.*, p. 11.

ciones perseguir la generación del consenso necesario que permita la adopción de un instrumento vinculante en el futuro.

En el caso de la Asamblea General de las Naciones Unidas el consenso como procedimiento y como resultado de un proceso de negociación que busca reflejar una propuesta universal, se rechaza a través del llamamiento a la votación de sus resoluciones y la formulación de objeciones.

En el caso de la Unión Europea, el consenso imperfecto no ha sido un obstáculo insalvable para el avance de su proceso de integración, pero sí condiciona una renovación de las bases jurídicas que se consideran agotadas para llevar a cabo los grandes avances en la política económica.

TERCERA: El *soft law* internacional rompe las costuras de la categoría de fuentes.

El *soft law* internacional, como pseudo-fuente que va más allá de la clasificación del artículo 38 del Estatuto del Tribunal Internacional de Justicia, muestra cómo las dificultades para alcanzar el consenso creador de normas han dado lugar a una nueva forma de creación de disposiciones con intensidad normativa variable. El *soft law* ofrece una 'legalización' de los nuevos y viejos sectores normativos del Derecho Internacional con un coste político y jurídico menor que los instrumentos convencionales y consuetudinarios tradicionales. Dentro del *continuum* entre el derecho y el no derecho, el *soft law* ofrece la posibilidad de abordar los procesos de creación de normas con distintos tempos. Así, el *soft law* convierte el *iter* normativo en un tránsito, un avance, un *pacto de contrahendo,* que satisfaciendo las expectativas normativas de los Estados y de las organizaciones internacionales, llega a alcanzar distintas formas de manifestación normativas, que pueden llegar a ser vinculantes cuando se incorporan en los ordenamientos nacionales o cuando se transforman en una norma convencional o consuetudinaria.

CUARTA: El *soft law* está al servicio de la formulación de políticas públicas globales.

El *soft law* ha demostrado ser un instrumento flexible que permite el establecimiento de programas plurianuales, orientaciones generales, directrices técnicas o códigos de conducta no obligatorios, con unas funciones de programación, prospección, exhortación, admonición, información y difusión de conocimientos que se ponen al servicio de la formulación de políticas globales. Este *soft law* está llamado a ser sustituido con posterioridad por los instrumentos nacidos de los procedimientos normativos, que aún siendo los más adecuados para el respeto de la soberanía estatal y para la garantía de la seguridad jurídica, no pueden adoptarse con la celeridad que requieren los nuevos fenómenos sociales que han de ser regulados.

QUINTA: El *soft law* está al servicio de una nueva gobernanza internacional basada en principios.

En el momento de crisis actual del multilateralismo y con el fortalecimiento de la posición de China contraria a la adopción de instrumentos convencionales, parece que la sociedad internacional está abocada a *una nueva gobernanza mundial por principios*, en la medida en que éstos vendrían a sustituir a los tratados y normas consuetudinarias. Esta nueva tendencia normativa de la sociedad internacional actual se ve reconocida en las propuestas presentadas por la Comisión de Derecho Internacional sobre los Principios Generales del Derecho Internacional. Y es en ese nuevo contexto, en el que se aplicarían las consideraciones tradicionales sobre los principios generales del Derecho internacional relativas a su identificación, a su naturaleza como fuente y a su lugar en una jerarquía normativa, en caso de que ésta se considerara necesaria o aceptable respecto a los tratados y las normas consuetudinarias.

SEXTA: El recurso al *soft law* es un rasgo común de los regímenes autónomos del Derecho Internacional.

Muchos de los regímenes autónomos del Derecho Internacional donde el *soft law* desempeña un papel importante comparten características comunes que, a su vez, dan lugar a tres tipologías. Así, en primer lugar, se encuentran los regímenes sectoriales que tienen en común el pertenecer a ámbitos competenciales que anteriormente eran considerados del *domaine reservé* de los Estados y que, por ello, dependen de un desarrollo normativo posterior en los ordenamientos internos. En segundo lugar, están los regímenes que abordan ámbitos materiales relativos a un interés común para el conjunto de la Comunidad Internacional o que se refieren al concepto de Patrimonio Común de la Humanidad. En tercer lugar, se encuentran los nuevos sectores normativos que emergen con una importante presencia del *soft law*, y cuyo origen se encuentra en las propuestas y expectativas normativas de las instituciones internacionales que sirven de modelo para la adopción de normas nacionales. Así, tómese como ejemplo la regulación *soft* internacional de la inteligencia artificial, la ciberseguridad o la protección de los datos personales.

SÉPTIMA: En la Unión Europea, el *soft law* es un síntoma de la crisis de identificación de los Estados miembros con los intereses comunes tal y como son formulados por la Comisión Europea.

Como en tantas otras crisis, la que sufre ahora el proyecto europeo puede explicarse como una falta de identificación de los intereses nacionales con los intereses compartidos de la Unión. Sin embargo, parte del problema es que los Estados miembros en el Consejo Europeo ya no aceptan que sea la Comisión Europea la que monopolice la identificación de los intereses de la Unión, ya que quieren hacerlo ellos igualmente desde una perspectiva federalizadora o —a un menor nivel, confederal. Por otra parte, la flexibilidad normativa que ofrece el *soft law* permite eludir una Europa a dos velocidades, desmembrada en grupos de Estados que obstaculizarían el progreso o avanzarían sólo a remolque de los comprometidos.

Desde que tuviera lugar el fallido intento de adopción de una Constitución para Europa en 2004, la separación entre las mimbres jurídicas y las mimbres políticas del proceso de integración se fundamenta en la necesidad de preservar la Comunidad de Derecho, sin tener en cuenta el agotamiento de algunas de las bases jurídicas tal y como están ahora formuladas en los tratados constitutivos y que han hecho que la unanimidad sea percibida como un obstáculo a la integración que debe superarse, en especial, cuando los responsables últimos son países como Hungría o Polonia. Ahora, vuelve a presentarse la ocasión con la renovación del Pacto de Estabilidad que se esperaba para finales de 2022. Es este un ejemplo de cómo el ejercicio de las bases jurídicas sobre la coordinación de las políticas económicas, más allá de los instrumentos jurídicos tradicionales, ha desencadenado cambios de gran calado tanto en lo político como en lo jurídico que han hecho progresar la integración económica mucho más de lo que cabía esperar. Una estrategia de tal naturaleza no podría calificarse de mero instrumento político, y sería un claro ejemplo de *soft law* porque sus expectativas normativas serían objeto de seguimiento tanto a nivel europeo como nacional, y se pondrían al servicio de su cumplimiento todos los mecanismos políticos disponibles, al tiempo que todas las medidas de apoyo y de sanción que se han articulado de manera *soft*, como ha propuesto M. López Escudero en el caso de la Política de Coordinación Económica[664].

OCTAVA: El *soft law europeo* puede articular con una intensidad normativa baja las expectativas normativas de los Estados miembros y de las instituciones europeas para el avance de la integración.

A pesar de las críticas y las dudas, incluidas las propias, considero que el *soft law* ha pasado a ser en el discurso jurídico de la integración, un elemento imprescindible en el impulso normativo, a pesar de todos los impactos que ello pueda tener en el sistema competencial y en el equilibrio institucional. Ambos se ven afectados por el éxito o el fracaso del *soft law*. Ello puede verse claramente en los preámbulos de las declaraciones, resoluciones y recomendaciones que son las depositarias de las expectativas normativas de los nuevos sectores de regulación europea, en campos muchas veces inexplorados por los propios Estados miembros. Ello hace que el *soft law* sea también el instrumento con el que se diseña el futuro en común. Así, el soft law puede ser la prueba de que la integración europea progresa por otras vías. Son esas vías, las que los Estados miembros han preferido para poner las bases de un sistema federal o confederal y de una comunidad política y de seguridad reforzadas. Ya se verá en los futuros progresos o fracasos de la Comunidad Política Europea, que ha empezado a re-construirse con *soft law*, a propuesta de las presidencias de turno de la Unión, como en el caso de la Declaración de Versalles de la Presidencia Francesa de la Unión de 11 de Marzo de 2022.

664 M. López Escudero, “La Nueva Gobernanza Económica de la Unión Europea: ¿Una Auténtica Unión Económica en Formación?”, *Revista de Derecho Comunitario Europeo*, N°50, 2015, pp. 361-433.

NOVENA: El *soft law* europeo también rompe las costuras de su sistema de fuentes.

El *soft law* de la Unión Europea va mucho más allá de las recomendaciones y dictámenes previstos en el artículo 288 del TFUE, hasta llegar a ser un espacio normativo adyacente en el que se dan cita los diversos instrumentos normativos que trasladan las distintas posiciones e interpretaciones respecto a los intereses comunes de los Estados miembros y las instituciones europeas. En esos casos, el *soft law* traslada el desencuentro entre las instituciones y los Estados miembros, además de reflejar una discordancia temporal en los avances políticos y jurídicos tal y como estos los perciben.

DÉCIMA: El *soft law* completa los procedimientos normativos incorporándose en su engranaje, facilitando tanto su adopción como su desarrollo.

El *soft law* también pretende aportar flexibilidad en los procesos de adopción de decisiones con el fin de hacerlos más sencillos incorporándose en su engranaje en su inicio o en sus desarrollos, aunque ello también podría desembocar en una flexibilización de los contenidos obligacionales de los instrumentos adoptados y, también, en la aparición de excepciones a las reglas. En tanto que etapa más del *iter* normativo europeo, el *soft law* jugaría un papel muy relevante en tanto que 'instrumento preparatorio'[665], que, de tener éxito en su acogida por los Estados miembros, debería ser sustituido lo antes posible por un instrumento normativo tradicional. De igual modo y dadas las lagunas del Derecho de la Unión, se ha convertido también en un elemento necesario de la posterior fase de interpretación y desarrollo de aquellos conceptos que lo necesitan, de una forma homogénea gracias a la adopción de recomendaciones y códigos de conducta que completan un marco normativo que empieza su entrada en vigor con la necesidad de que se activen no sólo los procesos legislativos nacionales de transposición, sino también los europeos de desarrollo a través de la adopción de estándares de referencia.

665 Así se identifica en la Resolución del PE de 2007 y en el Informe en que se basa, p. 11.

UNDÉCIMA: El *soft law* es un recurso más a disposición de las instituciones europeas y de los Estados miembros en su conflicto permanente por la articulación del sistema competencial.

El *soft law* nos sirve también para examinar cómo es utilizado por las instituciones europeas en la persecución de sus intereses específicos a través del ejercicio de las competencias atribuidas a la Unión. Cuando sus intereses coinciden y se produce una colaboración estrecha entre ellas para la elección del instrumento normativo, ello puede ir en detrimento de las otras instituciones no implicadas en su adopción. Ante la falta de consenso o en presencia de una minoría de bloqueo que dificultan el ejercicio de las competencias atribuidas, la consecución de resultados normativos sólo es posible recurriendo a instrumentos de *soft law.* Sin embargo, ello no obedece tanto a un proceso de debilitamiento de los procesos e instrumentos normativos de la Comunidad de Derecho que es la Unión, como a una nueva instrumentalización que hacen de ellos las instituciones europeas, para superar los conflictos políticos subyacentes. En esta nueva crisis normativa que es reflejo de la crisis de la integración, el objeto principal del conflicto ya no es la elección de una base normativa de los Tratados constitutivos, sino la elección de la fuente normativa, que ahora se resuelve con la adopción de un instrumento normativo de *soft law.* En estos casos cabe apreciar que los instrumentos de *soft law* son una alternativa al fracaso de los procedimientos normativos en los que no es posible la adopción de un instrumento vinculante por parte de los Estados miembros; pero también son algo más que una alternativa en la medida en que se han convertido en una opción legislativa, que es barajada por los instituciones con el fin de aproximar las prácticas de los Estados miembros.

DUODÉCIMA: La práctica actual de adopción del *soft law* pone en peligro el principio del equilibrio institucional.

A pesar de las ventajas que ofrece el *soft law europeo,* tal y como es adoptado por las instituciones europeas se produce un desequilibrio institucional que hasta ahora se ha resuelto principalmente con una judicialización de las controversias entre la Comisión Europea, el Consejo y los Estados miembros con recursos de anulación, que en ocasiones se abandonan cuando las partes han conseguido alcanzar sus objetivos de proponer una solución normativa que beneficie los intereses que defiende. En el caso de la Comisión Europea, su recurso a las comunicaciones interpretativas y las recomendaciones ha facilitado la aproximación y la armonización de áreas sensibles y ha colmado lagunas de los instrumentos normativos. Sin embargo, ello ha sido percibido por los Estados miembros como el ejercicio de un poder legislativo que no le ha sido otorgado o delegado. En el caso del Parlamento Europeo, éste ha denunciado continuamente que "no se prevé ningún procedimiento de consulta al Parlamento sobre el uso propuesto de instrumentos de *soft law*, como las recomendaciones y las comunicaciones interpretativas"[666].

DECIMOTERCERA: Es necesario adoptar un acuerdo interinstitucional con el que se clarifique el papel de las diferentes instituciones en el proceso de negociación y firma de acuerdos no vinculantes y con el que se garantice el respeto de los principios del Estado de Derecho y de los valores que conforman la Comunidad de Derecho de la Unión Europea.

A la hora de adoptar un acuerdo de este tipo, debería tenerse en cuenta la importancia de que cada institución pueda ejercer sus derechos y cumplir sus obligaciones consagradas en los Tratados, tal y como los interpreta el Tribunal de Justicia en lo que respecta a la negociación y celebración de tratados internacionales, de conformidad con el artículo 218 del TFUE. Sin embargo, hasta ahora la Comisión y el Consejo se resisten a dar al Parlamento Europeo un papel relevante acorde con las nuevas competencias que le atribuye el Tratado de Lisboa. Los Acuerdos interinstitucionales existentes ni siquiera hacen partícipe al Parlamento Europeo de la adopción de acuerdos informales, que pueden ir en detrimento de los principios del Estado de Derecho y de los valores democráticos de la Unión, como ha sido el caso de los acuerdos informales para la gestión de flujos migratorios.

DÉCIMOCUARTA: El *soft law europeo* también está aquí para quedarse, en el Derecho de la Unión Europea. Y posiblemente su uso no

---

[666] Véase la Resolución del Parlamento Europeo de 2007, p. 4.

haga más que crecer por lo cual debe ser objeto de la jurisdicción del Tribunal de Justicia de la Unión Europea.

Despreciar el control del *soft law europeo* por parte del Parlamento Europeo y aceptar el control limitado llevado a cabo por el TJUE sólo puede menoscabar la Comunidad de Derecho que es la Unión Europea. Han sido los Abogados Generales los que en un mayor número de ocasiones han hecho referencia al *soft law internacional* y al *soft law europeo* en sus conclusiones, para preguntarse por su naturaleza y por el tipo de procedimientos en los que cabría invocarlo. El TJUE ha terminado conociendo del *soft law*, por múltiples razones que ha ido descubriendo en su jurisprudencia. La doctrina, además, le ha atribuido un papel fundamental en el proceso de consolidación del *soft law* en el ordenamiento jurídico europeo, en la medida en que la "juridificación" del *soft law* se puede producir también a través de su "judicialización".

En el caso del *soft law internacional* que es adoptado en el marco de la acción exterior por las instituciones europeas y por sus Estados miembros es necesario sostener que el TJUE debe velar por el respeto de los principios y valores de la Unión, tal y como se recogen en los tratados constitutivos y en su jurisprudencia, ya que el *soft law* en sus múltiples manifestaciones ha llegado para quedarse.

BIBLIOGRAFÍA

Monografías

F. ALDECOA (ed.) *El papel internacional de la Unión Europea: Propuestas para la Conferencia sobre el Futuro de Europa,* Madrid, La Catarata, 2021.

J. ALVAREZ, *International Organizations as Law Makers.* Oxford: Oxford University Press, 2005.

A. AUST, *Modern Treaty Law and Practice,* Cambridge: Cambridge University Press, 2007.

E. BARBÉ (Dir.), *Las normas internacionales ante la crisis del orden liberal,* Tecnos, 2021.

E. BARBÉ (Dir.), *Cambio mundial y gobernanza global. La interacción entre la Unión Europea y las instituciones internacionales,* Tecnos, 2012.

U. BECK, *Crónicas desde el mundo de la política interior global,* Paidós, 2011.

R. BELLAMY, S. KRÖGER Y M. LORIMER, *Flexible Europe: Differentiated Integration, Fairness, and Democracy,* Policy Press, 2022.

J. M. BENEYTO PÉREZ (Ed.), *IX Vol. Tratado de Derecho y Políticas de la Unión Europea, Acción Exterior de la Unión Europea,* Thomson-Reuters Aranzadi, 2017.

J. M. BENEYTO Y C. JIMÉNEZ PIERNAS, (Dir.), *Concepto y Fuentes del Derecho Internacional,* dirigida por, en Tirant lo Blanch, 2022.

P. BIRNIE, A. BOYLE, Y C. REDGWELL, *International Law and the Environment,* Oxford University Press, Nueva York, Tercera Edición, 2009.

R. BLANPAIN Y M. COLUCCI, *The Globalization of Labour Standards. The Soft Law Track,* Kluwer Law International, La Haya, 2004.

D. BODANSKY, *The Art and Craft of International Environmental Law, Harvard University Press,* 2011.

D. BODANSKY, J. BRUNNÉE, Y E. HEY, (Eds.) *The Oxford Handbook of International Environmental Law,* Oxford University Press, New York, 2007.

A. E. BOYLE Y C. CHINKIN, T*he Making of International Law,* Oxford University Press, Oxford, 2007.

A. E. BOYLE, Y D. FREESTONE, (Eds), *International Law and Sustainable Development. Past Achievements and Future Challenges,* Oxford University Press, New York, 1999.

A. BRADFORD, *The Brussels Effect. How the European Union rules the world,* Oxford University Press, 2020.

C. BRUMMER, *Soft Law and the Global Financial System. Rule Making in the 21st Century,* Cambridge University Press, Cambridge, 2012.

C. CAI, *Rise of China and International Law: Taking Chinese Exceptionalism Seriously,* Oxford University Press, 2019.

A. CASSESE, *International Law,* 2nd Edition, Oxford University Press, Oxford, 2005.

O. CASANOVAS Y A. RODRIGO, *Compendio de Derecho Internacional Público,* 9ª Edición, Tecnos, 2020.

Ch. Chaumont, “Cours général de Droit international public”, *RCADI*, t. 129, 1970-I.

A. Colás, *International Civil Society*, Polity, 2002.

J. Crawford, *Brownlie's Principles of Public International Law*, 9ª Edición, 2019.

J. Crawford y M. Koskenniemi (eds.), *The Cambridge Companion to International Law*, Cambridge University Press, Cambridge, 2012.

P. Daillier, A. Pellet, M. Forteau y D. Müller, *Droit International Public*, 8ª edición L. G. D. J, París, 2009.

G. M. Danilenko, *Law-making in the International Community*, Martinus Nijhoff, Leiden, 1993.

R. Dehousse, *The Community Method: Obstinate or Obsolete?* Palgrave Macmillan, 2011.

M. Díez de Velasco, *Instituciones de Derecho Internacional Público*, Tecnos, última edición, 2013.

M. Dixon, *Textbook on International Law*, 6ª edición, Oxford University Press, Oxford, 2007.

P.-M. Dupuy y Y. Kerbret, *Droit International Public*, 11ª edición, Dalloz-Sirey, París, 2012.

O. Elias y C. L. Lim, *The Paradox of Consensualism in International Law*, Kluwer, La Haya, 1998.

M. Evans (Ed.) *International Law*, 3rd ed., Oxford University Press, Oxford, 2010.

T. Fajardo del Castillo, *La diplomacia del clima de la Unión europea: La acción exterior sobre Cambio Climático y el Pacto Verde Mundial*, Reus, 2021.

G. Falkner, O. Treib, M. Hartlapp y S. Leiber, *Complying with Europe. EU Harmonisation and Soft Law in the Member States*, Cambridge: Cambridge University Press, 2005. Muchas de las contribuciones se encuentran disponibles en http://www.mpifg.de en alemán y en inglés.

C. Fernández de Casadevante Romaní, *La protección del medio ambiente en Derecho internacional, Derecho comunitario europeo y Derecho español*, Servicio de publicaciones del Gobierno vasco, Vitoria-Gastéiz, 1991.

M. Fitzmaurice, D. M. Ong, P. Mercuris (Eds.) *Research Handbook of International Environmental Law*, Edward Elgar Publishing, 2010.

P. García Andrade (Dir.), *Interacciones entre el Derecho de la Unión Europea y el Derecho Internacional*, Tirant lo Blanch, 2023.

M. I. Garrido Gómez, *El Soft Law como Fuente del Derecho Extranacional*, Dykinson, 2017.

A. Guterres, Informe del Secretario General, *Nuestra Agenda Común*, de 10 de Septiembre de 2021, disponible en https://www.un.org/es/content/common-agenda-report/assets/pdf/informe-nuestra-agenda-comun.pdf,

L. N. González Alonso (Dir.) y A. Garrido Muñoz, *La Unión Europea y el Multilateralismo Eficaz. ¿Un compromiso consistente con Naciones Unidas?*, Iustel, 2011.

A. Héritier y M. Rhodes, *New Modes of Governance. Governing in the Shadow of Hierarchy*, Palgrave McMillan, Hampshire, 2010.

S. Hobe, “The Role of Non-State Actors, in particular of NGOs, in Non-Contractual Law-Making and the Development of Customary International Law.” en

R. Wolfrum y R. Volker (eds.). *Developments of International Law in Treaty Making.* Heidelberg: Springer, 2005.

J. Juste Ruiz, *Derecho Internacional del Medio ambiente,* McGraw Hill, Madrid, 1998.

E. Kassoti y N. Idriz (Ed.) *The Informalisation of the EU's External Action in the Field of Migration and Asylum,* Springer, 2022.

J. J. Kirton y M. J. Trebilcok (eds.) *Hard Choices, Soft Law, Voluntary Standards In Global Trade, Environment And Social Governance,* Ashgate, Aldershot, 2004.

A. Kiss y D. Shelton, *Guide to International Environmental Law,* Martinus Nijhoff Publishers, Leiden, 2007.

I. Klabbers, *An Introduction to Institutional International Law,* Cambridge: Cambridge University Press, 2012.

N. Klein, *Dispute Settlement in the UN Convention on the Law of the Sea,* Cambridge University Press, Cambridge, 2005.

L. Krämer, *EU Environmental Law,* Sweet and Maxwell, 2012.

D. J. Liñán Nogueras y P. J. Martín Rodríguez (Dirs.), *Estado de Derecho y Unión Europea,* Tecnos, 2018.

F. Mariño Menéndez, *Derecho Internacional Público,* Ed. Trotta, 1999, 3ª Edición revisada.

U. Mörth, (ed.) *Soft Law in Governance and Regulation - An Interdisciplinary Analysis,* Edward Elgar, Cheltenham, 2004.

L. W. Newman y M. J. Radine (eds.), *Soft Law in International Arbitration,* Juris-Net, 2014.

J. Martín y Pérez de Nanclares, *La inmigración y el Asilo en la Unión Europea,* Colex, Madrid, 2002.

P. Newell, "Civil society and accountability in the global governance of climate change", en J. A. Scholte (Ed.) *Building Global Democracy?: Civil Society and Accountable Global Governance,* Cambridge University Press, 2011.

D. P. O'Connell, *International Law,* vol. I, Londres, 1970.

A. Pigrau et al. (Eds.), *La comunidad internacional ante el desafío de los objetivos de desarrollo sostenible. XXIX Jornadas de la Asociación Española de Profesores de Derecho Internacional y Relaciones Internacionales,* Tirant lo Blanch, 2023.

A. Remiro Brotons (Dir.), en *Derecho Internacional,* 2ª edición, Tirant lo Blanch, Valencia, 2007.

A. J. Rodrigo, *El Desafío del Desarrollo Sostenible. Los principios de Derecho internacional relativos al desarrollo sostenible,* Marcial Pons, 2015.

A. J. Rodrigo y C. García (Eds.), *Unidad y Pluralismo en el Derecho Internacional Público y en la Comunidad Internacional. Coloquio en Homenaje a Oriol Casanovas,* Tecnos, 2011.

J. Roldán Barbero, *Ensayo sobre el Derecho Internacional Público,* Universidad de Almería, 1996.

N. De Sadeleer, *Environmental Principles. From Political Slogans to Legal Rules.* Oxford University Press, Oxford, 2001.

D. Sarmiento, *El Soft Law Administrativo. Un estudio de los efectos jurídicos de las normas no vinculantes de la Administración,* Thomson Civitas, Madrid, 2008.

M. Shaw, *International Law*, 9 ª Edición, Cambridge University Press, Cambridge, 2021.

G. Scelle, *Précis de Droit des Gens, Principes et Systématique*, Recueil Sirey, Paris, 1932, pp. 81-82.

H. Schermers, y N. Blokker, *International Institutional Law: Unity within Diversity*. Martinus Nijhoff Publishers, Leiden/Boston, 2011.

L. Senden, *Soft Law in European Community Law*, Hart Publishing, Oxford, 2004.

D. Shelton (ed.). *Commitment and Compliance: The Role of Non-Binding Norms in the International Legal System*, Oxford, UK: Oxford University Press, 2000, reimpresión de 2007.

F. Tassinari, *The external reach of the interoperability of large-scale it systems in the AFSJ*, Editorial de la Universidad de Granada, Tesis Doctorales, 2022, disponible en https://digibug.ugr.es/handle/10481/77708

G. Teubner, (ed.), *Global Law without a State*, Ashgate, Wiltshire, 1997.

E. Tourme-Jouannet, *Le Droit International*, PUF, 2ª Edición, 2016.

M. E. Villiger, *Customary International Law and Treaties*, Kluwer, La Haya, 1997.

R. Wolfrum, *Solidarity and Community Interests: Driving Forces for the Interpretation and Development of International Law*, Pocketbooks of the Hague Academy of International Law, Brill/Nijhoff, 2021.

R. Wolfrum y V. Röben (Eds.), *Developments of International Law in Treaty Making*, Springer, Heidelberg, 2005.

L. Zhao, *Modern China and International Rules: Reconstruction and Innovation*, Springer, 2023.

Artículos de revistas y capítulos de libro

AA.VV., Panel of the American Society of International Law 2008, "Hardening Soft Law: Implementation of the Guiding Principles on Internal Displacement," *American Society International Law Proceedings*, Vol. 102, 2008, pp. 187-201.

G. Abi-Saab, "Cours Général de Droit International Public," (General Cours of Public International Law), *Recueil des Cours*, Vol. 207, 1987-VII.

K. W. Abbott, R. O. Keohane, A. Moravcsik, A. M. Slaughter y D. Snidal, "The Concept of Legalization," *International Organization*, Vol. 54, 2000, pp. 401-419.

K. Abbott y D. Snidal, "Hard and Soft Law in International Governance," *International Organization*, Vol. 54, 2000, pp. 421-456.

S. F. Ali y S. K. Neuhaus, "The Emergence of Soft Law as an Applicable Source of Procedural and Substantive Law in International Arbitration", en A. Bjorklund, F. Ferrari, S. Kroll (Eds), *Cambridge Compendium of International Commercial and Investment Arbitration*, Cambridge University Press, 2022.

R. Alonso García, "El soft law comunitario", *Revista de Administración Pública*, Vol. 154, 2001, pp. 63-94.

C. del Arenal, "Homogeneidad y Heterogeneidad en la Sociedad Internacional como bases de las tendencias hacia la integración y la fragmentación", A. J.

RODRIGO Y C. GARCÍA (Eds.), *Unidad y Pluralismo en el Derecho Internacional Público y en la Comunidad Internacional. Coloquio en Homenaje a Oriol Casanovas,* Tecnos, 2011, pp. 63-83.

D. W. ARNER Y M. TAYLOR, "The Global Financial Crisis and the Financial Stability Board: Hardening the Soft Law of International Financial Regulation?", *Asian Institute of International Financial Law, Working Paper Nº 6,* 2009, pp. 1-31, disponible en Internet en http://papers.ssrn.com/sol3/papers.cfm?abstract_id=1427084

J. D'ASPREMONT, "Softness in International Law: A Self-Serving Quest for New Legal Materials", *European Journal of International Law* 19, 2008/5, p. 1075.

J. D'ASPREMONT Y T. AALBERTS, "Which Future for the Scholarly Concept of Soft International Law? Editors's Introductory Remarks" en J. D'Aspremont y T. Aalberts (eds.) Symposium on Soft law, *Leiden Journal of International Law,* Vol. 25, 2012, pp. 309-312.

T. ATABONGAWUNG, "A legally-binding instrument on business and human rights: Implications for the right to development in Africa", *African Human Rights Law Journal,* Vol. 21, 2021, pp. 262-289.

H. W. BAADE, "The Legal Effects of Codes of Conduct for Multinational Enterprises". In Norbert Horn (ed.) *Studies in Transnational Economic Law, Vol. 1, Legal Problems of Codes of Conduct for Multinational Enterprises,* Deventer, The Netherlands: Kluwer, 1980, pp. 3-38.

Q. BAXTER, "International Law in her Infinite Variety", *International and Comparative Law Quarterly,* Vol. 29, 1980, pp. 549-566.

T. BERNAUER, y C. BETZOLD, "Civil Society in Global Environmental Governance", *Journal of Environment & Development,* 2012, pp. 62-66.

F. BEVERIDGE Y S. NOTT, "A Hard Look at Soft Law" en P. CRAIG Y C. HARLOW (eds.) *Lawmaking in the European Union,* Kluwer Law International, 1998, p. 285-309.

S. BESSON, "International Normativity and the Sources of International Law. Theorizing the Sources of International Law" en S. BESSON Y J. TASIOULAS, (Ed.) *The Philosophy of International Law,* Oxford University Press, Oxford, 2010.

KLAUS-DIETER BORCHARDT, *El ABC del Derecho de la Unión Europea,* Oficina de Publicaciones de la Comisión Europea, última versión de 2023, disponible en https://op.europa.eu/webpub/com/abc-of-eu-law/es/#chap0

A. E. BOYLE, "Soft Law in International Law Making" en MALCOLM EVANS (Ed.) *International Law,* 3rd ed., Oxford University Press, Oxford, 2010, pp. 122-140.

L. BLUTMAN, "In the Trap of a Legal Metaphor: International Soft Law", *International & Comparative Law Quarterly,* Vol. 59, nº 3, 2010, pp. 605-624.

S. BORRÁS PENTINAT Y K. JACOBSSON, "The Open Method of Co-ordination and New Governance Patterns in the EU", *Journal of European Public Policy,* Vol. 11, 2004, pp. 185-208.

A. E. BOYLE, "Soft Law in International Law Making" en MALCOLM EVANS (Ed.) *International Law,* 3rd ed., Oxford University Press, Oxford, 2010.

A. E. BOYLE, "The Environmental Jurisprudence of the International Tribunal for the Law of the Sea," *The International Journal of Maritime and Coastal Law 22*, 2007, pp. 369-381.

A. E. BOYLE, "Some Reflections on the Relationship of Treaties and Soft Law", *International and Comparative Law Quarterly*, Vol. 48, 1999, pp. 901-913.

E. BROWN WEISS, "Conclusions: Understanding Compliance with Soft Law." In DINAH SHELTON (ed.). *Commitment and Compliance: The Role of Non-Binding Norms in the International Legal System*, Oxford University Press, Oxford, 2000, re-impresión de 2007.

C. BRUMMER, "Why Soft Law Dominates International Finance - And Not Trade", *Journal of International Economic Law*, Vol. 13, 2010, pp. 623-644.

J. BRUNNÉE, "Reweaving the Fabric of International Law? Patterns of Consent in Environmental Framework Agreements", en R. WOLFRUM Y V. RÖBEN (eds.). *Developments of International Law in Treaty Making*. Heidelberg: Springer, 2005, pp. 101-126.

S. BUTLER, "Believing Is Seeing. Normative Consensus and the Crisis of Institutional Multilateralism", en L. GRUSZCZYNSKI, M. MENKES, V. BILKOVA, P. FARAH, *The Crisis of Multilateral Legal Order. Causes, Dynamics and Implications*, Routledge, 2022.

B. BUZAN, "Negotiating by Consensus: Developments in Technique at the United Nations Conference on the Law of the Sea," *American Journal of International Law*, Vol. 75, 1981, pp. 324-348.

F. A. CÁRDENAS CASTAÑEDA, "A Call for Rethinking the Sources of International Law: *Soft Law* and the Other Side of the Coin", *Anuario Mexicano de Derecho Internacional*, vol. XIII, 2013, pp. 355-403.

SERGIO CARRERA, KAREL LANNOO, MARCO STEFAN Y LINA VOSYLIUTE, "Some EU governments leaving the UN Global Compact on Migration: A contradiction in terms?", *CEPS Policy Insights*, No 2018/15, Noviembre de 2018.

S. CARRERA, A. GEDDES, E. GUILD Y M. STEFAN, Pathways towards Legal Migration into the EU: Reappraising concepts, trajectories and policies, CEPS paperback, Brussels, Septiembre de 2017, disponible en https://www.ceps.eu/system/files/PathwaysLegalMigration_0.pdf

S. CARRERA, L. DEN HERTOG Y M. STEFAN, "It Wasn't Me! The Luxembourg Court Orders on the EU-Turkey Refugee Deal", *CEPS Policy Insights*, 28 de Abril de 2017.

H. CHARLESWORTH, "Law-making and sources" en J. CRAWFORD Y M. KOSKENNIEMI (eds.), *The Cambridge Companion to International Law*, Cambridge University Press, Cambridge, 2012.

J. I. CHARNEY, "Universal International Law", *American Journal of International Law 87*, 1993, pp. 529-551.

A. CHAYES Y A. HANDLER CHAYES, "On compliance", *International Organisations*, Vol. 47, 1993, pp. 175-205.

B. CHENG, "United Nations Resolutions on Outer Space: "Instant" International Customary Law?", *Indian JIL*, vol. 5, 1965, pp. 23 y ss.

C. M. CHINKIN, "The Challenge of Soft Law: Development and Change in International Law", *International and Comparative Law Quarterly*, Vol. 38, 1989, pp. 850-866.

C. M. CHINKIN, "Normative Development in the International Legal System," en D. SHELTON (ed.), *Commitment and compliance: the role of non-binding norms in the international legal system*, Oxford, UK: Oxford University, 2000, pp. 21-42.

T. CHRISTIANO, Democratic Legitimacy and International Institutions. The Voluntary Association Model of International Institutions, en S. BESSON Y J. TASIOULAS, (Ed.) *The Philosophy of International Law*, Oxford: Oxford University Press, 2010, pp. 119-138.

A. CLARKE, E. J. FRIEDMAN, y K. HOCHSTETLER, "The sovereing limits of global civil society: a comparison of NGO participation in UN world conferences on the environment, human rights and women", *World Politics*, Vol. 51, pp. 1-35.

F. CORCIONE, "The Role of Soft-Law in Adjudicating Corporate Human Rights Abuses: Interpreting the Alien Tort Statute in the Light of the UN Guiding Principles on Business and Human Rights", *European Papers*, Nº6 (3), 2021, pp. 1293-1306.

N. CORNAGO PRIETO, "Rescatar la Esfera Pública Europea: La participación de la sociedad civil como problema comunicativo", F. ALDECOA (ed.) *El papel internacional de la Unión Europea: Propuestas para la Conferencia sobre el Futuro de Europa*, Madrid, La Catarata, 2021, pp. 379-393.

W. CZAPLINSKI, "Sources of Law in the Nicaragua Case", *International and Comparative Law Quarterly 38*, 1989, pp. 151-166.

A. D'AMATO, "Trashing Customary International Law," *American Journal of International Law*, Vol. 81, 1987, pp. 101-105.

R. DEHOUSSE, "Regulation by networks in the European Community: the role of European agencies", *Journal of European Public Policy*, Vol. 4, 1997, pp. 246-261.

R. DEHOUSSE, "Conclusion: Obstinate or Obsolete?", en R. DEHOUSSE (eds), *The 'Community Method'*. Palgrave Studies in European Union Politics. Palgrave Macmillan, London, 2011.

U. DIEDRICHS, W. REINERS Y W. WESSELS, "New Modes of Governance. Policy Developments and the Hidden Steps of EU Integration," en A. HÉRITIER Y M. RHODES (eds.), *New Modes of Governance. Governing in the Shadow of Hierarchy*, Palgrave McMillan, Hampshire, 2010.

L. DOROSH Y B. VOIAT, "Soft Power of the Russian Federation: Instrumental and Perceptional Dimensions", *Russian Politics*, Vol. 7(1), Marzo 2022, pp. 31-68.

M. A. DRUMBL, "Actors and Law-Making in International Environmental Law" en MALGOSIA FITZMAURICE, DAVID M. ONG, PANOS MERCURIS (Eds.) *Research Handbook of International Environmental Law*, Edward Elgar Publishing, 2010.

P.-M. DUPUY, "Soft Law and the International Law of the Environment," *Michigan Journal of International Law*, Vol. 12, 1991, pp. 420-435.

P.-M. DUPUY, "Sur les Rapports entre Sujets et "Acteurs" en Droit international contemporain", en LAL CHAND VOHRAH, FAUSTO POCAR, YVONNE FEATHERSTONE et al (eds.), *Man's Inhumanity to Man, Essays on International Law in*

Honour of Antonio Cassese, Kluwer Law International, The Hague, 2003, pp. 261-277.

P.-M. DUPUY, "Formation of Customary International Law and General Principles" en D. BODANSKY, J. BRUNNÉE Y E. HEY (Eds.), *The Oxford Handbook of International Environmental Law*, Oxford University Press, New York, 2007, pp. 449-466.

R.-J. DUPUY, "Communauté international et disparités de développement. Cours général de droit international public" *Recueil des Cours*, Vol. 165, 1979-IV) pp. 9-232.

R.-J. DUPUY, "Droit Déclaratoire et Droit Programmatoire de la Coutume Sauvage à la 'Soft Law'", en Société Française pour le Droit International (ed.), *L'élaboration du Droit International Public*, Colloque de Toulouse (1975), p. 132-148.

L-A. DUVIC-PAOLI, "From Aspirational Politics to Soft Law? Exploring the International Legal Effects of Sustainable Development Goal 7 on Affordable and Clean Energy", *Melbourne Journal of International Law*, Vol. 22, 2021, pp. 1-23.

W. EDESON, "Closing the Gap: the Role of 'Soft' International Instruments to Control Fishing." *Australian Yearbook of International Law*, Vol. 20, 1999, p. 83.

P. M. EISEMANN, "Le gentlemen's agreement comme source de droit international," *Journal du Droit International*, Vol. 106, 1977, p. 326.

J. ELLIS, "The King Is Dead, Long Live the King? A Reply to Matthias Goldmann" en J. D'ASPREMONT Y T. AALBERTS, (eds.) Symposium on Soft law, *Leiden Journal of International Law*, Vol. 25, núm. 2, 2012, pp. 369-372.

J. ELLIS, "Shades of Grey: Soft Law and the Validity of Public International Law", Symposium on Soft law, *Leiden Journal of International Law*, Vol. 25, núm. 2, 2012, pp. 313-334.

J. ESTEVE PARDO, "Introducción", D. SARMIENTO, *El Soft Law Administrativo. Un estudio de los efectos jurídicos de las normas no vinculantes de la Administración*, Thomson Civitas, Madrid, 2008.

S. J. EVENET, ¿La COVID-19 Crea una "Nueva Normalidad" en la Política Comercial?, *IISD*, de 25 de Septiembre de 2022, disponible en https://www.iisd.org/es/node/16854

T. FAJARDO DEL CASTILLO, "La Unión Europea y el Desafío del *Soft Law* en las Fuentes del Derecho Internacional", en P. GARCÍA ANDRADE, *Interacciones entre el Derecho de la Unión Europea y el Derecho Internacional*, Tirant lo Blanch, 2023, en prensa.

T. FAJARDO DEL CASTILLO, "Éxitos y Fracasos de la Diplomacia del Clima de la Unión Europea en la COP27 de Sharm El-Sheikh de 2022", *Anales de Derecho*, 2023, Vol. 40, pp. 1-33.

T. FAJARDO DEL CASTILLO Y M. CAMPINS ERITJA, "La COP26 de Glasgow sobre el Cambio Climático: ¿Truco o Trato?", *RCDA*, Vol. XII, Núm. 2, Diciembre 2021, pp. 1-32.

T. FAJARDO, "Disentangling the UK from EU Environmental Agreements after Brexit: The Challenges Posed by Mixed Agreements and Soft Law", en JUAN

SANTOS VARA, RAMSES A. WESSEL (Eds.), *The Routledge Handbook on the International Dimension of Brexit,* Routledge, Londres, 2021, pp. 270-283.

T. FAJARDO, "Principles and Approaches in the Convention on Biological Diversity and Other Biodiversity-Related Conventions in the Post-2020 Scenario", en M. Campins Eritja y T. Fajardo del Castillo, *Biological Diversity and International Law. Challenges for the Post-2020 Scenario,* Springer Verlag, 2021, pp. 15-34.

T. FAJARDO DEL CASTILLO, "Wolf (Dis)Protection in Spain: exceptions to the Rules in the Bern Convention and in The Habitats Directive as a Conservation and Management Tool", *RCDA,* Vol. XII, Núm 1, 2021, 1-52.

T. FAJARDO DEL CASTILLO, *La diplomacia del clima de la Unión europea: La acción exterior sobre Cambio Climático y el Pacto Verde Mundial,* Reus, 2021.

T. FAJARDO DEL CASTILLO, "El Acuerdo de París sobre el Cambio Climático: Sus aportaciones al desarrollo progresivo del Derecho Internacional y las consecuencias de la retirada de los Estados Unidos", *Revista Española de Derecho Internacional,* Sección Estudios, Vol. 70/1, enero-junio 2018, Madrid, pp. 23-51.

T. FAJARDO DEL CASTILLO, "Environmental law principles and General principles of international law", en L. KRAMER Y E. ORLANDO (Eds.), *Principles of Environmental Law, Elgar Encyclopedia of Environmental Law,* Vol. VIII, 2018, pp. 38-51.

T. FAJARDO DEL CASTILLO, "La Unión Europea y las Áreas Marinas Protegidas en el Océano Antártico a la luz de su práctica y de su jurisprudencia reciente", *RCDA,* Vol. X, N°2, 2019, pp. 1-54.

T. FAJARDO DEL CASTILLO, "Soft law and the law of the sea its presence in the UNCLOS", en J. M. SOBRINO HEREDIA (Dir.), *La contribución de la convención de las Naciones Unidas sobre el derecho del mar a la buena gobernanza de los mares y océanos,* Vol. 1, 2014, pp. 65-78.

T. FAJARDO DEL CASTILLO "Competencia Exterior Medioambiental de la Unión Europea y Desarrollo Progresivo del Derecho Internacional; en el Marco de la Asamblea General de Naciones Unidas", *Revista General de Derecho Europeo* N°47, 2019, pp. 110-158.

T. FAJARDO DEL CASTILLO, *Soft Law,* Oxford Bibliographies, 2013, revisado en 2017, disponible en https://www.oxfordbibliographies.com/view/document/obo-9780199796953/obo-9780199796953-0040.xml

T. FAJARDO DEL CASTILLO, "Organised Crime and Environmental Crime: Analysis of EU Legal Instruments." Study in the Framework of the EFFACE Research Project. Granada: University of Granada, 2015.

T. FAJARDO DEL CASTILLO, "Organised Crime and Environmental Crime: Analysis of International Legal Instruments." Study in the Framework of the EFFACE Research Project. Granada: University of Granada, 2015.

T. FAJARDO DEL CASTILLO, "El Control por el Estado del Puerto: Cambios de rumbo en el Derecho Internacional del Mar." "Port State's Control: Changes of Course in the International Law of the Sea" en J. M. SOBRINO HEREDIA (Ed.) *Mares y océanos en un mundo en cambio: tendencias jurídicas, actores y factores,* Tirant lo Blanch, Valencia, 2007.

T. Fajardo del Castillo, "La Directiva sobre el retorno de los inmigrantes en situación irregular", *Revista de Derecho Comunitario Europeo,* Año nº 13, Nº 33, 2009, pp. 453-499.

T. Fajardo Del Castillo, "Principios del Derecho Comunitario y aplicación judicial en España en los años 2003 y 2004", *RDCE,* núm. 23, 2006, p. 135.

T. Fajardo del Castillo, "Inmigración y cooperación al desarrollo en la Unión Europea", en J. Martín y Pérez de Nanclares (Coord.), *La dimensión exterior del espacio de libertad, seguridad y justicia de la Unión Europea,* 2012, IUSTEL, pp. 409-431.

T. Fajardo del Castillo, "El programa de Estocolmo: últimos desarrollos de la política europea de libertad, seguridad y justicia", en A. Del Valle Gálvez et al., Inmigración, seguridad y fronteras*: Problemáticas de España, Marruecos y la Unión Europea en el área del Estrecho,* Dykinson, 2012, pp. 153-174.

M. Finnemore y S. Toope, "Alternatives to 'Legalization': Richer Views of Law and Politics," *International Organization,* Vol. 55, 2000, p. 746.

M. Fitzmaurice y P. Merkouris, *Treaties in Motion: The Evolution of Treaties from Formation to Termination,* Cambridge Studies in International and Comparative Law, Cambridge University Press, 2020.

F. Francioni, "International 'soft law': a contemporary assessment," en V. Lowe y M. Fitzmaurice (eds.) *Fifty Years of the International Court of Justice. Essays in Honor of Sir Robert Jennings,* Grotius Publications, Cambridge University Press, Cambridge, 1996, pp. 167-177.

M. E. Footer, "The (Re)Turn to 'Soft Law' in Reconciling the Antinomies in WTO Law." *Melbourne Journal of International Law 11,* 2010, pp. 241-276.

H. D. Gabriel, "The Advantages of Soft Law in International Commercial Law: The Role of UNIDROIT, UNCITRAL and the Hague Conference", *Brooklyn Journal of International Law,* Vol. 34, 2008, pp. 654-672.

J. K. Gamble, "The 1982 United Nations Convention on the Law of the Sea as Soft Law," *Houston Journal of International Law,* Vol. 37, 1985-1986, pp. 37-47.

C. García, P. Pareja y A. J. Rodrigo, "The Paradox of Global Norms", *Spanish Yearbook of International Law,* Vol. 25, 2021, pp. 93-99.

P. García Andrade, "The External Dimension of the EU Immigration and Asylum Policies Before the Court of Justice", *European papers: a journal on law and integration,* Vol. 7, Nº. 1, 2022, pp. 109-126.

R. C. Gardner y Nick C. Davidson, "The Ramsar Convention", en B. LePage, *Wetlands Integrating Multidisciplinary Concepts,* Springer, 2011, 189-204.

G. Garzon Clariana, "La mixité: le droit et les problèmes pratiques", en J. H. J. Bourgeois, J-L. Dewost, M-A. Gaiffe (eds.): *La Communauté européenne et les accords mixtes. Quelques perspectives?,* Presses Interuniversitaires Européennes, Bruselas, 1997, pp. 16-17.

A. Gascón Marcén, "El reglamento general de protección de datos como modelo de las recientes propuestas como modelo de las recientes propuestas de legislación digital europea", *Cuadernos de Derecho Transnacional* (Octubre 2021), Vol. 13, No 2, pp. 209-232.

S. Gáspár-Szilágyi, "Quo Vadis EU Investment Law and Policy? The Shaky Path Towards the International Promotion of EU Rules", *European Foreign Affairs Review*, Vol. 23, 2018, pp. 167-186.

R. Gladstone, "U.S. Quits Migration Pact, Saying It Infringes on Sovereignty", The New York Times, 3 de Diciembre de 2017 (https://www.nytimes.com/2017/12/03/world/americas/united-nations-migration-pact.html?module=inline)

J. Gold, Interpretation: The IMF and International Law, Kluwer, Londres, 1996.

J. Gold, "Strengthening the Soft International Law of Exchange Arrangements", *American Journal of International Law,* Vol. 77, 1983, pp. 443-489.

M. Goldmann, "We Need to Cut Off the Head of the King: Past, Present and Future Approaches to International Soft Law", *Symposium on Soft Law, Leiden Journal of International Law,* Vol. 25, 2012, pp. 335-368.

G. Gotev, "Six EU countries —and counting— back out from the global migration pact", 12 Noviembre de 2018, disponible en https://www.euractiv.com/section/justice-home-affairs/news/six-eu-countries-and-counting-back-out-from-the-global-migration-pact/

G. Gotev, "Slovakia becomes 8th EU country to oppose global migration pact", Euractive, 26 de Noviembre de 2018, disponible en https://www.euractiv.com/section/future-eu/news/slovakia-becomes-8th-eu-country-opposing-the-global-migration-pact/.

T. Gruchalla-Wesierski, "A Framework for Understanding 'Soft Law'", *McGill Law Journal,* Vol. 30, 1984-1985, pp. 37-88, accesible en Internet en http://lawjournal.mcgill.ca/documents/30/1/wesierski.pdf

M. Guinea Llorente, "La Conferencia sobre el futuro de Europa: Dar un nuevo impulso a la integración europea desde la ciudadanía", en Francisco Aldecoa Luzárraga (dir.), El debate ciudadano en la Conferencia sobre el futuro de Europa*: a los 70 años de la Declaración Schuman,* Marcial Pons, 2020, pp. 150-157.

M. Guinea Llorente, "El Programa "Próxima Generación Unión Europea" y los objetivos de desarrollo sostenible: ¿un modelo de desarrollo sostenible, equitativo y competitivo?", en A. Pigrau et al. (Eds.), *La comunidad internacional ante el desafío de los objetivos de desarrollo sostenible. XXIX Jornadas de la Asociación Española de Profesores de Derecho Internacional y Relaciones Internacionales,* Tirant lo Blanch, 2023, pp. 241-265.

M. Guinea Llorente, "El Reino Unido y la renegociación de su estatuto de miembro de la Unión Europea", *Revista Aranzadi Unión Europea,* Nº 4, 2016, pp. 63-78.

E. Guild y S. Grant, "What role for the EU in the UN negotiations on a Global Compact on Migration?", CEPS, Brussels, No 2017/05, Marzo, 2017, https://www.ceps.eu/system/files/COMPACTS%20RRpt%20No%202017-05.pdf.

C. I. Gutiérrez, G. E. Marchant, K. Michael, "Efective and Trustworthy Implementation of AI Soft Law Governance", *IEEE Transactions on Technology and Society,* Vol. 2, No. 4, Diciembre de 2021, pp. 168-170.

A. T. Guzmán y T. Meyer, "International Soft Law", *Journal of Legal Analysis,* Vol. 2, 2010, pp. 171-225.

A. T. Guzmán "The Design of International Agreements", *European Journal of International Law,* Vol. 16, 2005, pp. 579-612.

A. Héritier, "New Modes of Governance in Europe: Increasing Political Capacity and Policy Effectiveness?" en T. A. Börzel Y R. A. Cichowski, *The State of the European Union: Law, Politics and Society,* Oxford University Press, Oxford, 2003, 105-126.

H. Hillgenberg, "A Fresh Look at Soft Law", *European Journal of International Law,* Vol. 10, 1999, pp. 499-517.

S. Hobe, "The Role of Non-State Actors, in Particular of NGOs, in Non-Contractual Law-Making and the Development of Customary International Law," en R. Wolfrum y V. Röben (eds.). *Developments of International Law in Treaty Making,* Heidelberg, Springer, 2005.

D. Hodson y I. Maher, "Soft Law and Sanctions: Economic Policy Coordination and Reform of the Stability and Growth Pact," *Journal of European Public Policy,* Vol. 11, 2004, pp. 798-813.

J. Ibáñez Muñoz, "Actores, autoridades y sujetos: El pluralismo de la política mundial y su incidencia sobre el ordenamiento jurídico internacional", en A. J. Rodrigo y C. García (Eds.), *Unidad y Pluralismo en el Derecho Internacional Público y en la Comunidad Internacional. Coloquio en Homenaje a Oriol Casanovas,* Tecnos, 2011, pp. 107-118.

R. Ida, "Formation des Normes Internationales dans un Monde en Mutation. Critique de la Notion de Soft Law", en *Le Droit International au Service de la Paix, de la Justice et du Développement. Mélanges Michel Virally,* Éditions A. Pedone, Paris 1991, 333-347.

IISD, Informe de las actas principales del 24 de agosto de 2022, 5ª Sesión de la Conferencia Intergubernamental (CIG) sobre la BBNJ, *Earth Negotiations Bulletin,* Vol. 25, N°238, 25 de Agosto de 2022.

IISD, SDG Knowledge Hub, Updated Guide Facilitates SDG Reporting by Businesses, 17 de Agosto de 2022.

R. Y. Jennings, "Treaties as Legislation", en *Essays in Tribute to Wolfgang Friedmann,* Kluwer, La Haya, 1979, p. 168.

K. E. Jørgensen y R. A. Wessel, "The position of the European Union in (other) international organizations: confronting legal and political approaches", *European Foreign Policy,* 2011, pp. 261-286.

J. Juste Ruiz, "Orígenes y Evolución del Derecho Internacional del Medio Ambiente" en F. Sindico, R. Fernández Egea y S. Borrás, *Derecho Internacional del Medio Ambiente, Una visión desde Iberoamérica,* Cameron May, Londres 2011, pp. 3-30.

E. Kassoti y N. Idriz (Ed.) The Informalisation of the EU's External Action in the Field of Migration and Asylum: 1 (Global Europe: Legal and Policy Issues of the EU's External Action, Springer, 2022.

B. Kingsbury, N. Krisch, & R. B. Stewart, 'The Emergence of Global Administrative Law', Law & Contemporary Problems, Vol. 68, 2005, pp. 15-61.

J. Klabbers, "The Undesirability of Soft Law," *Nordic Journal of International Law,* Vol. 63, 1998, pp. 381-394.

J. Klabbers, "The Redundancy of Soft Law", *Nordic Journal of International Law,* Vol. 65, 1996, pp. 167-182.

Ch. Koutalakis, A. Buzogany, T. A. Börze, "When soft regulation is not enough: The integrated pollution prevention and control directive of the European Union", *Regulation and Governance,* Vol. 4, 2010, pp. 329-344.

Nico Krisch & Benedict Kingsbury, 'Introduction: Global Administrative Law and Global Market Regulation in the International Legal Order', *European Journal of International Law,* Vol. 17, 2006, 1-14.

J. B. LIISBERG, "The EU Constitutional Treaty and its distinction between legslative and non-legislative acts - Oranges into apples?", *Jean Monnet Working Paper 01/06,* Nueva York, 2006, pp. 1-52.

D. J. Liñán Nogueras, "El proyecto constitucional europeo y la interpretación de derechos y libertades en la Constitución española: ¿Una nueva dimensión del art. 10. 2 CE?" en AA.VV., *Pacis Artes. Obra homenaje al Profesor Julio D. González Campos,* Vol. I, Eurolex, Madrid, 2005, pp. 933-946.

Ch. Lipson, "Why Are Some International Agreements Informal?", *International Organisations,* Vol. 45, 1991, pp. 495-538.

G. L. Lugten, "Soft Law with Hidden Teeth: The Case for a FAO International Plan of Action on Sea Turtles," *Journal of International Wildlife Law and Policy,* Vol. 9, 2006, pp. 155-173.

M. López Escudero, "La Protección del Valor Estado de Derecho en la Jurisprudencia del TJUE", *Libro Homenaje a D. J. Liñán Nogueras,* Tirant lo Blanch, 2023, en prensa.

M. López Escudero, "La Nueva Gobernanza Económica de la Unión Europea: ¿Una Auténtica Unión Económica en Formación?", *Revista de Derecho Comunitario Europeo,* Nº50, 2015, pp. 361-433.

B. Martenczuk, "Decisions of Bodies Established by International Agreements and the Community Legal Order", en V. Kronenberger, (ed.), *The European Union and the International Legal Order,* The Hague: T.M.C. Asser Press 2001, pp. 141-163.

P. Martín Rodríguez, "Apuntes críticos sobre la Conferencia sobre el Futuro de Europa de 2022, su seguimiento y efectos", Paix et Securite Internationales, Vol. 11, pp. 1-14.

C. Martínez Capdevila, "Los acuerdos internacionales de la Unión Europea en ámbitos de competencias compartidas: ¿mixidad facultativa o mixidad obligatoria?" en Paula García Andrade (ed.) *Interacciones entre el Derecho de la Unión Europea y el Derecho Internacional Público,* 2023, Tirant lo Blanch, pp. 73-96.

A. Mazuelos Bellido, "Soft Law: ¿Mucho Ruido y Pocas Nueces?", *REEI,* Vol. 8, 2004, pp. 1-40.

T. Meyer, "Soft Law as Delegation", *Fordham International Law Journal,* Vol. 32, 2009, pp. 888-942.

SILVIA MORGADES GIL, "El Pacto Mundial sobre los Refugiados y el Nuevo Pacto de la Unión Europea sobre Migración y Asilo: derecho informal y jurisprudencia internacional en materia de acceso a la protección", *REDI*, Vol. 74(1), 2022, 25-45.

U. MÖRTH, "Introduction" en U. MÖRTH, (ed.) *Soft Law in Governance and Regulation - An Interdisciplinary Analysis*, Edward Elgar, Cheltenham, 2004.

E. J. MOLENAAR, "The EC Directive on Port State Control in Context", *The Internacional Journal of Marine and Coastal Law*, Vol. 11, p. 241 y ss.

V. P. NANDA, "The Role of International Organizations in Non-Contractual Lawmaking," en R. WOLFRUM Y R. VOLKER (eds.). *Developments of International Law in Treaty Making*. Heidelberg: Springer, 2005.

H. NEUHOLD, "The Inadequacy of Law-Making by International Treaties. Soft Law as an Alternative?" en R. WOLFRUM Y V. RÖBEN (eds.). *Developments of International Law in Treaty Making*. Heidelberg: Springer, 2005, pp. 39-52.

T. R. NUGRAHA, "The Prospect of Interplanetary Mission: Are We Ready?", *Padjadjaran Journal of International Law*, Vol. 6, 2022, pp. 60-75.

J. ODERMATT, "Is EU Law International? Case c-741/19 Republic of Moldova v Komstroy LLC and the Autonomy of the EU Legal Order", *European Papers*, Vol. 6, N°3, 2021, pp. 1255-1268.

A. OTT, "Informalization of EU Bilateral Instruments: Categorization, Contestation, and Challenges", *Yearbook of European Law*, Vol. 39, n°1, 2020, pp. 569-601.

A. OTT Y R. A. WESSEL, National Report of The Netherlands, *XXVIII FIDE Congress*. Topic 3: The external dimension of EU policies. An update on the roles of the EU institutions and Member States. An assessment of the current challenges on trade, investment protection and the Area of Freedom, Security and Justice, 2018.

S. PATRICK, "America's Retreat from Multilateral Engagement", *Current History*, N.° 641, 2000, p. 434.

W. PARK, "The Procedural Soft Law of International Arbitration", en L. A. MISTELIS & J. D. M. LEW (eds.), *Pervasive Problems in International Arbitration*, 2006, pp. 141-151.

A. PELLET, 'Le bon droit et l'ivraie - Plaidoyer pour l'ivraie'. Remarques sur quelques problèmes de méthode en droit international du développement. en Le droit des peuples à disposer d'eux-mêmes; *Méthodes d'analyse du droit international - Mélanges offirts à Charles Chaumont*, Pédone, Paris, 1984, pp. 465-493.

A. PELLET, "The Normative Dilemma: Will and Consent in International Law-Making", *Australian Yearbook of International Law*, Vol. 12, 1992, pp. 22-53.

A. PELLET, "Contre la Tyrannie de la Ligne Droite. Aspects de la Formation des Normes en Droit International de l'Economie et du Developpement," en *Thesaurus Acroasium Vol. XIX, Sources of International Law*, 1992, pp. 291-356.

A. PEÑALVER I CALVÉ, "The role of citizens and non-governmental organizations in climate litigation at national level", en M. CAMPINS ERITJA Y R. BENTIROU MATHLOUTHI, *Understanding vulnerability in the context of climate change*, Atelier, 2022, pp. 49-64.

A. PETERS, "Soft Law as a new mode of governance", en Udo DIEDRICHS, Wulf REINERS y Wolfgang WESSELS (eds.), The Dynamics of Change in EU Governance, Edward Elgar, Cheltenham, 2011, pp. 21-51.

A. PETERS, T. FÖRSTER, L. KOECHLIN, "Towards non-state actors as effective, legitimate, and accountable standard setters", en A. PETERS, T. FÖRSTER, L. KOECHLIN (eds.), *Non-State Actors as Standard Setters,* Cambridge: Cambridge University Press, 2009, Chapter 18, pp. 492-562.

A. PETERS, "Global Constitutionalism in a Nutshell," en K. DICKE ET AL. (dirs.) *Weltinnenrecht. Liber Amicorum Jost Delbrück, Berlin: Duncker & Humblot,* 2005, pp. 535-550.

ANNE PETERS E ISABELLA PAGOTTO, "Soft Law as a New Mode of Governance: A Legal Perspective", disponible en Internet en http://papers.ssrn.com/sol3/papers.cfm?abstract_id=1668531

E. W. PETIT DE GABRIEL, "Gender Parity in International Legal Bodies: Are We there yet?", Peace & Security - Paix et Sécurité Internationales, No 10, 2022, pp. 1-41.

ANTONI PIGRAU I SOLÉ, "La responsabilidad de las empresas transnacionales por daños graves al medio ambiente: explorando la vía de la Alien Tort Claims Act", en ANA BADIA MARTÍ, ANTONI PIGRAU SOLÉ, ANDREU OLESTI RAYO (Coords.), *Derecho internacional y comunitario ante los retos de nuestro tiempo: homenaje a la profesora VICTORIA ABELLÁN HONRUBIA*, Vol. 1, Marcial Pons, 2009, pp. 517-570.

ANTONI PIGRAU I SOLÉ, JORDI JARIA I MANZANO, "La aplicación de los principios rectores sobre empresas y derechos humanos en el caso de los daños al medio ambiente causados por empresas españolas en terceros países", en MARÍA MÁRQUEZ CARRASCO (dir.), *España y la implementación de los principios rectores de las Naciones Unidas sobre empresas y derechos humanos: oportunidades y desafíos,* 2014, pp. 303-334.

J. POLAKIEWICZ, "Alternatives to Treaty-Making and Law-Making by Treaty and Expert Bodies in the Council of Europe," en R. WOLFRUM Y V. RÖBEN (eds.). *Developments of International Law in Treaty Making.* Heidelberg: Springer, 2005.

P. POZO SERRANO, "El Pacto Mundial sobre los Refugiados: Límites y Contribución a la Evolución del Derecho Internacional de los Refugiados", *REEI,* Vol. 38, 2019, pp. 1-29.

K. RAUSTIALA, "Form and Substance in International Agreements," *American Journal of International Law,* Vol. 99, 2005, pp. 581-614.

C. M. RADAELLI, "Report on Soft Law, New Policy Instruments, and Modes of Governance in the European Union" Available at http://www.eu-newgov.org/database/DELIV/D22D02_Soft_Law_Workshop.PDF, consultado por última vez el 1 de Julio de 2020, p. 1.

M. J. RADINE, "Soft Law Guidance on Drafting Awards in International Arbitration", en NEWMAN Y M.J. RADINE, *Soft Law in International Arbitration,* Huntington, New York, JurisNet, 2014.

A. J. Rodrigo Hernández, "La integración normativa y la unidad del Derecho Internacional Público" en A. J. Rodrigo y C. García (Eds.), *Unidad y Pluralismo en el Derecho Internacional Público y en la Comunidad Internacional. Coloquio en Homenaje a Oriol Casanovas,* Tecnos, 2011, pp. 321-355.

H. Ruiz Fabri, "Regulating Trade, Investment and Money" en J. Crawford y M. Koskenniemi (eds.) *The Cambridge Companion to International Law,* Cambridge University Press, Cambridge, 2012.

R. Salvarani, "The EC Directive on Port State Control: A Policy Statement", *The International Journal of Marine and Coastal Law,* Vol. 11, p. 225.

L. I. Sánchez Rodríguez, "La apoteosis del consentimiento: de la noción de fuentes a los procesos de creación de derechos y de obligaciones internacionales," *Anuario Hispano-Luso-Americano de Derecho Internacional,* Vol. 16, 2003, pp. 193-234.

L. I. Sánchez Rodríguez, Recensión de M. Díez de Velasco, 11ª edición de *Instituciones de Derecho Internacional Público,* en la *REDI,* Vol. L, 1998, pp. 400-401.

J. Santos Vara "Soft international agreements on migration cooperation with third countries: a challenge to democratic and judicial controls in the EU", en S. Carrera, J. Santos Vara, T. Strik, en *Constitutionalising the External Dimensions of EU Migration Policies in Times of Crisis. Legality, Rule of Law and Fundamental Rights Reconsidered,* Elgar, 2019, pp. 21-28.

E. Schaart, "Czech Republic latest EU country to reject UN migration treaty", Politico, 14 de Noviembre de 2018, disponible en https://www.politico.eu/article/czech-republic-migration-refugees-latest-eu-country-to-reject-united-nations-treaty/

O. Schachter, "The Twilight Existence of Nonbinding International Agreements." *American Journal of International Law, Vol. 71,* 1977, pp. 296-304.

O. Schachter, "United Nations Law," *American Journal of International Law,* Vol. 88, 1994, pp. 1-23.

E. Sharpston, "European Community Law and the Doctrine of Legitimate Expectations: How Legitimate, and for Whom", *Northwestern Journal of International Law and Business,* Vol. 11, 1990-1991, pp. 87-103.

Y. Shany, "Digital Rights and the Outer Limits of International Human Rights Law", *German Law Journal,* 2023, pp. 1-19.

G. Schwarzenberger, "The Principles and Standards of International Economic Law" *Recueil des Cours,* 1966.

I. Seidl-Hohenveldern, "International Economic Soft Law", *Recueil des Cours de l'Academie de Droit International,* Vol. 163, 1979-II, pp. 164-246.

L. Senden, "Soft Law, Self-Regulation And Co-Regulation In European Law: Where Do They Meet?, *Electronic Journal of Comparative Law,* Vol. 9.1, Enero 2005, pp. 1-27.

G. C. Shaffer y M. A Pollack, "Hard vs. Soft: Alternatives, Complements and Antagonist in International Governance" *Minnessota Law Review 94,* (2010, pp. 706-799. También se encuentra disponible en Internet en http://papers.ssrn.com/sol3/papers.cfm?abstract_id=1426123

E. SHARPSTON, "European Community Law and the Doctrine of Legitimate Expectations: How Legitimate, and for Whom", *Northwestern Journal of International Law and Business,* Vol. 11, 1990-1991, pp. 87-103.

D. SHELTON, "Conclusions". In DINAH SHELTON (ed.). *Commitment and Compliance: The Role of Non-Binding Norms in the International Legal System,* Oxford, UK: Oxford University Press, 2000, re-impresión 2007.

D. SHELTON, "Compliance with International Human Rights Soft Law," *Studies of Transnational Legal Policy,* Vol. 29, 1997, pp. 119-143.

D. SHELTON, "International Law and Relative Normativity" en MALCOLM EVANS (Ed.) *International Law,* 4ª edición, Oxford University Press, Oxford, 2014, p. 181.

J. SHOTTER, "Poland becomes latest western country to shun UN migration pact", Financial Times, 2 de Noviembre de 2018, https://www.ft.com/content/49335a14-deb0-11e8-9f04-38d397e6661c.

B. SIMMA, "Consent: Strains in the Treaty System. The Structure and Process of International Law", en R. STJ. MACDONALD Y D. M. JOHNSTON (Eds.), *The Structure and Process of International Law,* Nijhoff, 1983, pp. 489.

P. SLOMINSKY, F. TRAUNER, "Reforming me softly - how soft law has changed EU return policy since the migration crisis", West European Politics, 2020, pp. 1-21.

F. SNYDER, "Soft Law and Institutional Practice in the European Community," en S. MARTIN (Ed.), *The Construction of Europe: Essays in Honor of Emile Nöel,* Kluwer, Deventer, 1994, pp. 197-225.

F. SNYDER, "The Effectiveness of European Community Law: Institutions, Processes, Tools and Techniques", *Modem Law Review,* 56, 1993, pp. 19-54.

A. SÖDERSTEN, "Rule of Law Crisis: EU in Limbo Between Federalism and Flexible Integration", en A. B. ENGELBREKT, P. EKMAN, A. MICHALSKI, L. OXELHEIM (eds), *The EU between Federal Union and Flexible Integration,* Palgrave Macmillan, 2023, pp. 51-73.

E. SUY, "Rôle et signification du consensus dans l'élaboration du droit international", en *Etudes en l'honneur de Roberto Ago,* Ed. Giuffrè, Milán, 1987, pp. 520-542.

P. C. SZASZ, "International Norm Making", *Environmental Change and International Law,* United Nations University Press, Tokyo, 1992.

J. TASIOULAS, "In Defence of Relative Normativity: Communitarian Values and the Nicaragua Case", *Oxford Journal of Legal Studies 16,* 1996, pp. 85-128.

F. TERPAN, "Soft Law in the European Union—The Changing Nature of EU Law", *European Law Journal,* Vol. 21, No. 1, January 2015, pp. 68-96.

G. TEUBNER,"'Global Bukowina': Legal Pluralism in the World Society" en G. Teubner, (ed.), *Global Law without a State,* Ashgate, Wiltshire, 1997.

G. TEUBNER "Foreword: Legal Regimes of Global Non-State Actors", In G. TEUBNER, (ed.), *Global Law without a State.* Wiltshire, UK: Ashgate, 1997.

D. THÜRER, "Soft Law", *Max Planck Encyclopedia of Public International Law,* 2009, 1-12.

S. Torres Bernárdez, Réponse au questionnaire relative au rapport sur le "Rôle et signification du consensus dans l'élaboration du droit international", Sesión de Estrasburgo, *AIDI*, vol. 67, 1997, p. 47.

T. Treves, "The Settlement of Disputes According to the Straddling Stocks Agreement of 1995," en A. E. Boyle y D. Freestone (Eds.) *International Law and Sustainable Development. Past Achievements and Future Challenges.* Oxford University Press, New York, 1999, p. 260.

D. M. Trubeck, P. Cottrell y M. Nance, "'Soft Law', 'Hard Law' and European Integration: Toward a Theory of Hybridity", *Jean Monnet Working Paper*, 2005.

D. Trubeck, y L. Trubeck, "Hard and Soft Law in the Construction of Social Europe: The Open Method of Coordination" *European Law Journal,* Vol. 11, 2005, pp. 343-376.

T. Van den Sanden, "The Odd One Out: The Legal Scope of EU Development Cooperation Policy", en J. Odermatt y T. Van den Sanden (eds.), *The EU and its Member States in the World: Legal and Political Debates,* KU Leuven Working Paper N° 185, Proceedings of the Interdisciplinary Doctoral Colloquium "The EU as a Global Actor", 2017, pp. 85-104.

T. Verellen, "On Conferral, Institutional Balance and Non-binding International Agreements: The *Swiss MoU* Case", *European Papers, European Forum, Insight,* 10 October 2016, N°1, 2016, pp. 1225-33.

E. Vírgala Foruria, "Los actos no legislativos en la Constitución Europea", *Revista de Derecho Constitucional Europeo,* n° 6, 2006, pp. 279-324.

M. Virally, "La distinction entre textes internationaux ayant une portée juridique dans les relations mutuelles entre leurs auteurs et textes qui en sont dépourvus", *Institute of International Law Yearbook / Annuaire de l'Institut de Droit International, 60-I Session of Cambridge,* 1983, pp. 166-357.

B. Vukas, "Replies to the First Draft", *AIDI,* Sesión de Estrasburgo, vol. 67-I, p. 388.

P. Weil, "Towards Relative Normativity in International Law?" *American Journal of International Law,* Vol. 77, 1983, pp. 413-442. Hay igualmente una version en francés: "Vers une normativité relative en Droit International?," *Revue Générale de Droit International Public,* Vol. 86, 1982, pp. 5-47.

R. A. Wessel y S. Blockmans, "Legal Status and Influence of Decisions of International Organisations and Other Bodies in the European Union", en P. Eeckhout, M. Lopez-Escudero (Eds.), *The European Union's External Action in Times of Crisis,* Hart Publishing, 2015.

P. Wilson, "The English School's approach to international law", en C. Navari (ed.), *Theorising International Society: English School Methods,* Palgrave Macmillan, 2009, pp. 167-188.

J. Zeitlin, 'Is the Open Method of Coordination an Alternative to the Community Method?', in R. Dehousse, *The Community Method: Obstinate or Obsolete?* (Palgrave Macmillan, 2011) at 136.

K. Zemanek, "Is the Term 'Soft Law' Convenient?" *Liber Amicorum Professor Ignaz Seidl-Hohenveldern,* 1998.

P. ZICCARDI, "Règles d'organisation et règles de conduite en droit international", *RCADI*, t. 152, 1976-VI, pp. 304-305.

E. ZHUNUSOVA ET AL., "Potential impacts of the proposed EU regulation on deforestation-free supply chains on smallholders, indigenous peoples, and local communities in producer countries outside the EU", *Forest Policy and Economics*, Vol. 143, 2022, pp. 1-9.